모던 C++ 프로그래밍 쿡북

모던 C++ 프로그래밍 쿡북

100가지 레시피로 배우는
C++ 동작의 이해와 문제 해결

마리우스 반실라 지음 　 류영선 옮김

i!i
에이콘

에이콘출판의 기틀을 마련하신 故 정완재 선생님 (1935-2004)

│ 지은이 소개 │

마리우스 반실라 Marius Bancila

산업과 금융 분야에서 14년간의 풍부한 솔루션 개발 경험을 가진 소프트웨어 엔지니어다. 마이크로소프트 기술에 중점을 두고 C++와 C#으로 데스크톱 애플리케이션을 개발한다. 또한 지난 수년 동안 자바와 HTML/CSS, PHP, 자바스크립트를 아우르는 다양한 언어와 기술을 사용해왔다.

자신의 전문 기술 및 지식을 다른 사람들과 공유하는 데 열정적이며, 그로 인해 10년 이상 마이크로소프트 MVP로 인정받아왔다. 여러 논문을 발표한 포럼과 개발자 커뮤니티에 적극적으로 기여한 공로로 여러 가지 상을 수상했으며, 다양한 오픈소스 라이브러리를 만들고 기여해왔다.

C++ 개발자를 위한 루마니아 커뮤니티인 Codexpert의 공동 설립자다. 루마니아의 티미쇼아라Timisoara에 살고 있으며, 시스템 설계자로 일하면서 유럽에 위치한 주요 소프트웨어 회사의 회계 및 물류 솔루션을 구축하고 있다. 트위터(@mariusbancila)에서 최신 소식을 들을 수 있다.

이 멋진 프로젝트에 참여할 수 있게 해준 팩트출판사에 감사한다. 프로젝트 전반에 걸쳐 지속적인 지지를 보내준 아누락 고그레Anurag Ghogre, 스발락시 나다르Subhalaxmi Nadar, 니틴 다산Nitin Dasan을 비롯한 팀의 모든 구성원에게도 감사한다. 이 책을 더 잘 만들 수 있게 귀중한 피드백을 보내준 데이비드 코빈David Corbin에게 특별한 감사의 말씀을 전한다. 마지막으로 이 책을 쓰는 동안 끝없이 인내해주고 격려해준 아내에게 진심으로 감사한다.

| 기술 감수자 소개 |

데이비드 코빈^{David V. Corbin}

DEC PDP-8을 시작으로 미니 컴퓨터 시대의 전성기에 프로그래밍에 입문했다. 처음 몸 담은 분야는 방위 산업이었으며, 지금의 회사에서 소프트웨어 기술자로 시작해 엔지니어 링 소프트웨어 부서의 기술 책임자 자리에 올랐다(그 과정 동안에 많은 작업을 C로 수행했다). 비즈니스 환경에 PC를 도입하기 위해 1984년 다이내믹 콘셉츠^{Dynamic Concepts}를 공동 설립 했다(IBM AT가 처음 소개된 해였다).

1990년대 초반까지 그가 수행한 애플리케이션 개발의 많은 부분이 C++로 마이그레이션 되기 시작했다. 25년이 지난 지금도 C++는 그의 개발 과정에서 중요한 도구로 남아있다. 2005년에는 ALM 원칙을 적용해 소프트웨어 개발과 전달 프로세스를 개선하는 데 주력했 다. 오늘날에는 다이내믹 콘셉츠의 사장 겸 수석 설계자로 계속 활동하고 있으며, 고객과 직접 작업하며 빠르게 변화하는 생태계에 대한 가이드를 제공하고 있다.

이 책의 기술 감수를 맡게 해준 팩트출판사에 감사한다. 마리우스 반실라를 알고 지낸 지도 어느 덧 10년이 지났으며, 그는 내가 알고 있는 가장 똑똑한 개발자 중 한 명이다. 그의 작업은 C++ 의 현대적인 요소에 익숙해지는 데 도움을 줘서 전체 C++ 개발자 커뮤니티에 긍정적인 영향을 미치고 있다.

| 옮긴이 소개 |

류영선(youngsun.ryu@gmail.com)

소프트웨어 엔지니어로서 오랫동안 웹 브라우저와 웹 서버를 개발했다. 그 경험을 바탕으로 현재는 W3C를 비롯한 여러 국제 표준화 단체에서 웹과 관련된 표준화 업무를 담당하고 있다. 최근에는 PC에서 벗어나 모바일이나 DTV, 디지털 사이니지Digital Signage, 웨어러블Wearable, 오토모티브Automotive 등의 다양한 IoT 디바이스에 웹 기술을 접목하는 오픈 웹 플랫폼Open Web Platform에 관심을 갖고 관련 기술을 연구 중이다. 아울러 워크숍, 세미나 강연, 학술 기고를 통해 오픈 웹 플랫폼과 웹 기술을 전파하는 데 힘쓰고 있다. 옮긴 책으로는 에이콘출판사에서 펴낸 『반응형 웹 디자인』(2012), 『실전 예제로 배우는 반응형 웹 디자인』(2014), 『HTML5 웹소켓 프로그래밍』(2014), 『WebRTC 프로그래밍』(2015), 『Three.js로 3D 그래픽 만들기 2/e』(2016), 『자바스크립트 디자인 패턴』(2016), 『자바스크립트 JSON 쿡북』(2017), 『자바스크립트 언락』(2017), 『객체지향 자바스크립트 3/e』(2017), 『사물인터넷 자바스크립트 프로그래밍』(2018) 등이 있다.

옮긴이의 말

프로그래머라면 누구나 한 번쯤 C++ 프로그래밍에 도전해봤을 것이다. 그만큼 C++는 오랜 기간 동안 사랑받아온 프로그래밍 언어임에 틀림없다. 하지만 이해하기 어려운 문법과 복잡한 구조로 인해 많은 프로그래머들을 절망에 빠뜨리고 결국 포기하도록 만들었던 것도 사실이다. 그러다가 흔히 모던 C++$^{modern\ C++}$로 불리는 C++11 표준이 등장하면서 이 언어는 다시금 사람들의 관심을 받으며 새로운 전성기를 누리고 있다.

이 책은 100가지가 넘는 레시피를 통해 C++를 사용하면서 개발자들이 직면하게 되는 공통적인 문제와 그에 대한 솔루션을 제시하고 있다. 따분한 교과서 스타일이 아니라 필요한 부분을 골라 볼 수 있게 구성돼 있어 그동안 C++의 높은 벽에 좌절했던 개발자들이 쉽고 재미있게 C++ 프로그래밍의 세계에 다시 발을 담글 수 있게 해주는 책이라고 생각된다. C++11과 C++14뿐만 아니라 가장 최신 버전인 C++17에 포함된 최신 기능까지 다루고 있어 초중급 개발자뿐만 아니라 숙련된 개발자에게도 좋은 참고서가 될 것이라 믿는다.

상투적인 문구이기는 하지만, 작업을 마치고 나면 항상 미흡한 부분에 대해 아쉬움이 남기 마련이다. 꽤 많은 시간과 노력을 들여 작업했지만, 저자의 의도를 충분히 전달하지 못하거나 잘못 번역된 부분이 있을 수 있다. 잘못된 점을 비롯해 책의 내용과 관련된 어떤 의견이라도 보내주시면 소중히 다룰 것이다.

끝으로 항상 나를 지지해주고 지원을 아끼지 않으면서 늘 힘이 돼주는 사랑하는 가족, 아내와 딸에게 감사의 말을 전한다. 지난 겨울 큰 수술을 받으며 가족의 소중함과 더불어 건강하게 살아있다는 것이 얼마나 행복한 일인지를 새삼 깨닫게 됐다. 지은, 예서 사랑해. 그리고 제게 다시 한 번 삶을 허락해주신 하나님, 감사합니다.

차례

3장 함수 179

| 들어가며 |

C++는 가장 널리 사용되는 인기 있는 프로그래밍 언어로 지난 30년 동안 사랑받아왔다. 성능과 효율성, 유연성에 중점을 두고 설계된 C++는 객체지향object-oriented 프로그래밍, 명령형imperative 프로그래밍, 제네릭generic 프로그래밍뿐 아니라 최근에는 함수형functional 프로그래밍 같은 패러다임을 결합해왔다. C++는 ISOInternational Organization for Standardization에서 표준화됐으며 지난 10년간 엄청난 변화를 겪었다. 모던 C++로 널리 알려진 C++11의 표준화를 통해 이 언어는 새로운 시대로 접어들었다. 타입 유추, 이동 시맨틱, 람다 표현식, 스마트 포인터, 균일한 초기화, 가변 템플릿과 최근의 다양한 기능으로 인해 C++에서 코드를 작성하는 방식이 거의 새로운 프로그래밍 언어처럼 보인다.

이 책은 C++11, C++14, C++17에 포함된 많은 기능을 설명한다. 그리고 하나의 특정 언어나 라이브러리 기능, 또는 개발자가 직면하는 공통적인 문제와 C++를 사용한 전형적인 솔루션을 다루는 각각의 레시피로 구성돼 있다. 100가지가 넘는 레시피를 통해 문자열과 컨테이너, 알고리즘, 반복자, 입출력, 정규 표현식, 스레드, 파일시스템, 아토믹 연산atomic operation, 유틸리티를 포함한 핵심 언어 기능과 표준 라이브러리를 배울 수 있다.

이 책을 쓰는 데 약 6개월의 시간이 걸렸으며, 저술하는 동안에 C++17 표준 작업이 진행됐다(이 '들어가며'를 작성하는 시점에 표준이 완성됐지만, 그 승인과 출시는 2017년 말에나 이뤄질 예정이었다). 이 책의 여러 레시피에서는 폴딩 표현식fold expression, `constexpr if`, 구조화된 바인딩, 새로운 표준 속성과 `optional`, `any`, `variant`, `string_view` 타입, 파일시스템 라이브러리를 포함한 C++17의 기능을 다룬다.

이 책의 모든 레시피에는 기능을 사용하거나 문제를 해결하는 방법을 보여주는 예제 코드가 들어있다. 이 코드 예제는 비주얼 스튜디오 2017을 사용해 작성됐지만, Clang과 GCC를 사용해 컴파일됐다. 다양한 언어와 라이브러리 기능에 대한 지원이 모든 컴파일러에서

점차적으로 추가되고 있으므로 가능한 한 모든 기능을 지원하는 최신 버전을 사용하는 것을 권장한다. 이 책을 저술하는 시점에서 최신 버전은 GCC 7.0과 Clang 5.0, VC++ 2017 (버전 19.1)이었다. GCC와 Clang은 이 책에서 언급한 모든 기능을 지원하지만, VC++는 아직 폴딩 표현식과 `constexpr if`, `std::search()` 검색자를 지원하지 않는다.

이 책에서 다루는 내용

1장. 현대 핵심 언어 특징 배우기 타입 유추, 균일한 초기화, 범위가 지정된 enum, 범위 기반 루프, 구조화 바인딩을 포함한 최신 핵심 언어 기능을 설명한다.

2장. 숫자와 문자열로 작업하기 숫자와 문자열을 변환하는 방법, 의사 난수를 생성하는 방법, 정규 표현식을 사용하는 방법, 다양한 문자열 타입에 대해 설명한다.

3장. 함수 디폴트 함수와 삭제된 함수, 가변 템플릿, 람다 표현식과 고차 함수에 대해 자세히 알아본다.

4장. 전처리기와 컴파일 조건부 컴파일을 수행하는 방법을 시작으로 컴파일 타임 어서션, 코드 생성, 또는 컴파일러에 속성 암시 등과 같은 컴파일의 다양한 측면을 살펴본다.

5장. 표준 라이브러리 컨테이너와 알고리즘, 반복자 몇 가지 표준 컨테이너와 다양한 알고리즘을 소개하고, 자신만의 임의 접근 반복자를 작성하는 방법을 배운다.

6장. 범용 유틸리티 chrono 라이브러리의 `any`, `optional`, `variant` 타입에 대해 자세히 알아보고 타입 특성을 배운다.

7장. 파일과 스트림 작업 스트림을 읽고 쓰는 방법, I/O 조작자를 사용해 스트림을 제어하고 파일시스템 라이브러리를 탐색하는 방법을 설명한다.

8장. 스레딩과 동시성 활용 스레드, 뮤텍스, 잠금, 조건 변수, 프라미스, 퓨처, 아토믹 타입과 작업하는 방법을 알려준다.

9장. 견고성과 성능 예외와 상수 정확성, 타입 변환, 스마트 포인터, 이동 시맨틱에 중점을 두고 알아본다.

10장. 패턴과 관용어 구현 핌플(PIMPL) 관용어, 비가상 인터페이스 관용어, 또는 CRTP 등과 같은 여러 가지 유용한 패턴과 관용어를 다룬다.

11장. 테스트 프레임워크 탐색 가장 널리 사용되는 세 가지 테스트 프레임워크인 Boost. Test, 구글 테스트, 캐치를 시작하는 데 도움이 될 만한 내용들을 소개한다.

준비 사항

이 책에서 제시된 코드는 https://www.packtpub.com/에서 여러분의 계정으로 다운로드할 수 있지만, 모든 코드를 직접 작성하는 것을 권장한다. 코드를 컴파일하기 위해 윈도우에서는 VC++ 2017, 리눅스와 맥에서는 GCC 7.0 또는 Clang 5.0이 필요하다. 최신 버전의 컴파일러가 없거나 다른 컴파일러를 사용하길 원한다면 온라인에서 컴파일러를 사용하는 것도 가능하다. 사용할 수 있는 다양한 온라인 플랫폼이 있지만, GCC와 Clang의 경우 https://wandbox.org/를, VC++의 경우 http://webcompiler.cloudapp.net/을 추천한다.

이 책의 대상 독자

이 책은 경험과 지식 수준이 다양한 모든 C++ 개발자를 대상으로 한다. 언어를 마스터하고 왕성한 모던 C++ 개발자가 되길 원하는 초급 또는 중급 수준의 C++ 개발자에게 이상적이다. 숙련된 C++ 개발자에게는 C++11, C++14, C++17 언어 및 라이브러리 기능에 관한 내용을 수시로 편리하게 살펴볼 수 있는 좋은 참고서가 될 것이다. 이 책은 초급, 중급, 고급 수준의 100가지 이상 레시피로 구성돼 있다. 모든 레시피는 C++에 대한 사전 지식이 필요하며, 여기에는 함수, 클래스, 템플릿, 네임스페이스, 매크로 등이 포함된다. 그러므로 언어에 익숙하지 않은 독자라면 먼저 핵심 기능에 익숙해지도록 C++ 입문서부터 읽고 나서 이 책과 함께하는 것이 좋다.

절

이 책에서는 몇 가지 절^{section} 제목을 반복적으로 사용한다(준비, 예제 구현, 예제 분석, 부연 설명, 참고 사항).

각 레시피는 명확한 설명을 제공하기 위해 다음과 같은 절 제목을 사용했다.

준비

이 절에서는 레시피의 주제를 알려주고 레시피에 필요한 소프트웨어를 설정하는 방법이나 사전 설정을 수행하는 방법을 설명한다.

예제 구현

이 절은 레시피를 수행하는 데 필요한 단계를 포함한다.

예제 분석

이 절은 일반적으로 이전 절에서 발생한 것에 대해 자세히 설명한다.

부연 설명

이 절은 레시피에 대한 지식을 넓힐 수 있는 레시피 관련 추가 정보를 담고 있다.

참고 사항

이 절에서는 레시피를 이해하는 데 유용한 정보 링크를 제공한다.

이 책에서는 독자의 이해를 돕고자 다루는 정보에 따라 글꼴 스타일을 다르게 적용했다. 이러한 스타일의 예와 의미는 다음과 같다.

텍스트에서 코드 단어는 다음과 같이 표기한다. "std::regex_match( ) 메소드는 정규 표현식을 전체 문자열과 비교한다."

코드 블록은 다음과 같이 표기한다.

```cpp
#include <iostream>

int main()
{
  std::cout << "Hello World!" << std::endl;
  return 0;
}
```

 경고나 중요한 노트는 이와 같이 나타낸다.

TIP 팁과 요령은 이와 같이 나타낸다.

독자 의견

독자로부터의 피드백은 항상 환영이다. 이 책에 대해 무엇이 좋았는지 또는 좋지 않았는지 소감을 알려주길 바란다. 독자 피드백은 앞으로 더 좋은 책을 발행하는 데 큰 도움이 된다. 일반적인 피드백을 우리에게 보낼 때는 간단하게 feedback@packtpub.com으로 이

메일을 보내면 되고, 메시지의 제목에 책 이름을 적으면 된다.

여러분이 전문 지식을 가진 주제가 있고, 책을 내거나 책을 만드는 데 기여하고 싶다면 www.packtpub.com/authors에서 저자 가이드를 참조하길 바란다.

고객 지원

팩트출판사의 구매자가 된 독자에게 도움이 되는 몇 가지를 제공하고자 한다.

예제 코드 다운로드

이 책에서 사용된 예제 코드는 http://www.packtpub.com/support를 방문해 이메일을 등록하면 파일을 직접 받을 수 있으며, 이 링크를 통해 원서의 Errata도 확인할 수 있다. 또한 https://github.com/PacktPublishing/Modern-Cpp-Programming-Cookbook에서 다운로드할 수 있으며, 에이콘출판사의 도서정보 페이지인 http://www.acornpub.co.kr/book/modern-c-cookbook에서도 예제 코드를 다운로드할 수 있다.

정오표

내용을 정확하게 전달하기 위해 최선을 다했지만, 실수가 있을 수 있다. 팩트출판사의 도서에서 문장이든 코드든 간에 문제를 발견해 알려준다면 매우 감사하게 생각할 것이다. 이와 같은 참여를 통해 다른 독자에게 도움을 주고, 다음 버전의 도서를 더 완성도 높게 만들 수 있다. 오탈자를 발견한다면 http://www.packtpub.com/submit-errata를 방문해 책을 선택하고, Errata Submission Form에 구체적인 내용을 입력해주길 바란다. 보내준 오류 내용이 확인되면 웹사이트에 그 내용이 올라가거나 해당 서적의 정오표 부분에 그 내용이 추가될 것이다. http://www.packtpub.com/support에서 해당 도서명을 선택하면 기존 정오표를 확인할 수 있다. 필요한 정보가 Errata 섹션에 표시된다.

한국어판은 에이콘출판사 도서정보 페이지 http://www.acornpub.co.kr/book/modern-c-cookbook에서 찾아볼 수 있다.

저작권 침해

인터넷에서의 저작권 침해는 모든 매체에서 벌어지고 있는 심각한 문제다. 팩트출판사에서는 저작권과 사용권 문제를 아주 심각하게 인식한다. 어떤 형태로든 팩트출판사 서적의 불법 복제물을 인터넷에서 발견한다면 적절한 조치를 취할 수 있도록 해당 주소나 사이트명을 알려주길 부탁한다.

의심되는 불법 복제물의 링크는 copyright@packtpub.com으로 보내주길 바란다. 저자와 더 좋은 책을 위한 팩트출판사의 노력을 배려하는 마음에 깊은 감사의 뜻을 전한다.

질문

이 책과 관련해 질문이 있다면 questions@packtpub.com으로 문의하길 바란다. 최선을 다해 질문에 답하겠다. 한국어판에 관한 질문은 이 책의 옮긴이나 에이콘출판사 편집 팀(editor@acornpub.co.kr)으로 문의해주길 바란다.

01

현대 핵심 언어
특징 배우기

1장에서 다루는 레시피는 다음과 같다.

- 가능한 한 auto 사용하기
- 타입 별칭 및 별칭 템플릿 생성
- 균일한 초기화 이해하기
- 비정적 멤버 초기화의 다양한 형식 이해하기
- 객체 정렬 제어 및 쿼리
- 범위가 지정된 열거형 사용하기
- 가상 메소드에 override와 final 사용하기
- 범위 기반 for 루프를 사용해 범위 반복하기
- 사용자 정의 유형에 대한 범위 기반 for 루프 활성화

- 암시적 변환을 피하기 위해 명시적 생성자 및 변환 연산자 사용하기
- 정적 전역static global 대신 명명되지 않은 네임스페이스 사용하기
- 심볼 버전 관리에 인라인 네임스페이스 사용하기
- 구조적 바인딩을 사용해 다중 반환값 처리하기

소개

C++ 언어는 지난 10년 동안 C++11의 개발 및 출시뿐 아니라 이후 버전인 C++14와 C++17로 이어지는 큰 변화를 겪어왔다. 이 새로운 표준은 새로운 개념을 도입하거나 단순화되거나 또는 기존의 구문과 시맨틱semantic을 확장해 코드 작성 방식을 전반적으로 변화시켜왔다. C++11은 새로운 언어처럼 보인다. 코드는 새로운 표준인 최신 C++ 코드를 사용해 작성됐다.

가능한 한 auto 사용하기

자동 타입 추론type deduction은 모던 C++modern C++에서 가장 중요하고 널리 사용되는 기능 중 하나다. 새로운 C++ 표준은 auto를 다양한 컨텍스트 타입의 자리 표시자placeholder로 사용해 컴파일러에서 실제 타입 추론을 할 수 있게 했다. C++11에서는 auto를 사용해 지역local 변수와 함수의 반환 타입을 후행 반환 타입과 함께 선언할 수 있다. C++14에서는 auto를 후행 타입을 지정하지 않는 함수의 반환 타입에 사용할 수 있으며, 람다lambda 표현식에서는 매개변수 선언에 사용할 수 있다. 미래 표준 버전은 auto를 더 많이 확대 사용할 것이다. 이런 상황에서 auto를 사용하면 몇 가지 중요한 이점이 따른다. 개발자는 이에 대해 잘 알고 있어야 하며 가능한 한 auto의 사용을 선호하는 것이 좋다. AAAAlmost Always Auto라는 실제 용어는 안드레이 알렉산드레스쿠Andrei Alexandrescu가 만들고 허브 서터 Herb Sutter에 의해 본격화됐다.

다음 상황에서 auto를 실제 타입의 자리 표시자로 사용해보자.

- 특정 타입에 커밋^{commit}하고 싶지 않으면 auto name = expression 형식으로 지역 변수를 선언한다.

```
auto i = 42; // int
auto d = 42.5; // double
auto s = "text"; // char const *
auto v = { 1, 2, 3 }; // std::initializer_list<int>
```

- 특정 타입에 커밋해야 할 경우 auto name = type-id { expression } 형식으로 지역 변수를 선언한다.

```
auto b = new char[10]{ 0 }; // char*
auto s1 = std::string {"text"}; // std::string
auto v1 = std::vector<int> { 1, 2, 3 }; // std::vector<int>
auto p = std::make_shared<int>(42); // std::shared_ptr<int>
```

- 람다가 전달되거나 함수로 반환돼야 하는 경우를 제외하고는 auto name = lambdaexpression 형식으로 명명된^{named} 람다 함수를 선언한다.

```
auto upper = [](char const c) {return toupper(c); };
```

- 람다 매개변수를 선언하고 값을 반환하려면 다음과 같이 선언한다.

```
auto add = [](auto const a, auto const b) {return a + b;};
```

- 특정 타입에 커밋하고 싶지 않을 때 함수 반환 타입을 선언하려면 다음과 같이 수행한다.

```
template <typename F, typename T>
auto apply(F&& f, T value)
{
  return f(value);
}
```

예제 분석

auto 지정자^{specifier}는 기본적으로 실제 타입의 자리 표시자다. auto를 사용하면 컴파일러는 다음 인스턴스에서 실제 타입을 추론한다.

- 변수를 초기화하는 데 사용되는 표현식의 타입에서 auto가 변수 선언에 사용될 때
- 반환 타입 또는 함수의 반환 표현식 타입에서 함수의 반환 타입에 대한 자리 표시자로 auto가 사용될 때

예를 들어 앞의 예제에서 컴파일러는 s의 타입을 char const *로 추론한다. std::string을 사용하려는 경우 타입을 명시적으로 지정해야 한다. 유사하게 v의 타입은 std::initializer_list<int>로 추론된다. 그러나 실제 의도는 std::vector<int>가 될 수 있다. 이 경우 할당의 오른쪽에 타입을 명시적으로 지정해야 한다.

실제 타입 대신 auto 지정자를 사용하면 몇 가지 이점이 있다. 다음은 이 중에서 가장 중요한 이점을 보여준다.

- 변수를 초기화하지 않은 채로 둘 수는 없다. 이는 개발자가 실제 타입을 지정하는 변수를 선언할 때 흔히 하는 실수지만, 타입을 추론하기 위해 변수의 초기화가 필요한 auto에서는 불가능하다.
- auto를 사용하면 항상 올바른 타입을 사용하는 것을 보장하며 암시적인 변환이 발생하지 않는다. 벡터의 크기를 지역 변수로 가져오는 다음 예제를 생각해보자. 첫 번째 경우에는 size() 메소드가 size_t를 반환하지만 변수의 타입은 int다.

40

즉 size_t에서 int로의 암시적 변환이 발생한다. 그러나 타입에 auto를 사용하면 올바른 타입인 size_t가 추론된다.

```
auto v = std::vector<int>{ 1, 2, 3 };
int size1 = v.size();
// 암시적 변환. 데이터 손실 가능성 있음
auto size2 = v.size();
auto size3 = int{ v.size() }; // 오류. 변환 축소
```

- auto를 사용하면 구현 시 인터페이스를 선호하는 것과 같이 객체지향적인 방식을 향상시킬 수 있다. 지정된 타입의 수가 적을수록 코드가 일반화되고 향후 변경에 더 개방적이며, 이는 객체지향 프로그래밍의 기본 원칙이다.

- 이는 타이핑이 적어지고 실제 타입에 대해 덜 신경 쓸 수 있음을 의미한다. 타입을 명시적으로 지정한다고 해도 실제로는 이에 대해 신경 쓰지 않는 경우가 많다. 가장 일반적인 경우는 반복자iterator지만, 더 많은 다른 경우도 생각할 수 있다. 범위를 반복할 때 반복자의 실제 타입은 신경 쓰지 않는다. 반복자 자체에만 관심이 있다. 따라서 auto를 사용하면 긴 이름을 입력하는 데 사용되는 시간을 절약할 수 있으며 타입 이름이 아닌 실제 코드에 집중하는 데 도움이 된다. 다음 예제에서는 첫 번째 for 루프에서 반복자의 타입을 명시적으로 사용한다. 타입에 텍스트를 많이 사용하면 긴 문장이 발생하고, 이로 인해 코드를 읽기 어려우며 또한 실제로는 별로 신경 쓰지 않는 타입 이름까지 알아야 한다. auto 지정자를 사용한 두 번째 루프는 더 단순해 보이며 실제 타입을 입력하고 신경 쓰는 데 들이는 노력을 절약시켜준다.

```
std::map<int, std::string> m;
for (std::map<int,std::string>::const_iterator it = m.cbegin();
  it != m.cend(); ++it)
{ /*...*/ }

for (auto it = m.cbegin(); it != m.cend(); ++it)
```

```
{ /*...*/ }
```

- auto로 변수를 선언하면 타입이 항상 오른쪽에 위치하는 일관된 코딩 스타일을 제공할 수 있다. 객체를 동적으로 할당하는 경우, int p = new int(42)와 같이 할당의 왼쪽과 오른쪽 모두에서 타입을 작성해야 한다. auto를 사용하면 타입이 오른쪽에 한 번만 지정된다.

그러나 auto를 사용할 때 몇 가지 문제가 있다.

- auto 지정자는 타입에 대한 자리 표시자일 뿐이며 const/volatile과 참조 지정자에 대한 것은 아니다. const/volatile 또는 참조 타입이 필요한 경우에는 이를 명시적으로 지정해야 한다. 다음 예제에서 foo.get()은 int에 대한 참조를 반환한다. 변수 x가 반환값에서 초기화될 때, 컴파일러에서 추론한 타입은 int며, int&가 아니다. 따라서 x에 대한 변경 사항은 foo.x_에 적용되지 않는다. 이렇게 하려면 auto&를 사용해야 한다.

```
class foo {
  int x_;
public:
  foo(int const x = 0) :x_{ x } {}
  int& get() { return x_; }
};

foo f(42);
auto x = f.get();
x = 100;
std::cout << f.get() << std::endl; // 42 출력
```

- 이동할 수 없는 타입의 경우 auto를 사용할 수 없다.

```
auto ai = std::atomic<int>(42); // 오류
```

- long long과 long double 또는 struct foo 같은 다중 단어 타입에는 auto를 사용할 수 없다. 첫 번째 경우, 가능한 해결 방법은 리터럴literal 또는 타입 별칭을 사용하는 것이다. 두 번째 경우, 해당 형식에서 struct/class를 사용하면 C++에서만 지원되기 때문에 C와의 호환성을 위해 피하는 것이 좋다.

```
auto l1 = long long{ 42 }; // 오류
auto l2 = llong{ 42 }; // OK
auto l3 = 42LL; // OK
```

- auto 지정자를 사용했지만 타입을 알아야 할 필요가 있는 경우에는 어떤 IDE에서든 변수 위에 커서를 놓으면 타입을 알 수 있다. 하지만 IDE를 종료하면 더 이상 가능하지 않으며, 실제 타입을 알 수 있는 유일한 방법은 초기화 표현식에서 스스로 추론하는 것뿐이다. 이는 코드에서 함수 반환 타입을 검색하는 것을 의미한다.

auto는 함수에서 반환 타입을 지정하는 데도 사용할 수 있다. C++11에서는 함수 선언에 후행 반환 타입이 필요하다. C++14에서는 이것이 완화됐고, 반환값의 타입은 return 표현식에서 컴파일러에 의해 추론된다. 반환값이 여러 개인 경우 동일한 타입이어야 한다.

```
// C++11
auto func1(int const i) -> int
{ return 2*i; }

// C++14
auto func2(int const i)
{ return 2*i; }
```

앞에서 언급했듯이 auto는 const/volatile과 참조 한정자qualifier를 가지지 않는다. 이로 인해 함수의 반환 타입에 대한 자리 표시자인 auto에서 문제가 발생한다. 이를 설명하기 위해 앞의 예제를 foo.get( )으로 간주해보자. 이번에는 foo에 대한 참조를 인수로 받아 get( )을 호출하고 get( )의 반환값인 int&를 반환하는 proxy_get( )이라는 래퍼wrapper 함

수가 있다. 그러나 컴파일러는 proxy_get()의 반환 타입을 int&가 아닌 int로 추론한다. 이 값을 int&에 할당하려고 시도하면 오류가 발생하고 실패한다.

```cpp
class foo
{
  int x_;
public:
  foo(int const x = 0) :x_{ x } {}
  int& get() { return x_; }
};

auto proxy_get(foo& f) { return f.get(); }

auto f = foo{ 42 };
auto& x = proxy_get(f); // 'int'를 'int &'로 변환할 수 없음
```

이 문제를 해결하려면 auto&를 반환해야 한다. 그러나 이것은 템플릿의 문제며, 반환 타입이 값인지 참조인지를 몰라도 완벽하게 전달한다. C++14에서 이 문제에 대한 해결책은 타입을 올바르게 추론하는 decltype(auto)다.

```cpp
decltype(auto) proxy_get(foo& f) { return f.get(); }
auto f = foo{ 42 };
decltype(auto) x = proxy_get(f);
```

마지막으로 auto가 사용될 수 있는 중요한 경우는 람다다. C++14에서 람다 반환 타입과 람다 매개변수 타입은 모두 auto가 될 수 있다. 이런 람다는 람다에 의해 정의된 클로저closure 타입이 템플릿 호출 연산자를 가지기 때문에 제네릭 람다generic lambda라고 불린다. 다음은 두 개의 auto 매개변수를 사용하고 실제 타입에 operator+를 적용한 결과를 반환하는 제네릭 람다를 보여준다.

```
auto ladd = [] (auto const a, auto const b) { return a + b; };
struct
{
  template<typename T, typename U>
  auto operator () (T const a, U const b) const { return a+b; }
} L;
```

이 람다는 operator+가 정의된 것을 추가하는 데 사용될 수 있다. 다음 예제에서는 람다
를 사용해 두 개의 정수를 더하고 std::string 객체에 연결한다(C++14 사용자 정의 리터럴
operator ""s 사용).

```
auto i = ladd(40, 2); // 42
auto s = ladd("forty"s, "two"s); // "fortytwo"s
```

참고 사항

- 타입 별칭 및 별칭 템플릿 생성
- 균일한 초기화 이해하기

타입 별칭 및 별칭 템플릿 생성

C++에서는 타입 이름 대신 사용할 수 있는 동의어를 생성할 수 있다. typedef 선언을
작성하면 된다. 이는 타입이나 함수 포인터의 이름을 좀 더 짧고 의미 있게 만드는 등
의 여러 가지 경우에 유용하다. 그러나 typedef 선언을 템플릿과 함께 사용해 템플릿 타
입 별칭template type alias을 만들 수는 없다. 예를 들어 std::vector<T>는 타입이 아니라
(std::vector<int>는 타입이다.) 타입 자리 표시자 T가 실제 타입으로 바뀔 때 생성될 수 있는
모든 타입의 일종의 패밀리family다.

C++11에서 타입 별칭은 이미 선언된 다른 타입의 이름이고, 별칭 템플릿은 이미 선언된 다른 템플릿의 이름이다. 이 두 별칭의 타입은 모두 새로운 using 구문과 함께 도입됐다.

예제 구현

- 다음 예제와 같이 using identifier = type-id 양식으로 타입 별칭을 생성한다.

```cpp
using byte = unsigned char;
using pbyte = unsigned char *;
using array_t = int[10];
using fn = void(byte, double);

void func(byte b, double d) { /*...*/ }
byte b {42};
pbyte pb = new byte[10] {0};
array_t a{0,1,2,3,4,5,6,7,8,9};
fn* f = func;
```

- 다음 예제와 같이 template<template-params-list> identifier = type-id 양식으로 별칭 템플릿을 생성한다.

```cpp
template <class T>
class custom_allocator { /* ... */};

template <typename T>
using vec_t = std::vector<T, custom_allocator<T>>;

vec_t<int> vi;
vec_t<std::string> vs;
```

일관성과 가독성을 위해 다음을 수행한다.

- 별칭을 생성할 때 typedef와 using 선언을 함께 사용하지 않는다.

- using 구문을 사용해 함수 포인터 타입의 이름을 생성한다.

typedef 선언은 타입에 대한 동의어(또는 별칭)를 도입한다. class, struct, union, enum 선언 같은 다른 타입은 도입하지 않는다. typedef 선언으로 도입된 타입 이름은 식별자 이름과 동일한 숨기기 규칙hiding rule을 따른다. 다시 선언할 수도 있지만, 이는 동일한 타입을 참조하는 경우에만 가능하다(따라서 동일한 타입에 대한 동의어인 경우, 변환 단위에서 동일한 타입 이름 동의어를 도입하는 유효한 복수의 typedef 선언을 가질 수 있다). 다음은 typedef 선언의 전형적인 예다.

```
typedef unsigned char byte;
typedef unsigned char * pbyte;
typedef int array_t[10];
typedef void(*fn)(byte, double);

template<typename T>
class foo {
  typedef T value_type;
};

typedef std::vector<int> vint_t;
```

타입 별칭 선언은 typedef 선언과 동일하다. 블록 범위, 클래스 범위, 또는 네임스페이스namespace 범위에 나타날 수 있다. C++11의 7.1.3.2절에 따르면 다음과 같다.

> typedef-name은 별칭 선언에 의해 도입될 수도 있다. using 키워드 다음에 오는 식별자는 typedef-name이 되고, 식별자 뒤에 오는 선택적 attribute-specifier-seq는 해당 typedef-name에 속한다. 또한 typedef 지정자에 의해 도입된 것과 동일한 의미를 가진다. 특히 새로운 타입을 정의하지 않으며 type-id에 나타나지 않는다.

그러나 별칭 선언은 배열 타입과 함수 포인터 타입의 별칭을 만들 때 별칭이 지정된 실제 타입에 대해 더 읽기 쉽고 명확하다. '예제 구현' 절의 예제에서 array_t는 열 개의 정수 타입 배열의 이름이고 fn은 byte와 double 타입의 두 매개변수를 취하는 함수 타입의 이름으로 void를 반환한다. 이는 std::function 객체(예: std::function<void(byte, double)> f)를 선언하는 구문과도 일치한다.

새로운 구문의 도입 목적은 별칭 템플릿을 정의하는 것이다. 이들은 특수화된specialized 경우 type-id의 템플릿 매개변수에 대한 별칭 템플릿의 템플릿 인수를 대체한 결과와 같은 템플릿이다.

다음 사항을 명심한다.

- 별칭 템플릿은 부분적으로 또는 명시적으로 특수화될 수 없다.
- 별칭 템플릿은 템플릿 매개변수를 추론할 때 템플릿 인수 추론에 의해 절대로 추론되지 않는다.
- 별칭 템플릿을 특수화할 때 생성된 타입은 직접적으로 또는 간접적으로 자체 타입을 사용할 수 없다.

균일한 초기화 이해하기

괄호 초기화brace-initialization는 C++11에서 데이터를 초기화하는 균일한 방법이다. 이런 이유로 균일한 초기화uniform initialization라고도 하며, 개발자가 이해하고 사용해야 할 C++11의 가장 중요한 기능 중 하나다. 기본fundamental 타입, 집합aggregate 및 비집합non-aggregate 타입, 배열과 표준 컨테이너 초기화 간의 구분을 제거한다.

준비

이 레시피를 사용하려면 명시적 생성자constructor 인수 집합에서 객체를 초기화하는 직접 초기화direct initialization와 다른 객체의 객체를 초기화하는 복사 초기화copy initialization에 대해 잘 알고 있어야 한다. 다음은 두 가지 타입의 초기화에 대한 간단한 예제다. 자세한 내용은 추가 리소스를 참조한다.

```
std::string s1("test"); // 직접 초기화
std::string s2 = "test"; // 복사 초기화
```

예제 구현

타입에 관계없이 객체를 균일하게 초기화하려면 직접 초기화와 복사 초기화 모두에 사용할 수 있는 괄호 초기화 양식 {}를 사용한다. 괄호 초기화와 함께 사용할 경우 이를 직접 목록direct list 초기화 및 복사 목록copy list 초기화라고 부른다.

```
T object {other}; // 직접 목록 초기화
T object = {other}; // 복사 목록 초기화
```

균일한 초기화의 예는 다음과 같다.

- 표준 컨테이너

```
std::vector<int> v { 1, 2, 3 };
std::map<int, std::string> m { {1, "one"}, { 2, "two" }};
```

- 동적으로 할당된 배열

```
int* arr2 = new int[3]{ 1, 2, 3 };
```

- 배열

```
int arr1[3] { 1, 2, 3 };
```

- 내장 타입

```
int i { 42 };
double d { 1.2 };
```

- 사용자 정의 타입

```
class foo
{
  int a_;
  double b_;

public:
  foo():a_(0), b_(0) {}
  foo(int a, double b = 0.0):a_(a), b_(b) {}
};

foo f1{};
foo f2{ 42, 1.2 };
foo f3{ 42 };
```

- 사용자 정의 POD 타입

```
struct bar { int a_; double b_;};
bar b{ 42, 1.2 };
```

예제 분석

C++11 이전에 객체는 타입에 따라 서로 다른 타입의 초기화가 필요했다.

- 기본fundamental 타입은 할당을 사용해 초기화할 수 있다.

```
int a = 42;
```

```
double b = 1.2;
```

- 클래스 객체는 변환 생성자가 있는 경우 단일 값에서 할당을 사용해 초기화할 수도 있다(C++11 이전에는 단일 매개변수가 있는 생성자를 변환 생성자conversion constructor라고 했다).

```
class foo
{
  int a_;
public:
  foo(int a):a_(a) {}
};
foo f1 = 42;
```

- 비집합non-aggregate 클래스는 인수가 제공됐을 때 괄호(함수형)로 초기화될 수 있고 디폴트 초기화가 수행될 때(디폴트 생성자 호출)만 괄호 없이 초기화될 수 있다. 다음 예제에서 foo는 '예제 구현' 절에서 정의된 구조다.

```
foo f1; // 디폴트 초기화
foo f2(42, 1.2);
foo f3(42);
foo f4(); // 함수 선언
```

- 집합과 POD 타입은 괄호 초기화로 초기화될 수 있다.

```
bar b = {42, 1.2};
int a[] = {1, 2, 3, 4, 5};
```

데이터를 초기화하는 여러 가지 방법 외에도 몇 가지 제한 사항이 있다. 예를 들어 표준 컨테이너를 초기화하는 유일한 방법은 먼저 객체를 선언한 다음 그 안에 요소를 삽입하는 것이다. 집합 초기화를 사용해 미리 초기화할 수 있는 배열의 값을 할당할 수 있기 때문에 벡터가 예외였다. 반면에 동적으로 할당된 집합은 직접 초기화할 수 없다.

'예제 구현' 절의 모든 예제는 직접 초기화를 사용하지만 괄호 초기화로 복사 초기화도 가능하다. 대부분의 경우 직접 초기화와 복사 초기화라는 두 가지 형식이 동일하지만, 직접 초기화에서는 이니셜라이저initializer에서 생성자의 인수로 암시적 변환이 필요한 반면, 복사 초기화는 이니셜라이저에서 직접 객체를 생성해내야 하는 암시적 변환 시퀀스에서 명시적인 생성자를 고려하지 않기 때문에 직접 초기화에 비해 덜 관대하다. 동적으로 할당된 배열은 직접 초기화를 통해서만 초기화할 수 있다.

앞서 살펴본 예제의 클래스 중 foo는 디폴트 생성자와 매개변수를 가진 생성자를 둘 다 포함하는 클래스 중 하나다. 디폴트 생성자를 사용해 디폴트 초기화를 수행하려면 빈 중괄호, 즉 {}를 사용해야 한다. 매개변수를 가진 생성자를 사용하려면 모든 인수의 값을 중괄호 {}로 제공해야 한다. 디폴트 초기화가 디폴트 생성자를 호출하는 것을 의미하는 비집합 타입과 달리, 집합 타입의 경우 디폴트 초기화는 0으로 초기화된다.

또한 C++11에서 모든 표준 컨테이너는 std::initializer_list<T> 타입의 인수를 취하는 추가 생성자를 가지고 있기 때문에 위의 예제에서 벡터와 맵map 같은 표준 컨테이너의 초기화가 가능하다. 이것은 기본적으로 T const 타입의 요소 배열에 대한 간단한 프락시다. 그런 다음 이 생성자는 이니셜라이저 목록의 값에서 내부 데이터를 초기화한다.

std::initializer_list를 사용해 초기화하는 방법은 다음과 같이 동작한다.

- 컴파일러는 초기화 목록의 요소 타입을 확인한다(모든 요소는 동일한 타입이어야 함).
- 컴파일러는 이니셜라이저 목록에 요소로 배열을 생성한다.
- 컴파일러는 앞에서 생성한 배열을 래핑하기 위해 std::initializer_list<T> 객체를 생성한다.
- std::initializer_list<T> 객체는 생성자에 인수로 전달된다.

이니셜라이저 목록은 항상 괄호 초기화가 사용되는 다른 생성자보다 우선한다. 이런 생성자가 클래스에 존재하면 괄호 초기화가 수행될 때 이 생성자가 호출된다.

```
class foo
{
    int a_;
    int b_;
public:
    foo() :a_(0), b_(0) {}

    foo(int a, int b = 0) :a_(a), b_(b) {}
    foo(std::initializer_list<int> l) {}
};

foo f{ 1, 2 }; // initializer_list<int>로 생성자를 호출
```

선행 규칙^{precedence rule}은 생성자뿐만 아니라 모든 함수에 적용된다. 다음 예제에서는 동일한 함수의 두 가지 오버로드^{overload}가 존재한다. 이니셜라이저 목록으로 함수를 호출하면 std::initializer_list를 사용해 오버로드를 호출한다.

```
void func(int const a, int const b, int const c)
{
    std::cout << a << b << c << std::endl;
}

void func(std::initializer_list<int> const l)
{
    for (auto const & e : l)
        std::cout << e << std::endl;
}

func({ 1,2,3 }); // 두 번째 오버로드 호출
```

그러나 이 방법은 버그로 이어질 가능성이 있다. 벡터 타입을 예로 들어보자. 벡터의 생성자 중에는 할당할 요소의 초기 숫자를 나타내는 단일 인수를 가지는 생성자와 std::initializer_list를 인자로 가지는 다른 생성자가 있다. 미리 할당된 크기로 벡터를 생성하

는 것이 의도라면 std::initializer_list를 가진 생성자가 호출될 최적의 오버로드이기 때문에 괄호 초기화를 사용하면 동작하지 않는다.

```
std::vector<int> v {5};
```

앞의 코드는 다섯 개의 요소를 가지는 벡터가 아니라 값이 5인 하나의 요소를 가진 벡터를 생성한다. 실제로 다섯 개의 요소를 가진 벡터를 생성하려면 괄호 형식으로 초기화해야 한다.

```
std::vector<int> v (5);
```

한 가지 더 염두에 둬야 하는 것은 괄호 초기화가 축소 변환^{narrowing conversion}을 허용하지 않는다는 것이다. C++ 표준(표준 8.5.4절 참조)에 따르면 축소 변환은 암시적 변환이다.

- 부동 소수점(floating-point) 타입에서 정수(integer) 타입으로
- 소스가 상수 표현식이고 변환 후의 실제 값이 표현할 수 있는 값의 범위 내에 있는 경우를 제외하고는 long double에서 double 또는 float로, 또는 double에서 float로(정확히 표현할 수 없는 경우라도)
- 소스가 상수 표현식이고 변환 후 실제 값이 목표 타입에 맞고 원래 타입으로 변환될 때 원래 값을 생성하는 경우를 제외하고는 정수 타입 또는 열거형(enumeration) 타입에서 부동 소수점 타입으로
- 소스가 상수 표현식이고 변환 후 실제 값이 목표 타입에 맞고 원래 타입으로 변환될 때 원래 값을 생성하는 경우를 제외하고는 정수 타입 또는 범위가 지정되지 않은 열거형(unscoped enumeration) 타입에서 원래 타입의 모든 값을 나타낼 수 없는 정수 타입으로

다음 선언은 축소 변환이 필요하기 때문에 컴파일러 오류를 발생시킨다.

```
int i{ 1.2 }; // 오류

double d = 47 / 13;
```

```
float f1{ d }; // 오류
float f2{47/13}; // OK
```

이 오류를 수정하려면 명시적 변환을 수행해야 한다.

```
int i{ static_cast<int>(1.2) };

double d = 47 / 13;
float f1{ static_cast<float>(d) };
```

 괄호 초기화 목록은 표현식이 아니며 타입이 없다. 따라서 decltype은 괄호 초기화 목록에 사용할 수 없으며 템플릿 타입 추론은 괄호 초기화 목록과 일치하는 타입을 추론할 수 없다.

부연 설명

다음 예제에서는 직접 목록 초기화와 복사 목록 초기화의 몇 가지 예를 보여준다. C++11에서 이 모든 표현식의 추론된 타입은 std::initializer_list<int>다.

```
auto a = {42}; // std::initializer_list<int>
auto b {42}; // std::initializer_list<int>
auto c = {4, 2}; // std::initializer_list<int>
auto d {4, 2}; // std::initializer_list<int>
```

C++17에서는 목록 초기화에 대한 규칙을 변경해 직접 목록 초기화와 복사 목록 초기화를 구분했다. 타입 추론에 대한 새로운 규칙은 다음과 같다.

- 복사 목록 초기화에서 auto 추론은 목록의 모든 요소가 같은 타입을 가지고 있을 경우 std::initializer_list<T>를 추론하거나 또는 잘못된 형식으로 추론할 것이다.

- 직접 목록 초기화에서 auto 추론은 목록에 단일 요소가 있을 경우 T를 추론하거나 또는 잘못된 형식으로 추론할 것이다.

새로운 규칙에 기반하면 앞의 예제는 다음과 같이 변경된다. `std::initializer_list<int>`; b는 int; d로 추론된다. 직접 초기화를 사용하고 괄호 초기화 목록에 둘 이상의 값이 있는 경우 컴파일러 오류를 발생시킨다.

```
auto a = {42}; // std::initializer_list<int>
auto b {42}; // int
auto c = {4, 2}; // std::initializer_list<int>
auto d {4, 2}; // 오류, 인자가 너무 많음
```

참고 사항

- 가능한 한 auto 사용하기
- 비정적 멤버 초기화의 다양한 형식 이해하기

비정적 멤버 초기화의 다양한 형식 이해하기

생성자는 비정적non-static 클래스 멤버 초기화가 수행되는 곳이다. 많은 개발자들이 생성자 본문에서 할당을 선호한다. 실제로 필요한 몇 가지 경우를 제외하고, 비정적 멤버의 초기화는 이니셜라이저 목록에서 수행하거나 또는 C++11의 경우, 클래스에서 선언될 때 디폴트 멤버 초기화를 사용해 수행해야 한다. C++11 이전에는 클래스의 상수와 상수가 아닌 비정적 데이터 멤버가 생성자에서 초기화돼야 했다. 클래스의 선언 초기화는 정적 상수에서만 가능했다. C++11에서는 클래스 선언에서 비정적 초기화가 가능하도록 이 제한이 제거됐다. 이 초기화를 디폴트 멤버 초기화라고 하며, 다음 절에서 살펴본다.

이 레시피에서는 비정적 멤버 초기화를 수행하는 방법을 자세히 알아본다.

클래스의 비정적 멤버를 초기화하려면 다음을 수행해야 한다.

- 멤버의 공통 이니셜라이저를 사용하는 여러 생성자를 가진 클래스 멤버에 대한 디폴트 값을 제공하려면 디폴트 멤버 초기화를 사용한다(다음 코드의 [3]과 [4] 참조).
- 정적 상수와 비정적 상수 모두에 대해 디폴트 멤버 초기화를 사용한다(다음 코드의 [1]과 [2] 참조).
- 생성자 이니셜라이저 목록을 사용해 디폴트 값이 없지만 생성자 매개변수에 종속되는 멤버를 초기화한다(다음 코드의 [5]와 [6] 참조).
- 다른 옵션을 사용할 수 없는 경우 생성자의 할당을 사용한다(예로 데이터 멤버를 포인터 this로 초기화하거나, 생성자 매개변수 값을 확인하고 두 개의 비정적 데이터 멤버의 값 또는 자체 참조self-reference를 가진 멤버를 초기화하기 전에 예외를 발생시키는 것을 포함).

다음 예제는 이런 초기화 형식을 보여준다.

```
struct Control
{
  const int DefaultHeigh = 14; // [1]
  const int DefaultWidth = 80; // [2]

  TextVAligment valign = TextVAligment::Middle; // [3]
  TextHAligment halign = TextHAligment::Left; // [4]

  std::string text;

  Control(std::string const & t) : text(t) // [5]
  {}

  Control(std::string const & t,
    TextVerticalAligment const va,
```

```
    TextHorizontalAligment const ha):
  text(t), valign(va), halign(ha) // [6]
  {}
};
```

예제 분석

비정적 데이터 멤버는 다음 예제와 같이 생성자의 이니셜라이저 목록에서 초기화돼야 한다.

```
struct Point
{
  double X, Y;
  Point(double const x = 0.0, double const y = 0.0) : X(x), Y(y) {}
};
```

그러나 많은 개발자들은 이니셜라이저 목록을 사용하기보다는 생성자 본문에서 할당을 선호하거나, 심지어는 할당과 이니셜라이저 목록을 혼합한다. 여기에는 몇 가지 이유가 있을 수 있다. 많은 멤버를 가진 큰 클래스의 경우 생성자 할당은 (아마도 여러 줄로 분리돼 있어) 긴 이니셜라이저 목록보다 쉽게 읽을 수 있기 때문이거나, 또는 이니셜라이저가 없는 다른 프로그래밍 언어에 익숙하기 때문일 수도 있다. 또는 불행하게도 이에 대해 알지 못해서거나 다른 여러 가지 이유가 있을 수 있다.

 비정적 데이터 멤버가 초기화되는 순서는 클래스 정의에서 선언된 순서며 생성자 이니셜라이저 목록에서 초기화되는 순서가 아니라는 점에 유의해야 한다. 반면에 비정적 데이터 멤버가 소멸되는 순서는 생성의 역순이다.

생성자에서 할당을 사용하면 나중에 폐기되는 임시 객체를 생성할 수 있으므로 효율적이지 않다. 이니셜라이저 목록에서 초기화되지 않은 경우 비정적 멤버는 디폴트 생성자를 통해 초기화된 다음, 생성자 본문에 값이 할당되면 할당 연산자가 호출된다. 이는 디폴트 생성자가 메모리나 파일 같은 리소스를 할당하고 할당 연산자에서 할당을 해제해 재할당해야 하는 경우 비효율적인 작업이 발생할 수 있다.

```cpp
struct foo
{
  foo()
  { std::cout << "default constructor" << std::endl; }
  foo(std::string const & text)
  { std::cout << "constructor '" << text << "'" << std::endl; }
  foo(foo const & other)
  { std::cout << "copy constructor" << std::endl; }
  foo(foo&& other)
  { std::cout << "move constructor" << std::endl; };
  foo& operator=(foo const & other)
  { std::cout << "assignment" << std::endl; return *this; }
  foo& operator=(foo&& other)
  { std::cout << "move assignment" << std::endl; return *this;}
  ~foo()
  { std::cout << "destructor" << std::endl; }
};

struct bar
{
  foo f;

  bar(foo const & value)
  {
    f = value;
  }
};

foo f;
bar b(f);
```

앞의 코드는 데이터 멤버 f가 처음에 디폴트 값으로 초기화된 후 새 값으로 할당되는 방법을 보여주는 다음의 출력을 생성한다.

```
default constructor
default constructor
assignment
destructor
destructor
```

생성자 본문에서의 할당에서 이니셜라이저 목록으로 초기화를 변경하면, 디폴트 생성자와 할당 연산자에 대한 호출이 복사 생성자에 대한 호출로 바뀐다.

```
bar(foo const & value) : f(value) { }
```

앞의 코드 행을 추가하면 다음과 같은 결과가 출력된다.

```
default constructor
copy constructor
destructor
destructor
```

이런 이유로 내장 타입(예를 들어 bool, char, int, float, double 또는 포인터 같은) 이외의 다른 타입의 경우에는 생성자 이니셜라이저 목록을 선호해야 한다. 그러나 초기화 스타일과의 일관성을 유지하려면 가능한 한 항상 생성자 이니셜라이저 목록을 선호하는 것이 좋다. 이니셜라이저 목록을 사용할 수 없는 많은 경우가 있으며, 여기에는 다음과 같은 경우가 포함된다(목록은 다른 경우와 함께 확장될 수 있음).

- 멤버를 포함하는 객체에 대한 포인터 또는 참조로 멤버를 초기화해야 하는 경우 초기화 목록에서 this 포인터를 사용하면 객체가 생성되기 전에 일부 컴파일러에서 경고가 발생할 수 있다.
- 서로에 대한 참조를 포함해야 하는 두 개의 데이터 멤버가 있는 경우
- 비정적 데이터 멤버를 매개변수의 값으로 초기화하기 전에 입력 매개변수를 테스

트하고 예외를 발생시키고자 하는 경우

C++11부터 비정적 데이터 멤버는 클래스에서 선언될 때 초기화될 수 있다. 디폴트 값으로 초기화를 나타내므로 디폴트 멤버 초기화default member initialization라고 불린다. 디폴트 멤버 초기화는 상수와 생성자 매개변수를 기반으로 초기화되지 않은 멤버(즉, 값이 객체가 생성되는 방식에 의존하지 않는 멤버)를 위한 것이다.

```cpp
enum class TextFlow { LeftToRight, RightToLeft };
struct Control

{
  const int DefaultHeight = 20;
  const int DefaultWidth = 100;

  TextFlow textFlow = TextFlow::LeftToRight;
  std::string text;

  Control(std::string t) : text(t)
  {}
};
```

앞의 예제에서 DefaultHeight와 DefaultWidth는 모두 상수다. 따라서 값은 객체가 생성되는 방식에 의존하지 않으므로 선언될 때 초기화된다. textFlow 객체는 상수가 아닌 비정적 데이터 멤버다. 이 값은 객체가 초기화되는 방식(다른 멤버 함수를 통해 변경될 수 있음)에 의존하지 않으므로 객체가 선언될 때 디폴트 멤버 초기화를 사용해 초기화된다. 반면에 text는 역시 상수가 아닌 비정적 데이터 멤버지만 초깃값은 객체가 생성되는 방식에 따라 다르기 때문에 생성자에 인수로 전달된 값을 사용해 생성자의 이니셜라이저 목록에서 초기화된다.

데이터 멤버가 디폴트 멤버 초기화와 생성자 이니셜라이저 목록을 사용해 초기화되면 후자가 먼저 적용되고 디폴트 값은 삭제된다. 이에 대한 예시로 앞의 foo 클래스를 사용해 다음과 같이 bar 클래스를 만들어보자.

```
struct bar
{
  foo f{"default value"};

  bar() : f{"constructor initializer"}
  {
  }
};

bar b;
```

디폴트 이니셜라이저 목록의 값은 버려지고 객체가 두 번 초기화되지 않기 때문에 이 경우 출력은 다음과 같이 달라진다.

```
constructor
constructor initializer
destructor
```

 각 멤버에 적절한 초기화 방법을 사용하면 좀 더 효율적인 코드뿐만 아니라 체계적이고 읽기 쉬운 코드도 만들 수 있다.

객체 정렬 제어 및 쿼리

C++11은 타입의 정렬 요구 사항을 지정하고 쿼리하기 위한 표준화된 메소드를 제공한다 (이전에는 컴파일러 전용 메소드를 통해서만 가능했음). 정렬 제어는 다른 프로세서의 성능을 높이고 특정 정렬에 대해서만 동작하는 일부 명령어의 사용을 가능하게 하는 데 중요하다. 예를 들어 인텔 SSE와 인텔 SSE2는 16바이트 데이터 정렬이 필요하지만, 인텔

AVX^{Advanced Vector Extensions}의 경우 32바이트 정렬을 사용하는 것이 좋다. 이번 레시피에서는 정렬 요구 사항을 제어하기 위한 alignas 지정자와 타입의 정렬 요구 사항을 검색하는 alignof 연산자에 대해 자세히 알아본다.

준비

데이터 정렬의 개념과 컴파일러가 디폴트 데이터 정렬을 수행하는 방법을 잘 알고 있어야 한다. 디폴트 데이터 정렬을 수행하는 방법에 대한 기본 정보는 '예제 분석' 절에 나와 있다.

예제 구현

- 타입(클래스 레벨 또는 데이터 멤버 레벨 모두) 또는 객체의 정렬을 제어하려면 alignas 지정자를 사용한다.

```
struct alignas(4) foo
{
  char a;
  char b;
};
struct bar
{
  alignas(2) char a;
  alignas(8) int b;
};
alignas(8) int a;
alignas(256) long b[4];
```

- 타입의 정렬을 쿼리하려면 alignof 연산자를 사용한다.

```
auto align = alignof(foo);
```

프로세서는 메모리에 접근할 때 한 번에 1바이트씩이 아닌, 2의 제곱(2, 4, 8, 16, 32 등)의 큰 청크chunk 단위로 접근한다. 따라서 프로세서가 쉽게 접근할 수 있도록 컴파일러가 메모리에 데이터를 정렬하는 것이 중요하다. 이 데이터가 잘못 정렬되면 컴파일러에서 데이터에 접근할 때 추가 작업이 필요하다. 여러 개의 데이터 청크를 읽어 이동하며, 불필요한 바이트는 버리고 나머지들은 결합해야 한다.

C++ 컴파일러는 데이터 타입의 크기에 따라 변수를 정렬한다. bool과 char의 경우에는 1바이트, short는 2바이트, int와 long, float는 4바이트, double과 long long은 8바이트 같은 식이다. 구조체struct나 공용체union의 경우 성능 문제를 피하기 위해 정렬은 가장 큰 멤버의 크기와 일치해야 한다. 예를 들어 다음 데이터 구조체를 살펴보자.

```
struct foo1 // 크기 = 1, 정렬 = 1
{
  char a;
};

struct foo2 // 크기 = 2, 정렬 = 1
{
  char a;
  char b;
};

struct foo3 // 크기 = 8, 정렬 = 4
{
  char a;
  int b;
};
```

foo1과 foo2는 크기가 다르지만, 모든 데이터 멤버가 크기가 1인 char 타입이기 때문에 정렬은 동일하다. 즉, 1이다. 구조체 foo3에서 두 번째 멤버는 크기가 4인 정수다. 결과적으로 이 구조체의 멤버 정렬은 4의 배수인 주소에서 수행된다. 이를 달성하기 위해 컴파일러는 패딩padding 바이트를 도입한다. foo3 구조는 실제로 다음과 같이 변환된다.

```
struct foo3_
{
  char a; // 1바이트
  char _pad0[3]; // 4바이트 경계에 b를 넣기 위한 3바이트 패딩
  int b; // 4바이트
};
```

마찬가지로 다음 구조체는 가장 큰 멤버가 크기가 8인 double이기 때문에 32바이트 크기와 8의 정렬을 가진다. 그러나 이 구조체에서 모든 멤버가 8의 배수인 주소에서 접근할 수 있도록 하기 위해 여러 곳에서 패딩이 필요하다.

```
struct foo4
{
  int a;
  char b;
  float c;
  double d;
  bool e;
};
```

컴파일러에 의해 생성된 동등한 구조체는 다음과 같다.

```
struct foo4_
{
  int a; // 4바이트
  char b; // 1바이트
  char _pad0[3]; // 8바이트 경계에 c를 넣기 위한 3바이트 패딩
  float c; // 4바이트
  char _pad1[4]; // 8바이트 경계에 d를 넣기 위한 4바이트 패딩
  double d; // 8바이트
```

```
  bool e; // 1바이트
  char _pad2[7]; // 크기가 8의 배수인 구조체를 만들기 위한 7바이트 패딩
};
```

C++11에서 객체 또는 타입의 정렬을 지정할 때 alignas 지정자를 사용한다. 표현식(0으로 평가되는 정수 상수 표현식 또는 정렬에 유효한 값)이나 type-id 또는 매개변수 팩[pack] 중 하나를 사용할 수 있다. alignas 지정자는 비트 필드를 나타내지 않는 변수나 클래스 데이터 멤버의 선언 또는 클래스, 공용체, 열거형의 선언에 적용할 수 있다. alignas 규격이 적용된 타입이나 객체는 선언에 사용된 모든 alignas 규격 표현식의 최대와 같고 0보다 큰 정렬 요구 사항을 가진다.

alignas 지정자를 사용할 때 몇 가지 제한 사항이 있다.

- 유효한 정렬은 2의 제곱(1, 2, 4, 8, 16, 32 등)뿐이다. 다른 값은 적합하지 않으며 프로그램은 잘못된 것으로 간주된다. 컴파일러가 규격을 무시하도록 선택할 수 있으므로 반드시 오류를 생성할 필요는 없다.
- 0의 정렬은 항상 무시된다.
- 선언에서 가장 큰 alignas가 alignas 지정자 없는 자연 정렬보다 작으면 프로그램은 잘못 구성된 것으로 간주된다.

다음 예제에서는 alignas 지정자가 클래스 선언에 적용된다. alignas 지정자가 없는 자연 정렬은 1이지만, alignas(4)가 있으면 4가 된다.

```
struct alignas(4) foo
{
  char a;
  char b;
};
```

즉, 컴파일러는 앞의 클래스를 다음과 같이 변환한다.

```
struct foo
{
  char a;
  char b;
  char _pad0[2];
};
```

alignas 지정자는 클래스 선언과 멤버 데이터 선언에 모두 적용할 수 있다. 이 경우 가장 엄격한(즉, 가장 큰) 값이 이긴다. 다음 예제에서 멤버 a는 자연 크기가 1이고 2의 정렬이 필요하며, 멤버 b는 4의 자연 크기를 가지고 8의 정렬이 필요하므로 가장 엄격한 정렬은 8이 된다. 전체 클래스의 정렬 요구 사항은 가장 엄격한 정렬보다 약한(즉, 더 작은) 4이므로 컴파일러에서 경고를 생성하지만 무시된다.

```
struct alignas(4) foo
{
  alignas(2) char a;
  alignas(8) int b;
};
```

결과는 다음과 같은 구조체가 된다.

```
struct foo
{
  char a;
  char _pad0[7];
  int b;
  char _pad1[4];
};
```

alignas 지정자는 변수에도 적용할 수 있다. 다음 예에서 정수인 변수 a는 메모리에 8의 배수로 배치돼야 한다. 4의 배열인 다음 변수 a는 메모리에 8의 배수로 배치돼야 한다. 다음 변수인 4의 배열 long은 256의 배수로 메모리에 배치돼야 한다. 결과적으로 컴파일러는 두 변수 사이에 244바이트의 패딩을 도입한다(변수 a가 위치하는 8의 배수의 메모리 주소에 따라 다름).

```
alignas(8) int a;
alignas(256) long b[4];

printf("%pn", &a); // 예: 0000006C0D9EF908
printf("%pn", &b); // 예: 0000006C0D9EFA00
```

주소를 살펴보면 a의 주소는 실제로 8의 배수고 b의 주소는 256의 배수(16진수 100)임을 알 수 있다.

타입의 정렬을 쿼리하려면 `alignof` 연산자를 사용한다. `sizeof`와 달리 이 연산자는 변수나 클래스 멤버가 아닌 type-id에만 적용할 수 있다. 적용할 수 있는 타입에는 완전한 타입, 배열 타입 또는 참조 타입이 있다. 배열의 경우 반환되는 값은 요소 타입의 정렬이다. 참조의 경우 반환되는 값은 참조된 타입의 정렬이다. 다음은 몇 가지 예를 보여준다.

표현식	평가
alignof(char)	char의 자연 정렬이 1이므로 1이다.
alignof(int)	int의 자연 정렬이 4이므로 4다.
alignof(int*)	포인터에 대한 정렬이다. 32비트에서 4, 64비트에서 8이다.
alignof(int[4])	요소 타입의 자연 정렬이 4이므로 4다.
alignof(foo&)	참조된 타입(마지막 예에서 보여준 것과 같이)인 foo 클래스에 대한 지정된 정렬이 8이므로 8이다.

범위가 지정된 열거형 사용하기

열거형^{enumeration}은 값의 컬렉션을 정의하는 C++의 기본 타입으로 항상 필수 타입이다. 상수인 명명된 값은 열거자^{enumerator}라고 한다. 키워드 enum으로 선언된 열거형을 범위가 지정되지 않은 열거형$^{unscoped\ enumeration}$이라고 하며, enum class 또는 enum struct로 선언된 열거형을 범위가 지정된 열거형$^{scoped\ enumeration}$이라고 한다. 후자는 범위가 지정되지 않은 열거형의 여러 문제를 해결하기 위해 C++11에서 도입됐다.

예제 구현

- 범위가 지정되지 않은 열거형 대신 범위가 지정된 열거형을 사용하는 것이 좋다.
- 범위가 지정된 열거형을 사용하려면 enum class 또는 enum struct를 사용해 열거형을 선언해야 한다.

```
enum class Status { Unknown, Created, Connected };
Status s = Status::Created;
```

 enum class와 enum struct 선언은 동일하며, 이 책의 나머지 부분에서는 enum class를 사용한다.

예제 분석

범위가 지정되지 않은 열거형은 개발자에게 문제를 일으킬 수 있는 몇 가지 요인이 있다.

- 열거자를 주변 범위로 내보내기 때문에(이런 이유로 범위가 지정되지 않은 열거형이라고 불림) 다음 두 가지 단점이 있다. 동일한 네임스페이스에 있는 두 개의 열거형이 동일한 이름의 열거자를 갖고 있는 경우 이름 충돌이 발생할 수 있고, 정규화

된 이름fully qualified name으로 열거자를 사용할 수 없다.

```
enum Status {Unknown, Created, Connected};
enum Codes {OK, Failure, Unknown}; // 오류
auto status = Status::Created; // 오류
```

- C++11 이전에는 정수 타입의 기본 타입을 지정할 수 없었다. 이 타입은 열거자 값이 signed 또는 unsigned integer에 맞지 않는 경우를 제외하고는 int보다 크면 안 된다. 이 때문에 열거형의 전방 선언forward declaration은 가능하지 않았다. 그 이유는 열거자의 값이 정의돼 기본 타입을 알 수 있고 컴파일러가 적절한 정수 타입을 선택할 수 있을 때까지 열거형의 크기를 알 수 없기 때문이다. 이 문제는 C++11에서 수정됐다.

- 열거자의 값은 암시적으로 int로 변환된다. 즉, 의도적으로 또는 실수로 특정 의미와 정수(열거형의 의미와 관련이 없을 수도 있음)가 있는 열거형을 혼합할 수 있으며 컴파일러에서 경고를 알려주지 않음을 의미한다.

```
enum Codes { OK, Failure };
void include_offset( int pixels) {/*...*/}
include_offset(Failure);
```

범위가 지정된 열거형은 기본적으로 범위가 지정되지 않은 열거형과 다르게 동작하는 강력한 타입의 열거형이다.

- 열거자를 주변 범위로 내보내지 않는다. 앞에서 설명한 두 개의 열거형은 다음과 같이 변경돼 더 이상 이름 충돌name collision을 일으키지 않고 열거자를 정규화된 이름으로 사용할 수 있다.

```
enum class Status { Unknown, Created, Connected };
enum class Codes { OK, Failure, Unknown }; // OK
Codes code = Codes::Unknown; // OK
```

- 기본 타입을 지정할 수 있다. 범위가 지정되지 않은 열거형의 기본 타입에 대한 규칙이 범위가 지정된 열거형에도 동일하게 적용된다. 단, 사용자가 명시적으로 기본 타입을 지정할 수 있다는 점은 다르다. 또한 정의가 사용 가능하기 전에 기본 타입을 알 수 있으므로 전방 선언을 사용할 때의 문제도 해결한다.

```cpp
enum class Codes : unsigned int;

void print_code(Codes const code) {}

enum class Codes : unsigned int
{
  OK = 0,
  Failure = 1,
  Unknown = 0xFFFF0000U
};
```

- 범위가 지정된 열거형의 값은 더 이상 암시적으로 int로 변환되지 않는다. enum class의 값을 정수 변수에 할당하면 명시적 형 변환이 지정되지 않는 한 컴파일러 오류가 발생한다.

```cpp
Codes c1 = Codes::OK; // OK
int c2 = Codes::Failure; // 오류
int c3 = static_cast<int>(Codes::Failure); // OK
```

가상 메소드에 override와 final 사용하기

다른 유사한 프로그래밍 언어와 달리 C++에는 인터페이스 선언을 위한 특정 구문(기본적으로 순수한 가상 메소드만 가진 클래스)이 없으며 가상 메소드가 선언되는 방식과 관련해 몇 가지 문제가 있다. C++에서 가상 메소드는 virtual 키워드와 함께 사용된다. 그러나 virtual 키워드는 파생 클래스에 재정의override를 선언할 때 선택 사항이기 때문에 큰 클래

스나 아키텍처를 처리할 때 혼란을 야기할 수 있다. 함수가 가상인지를 확인하려면 아키텍처 전체를 탐색해야 할 수도 있다. 반면에 가끔은 가상 함수 또는 파생 클래스가 더 이상 재정의되거나 파생되지 않도록 하는 것이 유용할 때가 있다. 이번 레시피에서는 C++11 특별 식별자인 override와 final을 사용해 가상 함수 또는 클래스를 선언하는 방법을 알아본다.

추상 클래스abstract class, 순수 지정자pure specifier, 가상 및 재정의 메소드 같은 C++의 상속과 다형성polymorphism에 익숙해져야 한다.

기본 클래스와 파생 클래스 모두에서 가상 메소드를 올바르게 선언하면서 가독성도 높이려면 다음을 수행한다.

- 기본 클래스에서 가상 함수를 재정의하기로 돼 있는 파생 클래스에서 가상 함수를 선언할 때는 항상 virtual 키워드를 사용한다.
- 그리고 가상 함수 선언 또는 정의 선언자declarator 부분 다음에 항상 override 특별 식별자를 사용한다.

```
class Base
{
  virtual void foo() = 0;
  virtual void bar() {}
  virtual void foobar() = 0;
};

void Base::foobar() {}

class Derived1 : public Base
```

```
{
  virtual void foo() override = 0;
  virtual void bar() override {}
  virtual void foobar() override {}
};

class Derived2 : public Derived1
{
  virtual void foo() override {}
};
```

 선언자는 반환 타입을 제외하는 함수 타입의 일부다.

더 이상 함수를 재정의하거나 클래스를 파생시킬 수 없도록 하려면 final 특별 식별자를
사용한다.

- 파생 클래스에서 추가 재정의를 방지하기 위해 가상 함수 선언 또는 정의 선언자
  부분 뒤에 사용

```
class Derived2 : public Derived1
{
  virtual void foo() final {}
};
```

- 클래스의 선언에서 클래스의 추가 파생을 방지하기 위해 클래스의 이름 뒤에 사용

```
class Derived4 final : public Derived1
{
  virtual void foo() override {}
};
```

override가 동작하는 방식은 매우 간단하다. 가상 함수 선언 또는 정의에서 함수가 실제로 기본 클래스 함수를 재정의하는지 확인한다. 그렇지 않으면 컴파일러가 오류를 발생시킨다.

override와 final 키워드는 모두 멤버 함수 선언 또는 정의에서만 의미를 갖는 특별 식별자다. 예약어$^{reserved keyword}$가 아니기 때문에 프로그램의 다른 곳에서 사용자 정의 식별자로 계속 사용될 수 있다.

override 특별 식별자를 사용하면 컴파일러가 가상 메소드가 다음 예제와 같이 다른 메소드를 재정의하지 않는 상황을 감지하는 데 도움이 된다.

```
class Base
{
public:
  virtual void foo() {}
  virtual void bar() {}
};

class Derived1 : public Base
{
public:
  void foo() override {}
  // 가독성을 위해 virtual 키워드 사용
  virtual void bar(char const c) override {}
  // 오류 Base::bar(char const) 없음
};
```

다른 특별 식별자인 final은 멤버 함수 선언 또는 정의에서 함수가 가상이며 파생 클래스에서 재정의될 수 없음을 나타내기 위해 사용된다. 파생 클래스가 가상 함수를 재정의하려고 하면 컴파일러에서 오류를 발생시킨다.

```
class Derived2 : public Derived1
{
  virtual void foo() final {}
};

class Derived3 : public Derived2
{
  virtual void foo() override {} // 오류
};
```

final 지정자는 클래스 선언에서 파생될 수 없음을 나타내는 데도 사용할 수 있다.

```
class Derived4 final : public Derived1
{
  virtual void foo() override {}
};

class Derived5 : public Derived4 // 오류
{
};
```

override와 final은 정의된 문맥에서 사용될 때 이 특별한 의미를 가지며, 사실 예약어가 아니므로 C++ 코드의 어느 곳에서나 사용할 수 있다. 이렇게 하면 C++11 이전에 작성된 기존 코드에서 식별자에 이런 이름을 사용해도 중단되지 않는다.

```
class foo
{
  int final = 0;
  void override() {}
};
```

범위 기반 for 루프를 사용해 범위 반복하기

많은 프로그래밍 언어는 for each라는 for 루프의 변형을 지원한다. 즉, 컬렉션의 요소에서 명령문 그룹을 반복 수행할 수 있다. C++는 C++11 이전까지 이에 대한 핵심 언어 지원이 없었다. 가장 유사한 기능은 함수를 범위에 있는 모든 요소에 적용하는 std::for_each라는 표준 라이브러리 범용 알고리즘이었다. C++11은 for each를 지원하기 시작했으며 실제로 '범위 기반 for 루프'라고 불렸다. 새로운 C++17 표준은 원본 언어 기능에 몇 가지 개선 사항을 제공한다.

준비

C++11에서 범위 기반 for 루프는 다음과 같은 일반 구문을 가진다.

```
for ( range_declaration : range_expression ) loop_statement
```

범위 기반 for 루프를 사용하는 다양한 방법을 보여주기 위해 요소의 시퀀스를 반환하는 다음 함수를 사용한다.

```
std::vector<int> getRates()
{
  return std::vector<int> {1, 1, 2, 3, 5, 8, 13};
}

std::multimap<int, bool> getRates2()
{
  return std::multimap<int, bool> {
    { 1, true },
    { 1, true },
    { 2, false },
    { 3, true },
    { 5, true },
```

```
    { 8, false },
    { 13, true }
  };
}
```

예제 구현

범위 기반 for 루프는 다양한 방법으로 사용할 수 있다.

- 시퀀스의 요소에 특정 타입을 커밋

```
auto rates = getRates();
for (int rate : rates)
  std::cout << rate << std::endl;
for (int& rate : rates)
  rate *= 2;
```

- 타입을 지정하지 않고 컴파일러가 추론하도록 함

```
for (auto&& rate : getRates())
  std::cout << rate << std::endl;

for (auto & rate : rates)
  rate *= 2;

for (auto const & rate : rates)
  std::cout << rate << std::endl;
```

- C++에서 구조화된 바인딩 및 분해decomposition 선언을 사용

```
for (auto&& [rate, flag] : getRates2())
  std::cout << rate << std::endl;
```

'예제 구현' 절에서 살펴본 범위 기반 for 루프의 표현식은 기본적으로 컴파일러가 다른 것으로 변환할 때 통용되는 '신택틱 슈거^{syntactic sugar}'다. C++17 이전에는 다음과 같이 컴파일러에서 생성된 코드가 사용됐다.

```
{
  auto && __range = range_expression;
  for (auto __begin = begin_expr, __end = end_expr;
  __begin != __end; ++__begin) {
    range_declaration = *__begin;
    loop_statement
  }
}
```

이 코드에 있는 begin_expr과 end_expr은 범위 타입에 따라 다르다.

- C 같은 배열의 경우 __range와 __bound는 배열의 요소 수다.
- begin( )과 end( ) 멤버를 가진 클래스 타입(타입과 접근 가능성에 관계없이): __range. begin( )과 __range.end( )
- 다른 것들은 인자에 의존적인 룩업^{lookup}을 통해 결정되는 begin(__range)와 end(__range)다.

타입과 접근 가능성에 관계없이 클래스에 begin 또는 end라는 멤버(함수, 데이터 멤버 또는 열거자)가 있으면 begin_expr과 end_expr에 대해 선택된다는 점에 유의해야 한다. 따라서 이런 클래스 타입은 범위 기반 for 루프에서 사용할 수 없다.

C++17에서 컴파일러에 의해 생성된 코드는 약간 다르다.

```
{
  auto && __range = range_expression;
```

```
auto __begin = begin_expr;
auto __end = end_expr;
for (; __begin != __end; ++__begin) {
  range_declaration = *__begin;
  loop_statement
}
}
```

새로운 표준에서는 begin 표현식과 end 표현식이 동일한 타입을 가져야 한다는 제약 조건이 제거됐다. end 표현식은 실제 반복자일 필요는 없지만 반복자와 비항등성inequality을 비교할 수 있어야 한다. 이것의 이점은 범위가 술어에 의해 구분될 수 있다는 것이다.

참고 사항

- 사용자 정의 타입에 대한 범위 기반 for 루프 활성화

사용자 정의 타입에 대한 범위 기반 for 루프 활성화

이전 레시피에서 살펴봤듯이 다른 프로그래밍 언어에서 for each로 알려져 있는 범위 기반 for 루프는 범위 내의 요소를 반복할 수 있으며, 많은 상황에서 표준 for 루프보다 간결한 구문을 제공하고 코드를 더 읽기 쉽게 만들어준다. 그러나 범위 기반 for 루프는 범위를 나타내는 모든 타입에서 즉시 사용할 수 없으며, 멤버 또는 자유 함수free function로 begin()과 end() 함수(비배열 타입의 경우)가 있어야 한다. 이번 레시피에서는 범위 기반 for 루프에서 사용자 정의 타입을 사용하는 방법을 알아본다.

준비

범위 기반 for 루프가 동작하는 방법과 이런 루프를 위해 컴파일러가 생성하는 코드가 무엇인지 이해하려면 이 레시피를 계속하기 전에 먼저 '범위 기반 for 루프를 사용해 범위 반

복하기' 레시피를 읽는 것이 좋다.

시퀀스를 나타내는 사용자 정의 타입에 대해 범위 기반 for 루프를 활성화하는 방법을 보여주기 위해 다음과 같은 간단한 배열의 구현을 사용한다.

```
template <typename T, size_t const Size>
class dummy_array
{
  T data[Size] = {};

public:
  T const & GetAt(size_t const index) const
  {
    if (index < Size) return data[index];
    throw std::out_of_range("index out of range");
  }

  void SetAt(size_t const index, T const & value)
  {
    if (index < Size) data[index] = value;
    else throw std::out_of_range("index out of range");
  }

  size_t GetSize() const { return Size; }
};
```

이 레시피의 목적은 다음과 같은 코드의 작성을 가능하게 하는 것이다.

```
dummy_array<int, 3> arr;
arr.SetAt(0, 1);
arr.SetAt(1, 2);
arr.SetAt(2, 3);

for(auto&& e : arr)
{
  std::cout << e << std::endl;
```

```
}
```

범위 기반 for 루프에서 사용자 정의 타입을 사용하려면 다음을 수행한다.

- 다음과 같이 반드시 구현해야 하는 연산자 타입에 대한 변경 가능한^{mutable} 상수 반복자를 생성한다.
  - 반복자를 증가시키는 operator++
  - 반복자를 역참조하고 반복자가 가리키는 실제 요소에 접근하는 operator*
  - 다른 반복자와 비항등성을 비교하는 operator!=
- 타입에 대한 begin( )과 end( ) 함수를 제공한다.

앞서 다룬 간단한 범위의 예제에서는 다음을 제공해야 한다.

1. 다음 반복자 클래스의 최소 구현

```cpp
template <typename T, typename C, size_t const Size>
class dummy_array_iterator_type
{
public:
  dummy_array_iterator_type(C& collection,
        size_t const index) :
  index(index), collection(collection)
  { }

  bool operator!= (dummy_array_iterator_type const & other) const
  {
    return index != other.index;
  }

  T const & operator* () const
  {
```

```
    return collection.GetAt(index);
}

dummy_array_iterator_type const & operator++ ()
{
  ++index;
  return *this;
}

private:
  size_t index;
  C& collection;
};
```

2. 변경 가능한 상수 반복자를 위한 별칭 템플릿

```
template <typename T, size_t const Size>
using dummy_array_iterator =
  dummy_array_iterator_type<
    T, dummy_array<T, Size>, Size>;

template <typename T, size_t const Size>
using dummy_array_const_iterator =
  dummy_array_iterator_type<
    T, dummy_array<T, Size> const, Size>;
```

3. 두 개의 별칭 템플릿의 재정의를 사용해 해당 begin 및 end 반복자를 반환하는 begin( )과 end( ) 함수

```
template <typename T, size_t const Size>
inline dummy_array_iterator<T, Size> begin(
  dummy_array<T, Size>& collection)
{
  return dummy_array_iterator<T, Size>(collection, 0);
}
```

```
template <typename T, size_t const Size>
inline dummy_array_iterator<T, Size> end(
  dummy_array<T, Size>& collection)
{
  return dummy_array_iterator<T, Size>(
    collection, collection.GetSize( ));
}

template <typename T, size_t const Size>
inline dummy_array_const_iterator<T, Size> begin(
  dummy_array<T, Size> const & collection)
{
  return dummy_array_const_iterator<T, Size>(
    collection, 0);
}

template <typename T, size_t const Size>
inline dummy_array_const_iterator<T, Size> end(
  dummy_array<T, Size> const & collection)
{
  return dummy_array_const_iterator<T, Size>(
    collection, collection.GetSize( ));
}
```

예제 분석

이 구현을 사용할 수 있으면, 앞에서 살펴본 범위 기반 for 루프는 예상대로 컴파일되고 실행된다. 인수 종속적인 룩업을 수행할 때 컴파일러는 우리가 작성한 두 함수인 begin( )과 end( ) 함수(dummy_array에 대한 참조를 취하는)를 식별하므로, 생성되는 코드가 유효해진다.

앞의 예제에서는 하나의 반복자 클래스 템플릿과 dummy_array_iterator와 dummy_array_const_iterator라는 두 개의 별칭 템플릿을 정의했다. begin( )과 end( ) 함수는 이 두 타입의 반복자에 대해 두 개의 오버로드overload를 가진다. 이것은 우리가 고려한 컨테이너가 상수와 비상수 인스턴스의 범위 기반 for 루프에서 사용될 수 있도록 하기 위해 필요하다.

```
template <typename T, const size_t Size>
void print_dummy_array(dummy_array<T, Size> const & arr)
{
  for (auto && e : arr)
  {
    std::cout << e << std::endl;
  }
}
```

이 레시피에서 범위 기반 for 루프를 활성화하는 다른 가능한 대안은 멤버 begin()과 end() 함수를 제공하는 것이며, 일반적으로 소스 코드를 소유하고 수정할 수 있는 경우에만 의미가 있다. 다른 한편으로 이 레시피에서 보여준 솔루션은 모든 경우에 사용할 수 있으며, 다른 대안보다 우선해서 사용돼야 한다.

참고 사항

- 타입 별칭 및 별칭 템플릿 생성

암시적 변환을 피하기 위해 명시적 생성자 및 변환 연산자 사용하기

C++11 이전에는 단일 매개변수의 생성자가 변환 생성자로 간주됐다. C++11에서는 explicit 지정자가 없는 모든 생성자가 변환 생성자로 간주된다. 이런 생성자는 인수의 타입에서 클래스의 타입으로의 암시적 변환을 정의한다. 클래스는 또한 클래스의 타입을 지정한 다른 타입으로 변환하는 변환 연산자를 정의할 수도 있다. 이들은 어떤 경우에는 유용하지만 어떤 경우에는 문제를 발생시킬 수 있다. 이번 레시피에서는 명시적 생성자explicit constructor와 변환 연산자conversion operator를 사용하는 방법을 살펴본다.

이 레시피를 위해서는 변환 생성자와 변환 연산자에 익숙해야 한다. 이 레시피에서는 타입의 암시적 변환을 피하기 위해 명시적 생성자와 변환 연산자를 작성하는 방법을 배울 것이다. 명시적 생성자와 변환 연산자(사용자 정의 변환 함수^{user-defined conversion function}라고 불림)를 사용하면 컴파일러에서 오류(일부는 코딩 오류)가 발생하는 것을 방지할 수 있으며, 개발자가 이런 오류를 신속하게 발견하고 수정할 수 있다.

예제 구현

명시적 생성자와 변환 연산자(함수인지 함수 템플릿인지에 관계없이)를 선언하려면 선언에서 explicit 지정자를 사용한다.

다음 예제는 명시적 생성자와 변환 연산자를 모두 보여준다.

```
struct handle_t
{
  explicit handle_t(int const h) : handle(h) {}

  explicit operator bool() const { return handle != 0; };
private:
  int handle;
};
```

예제 분석

명시적 생성자가 필요한 이유와 동작 과정을 이해하기 위해 먼저 변환 생성자를 살펴보자. 다음 클래스는 세 가지 생성자(디폴트 생성자(매개변수 없음), int를 취하는 생성자, int와 double이라는 두 개의 매개변수를 취하는 생성자)를 가진다. 이들 생성자는 메시지를 출력하는 것 외에는 아무 일도 하지 않는다. C++11에서 이들은 모두 변환 생성자로 간주된다. 또한 클래스는 타입을 bool로 변환하는 변환 연산자도 가진다.

```
struct foo
{
  foo()
  { std::cout << "foo" << std::endl; }
  foo(int const a)
  { std::cout << "foo(a)" << std::endl; }
  foo(int const a, double const b)
  { std::cout << "foo(a, b)" << std::endl; }

  operator bool() const { return true; }
};
```

이를 기반으로 다음과 같은 객체 정의가 가능하다(주석은 콘솔 출력을 나타낸다).

```
foo f1; // foo
foo f2 {}; // foo

foo f3(1); // foo(a)
foo f4 = 1; // foo(a)
foo f5 { 1 }; // foo(a)
foo f6 = { 1 }; // foo(a)

foo f7(1, 2.0); // foo(a, b)
foo f8 { 1, 2.0 }; // foo(a, b)
foo f9 = { 1, 2.0 }; // foo(a, b)
```

f1과 f2는 디폴트 생성자를 호출한다. f3, f4, f5, f6은 int를 취하는 생성자를 호출한다. 이들 객체의 정의는 서로 다르게 보이지만 모두 동일하다(f3은 함수 형식을 사용해 초기화되고 f4와 f6은 복사 초기화되고 f5는 괄호 초기화 목록을 사용해 직접 초기화된다). 마찬가지로 f7, f8, f9는 두 개의 매개변수로 생성자를 호출한다.

foo가 std::initializer_list를 취하는 생성자를 정의하면 {}를 사용하는 모든 초기화가 해당 생성자로 해석된다는 점에 유의해야 한다.

```
foo(std::initializer_list<int> l)
{ std::cout << "foo(l)" << std::endl; }
```

이 경우 f5와 f6은 foo(l)을 출력하지만, f8과 f9는 이니셜라이저 목록의 모든 요소가 정수여야 하기 때문에 컴파일러 오류를 발생시킨다.

이들은 모두 올바르게 보이지만 암시적 변환 생성자는 우리가 원하는 것이 아닌 암시적 변환이 발생할 수 있는 시나리오를 만들 수 있다.

```
void bar(foo const f)
{
}

bar({}); // foo()
bar(1); // foo(a)
bar({ 1, 2.0 }); // foo(a, b)
```

앞의 예제에서 변환 연산자를 bool로 사용하면 부울 값을 받는 foo 객체를 사용할 수 있다.

```
bool flag = f1;
if(f2) {}
std::cout << f3 + f4 << std::endl;
if(f5 == f6) {}
```

처음 두 개는 foo가 부울로 사용될 것으로 예상되는 예제지만, foo 객체를 추가하고 foo 객체를 테스트할 때 예상할 수 있는 것처럼 동등성을 위한 추가 및 테스트가 있는 마지막 두 개는 아마도 정확하지 않을 수 있다.

아마도 문제가 발생할 만한 곳을 이해하는 좀 더 현실적인 예는 문자열 버퍼 구현일 것이다. 이것은 문자의 내부 버퍼를 포함하는 클래스다. 이 클래스는 디폴트 생성자와 미리 할당할 버퍼의 크기를 나타내는 size_t 매개변수를 취하는 생성자와 내부 버퍼를 할당하고 초기화하는 데 사용하는 char 포인터를 사용하는 생성자를 포함하는 몇 가지 변환 생성자를 제공한다. 간결하게 하면 이런 문자열 버퍼는 다음과 같다.

```cpp
class string_buffer
{
public:
  string_buffer() {}

  string_buffer(size_t const size) {}

  string_buffer(char const * const ptr) {}

  size_t size() const { return ...; }
  operator bool() const { return ...; }
  operator char * const () const { return ...; }
};
```

이 정의에 따라 다음과 같은 객체를 생성할 수 있다.

```cpp
std::shared_ptr<char> str;
string_buffer sb1; // 빈 버퍼
string_buffer sb2(20); // 20개 문자열 버퍼
string_buffer sb3(str.get());
// 입력 매개변수로 초기화된 버퍼
```

sb1은 디폴트 생성자를 사용해 생성되기 때문에 빈 버퍼가 있다. sb2는 단일 매개변수의 생성자를 사용해 초기화되며 매개변수의 값은 내부 버퍼의 크기를 나타낸다. sb3는 기존 버퍼로 초기화되며 내부 버퍼의 크기를 정의하고 그 값을 내부 버퍼에 복사하는 데 사용된다. 그러나 동일한 정의로 다음 객체 정의도 가능하다.

```cpp
enum ItemSizes {DefaultHeight, Large, MaxSize};
```

```
string_buffer b4 = 'a';
string_buffer b5 = MaxSize;
```

이 경우 b4는 char로 초기화된다. 암시적인 size_t로의 변환이 있으므로 단일 매개변수의 생성자가 호출된다. 여기서의 의도는 명확하지 않다. 아마도 'a' 대신에 "a"가 있어야 하며, 이 경우에는 세 번째 생성자가 호출됐을 것이다. 그러나 MaxSize는 ItemSizes를 나타내는 열거자며 문자열 버퍼와 아무 관계가 없어야 하기 때문에 b5는 오류일 가능성이 크다. 이런 오류 상황은 컴파일러에서 어떤 식으로든 플래그로 지정되지 않는다.

생성자 선언에서 explicit 지정자를 사용하면 해당 생성자는 명시적 생성자가 돼서 더 이상 클래스 타입의 객체를 암시적으로 생성할 수 없다. 이에 대한 예를 보여주기 위해 앞의 string_buffer 클래스를 약간 변경해 모든 생성자를 명시적으로 선언한다.

```
class string_buffer
{
public:
  explicit string_buffer() {}

  explicit string_buffer(size_t const size) {}

  explicit string_buffer(char const * const ptr) {}

  explicit operator bool() const { return ...; }
  explicit operator char * const () const { return ...; }
};
```

크게 달라지지 않았지만, 어떤 생성자가 호출돼야 하는지 결정하는 과정에서 char 또는 int에서 size_t로의 변환을 사용할 수 없기 때문에 앞의 예제에서 b4와 b5의 정의는 더 이상 동작하지 않는다. 결과는 b4와 b5 모두 컴파일러 오류다. b1, b2, b3은 생성자가 명시적인 경우에도 여전히 유효한 정의다.

이 경우 문제를 해결할 수 있는 유일한 방법은 char 또는 int에서 string_buffer로 명시적인 형 변환을 제공하는 것이다.

```
string_buffer b4 = string_buffer('a');
string_buffer b5 = static_cast<string_buffer>(MaxSize);
string_buffer b6 = string_buffer{ "a" };
```

명시적 생성자를 사용하면 컴파일러에서 오류 상황을 즉시 표시할 수 있으므로 개발자가 즉시 초기화를 올바른 값으로 수정하거나 명시적 형 변환을 제공해 적절하게 대응할 수 있다.

 이는 초기화가 복사 초기화로 수행되고 함수형(functional) 또는 범용(universal) 초기화를 사용하지 않는 경우에만 해당된다.

다음 정의는 명시적 생성자에서 여전히 가능하다(하지만 잘못됐다).

```
string_buffer b7{ 'a' };
string_buffer b8('a');
```

생성자와 마찬가지로 변환 연산자도 명시적으로 선언할 수 있다(앞에서 설명한 것처럼). 이 경우, 객체 타입에서 변환 연산자로 지정된 타입으로의 암시적 변환은 더 이상 가능하지 않으며 명시적 형 변환이 필요하다. 앞에서 정의한 b1과 b2, string_buffer 객체를 살펴보면, 다음에서는 명시적 변환 operator bool을 사용할 수 없다.

```
std::cout << b1 + b2 << std::endl;
if(b1 == b2) {}
```

대신 bool에 대한 명시적 변환이 필요하다.

```
std::cout << static_cast<bool>(b1) + static_cast<bool>(b2);
if(static_cast<bool>(b1) == static_cast<bool>(b2)) {}
```

참고 사항

- 균일한 초기화 이해하기

정적 전역 대신 명명되지 않은 네임스페이스 사용하기

프로그램이 커질수록 프로그램이 연결될 때 파일 위치가 충돌할 가능성이 커진다. 소스 파일에서 선언되고 변환 단위transition unit에 지역local인 함수나 변수는 다른 변환 단위에서 선언된 함수나 변수와 충돌할 수 있다. 정적으로 선언되지 않은 모든 심볼은 외부 연결을 가지며 그 이름은 프로그램 전체에서 고유해야 하기 때문이다. 이 문제에 대한 일반적인 C 해결책은 해당 심볼을 정적으로 선언하고 외부 연결을 내부로 변경해 변환 단위에 지역으로 만드는 것이다. 이번 레시피에서는 이 문제에 대한 C++ 솔루션을 살펴본다.

준비

이번 레시피에서는 전역global 함수와 정적 함수, 변수, 네임스페이스, 변환 단위와 같은 개념을 설명한다.

예제 구현

연결 문제를 방지하기 위해 전역 심볼을 정적으로 선언해야 하는 경우에는 명명되지 않은 네임스페이스unnamed namespace를 사용하는 것이 좋다.

1. 소스 파일에 명명되지 않은 네임스페이스를 선언한다.

2. 전역 함수 또는 변수의 정의를 static으로 만들지 말고 명명되지 않은 네임스페이스에 둔다.

다음 예제에서는 두 개의 다른 변환 단위에서 호출된 두 개의 print( ) 함수를 보여준다. 각각은 명명되지 않은 네임스페이스에서 정의됐다.

```cpp
// file1.cpp
namespace
{
  void print(std::string message)
  {
    std::cout << "[file1] " << message << std::endl;
  }
}

void file1_run()
{
  print("run");
}

// file2.cpp
namespace
{
  void print(std::string message)
  {
    std::cout << "[file2] " << message << std::endl;
  }
}

void file2_run()
{
  print("run");
}
```

변환 단위에서 함수가 선언되면 외부 연결을 가진다. 즉, 동일한 이름의 두 개의 심볼을 가질 수 없기 때문에 두 개의 서로 다른 변환 단위에서 같은 이름을 가진 함수는 연결 오류를 발생시킨다. C와 일부 C++에서 이 문제를 해결하는 방법은 함수 또는 변수를 정적으로 선언하고 연결을 외부에서 내부로 변경하는 것이다. 이 경우 해당 이름이 더 이상 변환 단위 외부로 내보내지지 않으며 연결 문제가 방지된다.

C++에서의 적절한 솔루션은 명명되지 않은 네임스페이스를 사용하는 것이다. 위에서 보여준 것과 같은 네임스페이스를 정의하면 컴파일러가 다음과 같이 변환한다.

```cpp
// file1.cpp
namespace _unique_name_ {}
using namespace _unique_name_;
namespace _unique_name_
{
  void print(std::string message)
  {
    std::cout << "[file1] " << message << std::endl;
  }
}

void file1_run()
{
  print("run");
}
```

첫째, 네임스페이스를 고유한 이름(이름을 생성하는 방법은 컴파일러 구현의 세부 내용이며, 이에 대해서는 신경 쓸 필요가 없다.)으로 선언한다. 여기서 네임스페이스는 비어있으며, 이 라인의 목적은 기본적으로 네임스페이스를 설정하는 것이다. 둘째, using 지시문directive은 _unique_name_ 네임스페이스의 모든 것을 현재 네임스페이스로 가져온다. 셋째, 컴파일러가 생성한 이름을 가진 네임스페이스는 원래 소스 코드에 있던 대로(이름이 없는 경우) 정의된다.

명명되지 않은 네임스페이스에 변환 단위 지역 print( ) 함수를 정의하면 지역 가시성만 있지만, 이제 외부 연결은 외부에 고유한 이름을 가지기 때문에 더 이상 연결 오류를 생성하지 않는다.

명명되지 않은 네임스페이스는 템플릿이 포함된 좀 더 모호한 상황에서도 동작한다. 템플릿 인수는 내부 링크를 가진 이름이 될 수 없기 때문에 정적 변수를 사용할 수 없다. 반면에 명명되지 않은 네임스페이스의 심볼은 외부 연결을 가지며 템플릿 인수로 사용할 수 있다. 이 문제는 다음 예제에서 보여준다. 타입 없는 인수 표현식이 내부 연결을 가지기 때문에 t1을 선언하면 컴파일러 오류가 발생한다. 그러나 Size2는 외부 연결을 가지기 때문에 t2는 올바르다.

```
template <int const& Size>
class test {};

static int Size1 = 10;

namespace
{
  int Size2 = 10;
}

test<Size1> t1;
test<Size2> t2;
```

참고 사항

- 심볼 버전 관리에 인라인 네임스페이스 사용하기

94

심볼 버전 관리에 인라인 네임스페이스 사용하기

C++11 표준은 인라인 네임스페이스^{inline namespace}라는 새로운 타입의 네임스페이스를 도입했다. 이 네임스페이스는 기본적으로 중첩된 네임스페이스의 선언을 주변 네임스페이스의 일부처럼 보이고 동작하게 만드는 메커니즘이다. 인라인 네임스페이스는 네임스페이스 선언에서 inline 키워드를 사용해 선언된다(명명되지 않은 네임스페이스 역시 인라인될 수 있음). 이것은 라이브러리 버전 관리에 유용한 기능이며, 이번 레시피에서는 어떻게 인라인 네임스페이스를 버전 심볼에 사용하는지 알아본다. 그리고 인라인 네임스페이스와 조건부 컴파일을 사용해 소스 코드를 버전화하는 방법을 배운다.

준비

이 레시피에서는 네임스페이스와 중첩된 네임스페이스, 템플릿과 템플릿 특수화^{template specialization}, 전처리기 매크로를 사용한 조건부 컴파일에 대해 알아본다. 이번 레시피를 진행하려면 이들 개념에 익숙해야 한다.

예제 구현

여러 버전의 라이브러리를 제공해 사용자가 사용할 버전을 결정할 수 있게 하려면 다음을 수행한다.

- 네임스페이스 안에서 라이브러리의 콘텐츠를 정의한다.
- 라이브러리 또는 라이브러리 부분의 각 버전을 내부 인라인 네임스페이스 안에서 정의한다.
- 전처리기 매크로와 #if 지시문을 사용해 특정 버전의 라이브러리를 활성화한다.

다음 예제에서는 클라이언트에서 사용할 수 있는 두 가지 버전의 라이브러리를 보여준다.

```
namespace modernlib
{
  #ifndef LIB_VERSION_2
  inline namespace version_1
  {
    template<typename T>
    int test(T value) { return 1; }
  }
  #endif

  #ifdef LIB_VERSION_2
  inline namespace version_2
  {
    template<typename T>
    int test(T value) { return 2; }
  }
  #endif
}
```

예제 분석

인라인 네임스페이스의 멤버는 주변 네임스페이스의 멤버인 것처럼 취급된다. 이런 멤버는 부분적으로 특수화되거나 명시적으로 인스턴스화되거나 명시적으로 특수화될 수 있다. 이것은 이행transitive 속성이다. 즉, 네임스페이스 A가 인라인 네임스페이스 C를 포함하는 네임스페이스 B를 포함하면 C의 멤버는 B와 A의 멤버였고, B의 멤버는 A의 멤버였던 것처럼 보인다.

인라인 네임스페이스가 유용한 이유를 더 잘 이해하기 위해, 첫 번째 버전에서 두 번째 버전으로 (그리고 계속해서) 진화하는 라이브러리를 개발하는 경우를 생각해보자. 이 라이브러리는 모든 타입과 함수를 modernlib이라는 네임스페이스에 정의한다. 첫 번째 버전에서 이 라이브러리는 다음과 같이 보인다.

```
namespace modernlib
{
  template<typename T>
  int test(T value) { return 1; }
}
```

라이브러리의 클라이언트는 다음과 같이 호출해 값 1을 얻을 수 있다.

```
auto x = modernlib::test(42);
```

그러나 클라이언트는 다음과 같이 템플릿 함수 test( )를 특수화하기로 결정할 수도 있다.

```
struct foo { int a; };

namespace modernlib
{
  template<>
  int test(foo value) { return value.a; }
}

auto y = modernlib::test(foo{ 42 });
```

이 경우 y의 값은 더 이상 1이 아니라 사용자 정의 함수가 호출되기 때문에 42가 된다.

지금까지 모든 것이 잘 동작했지만, 라이브러리 개발자가 라이브러리의 두 번째 버전을 개발하기로 결정하고 아직은 첫 번째와 두 번째 버전을 모두 제공함으로써 사용자가 매크로를 사용해 어떤 버전을 사용할지 제어할 수 있도록 하고자 한다. 이 두 번째 버전에서는 1이 아닌 2를 반환하는 새로운 test( ) 함수의 구현을 제공한다. 첫 번째 구현과 두 번째 구현을 모두 제공하려면 version_1과 version_2라는 중첩된 네임스페이스 안에 넣고 전처리기 매크로를 사용해 조건부로 라이브러리를 컴파일한다.

```
namespace modernlib
{
  namespace version_1
  {
    template<typename T>
    int test(T value) { return 1; }
  }

  #ifndef LIB_VERSION_2
  using namespace version_1;
  #endif

  namespace version_2
  {
    template<typename T>
      int test(T value) { return 2; }
  }

  #ifdef LIB_VERSION_2
  using namespace version_2;
  #endif
}
```

라이브러리의 첫 번째 버전을 사용하는지, 두 번째 버전을 사용하는지에 관계없이 갑자기 클라이언트 코드가 중단된다. 테스트 함수가 이제 중첩된 네임스페이스 안에 있고 실제로 modernlib::version_1 또는 modernlib::version_2에서 수행될 때 foo의 특수화가 modernlib 네임스페이스에서 이뤄지기 때문이다. 이는 템플릿의 특수화가 템플릿이 선언된 동일한 네임스페이스에서 수행돼야 하기 때문이다. 이 경우 클라이언트는 다음과 같이 코드를 변경해야 한다.

```
#define LIB_VERSION_2

#include "modernlib.h"
```

```
struct foo { int a; };
namespace modernlib
{
  namespace version_2
  {
    template<>
    int test(foo value) { return value.a; }
  }
}
```

이것은 라이브러리가 구현 세부 사항을 유출하고 클라이언트가 템플릿 특수화를 수행하기 위해 이를 알고 있어야 하기 때문에 문제가 된다. 이런 내부적인 세부 사항은 이번 레시피의 '예제 구현' 절에서 보여준 방식과 같이 인라인 네임스페이스로 숨겨진다. modernlib 라이브러리의 정의를 사용하면 modernlib 네임스페이스에서 test() 함수의 특수화된 클라이언트 코드가 더 이상 중단되지 않는다. 이는 version_1::test() 또는 version_2::test()(클라이언트가 실제로 사용하는 버전에 따라)가 템플릿 특수화가 완료될 때 둘러싼 modernlib 네임스페이스의 일부로 동작하기 때문이다. 구현의 세부 사항은 이제 주변 네임스페이스인 modernlib만 보는 클라이언트에게서 숨겨진다.

그러나 다음 사항에 유의해야 한다.

- 네임스페이스 std는 표준으로 예약돼 있으므로 인라인될 수 없다.
- 네임스페이스가 첫 번째 정의에서 인라인이 아닌 경우 인라인으로 정의하면 안 된다.

참고 사항

- 정적 전역 대신 명명되지 않은 네임스페이스 사용하기
- 4장의 '조건부로 소스 코드 컴파일하기' 레시피

구조적 바인딩을 사용해 다중 반환값 처리하기

함수에서 여러 값을 반환하는 것은 매우 일반적인 일이지만, C++에서는 직접 사용할 수 있는 마땅한 솔루션이 아직 없다. 개발자는 여러 값을 포함하는 구조체를 정의하거나 std::pair 또는 std::tuple을 반환해 참조 매개변수로 여러 값을 함수로 반환하는 솔루션 중에서 하나를 선택해야 한다. 앞의 두 개는 반환값의 의미를 명확하게 나타내는 장점이 있지만 명시적으로 정의돼야 한다는 단점이 있는 명명된 변수를 사용한다. std::pair에는 first와 second라는 멤버가 있고, std::tuple에는 명명되지 않은 멤버가 있다. 이 멤버는 함수 호출로만 검색할 수 있지만 std::tie( )를 사용해 명명된 변수에 복사할 수 있다. 이런 솔루션 중 어느 것도 이상적이지는 않다.

C++17은 std::tie( )의 시맨틱 사용을 튜플tuple의 값을 명명된 변수로 풀 수 있는 일급 핵심 언어 기능으로 확장한다. 이 기능을 구조적 바인딩structured binding이라고 한다.

준비

이 레시피를 사용하려면 표준 유틸리티 타입인 std::pair, std::tuple과 유틸리티 함수인 std::tie( )에 익숙해야 한다.

예제 구현

C++17을 지원하는 컴파일러를 사용해 함수에서 여러 값을 반환하려면 다음을 수행한다.

1. 반환 타입에 std::tuple을 사용한다.

```
std::tuple<int, std::string, double> find()
{
  return std::make_tuple(1, "marius", 1234.5);
}
```

2. 구조적 바인딩을 사용해 튜플의 값을 명명된 객체로 압축 해제한다.

```
auto [id, name, score] = find();
```

3. 분해^{decomposition} 선언을 사용해 if문 또는 switch문 내에서 반환된 값을 변수에
   바인딩한다.

```
if (auto [id, name, score] = find(); score > 1000)
{
    std::cout << name << std::endl;
}
```

예제 분석

구조적 바인딩은 std::tie( )와 똑같이 동작하는 언어 기능이다. 단 std::tie( )를 사용해
명시적으로 해제해야 하는 각 값에 대해 명명된 변수를 정의할 필요는 없다. 구조적 바인
딩을 사용해 컴파일러가 각 변수에 대해 올바른 타입을 추론할 수 있도록 auto 지정자를
사용해 모든 명명된 변수를 단일 정의로 정의한다.

이를 설명하기 위해 std::map에 항목을 삽입하는 경우를 생각해보자. insert 메소드는 삽
입된 요소 또는 삽입을 막는 요소의 반복자를 포함하는 std::pair를 반환한다. 다음 코드
는 매우 명확하며 second 또는 first->second를 사용하면 코드가 나타내는 내용을 지속
적으로 파악해야 하기 때문에 코드를 읽기 어렵게 만든다.

```
std::map<int, std::string> m;

auto result = m.insert({ 1, "one" });
std::cout << "inserted = " << result.second << std::endl
          << "value = " << result.first->second << std::endl;
```

앞의 코드는 튜플을 개별 객체로 푸는 std::tie를 사용해 좀 더 읽기 쉽게 만들 수 있다(그리고 std::tuple은 std::pair로부터의 변환 지정을 가지고 있기 때문에 std::pair로 동작한다).

```cpp
std::map<int, std::string> m;
std::map<int, std::string>::iterator it;
bool inserted;

std::tie(it, inserted) = m.insert({ 1, "one" });
std::cout << "inserted = " << inserted << std::endl
          << "value = " << it->second << std::endl;

std::tie(it, inserted) = m.insert({ 1, "two" });
std::cout << "inserted = " << inserted << std::endl
          << "value = " << it->second << std::endl;
```

이 코드는 쌍이 언팩unpack된 객체를 미리 정의해야 하기 때문에 꼭 단순하지는 않다. 마찬가지로 튜플의 요소가 많을수록 정의해야 할 객체가 많아지지만, 명명된 객체를 사용하면 코드를 더 읽기 쉽게 만들 수 있다.

C++17 구조적 바인딩은 튜플 요소의 언패킹unpacking을 명명된 객체로 언어 기능의 레벨까지 올린다. 이것은 std::tie( )를 사용할 필요가 없으며 객체가 선언될 때 초기화된다.

```cpp
std::map<int, std::string> m;
{
  auto[it, inserted] = m.insert({ 1, "one" });
  std::cout << "inserted = " << inserted << std::endl
            << "value = " << it->second << std::endl;
}

{
  auto[it, inserted] = m.insert({ 1, "two" });
  std::cout << "inserted = " << inserted << std::endl
            << "value = " << it->second << std::endl;
}
```

변수가 동일한 블록에서 재선언될 수 없으며 구조적 바인딩이 auto 지정자를 사용해 선언을 암시하므로 위의 예제에서 여러 블록을 사용해야 한다. 따라서 위의 예제와 같이 여러 번 호출하고 구조적 바인딩을 사용해야 하는 경우 위와 같이 서로 다른 변수 이름 또는 여러 블록을 사용해야 한다. 이에 대한 대안은 구조적 바인딩을 피하고 std::tie( )를 사용하는 것이다. 동일한 변수를 여러 번 호출할 수 있기 때문에 한 번만 선언하면 된다.

C++17에서는 if(init; condition)과 switch(init; condition) 형식으로 if와 switch 문에서 변수를 선언할 수도 있다. 구조적 바인딩과 결합하면 더 간단한 코드를 만들 수 있다. 다음 예제에서는 맵에 새 값을 삽입하려고 시도한다. 호출의 결과는 초기화 부분에 있는 if문의 범위에 정의된 it과 inserted라는 두 개의 변수로 언팩된다. if문의 조건은 삽입된 객체의 값에서 평가된다.

```
if(auto [it, inserted] = m.insert({ 1, "two" }); inserted)
{ std::cout << it->second << std::endl; }
```

02

숫자와 문자열로 작업하기

2장에서 다루는 레시피는 다음과 같다.

- 숫자와 문자열 타입 간의 변환
- 숫자 타입의 제한과 기타 속성
- 의사 난수 생성
- 의사 난수 생성기의 내부 상태의 모든 비트 초기화
- 가공된 사용자 정의 리터럴 작성
- 원시 사용자 정의 리터럴 작성
- 원시 문자열 리터럴을 사용한 이스케이프 문자 방지
- 문자열 헬퍼 라이브러리 생성
- 정규 표현식을 사용해 문자열 포맷 확인하기

- 정규 표현식을 사용해 문자열의 내용 파싱하기
- 정규 표현식을 사용해 문자열의 내용 바꾸기
- 상수 문자열 참조 대신 string_view 사용하기

소개

숫자와 문자열은 모든 프로그래밍 언어의 필수 타입이다. 다른 타입은 모두 이를 기반으로 하거나 이들의 조합이다. 개발자는 항상 숫자와 문자열 간의 변환, 문자열 파싱 또는 랜덤 숫자 생성과 같은 작업에 직면하고 있다. 2장에서는 모던 C++ 언어와 라이브러리 기능을 사용해 이런 공통 작업에 유용한 레시피를 제공하는 데 중점을 둔다.

숫자와 문자열 타입 간의 변환

숫자와 문자열 간의 변환은 유비쿼터스 작업이다. C++11 이전에는 숫자를 문자열로 변환하는 작업에 대한 지원이 거의 없었으며, 개발자는 대부분 안전하지 않은 타입type-unsafe 함수를 사용해야 했고 같은 코드를 반복해서 작성하는 것을 피하기 위해 자체적으로 유틸리티 함수를 작성했다. C++11에서는 표준 라이브러리에서 숫자와 문자열을 변환하는 유틸리티 함수를 제공한다. 이번 레시피에서는 숫자와 문자열을 변환하는 방법과 모던 C++ 표준 함수를 사용하는 여러 다른 방법을 알아본다.

준비

이번 레시피에서 언급한 모든 유틸리티 함수는 <string> 헤더에서 사용할 수 있다.

예제 구현

숫자와 문자열 간의 변환이 필요할 때 다음 표준 변환 함수를 사용한다.

- 정수 또는 부동 소수점 타입을 문자열 타입으로 변환하려면 다음 예제 코드처럼 std::to_string( ) 또는 std::to_wstring( )을 사용한다.

```
auto si = std::to_string(42); // si="42"
auto sl = std::to_string(42l); // sl="42"
auto su = std::to_string(42u); // su="42"
auto sd = std::to_wstring(42.0); // sd=L"42.000000"
auto sld = std::to_wstring(42.0l); // sld=L"42.000000"
```

- 문자열 타입을 정수 타입으로 변환하려면 std::stoi( ), std::stol( ), std::stoll( ), std::stoul( ), std::stoull( )을 사용한다. 다음 예제 코드를 참조한다.

```
auto i1 = std::stoi("42"); // i1 = 42
auto i2 = std::stoi("101010", nullptr, 2); // i2 = 42
auto i3 = std::stoi("052", nullptr, 8); // i3 = 42
auto i4 = std::stoi("0x2A", nullptr, 16); // i4 = 42
```

- 문자열 타입을 부동 소수점 타입으로 변환하려면 다음 예제 코드처럼 std::stof( ), std::stod( ), std::stold( )를 사용한다.

```
// d1 = 123.45000000000000
auto d1 = std::stod("123.45");
// d2 = 123.45000000000000
auto d2 = std::stod("1.2345e+2");
// d3 = 123.44999980926514
auto d3 = std::stod("0xF.6E6666p3");
```

예제 분석

정수 또는 부동 소수점 타입을 문자열 타입으로 변환하려면 std::to_string( ) 또는 std::to_wstring( ) 함수를 사용할 수 있다. 이들 함수는 <string> 헤더에서 사용할 수 있으며 부호 있는 또는 부호 없는 정수 및 실수 타입에 대한 오버로드^{overload}가 있다. std::sprintf()와 동일한 결과를 생성하고 std::swprintf()는 각 타입에 대해 적절한 포맷 지정자와 함께 호출될 때 생성한다. 다음 코드는 이 두 함수의 모든 오버로드를 보여준다.

```
std::string to_string(int value);
std::string to_string(long value);
std::string to_string(long long value);
std::string to_string(unsigned value);
std::string to_string(unsigned long value);
std::string to_string(unsigned long long value);
std::string to_string(float value);
std::string to_string(double value);
std::string to_string(long double value);
std::wstring to_wstring(int value);
std::wstring to_wstring(long value);
std::wstring to_wstring(long long value);
std::wstring to_wstring(unsigned value);
std::wstring to_wstring(unsigned long value);
std::wstring to_wstring(unsigned long long value);
std::wstring to_wstring(float value);
std::wstring to_wstring(double value);
std::wstring to_wstring(long double value);
```

반대의 변환에 대해서는 ston$^{string\ to\ number}$ 포맷의 이름을 가진 함수 집합을 사용할 수 있다. 여기서 n은 i(integer), l(long), ll(long long), ul(unsigned long), 또는 ull(unsigned long long)이 될 수 있다. 다음 목록은 이들 함수의 모든 목록을 보여준다. 이들은 각각 두 개의 오버로드를 가지며, 하나는 std::string을, 다른 하나는 std::wstring을 첫 번째 매개변수로 받는다.

```
int stoi(const std::string& str, std::size_t* pos = 0,
         int base = 10);
int stoi(const std::wstring& str, std::size_t* pos = 0,
```

```
                    int base = 10);
long stol(const std::string& str, std::size_t* pos = 0,
          int base = 10);
long stol(const std::wstring& str, std::size_t* pos = 0,
          int base = 10);
long long stoll(const std::string& str, std::size_t* pos = 0,
                int base = 10);
long long stoll(const std::wstring& str, std::size_t* pos = 0,
                int base = 10);
unsigned long stoul(const std::string& str, std::size_t* pos = 0,
                    int base = 10);
unsigned long stoul(const std::wstring& str, std::size_t* pos = 0,
                    int base = 10);
unsigned long long stoull(const std::string& str,
                          std::size_t* pos = 0, int base = 10);
unsigned long long stoull(const std::wstring& str,
                          std::size_t* pos = 0, int base = 10);
float stof(const std::string& str, std::size_t* pos = 0);
float stof(const std::wstring& str, std::size_t* pos = 0);
double stod(const std::string& str, std::size_t* pos = 0);
double stod(const std::wstring& str, std::size_t* pos = 0);
long double stold(const std::string& str, std::size_t* pos = 0);
long double stold(const std::wstring& str, std::size_t* pos = 0);
```

문자열을 정수 타입으로 변환하는 함수는 공백이 아닌 문자 앞에 있는 모든 공백 문자를
버린 다음, 가능한 한 많은 문자를 사용해 부호 있는 또는 부호 없는 숫자(대소문자에 따라
다름)를 만든 다음 요청한 정수 타입(stoi()는 integer를 반환하고, stoul()은 unsigned long을
반환)으로 변환한다. 다음 예제에서 결과는 마지막 예제(-42)를 제외하고 모두 정수 42다.

```
auto i1 = std::stoi("42"); // i1 = 42
auto i2 = std::stoi(" 42"); // i2 = 42
auto i3 = std::stoi(" 42fortytwo"); // i3 = 42
auto i4 = std::stoi("+42"); // i4 = 42
auto i5 = std::stoi("-42"); // i5 = -42
```

유효한 정수 숫자는 다음 부분으로 구성된다.

- 부호: 더하기(+) 또는 빼기(−)(선택 사항)
- 8진수를 나타내는 접두사 0(선택 사항)
- 16진수를 나타내는 접두사 0x 또는 0X(선택 사항)
- 일련의 숫자

선택 사항인 접두사 0(8진수)은 지정된 진수가 8 또는 0인 경우에만 적용된다. 마찬가지로 접두사 0x 또는 0X(16진수)는 지정된 진수가 16 또는 0일 때만 적용된다.

문자열을 정수로 변환하는 함수는 세 개의 매개변수를 갖는다.

- 입력 문자열
- 널이 아닌 경우, 공백이 파기된 처리된 문자의 수, 부호와 진수 접두사를 포함한 포인터. 따라서 정숫값이 가진 자릿수와 혼동해서는 안 된다.
- 진수를 나타내는 숫자. 디폴트로 이 값은 10이다.

입력 문자열의 유효 숫자는 진수에 따라 다르다. 2진수의 경우 유효 숫자는 0과 1뿐이고 5진수의 경우는 01234다. 11진수의 경우 유효한 숫자는 0−9와 문자 A와 a다. 이는 유효한 문자 0−9, A−Z, a−z를 가진 36진수가 될 때까지 계속된다.

다음은 다양한 진수의 숫자가 10진수로 변환된 문자열의 예를 보여준다. 여기서도 모든 결과는 42 또는 -42다.

```cpp
auto i6 = std::stoi("052", nullptr, 8);
auto i7 = std::stoi("052", nullptr, 0);
auto i8 = std::stoi("0x2A", nullptr, 16);
auto i9 = std::stoi("0x2A", nullptr, 0);
auto i10 = std::stoi("101010", nullptr, 2);
auto i11 = std::stoi("22", nullptr, 20);
auto i12 = std::stoi("-22", nullptr, 20);
```

```
auto pos = size_t{ 0 };
auto i13 = std::stoi("42", &pos); // pos = 2
auto i14 = std::stoi("-42", &pos); // pos = 3
auto i15 = std::stoi(" +42dec", &pos);// pos = 5
```

주목해야 할 중요한 사항은 이들 변환 함수는 변환이 실패하면 예외를 발생시킨다는 것이다. 발생할 수 있는 예외는 두 가지다.

- std::invalid_argument: 변환을 수행할 수 없는 경우

```
try
{
  auto i16 = std::stoi("");
}
catch (std::exception const & e)
{
  // "invalid stoi argument" 출력
  std::cout << e.what() << std::endl;
}
```

- std::out_of_range: 변환된 값이 결과 타입의 범위를 벗어나는 경우(또는 기본 함수가 errno를 ERANGE로 설정한 경우)

```
try
{
  // OK
  auto i17 = std::stoll("12345678901234");
  // std::out_of_range 예외 발생
  auto i18 = std::stoi("12345678901234");
}
catch (std::exception const & e)
{
  // "stoi argument out of range" 출력
  std::cout << e.what() << std::endl;
}
```

문자열을 부동 소수점 타입으로 변환하는 함수도 진수의 매개변수가 없다는 점을 제외하고는 매우 비슷하다. 유효한 부동 소수점 값은 입력 문자열에 여러 다른 표현식을 가질 수 있다.

- 10진 부동 소수점 표현식(선택 사항인 부호, 선택 사항인 소수점이 있는 10진수 시퀀스, 선택 사항인 e 또는 E와 지수(선택적 기호 포함))
- 이진 부동 소수점 표현식(선택 사항인 부호, 접두사 0x 또는 0X, 선택 사항인 점을 포함하는 16진수 시퀀스, 선택 사항인 p 또는 P와 지수(선택적 기호 포함))
- 무한대 표현식(선택 사항인 기호 다음에 대소문자를 구분하지 않는 INF 또는 INFINITY)
- 숫자가 아닌 표현식(선택 사항인 기호 다음에 대소문자를 구분하지 않는 NAN과 다른 영숫자 문자)

다음은 문자열을 double로 변환하는 다양한 예를 보여준다.

```
auto d1 = std::stod("123.45"); // d1 = 123.45000000000000
auto d2 = std::stod("+123.45"); // d2 = 123.45000000000000
auto d3 = std::stod("-123.45"); // d3 = -123.45000000000000
auto d4 = std::stod(" 123.45"); // d4 = 123.45000000000000
auto d5 = std::stod(" -123.45abc"); // d5 = -123.45000000000000
auto d6 = std::stod("1.2345e+2"); // d6 = 123.45000000000000
auto d7 = std::stod("0xF.6E6666p3"); // d7 = 123.44999980926514
auto d8 = std::stod("INF"); // d8 = inf
auto d9 = std::stod("-infinity"); // d9 = -inf
auto d10 = std::stod("NAN"); // d10 = nan
auto d11 = std::stod("-nanabc"); // d11 = -nan
```

0xF.6E6666p3 형식으로 표시된 부동 소수점 베이스 2base 2 과학적 표기법scientific notation은 이번 레시피의 주제는 아니지만 명확한 이해를 돕기 위해 간단한 설명을 제공한다. 하지만 자세한 내용을 확인하고 싶다면 참고 자료를 활용하는 것이 좋다. 베이스 2 과학적 표기법은 부동 소수점 상수의 여러 부분으로 구성된다.

- 16진수 접두사 0x
- 정수 부분. 예제에서는 F(10진수 15)
- 소수 부분. 예제에서는 6E6666 또는 2진수 0110111001100110011001100110. 이를 10진수로 변환하려면 2의 역제곱$^{inverse\ power}$인 1/4 + 1/8 + 1/32 + 1/64 + 1/128 + ...을 추가해야 한다.
- 2의 거듭제곱을 나타내는 접미사. 예제에서 p3은 3의 거듭제곱을 의미한다.

10진법에 해당하는 값은 시그니피컨트^{significant}(정수와 소수로 구성)와 지수의 거듭제곱을 곱해 결정된다. 주어진 베이스 2 16진수 부동 소수점 리터럴의 경우 시그니피컨트 부분은 15.4312499...이며(일곱 번째 이하 숫자는 표시되지 않음), 베이스는 2고 지수는 3이다. 따라서 결과는 15.4212499... * 8이며, 이는 123.44999980926514가 된다.

참고 사항

- 숫자 타입의 제한과 기타 속성

숫자 타입의 제한과 기타 속성

때때로 char, int, double처럼 숫자 유형으로 표현 가능한 최댓값과 최솟값을 알고 사용해야 한다. 이를 위해 많은 개발자들이 CHAR_MIN/CHAR_MAX, INT_MIN/INT_MAX, BL_MIN/DBL_MAX 같은 표준 C 매크로를 사용하고 있다. C++는 모든 숫자 타입에 대해 타입의 최솟값과 최댓값을 쿼리할 수 있게 해주는 특수화를 포함하는 numeric_limits라는 클래스 템플릿을 제공한다. 이 클래스 템플릿은 이에 국한하지 않고 타입 속성을 쿼리하는 추가 상수도 제공하고 있다(예: 타입이 signed인지, 값을 표현하는 데 필요한 비트 수가 얼마인지, 부동 소수점의 경우 무한대를 나타낼 수 있는지 등). C++11 이전에는 상수가 필요한 곳(예: 배열과 스위치 케이스의 크기 포함)에서 사용할 수 없었기 때문에 numeric_limits<T>의 사용이 제한적이었다. 이 때문에 개발자는 코드에서 C 매크로를 사용하는 것을 선호했다. C++11에서는 numeric_limits<T>의 모든 정적 멤버가 이제 constexpr이고, 이는 상수 표현식이 기대되는 모든 곳에서 사용할 수 있음을 의미한다.

numeric_limits<T> 클래스 템플릿은 <limits> 헤더의 네임스페이스 std에서 사용할 수 있다.

숫자 타입 T의 다양한 속성을 쿼리하려면 std::numeric_limits<T>를 사용한다.

- min( )과 max( ) 정적 메소드를 사용해 타입의 유한한 최솟값과 최댓값을 가져온다.

```
template<typename T, typename I>
T minimum(I const start, I const end)
{
  T minval = std::numeric_limits<T>::max();
  for (auto i = start; i < end; ++i)
  {
    if (*i < minval)
      minval = *i;
  }
  return minval;
}

int range[std::numeric_limits<char>::max() + 1] = { 0 };

switch(get_value())
{
  case std::numeric_limits<int>::min():
  break;
}
```

- 다른 정적 메소드와 정적 상수를 사용해 숫자 타입의 다른 속성을 검색한다.

```
auto n = 42;
std::bitset<std::numeric_limits<decltype(n)>::digits>
  bits { static_cast<unsigned long long>(n) };
```

 C++11에서는 std::numeric_limits⟨T⟩를 사용하는 데 제한이 없다. 따라서 모던 C++ 코드에서는 이를 C 매크로 대신 사용하는 것이 바람직하다.

예제 분석

std::numeric_limits<T>는 개발자가 숫자 타입의 속성을 쿼리할 때 사용할 수 있는 클래스 템플릿이다. 실제 값은 특수화specialization를 통해 사용할 수 있으며, 표준 라이브러리는 모든 내장 숫자 타입(char, short, int, long, float, double 등)에 대한 특수화를 제공한다. 또한 서드파티에서 다른 타입에 대한 추가 구현을 제공할 수도 있다. 예를 들어 bigint 정수 타입과 decimal 타입을 구현하고, 이들 유형에 대한 numeric_limit의 특수화(numeric_limits<bigint>와 numeric_limits<decimal>)를 제공하는 숫자 라이브러리가 있을 수 있다.

<limits> 헤더에서는 다음과 같은 숫자 타입의 특수화를 사용할 수 있다. char16_t와 char32_t의 특수화는 C++11의 새로운 기능이다. 다른 것들은 이전부터 사용 가능했다. 앞에서 나열한 특수화 외에도 이 라이브러리는 이들 숫자 타입의 모든 cv-qualified 버전에 대한 특수화도 포함하고 있으며, 이는 정규화되지 않은 특수화와 동일하다. 예를 들어 int 타입을 생각해보면, numeric_limits<int>, numeric_limits<const int>, numeric_limits<volatile int>, numeric_limits<const volatile int>라는 네 개의 실제 특수화가 있다(그리고 모두 동일하다).

```
template<> class numeric_limits<bool>;
template<> class numeric_limits<char>;
template<> class numeric_limits<signed char>;
template<> class numeric_limits<unsigned char>;
template<> class numeric_limits<wchar_t>;
template<> class numeric_limits<char16_t>;
template<> class numeric_limits<char32_t>;
template<> class numeric_limits<short>;
template<> class numeric_limits<unsigned short>;
template<> class numeric_limits<int>;
template<> class numeric_limits<unsigned int>;
template<> class numeric_limits<long>;
template<> class numeric_limits<unsigned long>;
template<> class numeric_limits<long long>;
template<> class numeric_limits<unsigned long long>;
template<> class numeric_limits<float>;
template<> class numeric_limits<double>;
template<> class numeric_limits<long double>;
```

앞에서 언급했듯이 C++에서는 numeric_limits의 모든 정적 멤버가 constexpr이므로 상수 표현식이 필요한 모든 곳에서 사용할 수 있다. 여기에는 C++ 매크로보다 좋은 몇 가지 이점이 있다.

- 기억하기 쉽다. 수많은 매크로의 이름이 아니라 단지 타입의 이름만 알면 된다.
- char16_t와 char32_t처럼 C에서 사용할 수 없는 타입을 지원한다.
- 타입을 모르는 템플릿에 대한 유일한 솔루션이다.
- 타입의 여러 속성 중 최솟값과 최댓값만 지원한다. 따라서 실제 사용은 숫자 제한을 초과한다. 이런 이유로 클래스는 numeric_limits 대신 numeric_properties 라고 해야 한다.

다음 함수 템플릿 print_type_properties( )는 타입의 유한한 최댓값 및 최솟값과 기타 정보를 출력한다.

```
template <typename T>
void print_type_properties()
{
  std::cout
    << "min="
    << std::numeric_limits<T>::min() << std::endl
    << "max="
    << std::numeric_limits<T>::max() << std::endl
    << "bits="
    << std::numeric_limits<T>::digits << std::endl
    << "decdigits="
    << std::numeric_limits<T>::digits10 << std::endl
    << "integral="
    << std::numeric_limits<T>::is_integer << std::endl
    << "signed="
    << std::numeric_limits<T>::is_signed << std::endl
    << "exact="
    << std::numeric_limits<T>::is_exact << std::endl
    << "infinity="
    << std::numeric_limits<T>::has_infinity << std::endl;
}
```

unsigned short와 int, double에 대한 print_type_properties() 함수를 호출하면 다음 과 같은 결과가 출력된다.

unsigned short	int	Double
min=0	min=−2147483648	min=2.22507e−308
max=65535	max=2147483647	max=1.79769e+308
bits=16	bits=31	bits=53
decdigits=4	decdigits=9	dccdigits=15
integral=1	integral=1	integral=0
signed=0	signed=1	signed=1
exact=1	exact=1	exact=0
infinity=0	infinity=0	infinity=1

주목해야 할 것은 digits와 digits10 상수의 차이다.

- digits는 정수 타입의 경우 비트 수(부호 비트 제외)와 패딩^{padding} 비트를, 그리고 부동 소수점 타입의 경우 가수^{mantissa}의 비트 수를 나타낸다.

- digits10은 변경되지 않는 타입으로 표시될 수 있는 10진수의 수다. 이에 대해 잘 이해하려면 unsigned short의 경우를 생각해보자. 이것은 16비트 정수 타입이며, 0에서 65536 사이의 숫자를 나타낼 수 있다. 다섯 자리의 수, 즉 10,000에서 65,536까지의 수를 나타낼 수 있지만 65,537에서 99,999 사이의 수는 더 많은 비트가 필요하기 때문에 다섯 자리의 10진수를 모두 나타낼 수는 없다. 따라서 추가 비트 없이 표현할 수 있는 가장 큰 숫자는 네 자리의 10진수(1,000에서 9,999까지)다. 이것은 digits10으로 표시된 값이다. 정수 타입의 경우, 상수 digits와 직접적인 관련이 있다. 정수 타입 T의 경우, digits10의 값은 std::numeric_limits<T>::digits * std::log10(2)다.

의사 난수 생성

게임에서부터 암호화, 샘플링, 예측에 이르기까지 다양한 종류의 애플리케이션에 난수 생성이 반드시 필요하다. 그러나 난수^{random number}라는 용어는 실제로 올바르지 않은 표현이다. 수학 공식을 통한 숫자의 생성은 그 값이 결정돼 있으므로, 무작위로 보이지만 실제 난수를 생성하는 것은 아니기 때문에 의사 난수^{pseudo-random}라고 불린다. 진정한 무작위성은 물리적 프로세스를 기반으로 하는 하드웨어 장치를 통해서만 생성할 수 있으며, 우주도 실제로는 결정돼 있다고 생각할 수 있기 때문에 이것 역시 도전을 받고 있다. 모던 C++는 숫자 생성기^{generator}와 분포를 포함하는 의사 난수 라이브러리를 통해 의사 난수 생성을 지원한다. 이론적으로는 진짜 난수를 생성할 수도 있지만, 실제로는 의사 난수다.

준비

이번 레시피에서는 의사 난수 생성에 대한 표준 지원을 알아본다. 난수와 의사 난수의 차이를 이해하는 것이 핵심이다. 다른 한편으로는 다양한 통계적 분포에 익숙하다면 도움이 된다. 하지만 라이브러리가 생성하는 숫자가 균등하게 분포되기 때문에 반드시 모든 개발자들이 균등 분포가 무엇인지에 대해 이해해야 한다.

예제 구현

애플리케이션에서 의사 난수를 생성하려면 다음 단계를 수행한다.

1. `<random>` 헤더를 포함한다.

   ```
   #include <random>
   ```

2. 의사 난수 엔진을 사용하기 위해 `std::random_device` 생성기를 사용한다.

   ```
   std::random_device rd{};
   ```

3. 사용 가능한 엔진 중 하나를 사용해 숫자를 생성하고 임의의 시드seed로 초기화한다.

   ```
   auto mtgen = std::mt19937{ rd() };
   ```

4. 엔진의 결과를 원하는 통계적 분포 중 하나로 변환하기 위해 사용 가능한 분포 중 하나를 사용한다.

   ```
   auto ud = std::uniform_int_distribution<>{ 1, 6 };
   ```

5. 의사 난수를 생성한다.

   ```
   for(auto i = 0; i < 20; ++i)
     auto number = ud(mtgen);
   ```

의사 난수 라이브러리에는 두 가지 타입의 컴포넌트가 포함돼 있다.

- 난수 발생기인 엔진engine. 엔진은 균일한 분포를 갖는 의사 난수(또는 가능한 경우 실제 난수)를 생성할 수 있다.
- 엔진의 결과를 통계적 분포로 변환하는 분포distribution

random_device를 제외한 모든 엔진은 균일한 분포로 정수를 생성하며, 모든 엔진은 다음 메소드를 구현한다.

- min( ): 생성기가 생성할 수 있는 최솟값을 반환하는 정적 메소드다.
- max( ): 생성기가 생성할 수 있는 최댓값을 반환하는 정적 메소드다.
- seed( ): 시작 값(시드가 될 수 없는 random_device 제외)으로 알고리즘을 초기화한다.
- operator( ): min( )과 max( ) 사이에 균등하게 분포된 새로운 숫자를 생성한다.
- discard( ): 주어진 수의 의사 난수를 생성하고 버린다.

다음과 같은 엔진을 사용할 수 있다.

- linear_congruential_engine: 다음 공식을 사용해 숫자를 생성하는 선형 합동 생성기linear congruential generator다.

  $x(i) = (A * x(i-1) + C) \bmod M$

- mersenne_twister_engine: $W * (N-1) * R$의 비트 값을 유지하는 메르센 트위스터 생성기Mersenne twister generator다. 수를 생성해야 할 때마다 W 비트를 추출한다. 모든 비트가 사용되면, 비트를 이동하고 혼합함으로써 큰 값을 트위스트해 새로운 비트 세트를 추출한다.

- subtract_with_carry_engine: 다음 공식을 기반으로 캐리 뺄셈subtract with carry 알고리즘을 구현하는 생성기다.

  $x(i) = (x(i-R) - x(i-S) - cy(i-1)) \bmod M$

앞의 공식에서 cy는 다음과 같이 정의된다.

$$cy(i) = x(i - S) - x(i - R) - cy(i - 1) < 0 ? 1 : 0$$

또한 라이브러리는 다른 엔진을 래핑하고 베이스 엔진의 출력을 기반으로 숫자를 생성하는 엔진인 엔진 어댑터adapter를 제공한다. 엔진 어댑터는 베이스 엔진에서 앞서 언급한 것과 동일한 메소드를 구현한다. 다음과 같은 엔진 어댑터를 사용할 수 있다.

- discard_block_engine: 베이스 엔진에 의해 생성된 모든 P 숫자의 블록에서 R 숫자만 유지하고 나머지는 폐기한다.
- independent_bits_engine: 베이스 엔진과 다른 비트 수의 숫자를 생성하는 생성기
- shuffle_order_engine: 베이스 엔진에 의해 생성된 K 숫자의 셔플링된 테이블을 유지하고 이 테이블의 숫자를 반환해 베이스 엔진에서 생성된 숫자로 대체한다.

이들 모든 엔진과 엔진 어댑터는 의사 난수를 생성한다. 그러나 라이브러리는 결정되지 않은 숫자를 생성하는 random_device라는 다른 엔진을 제공하지만, 랜덤 엔트로피의 물리적인 소스를 사용할 수 없으므로 실제 제약 조건은 아니다. 따라서 random_device의 구현은 실제로 의사 랜덤 엔진을 기반으로 할 수 있다. random_device 클래스는 다른 엔진처럼 시드할 수 없으며, 결정적인deterministic 생성기의 경우 0이고 비결정적인non-deterministic 생성기의 경우 0이 아닌 랜덤 장치 엔트로피를 반환하는 entropy( )라는 추가 메소드가 있다. 그러나 이것이 장치가 실제로 결정적인지 또는 비결정적인지를 결정하는 신뢰할 수 있는 메소드는 아니다. 예를 들어 GNU libstdc++와 LLVM libc++는 비결정적 장치를 구현하지만, 엔트로피는 0을 반환한다. 반면에 VC++와 boost.random은 엔트로피에 대해 각각 32와 10을 반환한다.

이들 생성기는 모두 균일 분포로 정수를 생성한다. 하지만 이것은 애플리케이션에서 사용할 수 있는 다양한 통계 분포 중 하나일 뿐이다. 다른 분포로 숫자(정수 또는 실수)를 생성할 수 있도록 라이브러리는 'distribution'이라는 용어가 이름에 포함된 다양한 클래스를 제공

하며 구현한 통계 분포에 따라 출력을 변환한다. 사용할 수 있는 통계 분포는 다음과 같다.

타입	클래스명	숫자	통계 분포
Uniform	uniform_int_distribution	integer	균일 분포
	uniform_real_distribution	real	균일 분포
Bernoulli	bernoulli_distribution	boolean	베르누이 분포
	binomial_distribution	integer	이항 분포
	negative_binomial_distribution	integer	음이항 분포
	geometric_distribution	integer	기하 분포
Poisson	poisson_distribution	integer	포아송 분포
	exponential_distribution	real	지수 분포
	gamma_distribution	real	감마 분포
	weibull_distribution	real	와이불(Weibull) 분포
	extreme_value_distribution	real	극단값 분포
Normal	normal_distribution	real	표준 정규 분포(가우시안 분포)
	lognormal_distribution	real	로그정규 분포
	chi_squared_distribution	real	카이제곱 분포
	cauchy_distribution	real	코쉬 분포
	fisher_f_distribution	real	피셔의 F 분포
	student_t_distribution	real	스튜던트 T 분포
Sampling	discrete_distribution	integer	이항 분포
	piecewise_constant_distribution	real	일정한 하위 간격으로 분산된 값
	piecewise_linear_distribution	real	정의된 하위 간격으로 분산된 값

라이브러리가 제공하는 엔진에는 각각 장단점이 있다. 선형 합동 엔진은 작은 내부 상태를 가지고 있지만 아주 빠르지는 않다. 반면 캐리 뺄셈 엔진은 매우 빠르지만, 내부 상태에 더 많은 메모리가 필요하다. 메르센 트위스터는 가장 느리지만 가장 큰 내부 상태를 가지며, 초기화된 내부 상태는 비반복적인 가장 긴 수를 생성할 수 있다. 다음 예제에서는 19,937 비트의 내부 상태를 갖는 32비트 메르센 트위스터 std::mt19937을 사용한다.

난수를 생성하는 가장 간단한 방법은 다음과 같다.

```
auto mtgen = std::mt19937 {};
for (auto i = 0; i < 10; ++i)
  std::cout << mtgen() << std::endl;
```

이 예제에서 mtgen은 std::mt19937 메르센 트위스터다. 숫자를 생성하려면 내부 상태를 진행시키고 다음 의사 난수를 반환하는 호출 연산자만 사용하면 된다. 그러나 엔진이 초기화되지 않았기 때문에 이 코드에는 결함이 있다. 결과적으로 항상 동일한 순서의 숫자가 생성된다.

엔진을 초기화하는 데는 여러 가지 방법이 있다. C rand 라이브러리의 공통적인 접근 방법 중 하나는 현재 시간을 사용하는 것이다. 모던 C++에서는 다음과 같다.

```
auto seed = std::chrono::high_resolution_clock::now()
    .time_since_epoch()
    .count();
auto mtgen = std::mt19937{ static_cast<unsigned int>(seed) };
```

이 예제에서 seed는 현재까지의 클럭^{clock}의 에포크^{epoch} 틱^{tick} 수를 나타내는 숫자다. 이 숫자는 엔진을 시드하는 데 사용된다. 이 접근 방법의 문제점은 seed의 값이 실제로는 결정적이며 일부 애플리케이션 클래스에서는 공격에 취약할 수 있다는 것이다. 좀 더 신뢰할 수 있는 방법이라면, 생성기에 실제 난수를 사용하는 것이다. std::random_device 클래스는 의사 난수 생성기를 기반으로 구현하지만 진짜 난수를 반환하는 엔진이다.

```
std::random_device rd;
auto mtgen = std::mt19937 {rd()};
```

모든 엔진에서 생성된 숫자는 균일한 분포를 따른다. 결과를 다른 통계적 분포로 변환하려면 분포 클래스를 사용해야 한다. 선택한 분포에 따라 생성된 숫자가 어떻게 분배되는지 보여주기 위해 다음 함수를 사용한다. 이 함수는 지정된 숫자의 의사 난수를 생성하고 맵에서 반복을 계산한다. 맵의 값을 사용해 각 숫자가 얼마나 자주 발생했는지를 보여주는 막대 모양의 다이어그램을 만든다.

```cpp
void generate_and_print(
  std::function<int(void)> gen,
  int const iterations = 10000)
{
  // 숫자와 이 숫자의 반복을 저장하기 위한 맵
  auto data = std::map<int, int>{};

  // 난수 생성
  for (auto n = 0; n < iterations; ++n)
    ++data[gen()];

  // 가장 반복되는 요소를 찾음
  auto max = std::max_element(
        std::begin(data), std::end(data),
        [](auto kvp1, auto kvp2) {
      return kvp1.second < kvp2.second; });

  // 막대 모양 출력
  for (auto i = max->second / 200; i > 0; --i)
  {
    for (auto kvp : data)
    {
      std::cout
        << std::fixed << std::setprecision(1) << std::setw(3)
        << (kvp.second / 200 >= i ? (char)219 : ' ');
    }

    std::cout << std::endl;
  }

  // 숫자 출력
  for (auto kvp : data)
  {
```

```
  std::cout
    << std::fixed << std::setprecision(1) << std::setw(3)
    << kvp.first;
}

std::cout << std::endl;
}
```

다음 코드는 [1, 6] 범위에서 균일한 분포를 갖는 std::mt19937 엔진을 사용해 난수를 생성한다. 이것은 주사위를 던질 때 발생하는 난수다.

```
std::random_device rd{};
auto mtgen = std::mt19937{ rd() };
auto ud = std::uniform_int_distribution<>{ 1, 6 };
generate_and_print([&mtgen, &ud]() {return ud(mtgen); });
```

프로그램의 출력은 다음과 같다.

다음과 마지막 예에서는 평균 5와 표준편차 2를 사용해 분포를 정규 분포로 변경한다. 이 분포는 실수real number를 생성한다. 따라서 이전 generate_and_print() 함수를 사용하려면 숫자를 정수로 반올림해야 한다.

```
std::random_device rd{};
auto mtgen = std::mt19937{ rd() };
auto nd = std::normal_distribution<>{ 5, 2 };

generate_and_print(
    [&mtgen, &nd]() {
        return static_cast<int>(std::round(nd(mtgen))); });
```

다음은 앞의 코드의 출력이다.

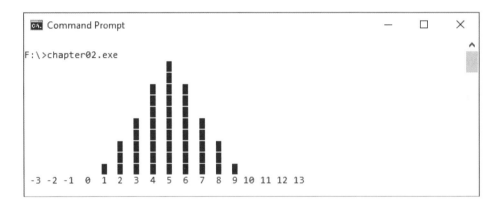

참고 사항

- 의사 난수 생성기의 내부 상태의 모든 비트 초기화

의사 난수 생성기의 내부 상태의 모든 비트 초기화

이전 레시피에서는 의사 난수 라이브러리를 컴포넌트와 함께 사용해 다른 통계 분포에서 숫자를 생성하는 방법을 살펴봤다. 이 레시피에서 간과됐던 한 가지 중요한 요소는 의사 난수 생성기의 적절한 초기화다. 이번 레시피에서는 최상의 의사 난수 시퀀스를 생성하기 위해 생성기를 초기화하는 방법을 알아본다.

의사 난수 라이브러리가 제공하는 기능들의 개요에 대해서는 이전 레시피인 '의사 난수 생성'을 참고한다.

예제 구현

의사 난수 생성기를 올바르게 초기화해 최상의 의사 난수 시퀀스를 생성하려면 다음 단계를 수행한다.

1. std::random_device를 사용해 시드 값으로 사용할 난수를 생성한다.

```
std::random_device rd;
```

2. 엔진의 모든 내부 비트에 대해 임의의 데이터를 생성한다.

```
std::array<int, std::mt19937::state_size> seed_data {};
std::generate(std::begin(seed_data), std::end(seed_data),
              std::ref(rd));
```

3. 이전에 생성된 의사 랜덤 데이터에서 std::seed_seq 객체를 생성한다.

```
std::seed_seq seq(std::begin(seed_data), std::end(seed_data));
```

4. 엔진 객체를 생성하고 엔진의 내부 상태를 나타내는 모든 비트를 초기화한다. 예를 들어 mt19937은 내부 상태의 19,937비트를 가진다.

```
auto eng = std::mt19937{ seq };
```

5. 애플리케이션의 요구 사항에 따라 적절한 배포를 사용한다.

```
auto dist = std::uniform_real_distribution<>{ 0, 1 };
```

예제 분석

이전 레시피에서 보여준 모든 예제에서는 `std::mt19937` 엔진을 사용해 의사 난수를 생성했다. 메르센 트위스터는 다른 엔진보다 느리지만 반복되지 않는 수의 가장 긴 시퀀스와 최상의 스펙트럼 특성을 생성할 수 있다. 그러나 이전 레시피의 방식으로 엔진을 초기화하면 이 효과가 발생하지 않는다. 신중한 분석(이 레시피와 이 책의 목적을 벗어남)을 통해 엔진이 일부 값을 반복적으로 생성하고 다른 값을 생략하는 경향이 있어 균일한 분포가 아니라 2항 또는 포아송 분포의 수를 생성하는 것을 알 수 있다. 문제는 `mt19937`의 내부 상태가 624개의 32비트 정수를 가지고 있지만 이전 레시피의 예제에서는 그중에서 하나만 초기화했다는 것이다.

의사 난수 라이브러리로 작업할 때는 다음 정보 박스에서 제시하는 경험에 근거한 법칙(경험적 법칙rule of thumb)을 기억하라.

 최상의 결과를 얻으려면, 엔진은 숫자를 생성하기 전에 내부 상태가 모두 올바르게 초기화돼야 한다.

의사 난수 라이브러리는 이 특별한 목적을 위해 `std::seed_seq`로 불리는 클래스를 제공한다. 이것은 임의의 32비트 정수로 시드할 수 있는 생성기며 32비트 공간에 균등하게 분포된 정수를 생성한다.

앞의 '예제 구현' 절의 코드에서 `mt19937` 생성기의 내부 상태와 동일한 수(즉, 624의 정수)의 32비트 정수로 `seed_data`라는 배열을 정의했다. 그런 다음 `std::random_device`가 생성한 난수로 배열을 초기화했다. 배열은 나중에 `mt19937` 생성기를 시드하는 데 사용된 `std::seed_seq`를 시드하는 데 사용됐다.

가공된 사용자 정의 리터럴 작성

리터럴은 프로그램에서 변경할 수 없는 내장 타입(숫자, 부울, 문자, 문자열, 포인터)의 상수다. 언어는 리터럴을 지정하기 위해 일련의 접두사prefix와 접미사suffix를 정의한다. 접두사와 접미사는 실제로 리터럴의 일부다. C++11에서는 리터럴을 지정하는 접미사를 사용하는 리터럴 연산자literal operator라는 함수를 정의해 사용자 정의 리터럴을 생성할 수 있다. 숫자와 문자, 문자열 타입에서만 동작하며, 이는 향후 버전에서의 표준 리터럴을 정의하거나 개발자가 자신의 리터럴을 생성할 수 있는 두 가지 가능성을 열어준다. 이 레시피에서는 어떻게 가공된 사용자 정의 리터럴을 생성할 수 있는지 알아본다.

준비

사용자 정의 리터럴은 원시raw 리터럴과 가공된cooked 리터럴이라는 두 가지 형식을 가질 수 있다. 원시 리터럴은 컴파일러에서 처리하지 않지만 가공된 리터럴은 컴파일러에서 처리한 값이다(예: 문자열의 이스케이프 시퀀스 처리 또는 리터럴 0xBAD의 정수 2898과 같은 숫자 값 식별). 원시 리터럴은 정수와 부동 소수점 타입에만 사용할 수 있는 반면, 가공된 리터럴은 문자와 문자열 리터럴에서 사용할 수 있다.

예제 구현

가공된 사용자 정의 리터럴을 생성하려면 다음 단계를 수행한다.

1. 이름 충돌을 피하기 위해 별도의 네임스페이스에 리터럴을 정의한다.
2. 항상 사용자 정의 접미사로 앞에 밑줄(_)을 붙인다.
3. 가공된 리터럴에 대해 다음 형식의 리터럴 연산자를 정의한다.

```
T operator "" _suffix(unsigned long long int);
T operator "" _suffix(long double);
```

```
T operator "" _suffix(char);
T operator "" _suffix(wchar_t);
T operator "" _suffix(char16_t);
T operator "" _suffix(char32_t);
T operator "" _suffix(char const *, std::size_t);
T operator "" _suffix(wchar_t const *, std::size_t);
T operator "" _suffix(char16_t const *, std::size_t);
T operator "" _suffix(char32_t const *, std::size_t);
```

다음 예는 킬로바이트를 지정하기 위한 사용자 정의 리터럴을 생성한다.

```
namespace compunits
{
  constexpr size_t operator "" _KB(unsigned long long const size)
  {
    return static_cast<size_t>(size * 1024);
  }
}

auto size{ 4_KB }; // size_t size = 4096;

using byte = unsigned char;
auto buffer = std::array<byte, 1_KB>{};
```

예제 분석

컴파일러에서 사용자 정의 접미사 S(밑줄이 없는 접미사는 표준 라이브러리용으로 예약돼 있으므로 서드파티 접미사는 항상 밑줄로 시작한다.)를 발견하면, 이름 연산자 "operator "" S의 함수를 식별하기 위해 정규화되지 않은 이름 조회를 수행한다. 발견되면 리터럴 타입과 리터럴 연산자 타입에 따라 호출한다. 그렇지 않으면 컴파일러에서 오류가 발생한다.

'예제 구현' 절의 예제에서 리터럴 연산자는 operator ""_KB로 호출되며 unsigned long long int 타입의 인수를 가진다. 이것은 정수 타입을 처리하기 위한 리터럴 연산자에서 가능한 유일한 정수 타입이다. 마찬가지로 부동 소수점 사용자 정의 리터럴의 경우 매개 변수 타입은 숫자 타입의 경우 리터럴 연산자가 가능한 가장 큰 값을 처리할 수 있어야 하기 때문에 long double이어야 한다. 이 리터럴 연산자는 constexpr 값을 반환하므로 위의 예제에서 배열의 크기를 지정하는 것과 같이 컴파일 타임 값이 예상되는 위치에서 사용할 수 있다.

컴파일러가 사용자 정의 리터럴을 식별하고 적절한 사용자 정의 리터럴 연산자를 호출해야 하는 경우, 다음 규칙에 따라 오버로드overload 집합에서 오버로드를 선택한다.

- 정수 리터럴의 경우: unsigned long long을 취하는 연산자, const char*를 취하는 원시 리터럴 연산사, 또는 리터럴 연산자 템플릿 순서로 호출한다.
- 부동 소수점 리터럴의 경우: long double을 취하는 연산자, const char*를 취하는 원시 리터럴 연산자, 또는 리터럴 연산자 템플릿 순서로 호출한다.
- 문자 리터럴의 경우: 문자 타입(char, wchar_t, char16_t, char32_t)에 따라 적절한 연산자를 호출한다.
- 문자열 리터럴의 경우: 문자열과 크기의 포인터를 취하는 문자열 타입에 따라 적절한 연산자를 호출한다.

다음 예제에서는 단위와 수량의 시스템을 정의한다. 킬로그램, 조각, 리터와 기타 단위의 타입으로 작업하려고 한다. 이는 주문을 처리하고 각 주문의 양과 단위를 지정해야 하는 시스템에서 유용하다. 다음은 네임스페이스 units에서 정의된다.

- 가능한 단위 타입(킬로그램, 미터, 리터, 조각)에 대한 열거 범위

```
enum class unit { kilogram, liter, meter, piece, };
```

- 특정 단위의 양을 지정하는 클래스 템플릿(예: 3.5킬로그램 또는 42 조각)

```
template <unit U>
```

```
class quantity
{
  const double amount;
  public:
    constexpr explicit quantity(double const a) :
      amount(a) {}
    explicit operator double() const { return amount; }
  };
```

- quantity 클래스 템플릿의 수량을 더하거나 뺄 수 있는 operator+와 operator-
함수

```
template <unit U>
constexpr quantity<U> operator+(quantity<U> const &q1,
                                quantity<U> const &q2)
{
  return quantity<U>(static_cast<double>(q1) +
                     static_cast<double>(q2));
}
template <unit U>
constexpr quantity<U> operator-(quantity<U> const &q1,
                                quantity<U> const &q2)
{
  return quantity<U>(static_cast<double>(q1) -
                     static_cast<double>(q2));
}
```

- quantity 리터럴을 생성하는 리터럴 연산자는 unit_literals라는 내부 네임스
페이스에서 정의된다. 이는 다른 네임스페이스의 리터럴과 이름이 충돌하는 것을
피하는 데 그 목적이 있다. 이런 충돌이 발생하면 개발자는 리터럴이 정의되는 범
위에서 적절한 네임스페이스를 사용해 사용할 리터럴을 선택해야 한다.

```
namespace unit_literals
{
```

```cpp
constexpr quantity<unit::kilogram> operator "" _kg(
  long double const amount)
{
  return quantity<unit::kilogram>
    { static_cast<double>(amount) };
}

constexpr quantity<unit::kilogram> operator "" _kg(
  unsigned long long const amount)
{
  return quantity<unit::kilogram>
    { static_cast<double>(amount) };
}

constexpr quantity<unit::liter> operator "" _l(
  long double const amount)
{
  return quantity<unit::liter>
    { static_cast<double>(amount) };
}

constexpr quantity<unit::meter> operator "" _m(
  long double const amount)
{
  return quantity<unit::meter>
    { static_cast<double>(amount) };
}

constexpr quantity<unit::piece> operator "" _pcs(
  unsigned long long const amount)
{
  return quantity<unit::piece>
    { static_cast<double>(amount) };
}
}
```

주의 깊게 살펴보면 앞에서 정의한 리터럴 연산자가 같지 않음을 알 수 있다.

- _kg는 정수와 부동 소수점 리터럴 모두에 대해 정의된다. 1_kg와 1.0_kg 같은 정수 및 부동 소수점 값을 생성할 수 있다.
- _l과 _m은 부동 소수점 리터럴에 대해서만 정의된다. 즉, 4.5_l과 10.0_m 같은 부동 소수점이 있는 quantity 리터럴을 정의할 수 있다.
- _pcs는 정수 리터럴에 대해서만 정의된다. 즉, 42_pcs 같은 정숫값의 수만 정의할 수 있다.

이런 리터럴 연산자를 사용해 다양한 수량을 작업할 수 있다. 다음 예제는 유효한 연산과 유효하지 않은 연산을 모두 보여준다.

```
using namespace units;
using namespace unit_literals;

auto q1{ 1_kg }; // OK
auto q2{ 4.5_kg }; // OK
auto q3{ q1 + q2 }; // OK
auto q4{ q2 - q1 }; // OK

// 오류. 미터와 조각을 추가할 수 없음
auto q5{ 1.0_m + 1_pcs };
// 오류. 리터의 정수를 가질 수 없음
auto q6{ 1_l };
// 오류. 정수의 조각만 가질 수 있음
auto q7{ 2.0_pcs}
```

q1은 1킬로그램의 양이다. 즉 정숫값이다. 오버로드된 operator "" _kg(unsigned long long const)가 존재하기 때문에 정수 1에서 리터럴을 올바르게 생성할 수 있다. 유사하게 q2는 4.5킬로그램의 양이다. 이것은 실숫값이다. 오버로드된 operator "" _kg(long double)이 존재하기 때문에 리터럴은 double 부동 소수점 값 4.5에서 생성될 수 있다.

한편 q6은 1리터의 양이다. 오버로드된 operator "" _l(unsigned long long)이 없기 때문에 리터럴을 생성할 수 없다. unsigned long long을 취하는 오버로드가 필요하지만 이런 오버로드는 존재하지 않는다. 마찬가지로 **q7**은 2.0 조각의 양이지만, 조각 리터럴은 정수값에서만 생성할 수 있으므로 이는 다른 컴파일러 오류를 발생시킨다.

부연 설명

사용자 정의 리터럴은 C++11에서 사용할 수 있지만, 표준 리터럴 연산자는 C++14에서만 사용할 수 있다. 다음은 이러한 표준 리터럴 연산자의 목록을 보여준다.

- operator""s : std::basic_string 리터럴을 정의

```
using namespace std::string_literals;

auto s1{ "text"s }; // std::string
auto s2{ L"text"s }; // std::wstring
auto s3{ u"text"s }; // std::u16string
auto s4{ U"text"s }; // std::u32string
```

- operator""h, operator""min, operator""s, operator""ms, operator""us, operator""ns : std::chrono::duration 값을 생성

```
using namespace std::literals::chrono_literals;

// std::chrono::duration<long long>
auto timer {2h + 42min + 15s};
```

- operator""if, operator""i, operator""il : std::complex 값을 생성

```
using namespace std::literals::complex_literals;

auto c{ 12.0 + 4.5i }; // std::complex<double>
```

- 원시 문자열 리터럴을 사용한 이스케이프 문자 방지
- 원시 사용자 정의 리터럴 작성

원시 사용자 정의 리터럴 작성

이전 레시피에서는 C++11에서 라이브러리 구현자와 개발자가 사용자 정의 리터럴과 C++14 표준에서 사용할 수 있는 사용자 정의 리터럴을 생성하는 방법을 살펴봤다. 그러나 사용자 정의 리터럴에는 리터럴 연산자에 제공되기 전에 컴파일러에서 리터럴 값을 처리하는 가공된cooked 형식과 컴파일러에서 리터럴을 파싱하지 않는 원시raw 형식이라는 두 가지 형식이 있다. 후자는 정수와 부동 소수점 타입에서만 사용할 수 있다. 이번 레시피에서는 원시 사용자 정의 리터럴을 생성하는 방법을 알아본다.

준비

이번 레시피를 계속하기 전에 이전 레시피인 '가공된 사용자 정의 리터럴 작성'에서 사용자 정의 리터럴에 대한 일반적인 세부 정보를 먼저 살펴보는 것이 좋다.

원시 사용자 정의 리터럴을 생성하는 방법을 살펴보기 위해 바이너리 리터럴을 정의해본다. 이런 바이너리 리터럴은 8비트, 16비트 또는 32비트(unsigned) 타입이 될 수 있다. 이들 타입은 byte8, byte16, byte32로 불리며, 생성한 리터럴은 _b8, _b16, _b32로 불린다.

예제 구현

원시 사용자 정의 리터럴을 생성하려면 다음 단계를 수행한다.

1. 이름 충돌을 피하기 위해 별도의 네임스페이스에 리터럴을 정의한다.

2. 항상 사용자 정의 접미사에 밑줄(_)을 붙인다.

3. 다음 형식의 리터럴 연산자 또는 리터럴 연산자 템플릿을 정의한다.

```
T operator "" _suffix(const char*);

template<char...> T operator "" _suffix();
```

다음 예제에서는 8비트, 16비트, 32비트 바이너리 리터럴을 구현하는 방법을 보여준다.

```cpp
namespace binary
{
  using byte8 = unsigned char;
  using byte16 = unsigned short;
  using byte32 = unsigned int;

  namespace binary_literals
  {
    namespace binary_literals_internals
    {
      template <typename CharT, char... bits>
      struct binary_struct;

      template <typename CharT, char... bits>
      struct binary_struct<CharT, '0', bits...>
      {
        static constexpr CharT value{
          binary_struct<CharT, bits...>::value };
      };

      template <typename CharT, char... bits>
      struct binary_struct<CharT, '1', bits...>
      {
        static constexpr CharT value{
          static_cast<CharT>(1 << sizeof...(bits)) |
          binary_struct<CharT, bits...>::value };
      };
```

```cpp
    template <typename CharT>
    struct binary_struct<CharT>
    {
      static constexpr CharT value{ 0 };
    };
  }

  template<char... bits>
  constexpr byte8 operator""_b8()
  {
    static_assert(
      sizeof...(bits) <= 8,
      "binary literal b8 must be up to 8 digits long");

    return binary_literals_internals::
          binary_struct<byte8, bits...>::value;
}

template<char... bits>
constexpr byte16 operator""_b16()
{
  static_assert(
    sizeof...(bits) <= 16,
    "binary literal b16 must be up to 16 digits long");

  return binary_literals_internals::
        binary_struct<byte16, bits...>::value;
}

template<char... bits>
constexpr byte32 operator""_b32()
{
  static_assert(
    sizeof...(bits) <= 32,
    "binary literal b32 must be up to 32 digits long");

  return binary_literals_internals::
        binary_struct<byte32, bits...>::value;
  }
```

```
    }
}
```

이전 절의 구현은 **1010_b8**(10진수 10의 byte8 값) 또는 **000010101100_b16**(10진수 2130496의 byte16 값) 형식의 이진^{binary} 리터럴을 정의할 수 있게 해준다. 그러나 각 타입의 자릿수를 초과하지 않도록 하고 싶다. 즉, **111100001_b8** 같은 값은 올바르지 않아야 하며 컴파일러에서 오류가 발생해야 한다.

무엇보다 먼저 binary라는 네임스페이스 안에 모든 것을 정의하고 여러 타입 별칭(byte8, byte16, byte32)의 도입을 시작한다.

리터럴 연산자 템플릿은 **binary_literal_internals**라고 하는 중첩된 네임스페이스에 정의된다. 이것은 다른 네임스페이스의 다른 리터럴 연산자와 이름 충돌을 피하기 위한 좋은 방법이다. 이런 일이 발생하면 올바른 범위에서 적절한 네임스페이스(예: 함수 또는 블록에서의 하나의 네임스페이스 또는 다른 함수나 블록에서의 다른 네임스페이스)를 사용하도록 선택할 수 있다.

세 리터럴 연산자 템플릿은 매우 유사하다. 유일한 다른 점은 이름(_b8, _16, _b32)과 반환 타입(byte8, byte16, byte32), 그리고 숫자의 자릿수를 확인하는 정적 어서트^{assert}의 조건이다.

다음 레시피에서 가변^{variadic} 템플릿과 템플릿 재귀^{recursion}에 대해 자세히 살펴볼 것이다. 하지만 더 나은 이해를 위해 여기서는 특정 구현이 동작하는 방법을 살펴본다. **bits**는 단일 값이 아닌 템플릿 매개변수 팩^{pack}이지만 템플릿을 인스턴스화할 수 있는 모든 값이다. 예를 들어 **1010_b8** 리터럴에서 리터럴 연산자 템플릿은 **operator"" _b8<'1', '0', '1', '0'>( )**로 인스턴스화된다. 바이너리 값을 계산하기 전에 리터럴의 자릿수를 확인한다. **_b8**의 경우 이 값은 8을 초과하면 안 된다(뒤에 오는 0 포함). 마찬가지로 **_b16**의 경우 최대 16자리고, **_b32**의 경우 최대 32자리여야 한다. 이를 위해 **sizeof...** 연산자를 사용해 매개변수 팩의 요소 수(이 경우 bits)를 반환한다.

자릿수가 맞으면 매개변수 팩을 확장하고 바이너리 리터럴이 나타내는 10진수를 재귀적으로 계산할 수 있다. 이는 추가 클래스 템플릿과 그것의 특수화의 도움으로 이뤄진다. 이들 템플릿은 binary_literals_internals라고 하는 또 다른 중첩된 네임스페이스에 정의돼 있다. 명시적 네임스페이스 지시자를 사용해 현재 네임스페이스에서 사용하지 않는 한 클라이언트에서 구현 세부 사항을 숨기기 때문에(적절한 한정자 없이) 이것 역시 좋은 모범 사례[best practice]가 된다.

 컴파일러가 템플릿에서 코드를 생성하고 확장한 후에는 기본적으로 다른 수의 매개변수로 오버로드된 함수를 호출하기 때문에 재귀처럼 보이지만, 실제로 런타임 재귀는 아니다. 이에 대해서는 3장의 '가변의 인수를 가진 함수 템플릿 작성하기' 레시피에서 설명한다.

binary_struct 클래스 템플릿은 함수의 반환 타입에 대한 템플릿 타입 CharT(리터럴 연산자 템플릿이 byte8, byte16, byte32 중에 하나를 반환해야 하기 때문에 필요하다.)와 매개변수 팩을 가지고 있다.

```
template <typename CharT, char... bits>
struct binary_struct;
```

이 클래스 템플릿의 몇 가지 특수화는 매개변수 팩 분해[parameter pack decomposition]와 함께 사용할 수 있다. 팩의 첫 번째 숫자가 '0'일 때 계산된 값은 동일하게 유지되고, 나머지 팩은 계속 확장된다. 팩의 첫 번째 자리 숫자가 '1'이면 새 값은 팩 비트의 나머지 자릿수 또는 팩의 나머지 값의 왼쪽으로 1씩 이동한다.

```
template <typename CharT, char... bits>
struct binary_struct<CharT, '0', bits...>
{
  static constexpr CharT value{
```

```
    binary_struct<CharT, bits...>::value };
};

template <typename CharT, char... bits>
struct binary_struct<CharT, '1', bits...>
{
  static constexpr CharT value{
    static_cast<CharT>(1 << sizeof...(bits)) |
    binary_struct<CharT, bits...>::value };
};
```

마지막 특수화는 팩이 비어있는 경우를 다룬다. 이 경우 0을 반환한다.

```
template <typename CharT>
struct binary_struct<CharT>
{
  static constexpr CharT value{ 0 };
};
```

이들 헬퍼helper 클래스를 정의한 후에는 byte8, byte16, byte32 바이너리 리터럴을 의도한 대로 구현할 수 있다. 리터럴 연산자 템플릿을 사용하려면 현재 네임스페이스에 binary_literals 네임스페이스의 내용을 가져와야 한다.

```
using namespace binary;
using namespace binary_literals;
auto b1 = 1010_b8;
auto b2 = 101010101010_b16;
auto b3 = 10101010101010101010101010_b32;
```

다음 정의는 static_assert의 조건이 충족되지 않기 때문에 컴파일러 오류를 발생시킨다.

```
// 바이너리 리터럴 b8은 최대 8자리여야 한다
auto b4 = 0011111111_b8;
```

```
// 바이너리 리터럴 b16은 최대 16자리여야 한다
auto b5 = 0011111111111111_b16;
// 바이너리 리터럴 b32는 최대 32자리여야 한다
auto b6 = 0011111111111111111111111111111_b32;
```

참고 사항

- 원시 문자열 리터럴을 사용한 이스케이프 문자 방지
- 가공된 사용자 정의 리터럴 작성
- 3장의 '가변의 인수를 가진 함수 템플릿 작성하기' 레시피
- 1장의 '타입 별칭 및 별칭 템플릿 생성' 레시피

원시 문자열 리터럴을 사용한 이스케이프 문자 방지

문자열에는 인쇄할 수 없는 문자(줄 바꿈, 가로 및 세로 탭 등), 문자열과 문자 구분 기호(큰따옴표 및 작은따옴표) 또는 임의의 8진수, 16진수나 유니코드 값과 같은 특수 문자가 포함될 수 있다. 이런 특수 문자는 문자(예: ' 및 "), 지정된 문자(새 행의 경우 n, 가로 탭의 경우 t 등) 또는 그 값(8진수 050, 16진수 XF7, 유니코드 U16F0 포함)과 함께 도입된다. 결과적으로 역슬래시backslash 문자 자체는 다른 역슬래시 문자로 이스케이프escape돼야 한다. 이로 인해 읽기 어려운 더 복잡한 리터럴 문자열이 생길 수 있다.

이스케이프 문자를 피하기 위해 C++11에서는 이스케이프 시퀀스를 처리하지 않는 원시 문자열 리터럴을 도입했다. 이번 레시피에서는 다양한 형태의 원시 문자열 리터럴을 사용하는 방법을 배운다.

이번 레시피와 책 전체를 통해 basic_string 리터럴을 정의하는 데 s 접미어를 사용한다.
이에 대한 내용은 '가공된 사용자 정의 리터럴 작성' 레시피에서 다뤘다.

이스케이프 문자를 방지하려면 다음과 같은 방법으로 문자열 리터럴을 정의한다.

1. 디폴트 형식으로 R"(literal)"

```
auto filename {R"(C:\Users\Marius\Documents\)"s};
auto pattern {R"((\w+)=(\d+)$)"s};

auto sqlselect {
  R"(SELECT *
  FROM Books
  WHERE Publisher='Paktpub'
  ORDER BY PubDate DESC)"s};
```

2. R"delimiter(literal)delimiter"는 delimiter가 시퀀스)"에서 실제 문자열
   에는 없는 문자열의 일부여야 한다. 다음은 !!가 구분 기호인 예제를 보여준다.

```
auto text{ R"!!(This text contains both "( and )".)!!"s };
std::cout << text << std::endl;
```

문자열 리터럴이 사용되면 이스케이프는 처리되지 않고 문자열의 실제 내용은 구분 기호
사이에 작성된다(즉 보이는 대로 가져올 수 있다). 다음 예제는 동일한 원시 리터럴 문자열로

나타내는 것을 보여준다. 그러나 두 번째 문자열은 여전히 이스케이프된 문자를 포함한다. 문자열 리터럴의 경우 처리되지 않기 때문에 결과는 그대로 출력된다.

```
auto filename1 {R"(C:\Users\Marius\Documents\)"s};
auto filename2 {R"(C:\\Users\\Marius\\Documents\\)"s};

// prints C:\Users\Marius\Documents\
std::cout << filename1 << std::endl;

// prints C:\\Users\\Marius\\Documents\\
std::cout << filename2 << std::endl;
```

텍스트에)" 시퀀스가 포함돼야 하는 경우에는 R"delimiter(literal)delimiter" 형식으로 다른 구분 기호를 사용해야 한다. 표준에 따르면 구분 기호에서 가능한 문자는 다음과 같다.

> 공백, 왼쪽 괄호(오른쪽 괄호), 역슬래시(\)와 가로 탭, 세로 탭, 폼 피드 및 개행을 나타내는 제어 문자를 제외한 기본 문자 집합의 모든 멤버

원시 문자열 리터럴에 L, u8, u, U 중 하나를 접두사로 사용해 와이드 UTF-8, UTF-16 또는 UTF-32 문자열 리터럴을 나타낼 수 있다. 다음은 이런 문자열 리터럴의 예를 보여준다. 문자열 끝부분에 문자열 리터럴 operator ""s가 있으면 컴파일러에서 타입을 다양한 문자열 클래스가 아닌 문자 배열로 추론한다.

```
auto t1{ LR"(text)" }; // const wchar_t*
auto t2{ u8R"(text)" }; // const char*
auto t3{ uR"(text)" }; // const char16_t*
auto t4{ UR"(text)" }; // const char32_t*

auto t5{ LR"(text)"s }; // wstring
auto t6{ u8R"(text)"s }; // string
auto t7{ uR"(text)"s }; // u16string
auto t8{ UR"(text)"s }; // u32string
```

- 가공된 사용자 정의 리터럴 작성

문자열 헬퍼 라이브러리 생성

표준 라이브러리의 문자열 타입은 대소문자 변경, 트리밍, 분할 같은 여러 개발자들의 요구를 만족시킬 수 있도록 범용 목적으로 구현돼 있으므로 유용한 메소드가 많지 않다. 풍부한 문자열 기능을 제공하는 여러 서드파티 라이브러리가 존재하지만, 이번 레시피에서는 실제 상황에서 필요한 여러 가지 간단하면서도 유용한 메소드를 구현해본다. 이번 레시피의 목적은 문자열 메소드와 표준 범용 알고리즘을 문자열 조작에 사용하는 방법뿐만 아니라 애플리케이션에서 사용할 수 있는 재사용 가능한 코드에 대한 참조를 확인하는 데 있다.

이번 레시피에서는 다음과 같은 함수를 제공하는 작은 문자열 라이브러리를 구현한다.

- 문자열을 소문자 또는 대문자로 변경하기
- 문자열을 반전하기
- 문자열의 처음 및 끝에서 공백을 잘라내기
- 문자열의 처음 및 끝에서 특정 문자를 잘라내기
- 문자열 내 임의의 위치에 있는 문자를 제거하기
- 특정 구분 기호를 사용한 문자열의 토큰화

준비

문자열 라이브러리는 모두 표준 문자열 타입인 std::string, std::wstring, std::u16string, std::u32string과 동작해야 한다. std::basic_string<CharT, std::char_traits<CharT>, std::allocator<CharT>> 같은 긴 이름을 지정하지 않으려면 문자열과 문자열

스트림에 대해 다음 별칭 템플릿을 사용한다.

```
template <typename CharT>
using tstring =
  std::basic_string<CharT, std::char_traits<CharT>,
                    std::allocator<CharT>>;

template <typename CharT>
using tstringstream =
  std::basic_stringstream<CharT, std::char_traits<CharT>,
                          std::allocator<CharT>>;
```

이들 문자열 헬퍼 함수를 구현하려면 문자열을 위해 <string> 헤더를 포함시키고 사용할 범용 표준 알고리즘을 위해 <algorithm> 헤더를 포함시켜야 한다.

이 레시피의 모든 예제에서 std::string_literals 네임스페이스를 명시적으로 사용해야 하는 C++14의 문자열에 대해 표준 사용자 정의 리터럴 연산자를 사용한다.

예제 구현

1. 문자열을 소문자 또는 대문자로 변환하려면 범용 알고리즘 std::transform( )을 사용해 문자열의 문자에 tolower( ) 또는 toupper( ) 함수를 적용한다.

```
template<typename CharT>
inline tstring<CharT> to_upper(tstring<CharT> text)
{
  std::transform(std::begin(text), std::end(text),
                 std::begin(text), toupper);
  return text;
}

template<typename CharT>
inline tstring<CharT> to_lower(tstring<CharT> text)
{
```

```
std::transform(std::begin(text), std::end(text),
               std::begin(text), tolower);
return text;
}
```

2. 문자열을 반전시키려면 범용 알고리즘 std::reverse()를 사용한다.

```
template<typename CharT>
inline tstring<CharT> reverse(tstring<CharT> text)
{
  std::reverse(std::begin(text), std::end(text));
  return text;
}
```

3. 시작 또는 끝, 또는 양쪽 모두에서 문자열을 자르려면 std::basic_string의 메소드 find_first_not_of()와 find_last_not_of()를 사용한다.

```
template<typename CharT>
inline tstring<CharT> trim(tstring<CharT> const & text)
{
  auto first{ text.find_first_not_of(' ') };
  auto last{ text.find_last_not_of(' ') };
  return text.substr(first, (last - first + 1));
}

template<typename CharT>
inline tstring<CharT> trimleft(tstring<CharT> const & text)
{
  auto first{ text.find_first_not_of(' ') };
  return text.substr(first, text.size() - first);
}

template<typename CharT>
inline tstring<CharT> trimright(tstring<CharT> const & text)
{
  auto last{ text.find_last_not_of(' ') };
```

```
  return text.substr(0, last + 1);
}
```

4. 문자열에서 주어진 문자 세트를 자르려면 std::basic_string의 find_first_
not_of()와 find_last_not_of() 메소드의 오버로드를 사용한다. 이들 오버로드
는 찾으려는 문자 세트를 정의하는 문자열을 매개변수로 취한다.

```
template<typename CharT>
inline tstring<CharT> trim(tstring<CharT> const & text,
                           tstring<CharT> const & chars)
{
  auto first{ text.find_first_not_of(chars) };
  auto last{ text.find_last_not_of(chars) };
  return text.substr(first, (last - first + 1));
}

template<typename CharT>
inline tstring<CharT> trimleft(tstring<CharT> const & text,
                               tstring<CharT> const & chars)
{
  auto first{ text.find_first_not_of(chars) };
  return text.substr(first, text.size() - first);
}

template<typename CharT>
inline tstring<CharT> trimright(tstring<CharT> const &text,
                                tstring<CharT> const &chars)
{
  auto last{ text.find_last_not_of(chars) };
  return text.substr(0, last + 1);
}
```

5. 문자열에서 문자를 제거하려면 std::remove_if()와 std::basic_string::era
se()를 사용한다.

```
template<typename CharT>
inline tstring<CharT> remove(tstring<CharT> text,
                             CharT const ch)
{
  auto start = std::remove_if(
                   std::begin(text), std::end(text),
                   [=](CharT const c) {return c == ch; });
  text.erase(start, std::end(text));
  return text;
}
```

6. 지정된 구분 기호를 기반으로 문자열을 분할하려면 std::getline( )을 사용해 문자열의 내용으로 초기화된 std::basic_stringstream에서 읽는다. 스트림에서 추출된 토큰은 문자열 벡터로 푸시된다.

```
template<typename CharT>
inline std::vector<tstring<CharT>> split
    (tstring<CharT> text, CharT const delimiter)
{
  auto sstr = tstringstream<CharT>{ text };
  auto tokens = std::vector<tstring<CharT>>{};
  auto token = tstring<CharT>{};
  while (std::getline(sstr, token, delimiter))
  {
    if (!token.empty()) tokens.push_back(token);
  }
  return tokens;
}
```

예제 분석

라이브러리에서 유틸리티 함수를 구현할 때는 두 가지 옵션이 있다.

- 함수는 참조로 전달된 문자열을 수정한다.
- 함수는 원본 문자열을 변경하지 않고 새 문자열을 반환한다.

두 번째 옵션은 원본 문자열을 보존한다는 장점이 있다. 이는 여러 상황에서 도움이 된다. 그렇지 않으면 이런 경우 먼저 문자열의 복사본을 만든 후 복사본을 변경해야 한다. 이 레시피에서 제공되는 구현은 두 번째 접근 방식을 따른다.

'예제 구현' 절에서 구현한 첫 번째 함수는 to_upper( )와 to_lower( )다. 이들 함수는 문자열의 내용을 대문자 또는 소문자로 변경한다. 이를 구현하는 가장 간단한 방법은 std::transform( ) 표준 알고리즘을 사용하는 것이다. 이것은 범위의 모든 요소(begin과 end 반복자로 정의됨)에 함수를 적용하고 begin 반복자만 지정해야 하는 다른 범위에 결과를 저장하는 범용 알고리즘이다. 결과 범위는 문자열 변환에 사용된 입력 범위와 동일할 수 있다. 적용되는 함수는 to_upper( ) 또는 to_lower( )다.

```
auto ut{ string_library::to_upper("this is not UPPERCASE"s) };
// ut = "THIS IS NOT UPPERCASE"

auto lt{ string_library::to_lower("THIS IS NOT lowercase"s) };
// lt = "this is not lowercase"
```

다음 함수 reverse( )를 살펴보자. 이 함수는 이름에서 알 수 있듯이 문자열의 내용을 반전시킨다. 이를 위해 std::reverse( ) 표준 알고리즘을 사용했다. 이 범용 알고리즘은 begin과 end 반복자에 의해 정의된 범위의 요소를 반전시킨다.

```
auto rt{string_library::reverse("cookbook"s)}; // rt = "koobkooc"
```

트리밍의 경우 시작, 끝 또는 양쪽에서 문자열을 잘라낼 수 있다. 그렇기 때문에 양 끝을 잘라내기 위한 trim( ), 문자열의 시작 부분을 잘라내기 위한 trimleft( ), 그리고 문자열 끝을 잘라내기 위한 trimright( )라는 세 가지 다른 함수를 구현했다. 함수의 첫 번째 버전

은 공백만 잘라낸다. 잘라낼 올바른 부분을 찾기 위해 std::basic_string의 ind_first_
not_of( )와 find_last_not_of( ) 메소드를 사용한다. 이들 메소드는 지정된 문자가 아닌
문자열의 처음과 끝 문자를 반환한다. 그런 다음 substr( )의 std::basic_string 메소드
를 호출하면 새로운 문자열이 반환된다. substr( ) 메소드는 문자열의 인덱스와 새 문자열
에 대한 복사할 요소의 수를 취한다.

```
auto text1{" this is an example "s};
// t1 = "this is an example"
auto t1{ string_library::trim(text1) };
// t2 = "this is an example "
auto t2{ string_library::trimleft(text1) };
// t3 = " this is an example"
auto t3{ string_library::trimright(text1) };
```

문자열에서 다른 문자를 잘라내고 공백을 제거하는 것이 유용한 경우가 있다. 이를 위해
제거할 문자 세트를 지정하는 트리밍 함수에 오버로드를 제공했다. 이 세트는 또한 문자열
로 지정된다. find_first_not_of( )와 find_last_not_of( ) 모두 검색에서 제외할 문자가
포함된 문자열을 취하는 오버로드가 있기 때문에 구현은 이전과 매우 유사하다.

```
auto chars1{" !%\n\r"s};
auto text3{"!! this % needs a lot\rof trimming !\n"s};
auto t7{ string_library::trim(text3, chars1) };
// t7 = "this % needs a lot\rof trimming"
auto t8{ string_library::trimleft(text3, chars1) };
// t8 = "this % needs a lot\rof trimming !\n"
auto t9{ string_library::trimright(text3, chars1) };
// t9 = "!! this % needs a lot\rof trimming"
```

문자열의 어떤 부분에서 문자를 제거할 필요가 있는 경우 트리밍 메소드는 문자열의 시작
과 끝에서 인접한 문자 시퀀스만 처리하기 때문에 유용하지 않다. 그러나 이를 위해 간단
한 remove( ) 메소드를 구현했다. 이 메소드는 std:remove_if( ) 표준 알고리즘을 사용한

다. std::remove( )와 std::remove_if( )는 모두 처음에는 직관적이지 않을 수 있다. 범위의 내용을 다시 정렬(이동 할당을 사용)해 처음과 마지막 반복자에서 정의한 범위에서 기준을 충족하는 요소를 제거한다. 제거해야 할 요소는 범위 끝부분에 배치되며, 함수는 제거된 요소를 나타내는 범위의 첫 번째 요소의 반복자를 반환한다. 이 반복자는 기본적으로 수정된 범위의 새로운 끝을 정의한다. 요소가 제거되지 않은 경우 반환된 반복자는 원래 범위의 끝 반복자다. 이 반환된 반복자의 값은 두 개의 반복자에 의해 정의된 문자열의 내용을 실제로 지우는 std::basic_string::erase( ) 메소드를 호출하는 데 사용된다. 여기서 두 개의 반복자는 std::remove_if( )와 문자열의 끝으로 반환되는 반복자다.

```
auto text4{"must remove all * from text**"s};
auto t10{ string_library::remove(text4, '*') };
// t10 = "must remove all from text"
auto t11{ string_library::remove(text4, '!') };
// t11 = "must remove all * from text**"
```

마지막으로 구현한 메소드는 지정된 구분 기호를 기반으로 문자열의 내용을 분할한다. 이를 구현하는 다양한 방법이 있다. 이 구현에서는 std::getline( )을 사용했다. 이 함수는 지정된 구분 기호가 발견돼 문자를 문자열에 넣을 때까지 입력 스트림에서 문자를 읽는다. 입력 버퍼에서 읽기 시작하기 전에, 출력 문자열에서 erase( )를 호출해 내용을 지운다. 루프에서 이 메소드를 호출하면 벡터에 배치된 토큰이 생성된다. 이 구현에서 빈 토큰은 결과 세트에서 스킵된다.

```
auto text5{"this text will be split "s};
auto tokens1{ string_library::split(text5, ' ') };
// tokens1 = {"this", "text", "will", "be", "split"}
auto tokens2{ string_library::split(""s, ' ') };
// tokens2 = {}
```

- 가공된 사용자 정의 리터럴 작성
- 1장의 '타입 별칭 및 별칭 템플릿 생성' 레시피

정규 표현식을 사용해 문자열 포맷 확인하기

정규 표현식regular expression은 텍스트에서 패턴 매칭과 대체를 수행하기 위한 언어다. C++11은 <regex> 헤더에서 사용할 수 있는 클래스와 알고리즘, 반복자 집합을 통해 표준 라이브러리에서 정규 표현식을 지원한다. 이번 레시피에서는 문자열이 패턴(예를 들어 이메일 또는 IP 주소 포맷 등)과 매칭되는지 확인하는 데 정규 표현식을 사용하는 방법을 살펴본다.

준비

이번 레시피를 통해 우리는 필요할 때마다 사용하는 정규 표현식을 자세히 설명할 것이다. 그러나 정규 표현식에 C++ 표준 라이브러리를 사용하려면 정규 표현식에 대한 몇 가지 기본 지식이 있어야 한다. 정규 표현식 구문과 표준에 대한 설명은 이 책의 목적을 벗어난다. 정규 표현식에 익숙하지 않은 경우 먼저 정규 표현식에 대해 자세히 읽는 것이 좋다.

예제 구현

문자열이 정규 표현식과 매칭되는지 확인하려면 다음 단계를 수행한다.

1. 문자열에 대한 C++14 표준 사용자 정의 리터럴을 사용하기 위해 <regex>와 <string> 헤더, 그리고 std::string_literals 네임스페이스를 포함한다.

```
#include <regex>
```

```
#include <string>
using namespace std::string_literals;
```

2. 역슬래시가 이스케이프되는 것(자주 발생할 수 있음)을 방지하기 위해 원시 문자열
   리터럴을 사용해 정규 표현식을 지정한다.

```
auto pattern {R"(^[A-Z0-9._%+-]+@[A-Z0-9.-]+\.[A-Z]{2,}$)"s};
```

3. 정규 표현식을 캡슐화하기 위해 std::regex/std::wregex 객체를 생성한다(사용
   되는 문자 세트에 따라 다름).

```
auto rx = std::regex{pattern};
```

4. 대소 문자를 무시하거나 다른 파싱 옵션을 지정하려면 정규 표현식 플래그에 대
   한 추가 매개변수를 가진 오버로드된 생성자를 사용한다.

```
auto rx = std::regex{pattern, std::regex_constants::icase};
```

5. 정규 표현식을 전체 문자열과 매칭시키려면 std::regex_match( )를 사용한다.

```
auto valid = std::regex_match("marius@domain.com"s, rx);
```

예제 분석

이메일 주소의 포맷을 확인하는 문제를 고려할 때 쉬운 문제처럼 보일지 모르지만, 실제
로는 유효한 이메일 포맷에 대한 모든 가능한 경우를 커버하는 간단한 정규 표현식을 찾
기가 쉽지 않다. 이번 레시피에서는 궁극의 정규 표현식을 찾는 데 노력을 기울이기보다
는 대부분의 경우에서 사용하기에 충분한 정규 표현식을 적용하도록 한다. 이 목적을 위
해 사용할 정규 표현식은 다음과 같다.

```
^[A-Z0-9._%+-]+@[A-Z0-9.-]+\.[A-Z]{2,}$
```

다음 표는 정규 표현식의 구조를 설명한다.

부분	설명
^	문자열의 시작
[A-Z0-9._%+-]+	이메일 주소의 지역 부분을 나타내는 A-Z, 0-9 범위의 하나 이상의 문자 또는 -, %, +, -
@	문자 @
[A-Z0-9.-]+	도메인 부분의 호스트명을 나타내는 A-Z, 0-9 범위의 하나 이상의 문자 또는 -, %, +, -
\.	도메인 호스트명과 레이블을 구분하는 점
[A-Z]{2,}	두 자에서 63자 사이의 도메인의 DNS 레이블
$	문자열의 끝

실제 도메인명은 호스트명과 점으로 구분된 DNS 레이블 목록으로 구성된다. 예를 들어 localhost, gmail.com 또는 yahoo.co.uk 등이다. 이 정규 표현식은 localhost와 같은 DNS 레이블이 없는 도메인과는 일치하지 않는다(root@localhost 같은 이메일은 유효한 이메일이다). 도메인명은 [192.168.100.11](john.doe@[192.168.100.11]에서)과 같이 대괄호 안에 지정된 IP 주소일 수도 있다. 이런 도메인을 포함하는 이메일 주소는 위에 정의된 정규 표현식과 일치하지 않는다. 이런 다소 드문 포맷과는 매칭되지 않지만, 위의 정규 표현식은 대부분의 이메일 형식을 커버할 수 있다.

이 장에 있는 예제의 정규 표현식은 교육적 목적으로 제공된 것이며, 제품 코드에서 사용되기에는 적합하지 않다. 앞에서 설명한 것처럼 이 예제는 모든 가능한 이메일 포맷을 커버하지 못한다.

정규 표현식에 필요한 <regex> 헤더와 문자열에 필요한 <string> 헤더를 포함시키는 것으로 시작했다. 다음에 나오는 is_valid_email() 함수(기본적으로 '예제 구현' 절의 예제가 포함돼 있다.)는 이메일 주소를 나타내는 문자열을 받아 이메일의 포맷이 올바른지를 나타내는 부울을 반환한다. 먼저 원시 문자열 리터럴로 표시된 정규 표현식을 캡슐화하기 위해 std::regex 객체를 생성한다. 원시 문자열 리터럴을 사용하면 정규 표현식의 이스케이프 문자에도 사용되는 역슬래시가 이스케이프되지 않으므로 유용하다. 그러고 나서 함수는 std::regex_match()를 호출해 입력 텍스트와 정규식을 전달한다.

```cpp
bool is_valid_email_format(std::string const & email)
{
  auto pattern {R"(^[A-Z0-9._%+-]+@[A-Z0-9.-]+\.[A-Z]{2,}$)"s};

  auto rx = std::regex{pattern};

  return std::regex_match(email, rx);
}
```

std::regex_match() 메소드는 정규 표현식을 전체 문자열과 비교한다. 성공하면 true를 반환하고, 그렇지 않으면 false를 반환한다.

```cpp
auto ltest = [](std::string const & email)
{
  std::cout << std::setw(30) << std::left
            << email << " : "
            << (is_valid_email_format(email) ?
                "valid format" : "invalid format")
            << std::endl;
};

ltest("JOHN.DOE@DOMAIN.COM"s); // 유효한 형식
ltest("JOHNDOE@DOMAIL.CO.UK"s); // 유효한 형식
ltest("JOHNDOE@DOMAIL.INFO"s); // 유효한 형식
ltest("J.O.H.N_D.O.E@DOMAIN.INFO"s); // 유효한 형식
ltest("ROOT@LOCALHOST"s); // 유효하지 않은 형식
```

```
ltest("john.doe@domain.com"s); // 유효하지 않은 형식
```

이 간단한 테스트에서 정규 표현식과 매칭되지 않는 유일한 이메일은 ROOT@LOCAL
HOST와 john.doe@domain.com이다. 첫 번째는 도트dot 접두사가 없는 DNS 레이블을
도메인 이름으로 가지며, 이 경우는 정규 표현식에서 커버하지 못한다. 두 번째는 소문자
만 포함하고 있으며, 정규 표현식에서 지역 부분과 도메인 이름 모두에서 유효한 문자 세
트는 대문자 A~Z다.

유효한 문자(예: [AZa-z0-9._%+-])를 추가해 정규 표현식을 복잡하게 만드는 대신 매칭 시
대소문자를 무시하도록 지정할 수 있다. 이것은 std::basic_regex 클래스 생성자의 추가
매개변수를 사용해 수행할 수 있다. 이 용도로 사용 가능한 상수는 regex_constants 네
임스페이스에 정의돼 있다. 다음과 같이 is_valid_email_format()을 약간 변경하면 대
소문자를 무시하고 소문자와 대문자를 포함한 이메일을 모두 정규 표현식과 매칭되게 만
들 수 있다.

```
bool is_valid_email_format(std::string const & email)
{
  auto rx = std::regex{
    R"(^[A-Z0-9._%+-]+@[A-Z0-9.-]+\.[A-Z]{2,}$)"s,
    std::regex_constants::icase};

  return std::regex_match(email, rx);
}
```

이 is_valid_email_format() 함수는 매우 간단하며, 매칭할 테스트와 함께 정규 표현식
이 매개변수로 제공되면 어떤 것이든 매칭하는 데 사용할 수 있다. 그러나 다중 바이트 문
자열(std::string)뿐만 아니라 와이드 문자열(std::wstring)도 단일 함수로 처리할 수 있으
면 좋을 것이다. 이것은 문자 타입이 템플릿 매개변수로 제공되는 함수 템플릿을 생성해
수행할 수 있다.

```
template <typename CharT>
using tstring = std::basic_string<CharT, std::char_traits<CharT>,
                                  std::allocator<CharT>>;

template <typename CharT>
bool is_valid_format(tstring<CharT> const & pattern,
                     tstring<CharT> const & text)
{
  auto rx = std::basic_regex<CharT>{
    pattern, std::regex_constants::icase };
  return std::regex_match(text, rx);
}
```

먼저 std::basic_string의 별칭 템플릿을 생성해 사용을 단순화한다. 새로운 is_valid_
format( ) 함수는 is_valid_email( )을 구현한 것과 매우 유사한 함수 템플릿이다. 그러
나 이제는 std::basic_regex<char>인 std::regex 대신 std::basic_regex<CharT>를 사
용하고, 패턴은 첫 번째 인수로 제공된다. 이제 와이드 문자열을 위해 이 함수 템플릿에
의존하는 is_valid_email_format_w( )라는 새로운 함수를 구현한다. 그러나 번호판에 특
정 형식이 있는 경우와 같은 다른 유효성 검사를 구현하는 데도 함수 템플릿을 재사용할
수 있다.

```
bool is_valid_email_format_w(std::wstring const & text)
{
  return is_valid_format(
    LR"(^[A-Z0-9._%+-]+@[A-Z0-9.-]+\.[A-Z]{2,}$)"s,
    text);
}

auto ltest2 = [](auto const & email)
{
  std::wcout << std::setw(30) << std::left
    << email << L" : "
    << (is_valid_email_format_w(email) ? L"valid" : L"invalid")
    << std::endl;
```

```
};

ltest2(L"JOHN.DOE@DOMAIN.COM"s); // 유효함
ltest2(L"JOHNDOE@DOMAIL.CO.UK"s); // 유효함
ltest2(L"JOHNDOE@DOMAIL.INFO"s); // 유효함
ltest2(L"J.O.H.N_D.O.E@DOMAIN.INFO"s); // 유효함
ltest2(L"ROOT@LOCALHOST"s); // 유효하지 않음
ltest2(L"john.doe@domain.com"s); // 유효함
```

앞에서 보여준 모든 예제 중 유일하게 일치하지 않는 것은 ROOT@LOCAHOST다.

std::regex_match( ) 메소드에는 실제로 여러 오버로드가 있으며, 그중 일부는 매칭 결과를 저장하는 std::match_results 객체의 참조를 매개변수로 가진다. 매칭되는 것이 없으면 std::match_results는 비어있으며 크기는 0이다. 일치하는 경우 std::match_results 객체는 비어있지 않으며, 크기는 1에 일치하는 하위 표현식의 수를 더한 값이 된다.

다음 버전의 함수는 위에서 언급한 오버로드를 사용하고 std::smatch 객체에서 매칭된 하위 표현식을 반환한다. 세 캡션 그룹(하나는 지역 부분, 다른 하나는 도메인의 호스트명 부분, 또 다른 하나는 DNS 레이블)이 정의돼 있으므로 정규 표현식은 변경된다. 매칭이 성공하면 std::smatch 객체에는 네 개의 하위 매칭 객체가 포함된다. 전체 문자열과 매칭되는 첫 번째, 첫 번째 캡처 그룹(지역 부분)과 매칭되는 두 번째, 두 번째 캡처 그룹(호스트명)과 매칭되는 세 번째, 그리고 세 번째 및 마지막 캡처 그룹(DNS 레이블)과 매칭되는 네 번째 객체다. 결과는 첫 번째 항목이 실제로 성공했는지 실패했는지를 나타내는 튜플tuple로 변환된다.

```
std::tuple<bool, std::string, std::string, std::string>
is_valid_email_format_with_result(std::string const & email)
{
  auto rx = std::regex{
    R"(^([A-Z0-9._%+-]+)@([A-Z0-9.-]+)\.([A-Z]{2,})$)"s,
    std::regex_constants::icase };
  auto result = std::smatch{};
  auto success = std::regex_match(email, result, rx);
```

```
  return std::make_tuple(
    success,
    success ? result[1].str() : ""s,
    success ? result[2].str() : ""s,
    success ? result[3].str() : ""s);
}
```

앞의 코드에 따라 C++17 구조화 바인딩을 사용해 튜플의 내용을 명명된 변수에 압축을
해제한다.

```
auto ltest3 = [](std::string const & email)
{
  auto [valid, localpart, hostname, dnslabel] =
    is_valid_email_format_with_result(email);

  std::cout << std::setw(30) << std::left
    << email << " : "
    << std::setw(10) << (valid ? "valid" : "invalid")
    << "local=" << localpart
    << ";domain=" << hostname
    << ";dns=" << dnslabel
    << std::endl;
};

ltest3("JOHN.DOE@DOMAIN.COM"s);
ltest3("JOHNDOE@DOMAIL.CO.UK"s);
ltest3("JOHNDOE@DOMAIL.INFO"s);
ltest3("J.O.H.N_D.O.E@DOMAIN.INFO"s);
ltest3("ROOT@LOCALHOST"s);
ltest3("john.doe@domain.com"s);
```

프로그램의 출력은 다음과 같다.

```
JOHN.DOE@DOMAIN.COM : valid
  local=JOHN.DOE;domain=DOMAIN;dns=COM
```

```
JOHNDOE@DOMAIL.CO.UK : valid
  local=JOHNDOE;domain=DOMAIL.CO;dns=UK
JOHNDOE@DOMAIL.INFO : valid
  local=JOHNDOE;domain=DOMAIL;dns=INFO
J.O.H.N_D.O.E@DOMAIN.INFO : valid
  local=J.O.H.N_D.O.E;domain=DOMAIN;dns=INFO
ROOT@LOCALHOST : invalid
  local=;domain=;dns=
john.doe@domain.com : valid
  local=john.doe;domain=domain;dns=com
```

부연 설명

여러 버전의 정규 표현식이 있으며 C++ 표준 라이브러리는 그중에서 ECMAScript, 베이직 POSIX, 확장 POSIX, awk, grep, egep(grep의 -E 옵션)이라는 여섯 가지를 지원한다. 사용되는 디폴트 문법은 ECMAScript며, 다른 문법을 사용하려면 정규 표현식을 정의할 때 명시적으로 문법을 지정해야 한다. 문법을 지정하는 것 외에도 대소문자를 무시한 매칭과 같은 파싱 옵션을 지정할 수 있다.

표준 라이브러리는 지금까지 봐온 것들보다 많은 클래스와 알고리즘을 제공한다. 라이브러리에서 사용할 수 있는 기본 클래스는 다음과 같다(모두 클래스 템플릿이며, 편의상 각기 다른 문자 타입에 대해 typedef가 제공된다).

- 클래스 템플릿 std::basic_regex는 정규 표현식 객체를 정의한다.

  ```
  typedef basic_regex<char> regex;
  typedef basic_regex<wchar_t> wregex;
  ```

- 클래스 템플릿 std::sub_match는 캡처 그룹과 매칭되는 문자 시퀀스를 나타낸다. 이 클래스는 실제로 std::pair에서 파생되며 first와 second 멤버는 매칭 시퀀스의 첫 번째와 다음 반복자를 나타낸다. 매칭되는 시퀀스가 없으면 두 반복자

는 동일하다.

```
typedef sub_match<const char *> csub_match;
typedef sub_match<const wchar_t *> wcsub_match;
typedef sub_match<string::const_iterator> ssub_match;
typedef sub_match<wstring::const_iterator> wssub_match;
```

- 클래스 템플릿 std::match_results는 매칭 항목의 컬렉션이다. 첫 번째 요소는 항상 대상에서 전체 매칭되고, 다른 요소는 하위 표현식과 매칭된다.

```
typedef match_results<const char *> cmatch;
typedef match_results<const wchar_t *> wcmatch;
typedef match_results<string::const_iterator> smatch;
typedef match_results<wstring::const_iterator> wsmatch;
```

정규 표현식 표준 라이브러리에서 사용할 수 있는 알고리즘은 다음과 같다.

- std::regex_match(): 정규 표현식(std::basic_regex 인스턴스로 표현됨)을 전체 문자열과 매칭하도록 시도한다.
- std::regex_search(): 정규 표현식(std::basic_regex 인스턴스로 표현됨)을 문자열의 일부(전체 문자열 포함)와 매칭하도록 시도한다.
- std::regex_replace(): 정규 표현식의 매칭 항목을 지정된 형식으로 바꾼다.

정규 표현식 표준 라이브러리에서 사용할 수 있는 반복자는 다음과 같다.

- std::regex_interator: 문자열의 패턴의 반복을 순회하기 위해 사용되는 정방향 반복자다. 반복자가 파괴될 때까지 살아있어야 하는 std::basic_regex에 대한 포인터를 가진다. 생성되거나 증가될 때 반복자는 std::regex_search()를 호출하고 알고리즘에 의해 반환된 std::match_results 객체의 복사본을 저장한다.
- std::regex_token_iterator: 문자열에서 정규 표현식의 모든 매칭 항목의

서브매칭^{submatching}을 순회하는 데 사용되는 정방향 반복자다. 내부적으로는 `std::regex_iterator`를 사용해 서브매칭을 단계별로 처리한다. `std::basic_regex` 인스턴스에 대한 포인터를 저장하므로 정규 표현식 객체는 반복자가 소멸될 때까지 남아있어야 한다.

참고 사항

- 정규 표현식을 사용해 문자열의 내용 파싱하기
- 정규 표현식을 사용해 문자열의 내용 바꾸기
- 1장의 '구조적 바인딩을 사용해 다중 반환값 처리하기' 레시피

정규 표현식을 사용해 문자열의 내용 파싱하기

이전 레시피에서 `std::regex_match( )`를 사용해 문자열의 내용이 특정 포맷과 매칭되는지 확인하는 방법을 살펴봤다. 라이브러리는 `regex_match( )`처럼 전체 문자열뿐만 아니라 문자열의 어떤 부분에 대해서도 정규 표현식을 매칭하는 `std::regex_search( )`라는 또 다른 알고리즘을 제공한다. 그러나 이 함수는 입력 문자열의 모든 정규 표현식을 검색하는 것을 허용하지 않는다. 이를 위해서는 라이브러리에서 사용 가능한 반복자 클래스 중 하나를 사용해야 한다.

이번 레시피에서는 정규 표현식을 사용해 문자열의 내용을 파싱하는 방법을 알아본다. 이를 위해 이름–값 쌍을 포함한 텍스트 파일을 파싱하는 문제를 살펴볼 것이다. 각 쌍은 `name = value` 포맷으로 각 행에 정의되지만 #으로 시작하는 행은 주석을 나타내며 무시돼야 한다. 다음은 예를 보여준다.

```
#다음 줄의 주석 처리를 제거하려면 #을 제거
timeout=120
```

```
server = 127.0.0.1

#retrycount=3
```

C++11에서 지원하는 정규 표현식에 대한 일반적인 정보는 '정규 표현식을 사용해 문자열 포맷 확인하기' 레시피를 참조한다. 이번 레시피를 진행하기 위해서는 정규 표현식에 대한 기본 지식이 필요하다.

다음 예제에서 text는 다음과 같이 정의된 변수다.

```
auto text {
  R"(
    #다음 줄의 주석 처리를 제거하려면 #을 제거
    timeout=120
    server = 127.0.0.1

    #retrycount=3
)"s};
```

문자열에서 정규 표현식을 검색하려면 다음을 수행한다.

1. <regex> 및 <string> 헤더와 문자열을 위한 C++14 표준 사용자 정의 리터럴을 위한 네임스페이스 std::string_literals를 포함한다.

   ```
   #include <regex>
   #include <string>
   using namespace std::string_literals;
   ```

2. 원시 문자열 리터럴을 사용해 역슬래시가 이스케이프되지 않도록 정규 표현식을 지정한다(자주 발생할 수 있음). 다음 정규 표현식은 앞에서 제안한 파일 형식의 유효성을 검사한다.

```
auto pattern {R"(^(?!#)(\w+)\s*=\s*([\w\d]+[\w\d._,\-:]*)$)"s};
```

3. 일반 정규 표현식을 캡슐화하기 위해 std::regex/std::wregex 객체를 생성한다 (사용되는 문자 세트에 따라 다름).

```
auto rx = std::regex{pattern};
```

4. 주어진 텍스트에서 정규 표현식의 첫 번째 일치되는 항목을 검색하려면 범용 알고리즘 std::regex_search( )를 사용한다(예제 1).

```
auto match = std::smatch{};
if (std::regex_search(text, match, rx))
{
  std::cout << match[1] << '=' << match[2] << std::endl;
}
```

5. 주어진 텍스트에서 정규 표현식의 매칭되는 모든 항목을 찾으려면 반복자 std::regex_iterator를 사용한다(예제 2).

```
auto end = std::sregex_iterator{};
for (auto it=std::sregex_iterator{ std::begin(text),
                                    std::end(text), rx };
     it != end; ++it)
{
  std::cout << ''' << (*it)[1] << "'='"
            << (*it)[2] << ''' << std::endl;
}
```

6. 매칭되는 모든 하위 표현식을 반복하려면 반복자 `std::regex_token_iterator` 를 사용한다(예제 3).

```
auto end = std::sregex_token_iterator{};
for (auto it = std::sregex_token_iterator{
                std::begin(text), std::end(text), rx };
    it != end; ++it)
{
  std::cout << *it << std::endl;
}
```

예제 분석

앞에서 보여준 입력 파일을 파싱할 수 있는 간단한 정규 표현식은 다음과 같다.

```
^(?!#)(\w+)\s*=\s*([\w\d]+[\w\d._,\-:]*)$
```

이 정규 표현식은 #으로 시작하는 모든 줄을 무시한다. #으로 시작하지 않는 줄은 등호 다음에 오는 이름과 매칭한 다음 영숫자와 다른 여러 문자들(밑줄, 점, 쉼표 등)로 구성될 수 있는 값을 찾는다. 이 정규 표현식의 정확한 의미는 다음과 같다.

부분	설명
^	줄의 시작
(?!#)	# 문자와 매치할 수 없는지 확인하는 부정적인 미리 보기
(\w)+	적어도 하나 이상의 단어 문자의 식별자를 나타내는 캡처 그룹
\s*	공백
=	등호
\s*	공백
([\w\d]+[\w\d._,\-:]*)	영숫자로 시작하지만 점과 쉼표, 역슬래시, 하이픈, 콜론 또는 밑줄도 포함할 수 있는 값을 나타내는 캡처 그룹
$	줄의 끝

std::regex_search( )를 사용하면 입력 텍스트의 어디에서든 매칭을 검색할 수 있다. 이 알고리즘은 여러 오버로드를 가지고 있지만 일반적으로 동일한 방식으로 동작한다. 처리할 문자의 범위, 매칭 결과를 포함하는 출력 std::match_results 객체, 그리고 정규 표현식을 나타내는 std::basic_regex 객체와 매칭 플래그(검색이 수행되는 방식을 정의)를 지정해야 한다. 이 함수는 매칭되는 항목이 있으면 true를 반환하고, 그렇지 않으면 false를 반환한다.

이전 절의 첫 번째 예제(네 번째 항목 참조)에서 match는 std::match_results의 typedef인 std::smatch의 인스턴스며 string::const_iterator를 템플릿 타입으로 사용한다. 매칭되는 항목이 발견되면, 이 객체는 매칭되는 모든 하위 표현식에 대한 값 순서로 매칭 정보를 포함한다. 인덱스 0에 있는 하위 매칭은 항상 전체 매칭이다. 인덱스 1의 하위 매칭은 매칭되는 첫 번째 하위 표현식이고, 인덱스 2의 하위 매칭은 매칭되는 두 번째 하위 표현식이다. 정규 표현식에 두 개의 캡처 그룹(하위 표현식)이 있으므로, std::match_results는 성공할 경우 세 개의 하위 매칭을 가진다. 이름을 나타내는 식별자는 인덱스 1에 있고 등호 다음의 값은 인덱스 2에 있다. 따라서 이 코드는 다음을 출력한다.

```
timeout=120
```

std::regex_search( ) 알고리즘은 텍스트에서 모든 가능한 매칭을 반복할 수 없다. 이를 위해서는 반복자를 사용해야 한다. std::regex_iterator가 이 용도로 사용된다. 모든 매칭을 반복할 뿐만 아니라 매칭의 모든 하위 매칭에도 접근할 수 있다. 반복자는 실제로 생성되고 증가할 때마다 std::regex_search( )를 호출하고 호출한 결과 std::match_results를 기억한다. 디폴트 생성자는 시퀀스의 끝을 나타내는 반복자를 생성하고 매칭을 통해 루프가 중지될 때를 테스트하는 데 사용할 수 있다.

이전 절의 두 번째 예제(다섯 번째 목록 항목 참조)에서 시퀀스 끝 반복자를 먼저 생성한 다음 모든 가능한 매칭을 통해 반복을 시작한다. 생성될 때 std::regex_match( )를 호출하고, 매칭이 발견되면 현재 반복자를 통해 그 결과에 접근할 수 있다. 이는 매칭이 발견되지 않을 때까지(시퀀스의 끝) 계속된다. 이 코드는 다음 결과를 출력한다.

```
'timeout'='120'
'server'='127.0.0.1'
```

std::regex_iterator의 대안은 std::regex_token_iterator다. 이것은 std::regex_iterator가 동작하는 방식과 유사하게 동작한다. 매칭에서 특정 하위 표현식에 접근할 수 있다는 점을 제외하고는 실제로 내부적으로 반복자가 포함돼 있다. 이것은 '예제 구현' 절(여섯 번째 목록 항목)의 세 번째 예제에 나와 있다. 시퀀스의 끝$^{end-of-sequence}$ 반복자를 생성한 다음 시퀀스의 끝에 도달할 때까지 매칭을 반복한다. 우리가 사용한 생성자에서는 반복자를 통해 접근할 하위 표현식의 인덱스를 지정하지 않았다. 따라서 디폴트 값 0이 사용된다. 즉, 이 프로그램은 매칭 전체를 출력한다.

```
timeout=120
server = 127.0.0.1
```

첫 번째 하위 표현식(이 경우 이름을 의미함)에만 접근하려면 토큰 반복자의 생성자에서 하위 표현식의 인덱스를 지정해야 한다. 여기서 얻게 되는 결과는 단지 이름뿐이다.

```
auto end = std::sregex_token_iterator{};
for (auto it = std::sregex_token_iterator{ std::begin(text),
                std::end(text), rx, 1 };
    it != end; ++it)
{
  std::cout << *it << std::endl;
}
```

토큰 반복자에서 흥미로운 점은 하위 표현식의 인덱스가 -1인 경우 문자열의 매칭되지 않는 부분을 반환할 수 있다는 것이다. 이 경우 마지막 매칭과 시퀀스 끝 사이의 문자의 시퀀스에 해당하는 std::match_results 객체를 반환한다.

```
auto end = std::sregex_token_iterator{};
for (auto it = std::sregex_token_iterator{ std::begin(text),
               std::end(text), rx, -1 };
    it != end; ++it)
{
  std::cout << *it << std::endl;
}
```

이 프로그램은 다음을 출력한다(빈 줄도 실제 출력의 일부다).

```
#remove # to uncomment the following lines
```

```
#retrycount=3
```

참고 사항

- 정규 표현식을 사용해 문자열 포맷 확인하기
- 정규 표현식을 사용해 문자열의 내용 바꾸기

정규 표현식을 사용해 문자열의 내용 바꾸기

마지막 두 레시피에서는 정규 표현식을 문자열 또는 문자열의 일부와 매칭시키고 매칭과 하위 매칭을 통해 반복하는 방법을 살펴본다. 정규 표현식 라이브러리는 정규 표현식을 기반으로 한 텍스트 대체도 지원한다. 이번 레시피에서는 std::regex_replace( )를 사용해 이러한 텍스트 변환을 수행하는 방법을 살펴본다.

C++11의 정규 표현식 지원에 대한 일반적인 정보는 '정규 표현식을 사용해 문자열 포맷 확인하기' 레시피를 참조한다.

정규 표현식을 사용해 텍스트 변환을 수행하려면 다음을 수행한다.

1. 문자열에 대한 C++14 표준 사용자 정의 리터럴을 사용하기 위해 <regex>, <string>과 네임스페이스 std::string_literals를 포함한다.

```
#include <regex>
#include <string>
using namespace std::string_literals;
```

2. 대체 문자열을 세 번째 인수로 사용해 std::regex_replace() 알고리즘을 사용한다. 다음 예를 살펴보자. a 또는 b 또는 c로 구성된 세 글자의 단어를 하이픈 세 개로 바꾼다.

```
auto text{"abc aa bca ca bbbb"s};
auto rx = std::regex{ R"(\b[a|b|c]{3}\b)"s };
auto newtext = std::regex_replace(text, rx, "---"s);
```

3. 세 번째 인수에 $로 시작하는 매칭 식별자로 std::regex_replace() 알고리즘을 사용한다. 예를 들어, 다음과 같이 '성, 이름' 형식의 이름을 '이름 성' 형식으로 바꾼다.

```
auto text{ "bancila, marius"s };
auto rx = std::regex{ R"((\w+),\s*(\w+))"s };
auto newtext = std::regex_replace(text, rx, "$2 $1"s);
```

std::regex_replace( ) 알고리즘은 다양한 타입의 매개변수를 받는 여러 오버로드를 가진다. 매개변수의 의미는 다음과 같다.

- 대체가 수행되는 입력 문자열
- 대체할 문자열의 부분을 식별하는 데 사용되는 정규 표현식을 캡슐화하는 std::basic_regex 객체
- 대체에 사용되는 문자열 포맷
- 선택적인 매칭 플래그

반환값은 사용된 오버로드에 따라 문자열 또는 출력 반복자의 복사본을 인수로 제공한다. 대체에 사용되는 문자열 포맷은 단순한 문자열 또는 $ 접두사로 표시된 매칭 식별자가 될 수 있다.

- $&는 전체 매칭을 나타낸다.
- $1, $2, $3 등은 각각 첫 번째, 두 번째, 세 번째 하위 매칭을 나타낸다.
- $`은 첫 번째 매칭 이전의 문자열의 부분을 나타낸다.
- $'는 마지막 매칭 다음의 문자열의 부분을 나타낸다.

'예제 구현' 절에 표시된 첫 번째 예제에서 초기 텍스트에는 정확히 세 개의 a, b 또는 c 문자로 구성된 두 단어 abc와 bca가 들어있다. 정규 표현식은 단어 경계 사이에 정확히 세 개 문자의 표현식을 나타낸다. 즉 bbbb와 같은 하위 텍스트는 표현식과 매칭되지 않는다. 대체 문자열 텍스트는 --- aa --- ca bbbb가 된다.

매칭의 추가 플래그는 std::regex_replace( ) 알고리즘에 지정할 수 있다. 디폴트 매칭 플래그는 std::regex_constants::match_default다. 기본적으로 정규 표현식을 구성하는 데 사용되는 문법으로 ECMAScript를 지정한다. 예를 들어 첫 번째 항목만 바꾸려면 std::regex_constants::format_first_only를 지정하면 된다. 다음 예제에서 첫 번째 매

칭이 발견된 후 대체가 중지되므로 결과는 --- aa bca ca bbbb다.

```
auto text{ "abc aa bca ca bbbb"s };
auto rx = std::regex{ R"(\b[a|b|c]{3}\b)"s };
auto newtext = std::regex_replace(text, rx, "---"s,
                   std::regex_constants::format_first_only);
```

그러나 대체 문자열에는 앞서 설명한 것처럼 전체 매칭, 특정 하위 매칭 또는 매칭되지 않는 부분에 대한 특별 표시자indicator가 포함될 수 있다. '예제 구현' 절의 두 번째 예제에서 정규 표현식은 적어도 하나의 문자와 그 뒤에 쉼표와 공백, 그리고 적어도 하나 이상의 다른 문자로 이뤄진 단어를 식별한다. 첫 번째 단어는 성으로, 두 번째 단어는 이름으로 돼 있다. 대체 문자열은 $2 $1 형식이다. 이것은 매칭된 표현식(이 예에서는 전체 원본 문자열)을 두 번째 하위 매칭과 공백, 그리고 첫 번째 하위 매칭의 형식으로 구성된 다른 문자열로 바꾸는 명령이다.

이 예제에서는 전체 문자열이 매칭됐다. 다음 예제에서는 문자열 내에 여러 개의 매칭이 있으며 모두 표시된 문자열로 바꾼다. 이 예제에서 모음으로 시작하는 단어(예제에서는 모음 발음으로 시작하는 단어는 포함하지 않음) 앞의 부정관사 a는 an으로 바꾼다.

```
auto text{"this is a example with a error"s};
auto rx = std::regex{R"(\ba ((a|e|i|u|o)\w+))"s};
auto newtext = std::regex_replace(text, rx, "an $1");
```

정규 표현식은 문자 a를 a 다음에 공백과 모음으로 시작하는 적어도 두 개 이상의 문자로 구성된 하나의 단어로 식별한다(\b가 단어 경계를 나타내므로 \ba는 하나의 문자 a를 의미한다). 이런 매칭이 식별되면 고정된 문자열 an 다음에 공백, 매칭의 첫 번째 하위 표현식(단어 자체)으로 구성된 문자열로 대체된다. 이 예에서 newtext 문자열은 this is an example with an error가 된다.

하위 표현식의 식별자($1, $2 등) 외에도 전체 매칭에 식별자($&), 첫 번째 매칭 전의 문자열

부분에 대한 식별자($), 마지막 매칭 다음의 문자열 부분에 대한 식별자($') 등 여러 다른 식별자가 있다. 마지막 예제에서는 날짜의 형식을 dd.mm.yyyy에서 yyyy.mm.dd로 변경하지만 매칭되는 부분 역시 표시한다.

```
auto text{"today is 1.06.2016!!"s};
auto rx =
  std::regex{R"((\d{1,2})(\.|-|/)(\d{1,2})(\.|-|/)(\d{4}))"s};
// today is 2016.06.1!!
auto newtext1 = std::regex_replace(text, rx, R"($5$4$3$2$1)");
// today is [today is ][1.06.2016][!!]!!
auto newtext2 = std::regex_replace(text, rx, R"([$`][$&][$'])");
```

정규 표현식은 한 자리 또는 두 자리 숫자 다음에 점, 하이픈 또는 슬래시가 오고 그다음에 한 자리 또는 두 자리의 숫자, 그리고 점, 하이픈 또는 슬래시, 마지막으로 네 자리 숫자를 매칭한다.

newtext1의 경우 대체 문자열은 $5$4$3$2$1이다. 즉, 연도 다음에 두 번째 구분자separator, 그다음에 월, 첫 번째 구분자, 마지막으로 날짜가 온다. 따라서 입력 문자열 "today is 1.06.2016!"의 결과는 "today is 2016.06.1!!"다.

newtext2의 경우 대체 문자열은 [$`][$&][$']다. 이는 첫 번째 매칭 전의 부분 다음에 전체 매칭, 마지막으로 마지막 매칭 다음의 부분이 대괄호로 묶여 있음을 의미한다. 그러나 결과는 예상했던 "[!!][1.06.2016][today is]"가 아니라 "today is [today is][1.06.2016][!!]!!"다. 그 이유는 대체되는 것이 매칭된 표현식이며, 예제의 경우 날짜("1.06.2016")만이기 때문이다. 이 하위 문자열은 초기 문자열의 모든 부분으로 구성돼 다른 문자열로 대체된다.

참고 사항

- 정규 표현식을 사용해 문자열 포맷 확인하기

- 정규 표현식을 사용해 문자열의 내용 파싱하기

상수 문자열 참조 대신 string_view 사용하기

문자열로 작업할 때 임시 객체는 여러분이 인식하지 못할 뿐 실제로 항상 생성되고 있다. 많은 경우 임시 객체는 관련이 없으며 데이터를 한 곳에서 다른 곳으로 복사하는 용도로만 사용할 수 있다(예: 함수에서 호출자^{caller}로 복사). 이는 메모리 할당과 데이터 복사가 필요해서 성능 문제를 야기시키므로 피하는 것이 좋다. 이를 위해 C++17 표준은 문자열(즉 문자 시퀀스)에 대한 상수 참조를 소유하지 않는 std::basic_string_view라는 새로운 문자열 클래스 템플릿을 제공한다. 이번 레시피에서는 이 클래스를 언제 어떻게 사용해야 하는지 알아본다.

준비

string_view 클래스는 string_view 헤더의 네임스페이스 std에서 사용할 수 있다.

예제 구현

std::string 매개변수를 취하는 다른 함수를 호출해야 하는 경우(이 경우 전환이 필요하다.) 가 아니라면, std::string const & 대신 std::string_view를 사용해 함수에 매개변수를 전달한다(또는 함수에서 값을 반환).

```
std::string_view get_filename(std::string_view str)
{
  auto const pos1 {str.find_last_of('')};
  auto const pos2 {str.find_last_of('.')};
  return str.substr(pos1 + 1, pos2 - pos1 - 1);
}
```

174

```
char const file1[] {R"(c:\test\example1.doc)"};
auto name1 = get_filename(file1);

std::string file2 {R"(c:\test\example2)"};
auto name2 = get_filename(file2);

auto name3 = get_filename(std::string_view{file1, 16});
```

예제 분석

새로운 문자열 타입이 어떻게 동작하는지 살펴보기 전에 먼저 확장자가 없는 파일의 이름을 추출해내는 다음 함수 예제를 살펴보자. 이것은 기본적으로 이전 절에서 C++17 이전의 함수를 작성하는 방법이다.

 이 예제에서 파일 구분자는 윈도우와 마찬가지로 \(역슬래시)다. 리눅스 기반 시스템의 경우 / (슬래시)로 변경해야 한다.

```
std::string get_filename(std::string const & str)
{
  auto const pos1 {str.find_last_of('')};
  auto const pos2 {str.find_last_of('.')};
  return str.substr(pos1 + 1, pos2 - pos1 - 1);
}

auto name1 = get_filename(R"(c:\test\example1.doc)"); // example1
auto name2 = get_filename(R"(c:\test\example2)"); // example2
if(get_filename(R"(c:\test\_sample_.tmp)").front() == '_') {}
```

이것은 비교적 단순한 함수다. std::string에 대한 상수 참조를 취하고 마지막 파일 구분자와 기본적으로 파일 이름을 확장자 없이(그리고 폴더 이름 없이) 나타내는 마지막 점으로 묶인 하위 문자열을 식별한다.

그러나 이 코드의 문제점은 컴파일러의 최적화에 따라 하나, 둘 또는 그 이상의 임시 파일을 생성한다는 것이다. 함수 매개변수는 상수 std::string 참조지만, 함수는 문자열 리터럴로 호출된다. 즉 std::string은 리터럴에서 생성해야 한다. 이러한 임시 요소는 시간과 자원을 모두 소모하는 데이터를 할당하고 복사해야 한다. 마지막 예제에서 파일 이름의 첫 번째 문자가 밑줄인지를 확인하는 것이 목적이지만, 이를 위해 적어도 두 개의 임시 문자열 객체를 생성해야 한다.

std::basic_string_view 클래스 템플릿은 이 문제를 해결하기 위한 것이다. 이 클래스 템플릿은 std::basic_string과 매우 유사해서, 둘은 거의 동일한 인터페이스를 가진다. std::basic_string_view가 더 이상 코드를 변경하지 않고 std::basic_string에 대한 상수 참조 대신 사용하기 위한 것이기 때문이다. std::basic_string과 마찬가지로 표준 문자의 모든 타입에 대한 특수화가 있다.

```
typedef basic_string_view<char> string_view;
typedef basic_string_view<wchar_t> wstring_view;
typedef basic_string_view<char16_t> u16string_view;
typedef basic_string_view<char32_t> u32string_view;
```

std::basic_string_view 클래스 템플릿은 연속되는 문자 시퀀스에 대한 상수 참조를 정의한다. 이름에서 알 수 있듯이, 이는 뷰를 나타내며 문자 시퀀스의 참조를 수정하는 데 사용할 수 없다. std::basic_string_view 객체는 시퀀스의 첫 번째 문자와 길이에 대한 포인터이기 때문에 크기가 상대적으로 작으며, std::basic_string 객체뿐만 아니라 포인터와 길이 또는 null로 끝나는 문자 시퀀스로부터 구성될 수 있다(이 경우 길이를 찾기 위해 초기 문자열 탐색이 필요하다). 따라서 std::basic_string_view 클래스 템플릿은 여러 문자열 타입에 대한 공용 인터페이스로 사용할 수도 있다(데이터만 읽어도 되는 한). 반면에 std::basic_string_view에서 std::basic_string으로 변환하는 것은 to_string()과 변환 연산자 std::basic_string을 모두 사용해 새로운 std::basic_string 객체를 생성하기 때문에 상대적으로 쉽다.

std::basic_string_view를 함수에 전달하고 std::basic_string_view를 반환하면 여전히 이 타입의 임시 객체가 생성되지만, 이는 스택에 있는 작은 크기의 객체다(포인터 크기는 64비트 플랫폼에서 16바이트가 된다). 따라서 힙 공간을 할당하고 데이터를 복사하는 것보다 성능 비용이 적게 든다.

 마이크로소프트에서 std::basic_string을 구현하면 문자열의 크기가 16개 문자를 초과할 때만 필요한 힙 동작을 포함하지 않는 16개 문자의 정적 버퍼가 할당돼 작은 문자열에 대한 최적화가 제공된다.

std::basic_string에서 사용할 수 있는 동일한 메소드 외에도 std::basic_string_view는 다음과 같은 두 가지 메소드를 더 사용할 수 있다.

- remove_prefix(): 시작을 N 문자로 증가시키고, N 문자로 길이를 줄여 뷰를 축소한다.
- remove_suffix(): N 문자로 길이를 줄여 뷰를 축소한다.

다음 예제에서 두 멤버 함수는 std::string_view의 시작과 끝에서 공백을 자르는 데 사용된다. 이 함수의 구현은 먼저 공백이 아닌 첫 번째 요소를 찾고 공백이 아닌 마지막 요소를 찾는다. 그런 다음 마지막 공백 문자 다음에 있는 모든 것과, 맨 처음부터 공백이 아닌 첫 번째 문자까지 모든 것을 제거한다. 함수는 양쪽 끝에서 잘려진 새로운 뷰를 반환한다.

```cpp
std::string_view trim_view(std::string_view str)
{
  auto const pos1{ str.find_first_not_of(" ") };
  auto const pos2{ str.find_last_not_of(" ") };
  str.remove_suffix(str.length() - pos2 - 1);
  str.remove_prefix(pos1);
```

```
  return str;
}

auto sv1{ trim_view("sample") };
auto sv2{ trim_view(" sample") };
auto sv3{ trim_view("sample ") };
auto sv4{ trim_view(" sample ") };

auto s1{ sv1.to_string() };
auto s2{ sv2.to_string() };
auto s3{ sv3.to_string() };
auto s4{ sv4.to_string() };
```

 std::basic_string_view를 사용할 때는 뷰에서 참조하는 기본 데이터를 변경할 수 없고 뷰가
비소유 참조이므로 데이터의 수명을 관리해야 한다는 점에 유의해야 한다.

참고 사항

- 문자열 헬퍼 라이브러리 생성

03

함수

3장에서 다루는 레시피는 다음과 같다.

- 디폴트 함수와 삭제된 함수들
- 표준 알고리즘에서 람다 사용하기
- 제네릭 람다 사용하기
- 재귀 람다 작성하기
- 가변의 인수를 가진 함수 템플릿 작성하기
- 폴딩 표현식을 사용해 가변 함수 템플릿 단순화하기
- 고차 함수 map과 fold 구현하기
- 함수를 고차 함수로 구성하기
- 호출 가능한 모든 것을 통합해 호출하기

소개

함수는 프로그래밍의 기본 개념이다. 논의하는 주제에 관계없이 결국은 함수를 작성하게 된다. 한 장에서 함수의 모든 것을 다루기는 어려울 뿐만 아니라 합리적이지도 않다. 이 책의 모든 장에서 담고 있는 레시피는 함수와 관련돼 있다. 이번 장에서는 람다^{lambda} 표현식과 고차원$^{higer-order}$ 함수, 가변 개수의 인수를 가지는 타입 안전$^{type-safe}$ 함수 같은 함수형 언어 개념에 초점을 두고 함수 및 호출 가능한 객체와 관련된 최신 언어 기능을 알아본다.

디폴트 함수와 삭제된 함수들

C++에서 클래스는 컴파일러에서 디폴트로 구현돼 있거나 개발자가 제공할 수 있는 특수 멤버(생성자, 소멸자, 연산자)를 가진다. 그러나 디폴트로 구현될 수 있는 규칙은 약간 복잡해 문제를 일으킬 수 있다. 반면에 개발자는 객체가 특정 방식으로 복사되거나 이동되거나 구성되는 것을 방지하길 원한다. 이는 특수 멤버를 사용해 여러 트릭을 구현하면 가능하다. C++11 표준은 다음 절에서 보게 될 방법으로 함수를 삭제하거나 디폴트로 만들어 이들 중 많은 부분을 단순화시켰다.

준비

이번 레시피를 위해 특수 멤버 함수가 무엇인지, 그리고 복사 및 이동 가능의 의미가 무엇인지 잘 알고 있어야 한다.

예제 구현

함수를 처리하는 방법을 지정하려면 다음 구문을 사용한다.

- 함수를 디폴트로 설정하려면 함수 본문 대신 =default를 사용한다. 디폴트를 가진 특수 클래스 멤버 함수만 디폴트로 설정할 수 있다.

```
struct foo
{
  foo() = default;
};
```

- 함수를 삭제하려면 함수 본문 대신 =delete를 사용한다. 비멤버non-member 함수를
  포함한 모든 함수를 삭제할 수 있다.

```
struct foo
{
  foo(foo const &) = delete;
};

void func(int) = delete;
```

디폴트 함수와 삭제된 함수를 사용하면 다음과 같은 다양한 디자인 목표를 달성할 수 있다.

- 복사가 불가능하고 내재적으로 이동 불가한 클래스를 구현하려면 복사 연산을
  delete로 선언한다.

```
class foo_not_copyable
{
public:
  foo_not_copyable() = default;

  foo_not_copyable(foo_not_copyable const &) = delete;
  foo_not_copyable& operator=(foo_not_copyable const&) = delete;
};
```

- 복사가 불가능하지만 이동 가능한 클래스를 구현하려면, 복사 연산을 delete로
  선언하고 명시적으로 이동 연산을 구현한다(그리고 필요한 추가 생성자를 제공한다).

```
class data_wrapper
{
  Data* data;
public:
  data_wrapper(Data* d = nullptr) : data(d) {}
  ~data_wrapper() { delete data; }

  data_wrapper(data_wrapper const&) = delete;
  data_wrapper& operator=(data_wrapper const &) = delete;

  data_wrapper(data_wrapper&& o) :data(std::move(o.data))
  {
    o.data = nullptr;
  }

  data_wrapper& operator=(data_wrapper&& o)
  {
    if (this != &o)
    {
      delete data;
      data = std::move(o.data);
      o.data = nullptr;
    }

    return *this;
  }
};
```

- 함수가 특정 타입의 객체에서만 호출되도록 하고 타입 프로모션을 방지하려면, 함수에 delete 오버로드를 제공한다(다음 예제에서는 자유 함수가 모든 클래스 멤버 함수에도 적용될 수 있다).

```
template <typename T>
void run(T val) = delete;

void run(long val) {} // long integer로만 호출할 수 있다.
```

182

클래스에는 컴파일러에서 디폴트로 구현할 수 있는 몇 가지 특수 멤버가 있다. 이것은 디폴트 생성자^{default constructor}, 복사 생성자^{copy constructor}, 이동 생성자^{move constructor}, 복사 할당^{copy assignment}, 이동 할당^{move assignment}, 소멸자^{destructor}다(이동 시맨틱에 대한 설명은 9장을 참조). 여러분이 이들을 구현하지 않으면 컴파일러가 이를 수행해 클래스의 인스턴스가 생성, 이동, 복사, 소멸된다. 그러나 이런 특수 메소드를 하나 이상 명시적으로 제공하면 컴파일러는 다음 규칙에 따라 다른 메소드를 생성하지 않는다.

- 사용자 정의 생성자가 존재하면 디폴트 생성자는 생성되지 않는다.
- 사용자 정의 가상 소멸자가 존재하면 디폴트 생성자는 디폴트로 생성되지 않는다.
- 사용자 정의 이동 생성자 또는 이동 할당 연산자가 존재하면 복사 생성자와 복사 할당 연산자는 디폴트로 생성되지 않는다.
- 사용자 정의 복사 생성자, 이동 생성자, 복사 할당 연산자, 이동 할당 연산자 또는 소멸자가 존재하는 경우, 이동 생성자와 이동 할당 연산자는 디폴트로 생성되지 않는다.
- 사용자 정의 복사 생성자 또는 소멸자가 존재하면, 복사 할당 연산자가 디폴트로 생성된다.
- 사용자 정의 복사 할당 연산자 또는 생성자가 존재하면, 복사 생성자가 디폴트로 생성된다.

 앞의 목록에서 마지막 두 규칙은 더 이상 사용되지 않는 규칙이므로 컴파일러에서 지원하시 않을 수도 있다.

때때로 개발자는 클래스의 인스턴스가 특정 방식으로 생성되는 것을 방지하기 위해 이런 특수 멤버의 비어있는 구현을 제공하거나 숨길 수 있다. 전형적인 예는 복사할 수 없는 클래스다. 이를 위한 고전적인 패턴은 디폴트 생성자를 제공하고 복사 생성자와 복사 할당 연산자를 숨기는 것이다. 이것이 동작하면 명시적으로 정의된 디폴트 생성자는 클래스가 더 이상 사소한 것으로 간주되지 않으므로 POD 타입(reinterpret_cast로 생성될 수 있는)이다. 현대적인 대안은 앞의 절에서 설명한 것처럼 삭제된 함수를 사용하는 것이다.

컴파일러가 함수 정의에서 =default를 발견하면, 디폴트 구현을 제공한다. 앞에서 언급한 특수 멤버 함수에 대한 규칙이 여전히 적용된다. 함수는 인라인될 경우에만 클래스 본문 외부에서 =default로 선언할 수 있다.

```cpp
class foo
{
public:
  foo() = default;

  inline foo& operator=(foo const &);
};

inline foo& foo::operator=(foo const &) = default;
```

컴파일러가 함수 정의에서 =delete를 발견하면 함수 호출을 막는다. 그러나 함수는 여전히 오버로드 해결 중에 고려되며 삭제된 함수가 베스트 매칭일 경우에만 컴파일러에서 오류를 생성한다. 예를 들어 run() 함수에 대한 이전에 정의된 오버로드를 제공하면 long integer 호출만 가능하다. long으로의 자동 타입 프로모션이 되는 int를 포함한 다른 타입의 인수로 호출하면, 삭제된 오버로드와 가장 잘 매칭되는 것으로 판단해 컴파일러에서 오류가 발생한다.

```cpp
run(42); // 오류. 삭제된 오버로드와 매칭됨
run(42L); // OK, long integer 인수가 허용됨
```

=delete 정의는 전환 단위에서 첫 번째 선언이어야 하므로 이전에 선언된 함수는 삭제할 수 없다.

```
void forward_declared_function();
// ...
void forward_declared_function() = delete; // 오류
```

 클래스 특수 멤버 함수에 대한 경험 규칙(rule of thumb)(5 규칙이라고도 함)은 복사 생성자, 이동 생성자, 복사 할당 연산자, 이동 할당 연산자 또는 소멸자 중 하나를 명시적으로 정의한 경우에 이들 모두를 명시적으로 정의하거나 디폴트로 설정해야 한다.

표준 알고리즘에서 람다 사용하기

C++의 가장 중요한 현대적인 기능 중 하나는 람다 함수 또는 간단히 람다라고도 불리는 람다 표현식이다. 람다 표현식을 사용하면 범위 내의 변수를 캡처하고 함수의 인수로 호출하거나 전달할 수 있는 익명의 함수 객체를 정의할 수 있다. 람다는 많은 용도에서 유용하게 사용될 수 있다. 이번 레시피에서는 표준 알고리즘과 함께 사용하는 방법을 살펴본다.

준비

이번 레시피에서는 반복되는 요소에 적용되는 함수 또는 술어predicate를 인수로 취하는 표준 알고리즘에 대해 설명한다. 단항unary 함수와 이진binary 함수가 무엇인지, 그리고 술어 및 비교comparison 함수가 무엇인지 알고 있어야 한다. 또한 람다 표현식이 함수 객체에 대한 신택틱 슈거이므로 함수 객체에도 익숙해야 한다.

함수 또는 함수 객체 대신 표준 알고리즘에 콜백을 전달하려면 람다 표현식을 사용하는 것이 좋다.

- 한 곳에서만 람다를 사용하는 경우 호출하는 곳에서 익명anonymous 람다 표현식을 정의한다.

```cpp
auto numbers =
  std::vector<int>{ 0, 2, -3, 5, -1, 6, 8, -4, 9 };
auto positives = std::count_if(
  std::begin(numbers), std::end(numbers),
  [](int const n) {return n > 0; });
```

- 여러 곳에서 람다를 호출해야 하는 경우에는 명명된named 람다, 즉 변수에 할당된 람다(일반적으로 타입에 auto 지정자를 사용)를 정의한다.

```cpp
auto ispositive = [](int const n) {return n > 0; };
auto positives = std::count_if(
  std::begin(numbers), std::end(numbers), ispositive);
```

- 인수 타입이 다른 람다가 필요한 경우 제네릭 람다 표현식을 사용한다(C++14부터 지원).

```cpp
auto positives = std::count_if(
  std::begin(numbers), std::end(numbers),
  [](auto const n) {return n > 0; });
```

앞의 두 번째 항목에서 보여준 비제네릭 람다 표현식은 상수 정수를 받아 0보다 크면

true를 반환하고 그렇지 않으면 false를 반환한다. 컴파일러는 람다 표현식의 시그니처 signature를 가진 호출 연산자call operator를 사용해 명명되지 않은unnamed 함수 객체를 정의 한다.

```
struct __lambda_name__
{
  bool operator( )(int const n) const { return n > 0; }
};
```

명명되지 않은 함수 객체가 컴파일러에 의해 정의되는 방식은 변수를 캡처하거나 mutable 지정자 또는 예외 스펙을 사용하거나 후행 반환 타입을 가지는 람다 표현식을 정의하는 방식에 달려 있다. 앞에서 보여준 __lambda_name__ 함수 객체는 디폴트 복사 생성자와 이 동 생성자, 디폴트 소멸자, 그리고 삭제된 할당 연산자를 정의하므로 실제로 컴파일러가 생성하는 것을 단순화한다.

 람다 표현식이 실제로는 클래스라는 것을 잘 이해하고 있어야 한다. 람다 표현식을 호출하기 위해 컴파일러는 클래스의 객체를 인스턴스화해야 한다. 람다 표현식에서 인스턴화된 객체를 람다 클로저(lambda closure)라고 한다.

다음 예제에서는 5보다 크고 10보다 작거나 같은 범위에서 요소의 개수를 계산하려고 한 다. 이 경우 람다 표현식은 다음과 같다.

```
auto numbers = std::vector<int>{ 0, 2, -3, 5, -1, 6, 8, -4, 9 };
auto start{ 5 };
auto end{ 10 };
auto inrange = std::count_if(
  std::begin(numbers), std::end(numbers),
  [start, end](int const n) {
    return start <= n && n <= end;});
```

이 람다는 복사(즉 값)에 의해 start와 end라는 두 개의 변수를 캡처한다. 컴파일러에 의해 생성된 명명되지 않은 함수 객체는 앞에서 정의한 것과 매우 유사하다. 앞에서 언급한 디폴트 및 삭제된 특수 멤버의 경우, 클래스는 다음과 같다.

```cpp
class __lambda_name_2__
{
  int start_;
  int end_;
public:
  explicit __lambda_name_2__(int const start, int const end) :
    start_(start), end_(end)
  {}

  __lambda_name_2__(const __lambda_name_2__&) = default;
  __lambda_name_2__(__lambda_name_2__&&) = default;
  __lambda_name_2__& operator=(const __lambda_name_2__&)
    = delete;
  ~__lambda_name_2__() = default;

  bool operator() (int const n) const
  {
    return start_ <= n && n <= end_;
  }
};
```

람다 표현식은 복사(또는 값) 또는 참조로 변수를 캡처할 수 있으며, 이 둘의 여러 조합이 가능하다. 그러나 변수를 여러 번 캡처하는 것은 불가능하며 캡처 목록은 & 또는 =로만 시작할 수 있다.

 람다는 내부 함수 범위에서만 변수를 캡처할 수 있다. 정적 저장 기간(즉 네임스페이스 범위 또는 static이나 external 지정자로 선언된 변수)으로 변수를 캡처할 수 없다.

다음 표는 람다 캡처 시맨틱의 다양한 조합을 보여준다.

람다	설명
[](){}	아무것도 캡처하지 않는다.
[&](){}	참조로 모든 것을 캡처한다.
[=](){}	복사로 모든 것을 캡처한다.
[&x](){}	참조로 x만 캡처한다.
[x](){}	복사로 x만 캡처한다.
[&x...](){}	참조로 x 팩 확장을 캡처한다.
[x...](){}	복사로 x 팩 확장을 캡처한다.
[&, x](){}	복사로 캡처한 x를 제외하고 모든 것을 참조로 캡처한다.
[=, &x](){}	참조로 캡처한 x를 제외하고 모든 것을 복사로 캡처한다.
[&, this](){}	복사로 캡처한 포인터 this(this는 항상 복사로 캡처됨)를 제외하고 모든 것을 참조로 캡처한다.
[x, x](){}	오류. x가 두 번 캡처됨
[&, &x](){}	오류. 모든 것이 참조로 캡처됨. 참조로 x를 다시 캡처하도록 지정할 수 없음
[=, =x](){}	오류. 모든 것이 복사로 캡처됨. 복사로 x를 다시 캡처하도록 지정할 수 없음
[&this](){}	오류. 포인터 this는 항상 복사로 캡처됨
[&, =](){}	오류. 복사와 참조 둘 다 모든 것을 캡처할 수 없음

람다 표현식의 일반적인 형식은 C++17에서 다음과 같다.

```
[capture-list](params) mutable constexpr exception attr -> ret
{ body }
```

이 구문에 표시된 모든 부분은 캡처 목록(비어있을 수 있음)과 본문(비어있을 수 있음)을 제외하고는 실제로는 선택 사항이다. 매개변수가 필요하지 않으면 실제로 매개변수 목록을 생략할 수 있다. 컴파일러가 반환된 표현식의 타입에서 이를 유추할 수 있으므로 반환 타입을 지정할 필요가 없다. mutable 지정자(람다가 복사에 의해 캡처된 변수를 실제로 수정할 수 있음을 컴파일러에게 알려줌), constexpr 지정자(constexpr 호출 연산자를 생성하도록 컴파일러에게 알려줌) 및 예외 지정자와 속성은 모두 선택 사항이다.

가능한 가장 단순한 람다 표현식은 []{}지만, 종종 [](){}로 쓰여진다.

부연 설명

람다 표현식에서 인수의 타입만 다른 경우가 있다. 이 경우 람다는 템플릿과 마찬가지로 일반적인 방식으로 작성할 수 있지만 타입 매개변수에 대한 auto 지정자를 사용한다(템플릿 구문이 포함되지 않음). 이 내용은 다음 레시피의 '참고 사항' 절에서 다룬다.

참고 사항

- 제네릭 람다 사용하기
- 재귀 람다 작성하기

제네릭 람다 사용하기

이전 레시피에서는 람다 표현식을 작성하고 표준 알고리즘과 함께 사용하는 방법을 알아 봤다. C++에서 람다는 호출 연산자를 구현하는 클래스인 명명되지 않은 함수 객체에 대한 신택틱 슈거다. 그러나 다른 함수와 마찬가지로 일반적으로 템플릿을 사용해 구현할 수 있다. C++14는 이를 이용해 매개변수에 실제 타입을 지정하지 않고 대신 auto 지정자를 사용하는 제네릭 람다를 도입했다. 이 이름으로 언급되지는 않았지만, 제네릭 람다는 기본적으로 람다 템플릿이다. 이는 동일한 람다를 다른 타입의 매개변수로 사용하려는 경우에 유용하다.

이 레시피를 계속하기 전에 먼저 '표준 알고리즘에서 람다 사용하기' 레시피를 읽는 것이 좋다.

다음의 경우 제네릭 람다를 작성한다.

- 람다 표현식 매개변수에 실제 타입 대신 auto 지정자를 사용
- 매개변수 타입만 다른 여러 개의 람다가 필요한 경우

다음 예제는 std::accumulate( ) 알고리즘과 함께 사용되는 제네릭 람다를 먼저 정수 벡터와 함께, 그런 다음 문자열 벡터와 함께 사용하는 방법을 보여준다.

```
auto numbers =
  std::vector<int>{0, 2, -3, 5, -1, 6, 8, -4, 9};
auto texts =
  std::vector<std::string>{"hello"s, " "s, "world"s, "!"s};

auto lsum = [](auto const s, auto const n) {return s + n;};

auto sum = std::accumulate(
  std::begin(numbers), std::end(numbers), 0, lsum);
  // sum = 22

auto text = std::accumulate(
  std::begin(texts), std::end(texts), ""s, lsum);
  // sum = "hello world!"s
```

이전 절의 예제에서는 명명된 람다 표현식, 즉 변수에 클로저가 할당된 람다 표현식을 정의했다. 이 변수는 std::accumulate() 함수에 인수로 전달된다. 이 일반 알고리즘은 범위를 정의하는 begin 및 end 반복자와 범위의 각 값을 합계로 누적하는 함수를 사용한다. 이 함수는 현재 누적 값을 나타내는 첫 번째 매개변수와 합계에 누적할 현재 값을 나타내는 두 번째 매개변수를 받아 새로운 누적 값을 반환한다. add라는 용어는 단순히 추가하는 것 이외에 다른 용도로도 사용될 수 있으므로 이 용어는 사용하지 않는다. 또한 제품 계산, 연결 또는 값의 집계를 수행하는 다른 연산에 사용할 수도 있다.

이 예제에서 std::accumulate()에 대한 두 호출은 거의 동일하며 인수의 타입만 다르다.

- 첫 번째 호출에서 반복자를 정수의 범위(vector<int>부터)에 전달한다. 0은 초기 합계고 람다는 두 개의 정수를 더해 그 합을 반환한다. 이렇게 하면 범위 내의 모든 정수의 합을 산출한다. 이 예에서는 22다.
- 두 번째 호출에서 반복자를 문자열의 범위(vector<string>부터), 초깃값을 위한 빈 문자열과 두 문자열을 연결하고 결과를 반환하는 람다에 전달한다. 이렇게 하면 범위에 있는 모든 문자열이 하나씩 차례대로 포함된 문자열이 생성된다. 이 예제의 결과는 "hello world!"다.

제네릭 람다는 호출되는 곳에서 익명으로 정의할 수도 있지만 '예제 구현' 절의 예제에서 본 것처럼 제네릭 람다의 목적(기본적으로 앞에서 언급한 것처럼 람다 표현식 템플릿)이 재사용이기 때문에 이것은 의미가 없다.

std::accumulate()의 다중 호출에 사용된 이 람다 표현식을 정의할 때, 람다 매개변수(int 또는 std::string 같은)의 구체적인 타입을 지정하는 대신 auto 지정자를 사용해 컴파일러에서 타입을 추론하도록 했다. 매개변수 타입에 auto 지정자가 지정된 람다 표현식을 발견하면 컴파일러에서 호출 연산자 템플릿을 가진 명명되지 않은 함수 객체를 생성한다. 이 예제에서 제네릭 람다 표현식의 경우, 함수 객체는 다음과 같다.

```
struct __lambda_name__
{
  template<typename T1, typename T2>
  auto operator()(T1 const s, T2 const n) const { return s + n; }

    __lambda_name__(const __lambda_name__&) = default;
    __lambda_name__(__lambda_name__&&) = default;
    __lambda_name__& operator=(const __lambda_name__&) = delete;
    ~__lambda_name__() = default;
};
```

호출 연산자는 auto로 지정된 람다의 각 매개변수에 대한 타입 매개변수를 가진 템플릿이다. 호출 연산자의 반환 타입도 auto이므로 컴파일러가 반환된 값의 타입에서 이를 추론한다. 이 연산자 템플릿은 컴파일러가 제네릭 람다가 사용되는 컨텍스트에서 식별하는 실제 타입으로 인스턴스화된다.

참고 사항

- 표준 알고리즘에서 람다 사용하기
- 1장의 '가능한 한 auto 사용하기' 레시피

재귀 람다 작성하기

람다는 기본적으로 명명되지 않은 함수 객체이므로 재귀적으로 호출할 수 있어야 한다. 사실 재귀적으로 호출될 수 있지만, 람다를 함수 래퍼에 할당하고 참조로 래퍼를 캡처해야 하므로 이를 수행하는 메커니즘은 분명하지 않다. 재귀recursive 람다는 실제로 의미가 없으며 함수가 더 나은 디자인 선택이라고 주장할 수 있지만, 이번 레시피에서는 재귀 람다를 작성하는 방법을 살펴볼 것이다.

재귀 람다를 작성하는 방법을 설명하기 위해 피보나치^{Fibonacci} 함수로 알려진 예제를 작성
해보자.

```cpp
constexpr int fib(int const n)
{
  return n <= 2 ? 1 : fib(n - 1) + fib(n - 2);
}
```

예제 구현

재귀 람다 함수를 작성하려면 다음을 수행한다.

- 함수 범위에서 람다를 정의한다.
- 람다를 std::function 래퍼에 할당한다.
- 재귀적으로 호출하기 위해 람다에서 참조로 std::function 객체를 캡처한다.

재귀 람다의 예는 다음과 같다.

- 함수가 정의된 범위에서 호출되는 재귀 피보나치 람다 표현식

```cpp
void sample()
{
  std::function<int(int const)> lfib =
    [&lfib](int const n)
    {
      return n <= 2 ? 1 : lfib(n - 1) + lfib(n - 2);
    };

  auto f10 = lfib(10);
}
```

- 임의의 범위에서 호출할 수 있는 함수에 의해 반환된 재귀 피보나치 람다 표현식

```cpp
std::function<int(int const)> fib_create()
{
  std::function<int(int const)> f = [](int const n)
  {
    std::function<int(int const)> lfib = [&lfib](int n)
    {
      return n <= 2 ? 1 : lfib(n - 1) + lfib(n - 2);
    };
    return lfib(n);
  };
  return f;
}

void sample()
{
  auto lfib = fib_create();
  auto f10 = lfib(10);
}
```

예제 분석

재귀 람다를 작성할 때 가장 먼저 고려해야 할 사항은 람다 표현식이 함수 객체며 람다 본문에서 재귀적으로 호출하려면 람다가 클로저(즉, 람다의 인스턴스화)를 캡처해야 한다는 점이다. 즉, 람다는 자기 자신을 캡처해야 하며, 여기에는 여러 가지 의미가 있다.

- 먼저 람다는 이름을 가져야 한다. 명명되지 않은 람다는 다시 호출하기 위해 캡처할 수 없다.
- 둘째, 람다는 함수 범위에서만 정의할 수 있다. 그 이유는 람다가 함수 범위에서 변수를 캡처할 수 있기 때문이다. 정적 저장 기간을 가진 변수는 캡처할 수 없다. 네임스페이스 범위나 정적 또는 외부 지정자로 정의된 객체는 정적 저장 기간을

갖는다. 람다가 네임스페이스 범위에 정의된 경우, 그 클로저는 정적 저장 기간을 가지므로 람다는 이를 캡처하지 않는다.

- 셋째, 람다 클로저의 타입은 지정되지 않은 채로 남아있을 수 없다. 즉, `auto` 지정자로 선언돼야 한다. 이니셜라이저가 처리될 때 변수 타입을 알 수 없으므로 `auto` 타입 지정자로 선언된 변수가 자체 이니셜라이저에 표시될 수 없다. 따라서 람다 클로저의 타입을 지정해야 한다. 할 수 있는 방법은 범용 함수 래퍼 `std::function`을 사용하는 것이다.

- 마지막으로, 람다 클로저는 참조로 캡처돼야 한다. 복사(또는 값)로 캡처하면 함수 래퍼의 복사본이 만들어지지만 캡처될 때 래퍼가 초기화되지 않는다. 결국 호출할 수 없는 객체가 된다. 컴파일러가 값으로 캡처되는 것에 신경 쓰지 않더라도 클로저가 호출되면 `std::bad_function_call`이 발생한다.

'예제 구현' 절의 첫 번째 예제에서 재귀 람다는 `sample()`이라는 다른 함수의 내부에서 정의된다. 람다 표현식의 시그니처와 본문은 '소개' 절에서 정의한 일반적인 재귀 함수 `fib()`와 동일하다. 람다 클로저는 `lfib`라는 함수 래퍼에 할당되며, 이 래퍼는 람다에 의해 참조로 캡처되고 본문에서 재귀적으로 호출된다. 클로저는 참조로 캡처되므로 람다 본문에서 호출해야 할 시점에 초기화된다.

두 번째 예제에서 람다 표현식의 클로저를 반환하는 함수를 정의했다. 이 함수는 순차적으로 호출된 인수를 사용해 재귀 람다를 정의하고 호출한다. 이는 함수에서 재귀 람다를 반환할 때 구현돼야 하는 패턴이다. 이는 재귀 람다가 호출될 때 람다 클로저가 여전히 사용 가능해야 하기 때문에 반드시 필요하다. 만약 그 전에 소멸되면, 참조가 남아있게 되고 이를 호출하면 프로그램이 비정상적으로 종료된다. 이 오류 상황은 다음 예제에서 설명한다.

```
// fib_create의 구현이 잘못돼 있음
std::function<int(int const)> fib_create()
{
  std::function<int(int const)> lfib = [&lfib](int const n)
  {
```

```
  return n <= 2 ? 1 : lfib(n - 1) + lfib(n - 2);
};

return lfib;
}

void sample()
{
  auto lfib = fib_create();
  auto f10 = lfib(10); // crash
}
```

이에 대한 해결책은 '예제 구현' 절에 나와 있는 깃처럼 두 개의 중첩된 람다 표현식을 생성하는 것이다. fib_create() 메소드는 호출될 때 자기 자신을 캡처하는 재귀 람다를 생성하는 함수 래퍼를 반환한다. 이것은 미묘하지만 근본적으로 앞의 예제에서 보여준 구현과 다르다. 바깥 f 람다는 (특히 참조로) 아무것도 캡처하지 않는다. 따라서 매달린dangling 참조에 대해서는 문제가 없다. 그러나 호출될 때 중첩된 람다(관심을 가지고 있는 실제 람다)의 클로저를 생성하고 매개변수에 재귀 lfib 람다를 적용한 결과를 반환한다.

가변의 인수를 가진 함수 템플릿 작성하기

가변 개수의 인수 또는 가변 개수의 멤버를 가진 클래스를 사용해 함수를 작성하면 유용한 경우가 있다. 전형적인 예로 형식과 가변 개수의 인수를 받는 printf 같은 함수와 tuple 같은 클래스가 포함된다. C++11 이전에 전자는 가변적인 매크로(안전하지 않은 타입 함수만 작성할 수 있는)를 사용할 때만 가능했고, 후자는 불가능했다. C++11은 가변 개수의 인수로 타입 안전type-safe한 함수 템플릿을 작성하거나 가변 개수의 멤버로 클래스 템플릿을 작성할 수 있게 해주는 가변variadic 템플릿을 도입했다. 이번 레시피에서는 함수 템플릿을 작성하는 방법을 살펴본다.

가변 인수를 가지는 함수를 가변 함수^{variadic function}라고 한다. 가변 인수를 가지는 함수 템플릿을 가변 함수 템플릿이라고 한다. C++ 가변 매크로(va_start, va_end, va_arg, va_copy, va_list)에 대한 지식이 가변 함수 템플릿을 작성하는 방법을 배우는 데 반드시 필요하지는 않지만, 좋은 출발점이 될 수 있다.

이전 레시피에서 이미 가변 템플릿을 사용해봤다. 이번 레시피에서는 이에 대한 자세한 설명을 제공한다.

가변 함수 템플릿을 작성하려면 다음 단계를 수행한다.

1. 가변 함수 템플릿의 시맨틱이 필요로 하는 경우 컴파일 타임 재귀의 마지막에 고정된 수의 인수로 오버로드를 정의한다(다음 코드의 [1]을 참조).
2. 0을 포함한 임의의 인수를 가질 수 있는 템플릿 매개변수를 사용할 수 있도록 템플릿 매개변수 팩^{pack}을 정의한다. 이런 인수에는 타입, 비타입, 또는 템플릿이 포함된다([2] 참조).
3. 0을 포함한 임의의 함수 인수를 가질 수 있는 함수 매개변수 팩을 정의한다. 템플릿 매개변수 팩의 크기와 해당 매개변수 팩은 동일하며 sizeof.. 연산자로 결정할 수 있다([3] 참조).
4. 매개변수 팩을 확장해 제공된 실제 인수를 대체한다([4] 참조).

다음 예제는 operator+를 사용해 가변 개수의 인수를 추가하는 가변 함수 템플릿으로 앞에서 설명한 모든 내용을 보여준다.

```
template <typename T> // [1] 고정된 오버로드
T add(T value) // 인수의 개수
```

```
{
  return value;
}

template <typename T, typename... Ts> // [2] typename... Ts
T add(T head, Ts... rest) // [3] Ts... rest
{
  return head + add(rest...); // [4] rest...
}
```

예제 분석

처음에는 함수 add( )가 어떤 식으로든 자신을 호출하기 때문에 앞의 구현이 재귀처럼 보인다. 그러나 런타임 재귀와 오버헤드가 발생하지 않는 컴파일 타임 재귀다. 컴파일러는 실제로 가변 함수 템플릿 사용법에 따라 다른 수의 인수로 여러 함수를 생성한다. 따라서 실제로 이는 함수 오버로드일 뿐이며 재귀의 일종이 아니다. 그러나 매개변수가 종료 조건으로 재귀적으로 처리되는 것처럼 구현된다.

앞의 코드는 다음과 같은 핵심 부분으로 구성된다.

- Typename... Ts는 가변 개수의 템플릿 타입 인수를 나타내는 템플릿 매개변수 팩이다.
- Ts... rest는 가변 개수의 함수 인수를 나타내는 함수 매개변수 팩이다.
- Rest...는 함수 매개변수 팩의 확장이다.

> ℹ️ 생략 부호(…)의 위치는 구문적으로 차이가 없다. typename... Ts, typename ... Ts, typename ...Ts는 모두 동등하다.

add(T head, Ts... rest) 매개변수에서 head는 인수 목록의 첫 번째 요소고 ...rest는

목록의 나머지 매개변수의 팩이다(0 또는 그 이상). 함수의 본문에서 rest...는 함수 매개변수 팩의 확장이다. 즉, 컴파일러는 매개변수 팩을 순서대로 요소로 바꾼다. add( ) 함수에서 기본적으로 나머지 인수의 합에 첫 번째 인수를 추가해 재귀적으로 처리되는 느낌을 준다. 이 재귀는 하나의 인수가 남아있을 때 끝나며, 이 경우 첫 번째 add( ) 오버로드(단일 인수로)가 호출되고 인수의 값을 반환한다.

add( ) 함수 템플릿을 구현하면 다음과 같이 코드를 작성할 수 있다.

```
auto s1 = add(1, 2, 3, 4, 5);
// s1 = 15
auto s2 = add("hello"s, " "s, "world"s, "!"s);
// s2 = "hello world!"
```

컴파일러가 add(1, 2, 3, 4, 5)를 만나면 다음 함수(arg1, arg2 등은 컴파일러가 생성하는 실제 이름이 아니다.)를 생성한다. 이 함수는 실제로 오버로드된 함수만 호출하고 재귀는 호출하지 않는다는 것을 보여준다.

```
int add(int head, int arg1, int arg2, int arg3, int arg4)
{return head + add(arg1, arg2, arg3, arg4);}
int add(int head, int arg1, int arg2, int arg3)
{return head + add(arg1, arg2, arg3);}
int add(int head, int arg1, int arg2)
{return head + add(arg1, arg2);}
int add(int head, int arg1)
{return head + add(arg1);}
int add(int value)
{return value;}
```

GCC와 Clang을 사용하면 __PRETTY_FUNCTION__ 매크로를 사용해 함수의 이름과 시그니처를 출력할 수 있다.

작성한 두 함수의 시작 부분에 std::cout << __PRETTY_FUNCTION__ << std::endl을 추가하면 코드를 실행할 때 다음과 같이 표시된다.

```
T add(T, Ts ...) [with T = int; Ts = {int, int, int, int}]
T add(T, Ts ...) [with T = int; Ts = {int, int, int}]
T add(T, Ts ...) [with T = int; Ts = {int, int}]
T add(T, Ts ...) [with T = int; Ts = {int}]
T add(T) [with T = int]
```

함수 템플릿이기 때문에 operator+를 지원하는 모든 타입과 함께 사용할 수 있다. 다른 예제인 add("hello"s, " "s, "world"s, "!"s)는 "hello world!" 문자열을 생성한다. 그러나 std::basic_string 타입은 문자열과 문자 연결을 포함하는 operator+의 다른 오버로드를 가지고 있으므로 다음과 같은 코드도 작성할 수 있다.

```
auto s3 = add("hello"s, ' ', "world"s, '!');
// s3 = "hello world!"
```

그러나 다음과 같은 컴파일러 오류를 발생시킨다(간단하게 하기 위해 실제로는 std::basic_string<char, std::char_traits<char>, std::allocator<char> >를 문자열 "hello world"로 대체했다).

```
In instantiation of 'T add(T, Ts ...) [with T = char; Ts = {string,
char}]':
16:29: required from 'T add(T, Ts ...) [with T = string; Ts = {char,
string, char}]'
22:46: required from here
16:29: error: cannot convert 'string' to 'char' in return
  In function 'T add(T, Ts ...) [with T = char; Ts = {string, char}]':
17:1: warning: control reaches end of non-void function [-Wreturn-type]
```

컴파일러는 반환 타입이 첫 번째 인수의 타입과 동일한 다음 같은 코드를 생성한다. 그러나 첫 번째 인수는 std::string 또는 char이다(간단히 하기 위해 std::basic_string<char, std::char_traits<char>, std::allocator<char> >는 string으로 대체됐다). char이 첫 번째 인수의 타입인 경우, std::string인 반환값 head+add(...)의 타입이 함수 반환 타입과 일치하지 않으며 암시적으로 변환되지 않는다.

```
string add(string head, char arg1, string arg2, char arg3)
{return head + add(arg1, arg2, arg3);}
char add(char head, string arg1, char arg2)
{return head + add(arg1, arg2);}
string add(string head, char arg1)
{return head + add(arg1);}
char add(char value)
{return value;}
```

가변 함수 템플릿의 반환 타입을 T 대신 auto로 수정해 이를 해결할 수 있다. 이 경우 반환되는 타입은 항상 반환 표현식에서 유추되며, 예제에서는 모든 경우에 std::string이다.

```
template <typename T, typename... Ts>
auto add(T head, Ts... rest)
{
  return head + add(rest...);
}
```

매개변수 팩은 중괄호 초기화에 나타날 수 있으며 sizeof... 연산자를 사용해 그 크기를 결정할 수 있다. 또한 가변 함수 템플릿은 이 레시피에서 보여준 것처럼 반드시 컴파일 타임 재귀를 의미하지는 않는다. 이 모든 것들은 짝수 개의 멤버를 가지는 튜플을 생성하는 함수를 정의하는 다음 예제에서 볼 수 있다. 먼저 sizeof...(a)를 사용해 짝수 개의 인수가 있는지 확인하고, 그렇지 않으면 컴파일러 오류를 생성해 어서트[assert]한다. sizeof... 연산자는 템플릿 매개변수 팩과 함수 매개변수 팩 모두에서 사용할 수 있다. sizeof...(a)와 sizeof...(T)는 같은 값을 생성한다. 그런 다음 튜플을 생성하고 반환한다. 템플릿 매개변수 팩 T는 (T...로) std::tuple 클래스 템플릿의 타입 인수로 확장되고, 함수 매개변수 팩 a는 (a...로) 중괄호 초기화를 사용해 튜플 멤버의 값으로 확장된다.

```
template<typename... T>
auto make_even_tuple(T... a)
{
  static_assert(sizeof...(a) % 2 == 0,
                "expected an even number of arguments");
  std::tuple<T...> t { a... };

  return t;
}


auto t1 = make_even_tuple(1, 2, 3, 4); // OK

// 오류: 짝수 개의 인수가 필요
auto t2 = make_even_tuple(1, 2, 3);
```

참고 사항

- 폴딩 표현식을 사용해 가변 함수 템플릿 단순화하기
- 2장의 '원시 사용자 정의 리터럴 작성' 레시피

폴딩 표현식을 사용해 가변 함수 템플릿 단순화하기

이번 장에서는 폴딩folding에 대해 여러 번 이야기할 것이다. 폴딩은 단일 값을 생성하기 위해 값의 범위에 이진 함수를 적용하는 연산이다. 가변 함수 템플릿에 대해 논의할 때 이미 그 내용을 다뤘고 고차 함수에서 다시 다룰 것이다. 가변 함수 템플릿에서 매개변수 팩의 확장이 기본적으로 폴딩 연산인 경우가 많다. 이런 가변 함수 템플릿 작성을 단순화하기 위해 C++17에서는 이진 연산자의 매개변수 팩의 확장을 접는 폴딩 표현식fold expression

을 도입했다. 이번 레시피에서는 폴딩 표현식을 사용해 가변 함수 템플릿의 작성을 단순화하는 방법을 알아본다.

준비

이번 레시피의 예제는 이전 레시피인 '가변의 인수를 가진 함수 템플릿 작성하기'에서 작성한 가변 함수 템플릿 **add( )**를 기반으로 한다. 이 구현은 왼쪽 폴딩 연산이다. 함수를 간단하게 다시 작성하면 다음과 같다.

```
template <typename T>
T add(T value)
{
  return value;
}

template <typename T, typename... Ts>
T add(T head, Ts... rest)
{
  return head + add(rest...);
}
```

예제 구현

이진 연산자의 매개변수 팩을 접으려면 다음 형식 중 하나를 사용한다.

- 단항unary 형식으로 왼쪽 폴딩 (... op pack)

  ```
  template <typename... Ts>
  auto add(Ts... args)
  {
    return (... + args);
  }
  ```

- 이항 ^{binary} 형식으로 왼쪽 폴딩 (init op ... op pack)

```
template <typename... Ts>
auto add_to_one(Ts... args)
{
  return (1 + ... + args);
}
```

- 단항 형식으로 오른쪽 폴딩 (pack op ...)

```
template <typename... Ts>
auto add(Ts... args)
{
  return (args + ...);
}
```

- 이항 형식으로 오른쪽 폴딩 (pack op ... op init)

```
template <typename... Ts>
auto add_to_one(Ts... args)
{
  return (args + ... + 1);
}
```

 위에 표시된 괄호는 폴딩 표현식의 일부로 생략할 수 없다.

예제 분석

컴파일러가 폴딩 표현식을 발견하면 다음 표현식 중 하나로 확장한다.

표현식	확장
(... op pack)	((pack$1 op pack$2) op ...) op pack$n
(init op ... op pack)	(((init op pack$1) op pack$2) op ...) op pack$n
(pack op ...)	pack$1 op (... op (pack$n−1 op pack$n))
(pack op ... op init)	pack$1 op (... op (pack$n−1 op (pack$n op init)))

이항 형식을 사용하는 경우 왼쪽과 오른쪽에 있는 연산자가 모두 동일해야 하며, 초깃값
에 확장되지 않은 매개변수 팩이 포함돼서는 안 된다.

폴딩 표현식에서는 다음과 같이 이항 연산자가 지원된다.

+	−	*	/	%	^	&	|	=	⟨	⟩	⟪
⟫	+=	−=	*=	/=	%=	^=	&=	|=	⟪=	⟫=	==
!=	⟨=	⟩=	&&	||	,	.*	−⟩*.				

단항 형식을 사용할 때 빈 매개변수 팩에는 *, +, &, |, &&, ||와 ,(콤마) 같은 연산자만 사
용할 수 있다. 이 경우 빈 팩의 값은 다음과 같다.

+	0
*	1
&	−1
|	0
&&	true
||	false
,	void()

이전에 구현한 함수 템플릿이 있으므로(왼쪽 폴딩 버전을 고려해보자.), 다음 코드를 작성할
수 있다.

```
auto sum = add(1, 2, 3, 4, 5); // sum = 15
auto sum1 = add_to_one(1, 2, 3, 4, 5); // sum = 16
```

add(1, 2, 3, 4, 5) 호출을 고려하면 다음 함수가 생성된다.

```
int add(int arg1, int arg2, int arg3, int arg4, int arg5)
{
   return (((((arg1 + arg2) + arg3) + arg4) + arg5);
}
```

> **TIP** 현대 컴파일러가 적극적으로 수행하는 최적화 방법으로 인해 이 함수는 인라인될 수 있으며
> 결국에는 auto sum = 1 + 2 + 3 + 4 + 5 같은 표현식이 된다.

부연 설명

폴딩 표현식은 이항 연산자의 모든 오버로드에서 동작하지만 임의의 이진 함수에서는 동작하지 않는다. 이 경우 해당 래퍼 타입에 대한 값과 오버로드 연산자를 보유한 래퍼 타입을 제공함으로써 해결 방법을 구현할 수 있다.

```
template <typename T>
struct wrapper
{
   T const & value;
};

template <typename T>
constexpr auto operator<(wrapper<T> const & lhs,
                         wrapper<T> const & rhs)
{
return wrapper<T> {
```

```
  lhs.value < rhs.value ? lhs.value : rhs.value};
}
template <typename... Ts>
constexpr auto min(Ts&&... args)
{
  return (wrapper<Ts>{args} < ...).value;
}
```

앞의 코드에서 wrapper는 T 타입의 값에 대한 상수 참조를 가지고 있는 간단한 클래스 템
플릿이다. 이 클래스 템플릿에는 오버로드된 operator<가 제공된다. 이 오버로드는 첫
번째 인수가 두 번째 인수보다 작음을 나타내기 위해 부울을 반환하지 않지만, 실제로는
두 인수의 최솟값을 가지고 있는 wrapper 클래스 타입의 인스턴스다. 가변 함수 템플릿
min( )은 오버로드된 operator<를 사용해 인수 팩을 래퍼 클래스 템플릿의 인스턴스로 확
장한다.

```
auto m = min(1, 2, 3, 4, 5); // m = 1
```

참고 사항

- 고차 함수 map과 fold 구현하기

고차 함수 map과 fold 구현하기

이전 레시피들의 문자열의 대소문자 복사본을 생성하거나 범위 값을 합하는 것과 같
은 몇 가지 예에서 문자열 유틸리티 구현에 일반 목적의 알고리즘 std::transform( )과
std::accumulate( )를 사용했다. 이들은 기본적으로 고차 함수 map과 fold의 구현이다.
고차 함수는 하나 이상의 다른 함수를 인수로 취해 이를 범위(목록, 벡터, 맵, 트리 등)에 적용
해 새로운 범위 또는 값을 생성하는 함수다. 이번 레시피에서는 C++ 표준 컨테이너에서

동작하는 map과 fold 함수를 구현하는 방법을 알아본다.

map(맵)은 범위의 요소에 함수를 적용하고 동일한 순서의 새 범위를 반환하는 고차 함수다.

fold(폴딩)는 하나의 결과를 생성하는 범위의 요소에 결합 함수를 적용하는 고차 함수다. 처리 순서가 중요하기 때문에 이 함수에는 일반적으로 요소를 왼쪽에서 오른쪽으로 처리하는 foldleft와 요소를 오른쪽에서 왼쪽으로 결합하는 foldright라는 두 개의 버전이 있다.

 함수 맵의 설명은 대부분 list에 적용된다고 나타내고 있지만, 이는 목록이나 벡터, 배열, 딕셔너리(dictionary)(즉, 맵), 쿼리 등 여러 다양한 시퀀스 타입을 나타낼 수 있는 일반적인 용어다. 이런 이유로, 고차 함수를 설명할 때 범위(range)라는 용어를 사용하는 것을 선호한다.

예제 구현

map 함수를 구현하려면 다음을 수행한다.

- std::vector 또는 std::list처럼 요소에 반복iterating과 할당을 지원하지 않는 컨테이너에 std::transform을 사용한다.

```
template <typename F, typename R>
R mapf(F&& f, R r)
{
  std::transform(
    std::begin(r), std::end(r), std::begin(r),
    std::forward<F>(f));
  return r;
}
```

- std::map처럼 요소에 대한 할당을 지원하지 않는 컨테이너에 명시적 반복 및 삽입과 같은 다른 방법을 사용한다.

```
template<typename F, typename T, typename U>
std::map<T, U> mapf(F&& f, std::map<T, U> const & m)
{
  std::map<T, U> r;
  for (auto const kvp : m)
    r.insert(f(kvp));
  return r;
}

template<typename F, typename T>
std::queue<T> mapf(F&& f, std::queue<T> q)
{
  std::queue<T> r;
  while (!q.empty())
  {
    r.push(f(q.front()));
    q.pop();
  }
  return r;
}
```

fold 함수를 구현하려면 다음을 수행한다.

- 반복을 지원하는 컨테이너에 std::accumulate()를 사용한다.

```
template <typename F, typename R, typename T>
constexpr T foldl(F&& f, R&& r, T i)
{
  return std::accumulate(
    std::begin(r), std::end(r),
    std::move(i),
    std::forward<F>(f));
}
```

```
template <typename F, typename R, typename T>
constexpr T foldr(F&& f, R&& r, T i)
{
  return std::accumulate(
    std::rbegin(r), std::rend(r),
    std::move(i),
    std::forward<F>(f));
}
```

- 다른 방법을 사용해 std::queue처럼 반복을 지원하지 않는 컨테이너를 명시적으로 처리한다.

```
template <typename F, typename T>
constexpr T foldl(F&& f, std::queue<T> q, T i)
{
  while (!q.empty())
  {
    i = f(i, q.front());
    q.pop();
  }
  return i;
}
```

예제 분석

앞의 예제에서는 부작용 없이 함수적 방법으로 맵을 구현했다. 즉 원래 범위를 유지하면서 새로운 범위를 반환한다. 함수의 인수는 적용할 함수와 범위다. std::map 컨테이너와의 혼동을 피하기 위해 함수 mapf를 호출했다. 앞에서 살펴본 바와 같이 mapf의 오버로드가 몇 가지 있다.

- 첫 번째 오버로드는 요소에 대한 반복과 할당을 지원하는 컨테이너에 대한 오버로드다. 여기에는 std::vector, std::list, std::array뿐만 아니라 C 같은 배

열도 포함된다. 이 함수는 std::begin( )과 std::end( )가 정의된 함수와 범위에 대한 rvalue 참조를 받는다. 범위는 값으로 전달되므로 지역 복사본을 수정해도 원래 범위에는 영향을 주지 않는다. 범위는 표준 알고리즘 std::transform( )을 사용해 각 요소에 주어진 함수를 적용해 전환된다. 그런 다음 전환된 범위가 반환된다.

- 두 번째 오버로드는 std::map에 특화돼 있어 요소(std::pair<T, U>)에 대한 직접 할당을 지원하지 않는다. 따라서 이 오버로드는 새 맵을 만든 다음 범위 기반 for 루프를 사용해 요소를 반복하고 원래 맵의 각 요소에 입력 함수를 적용한 결과를 새 맵에 삽입한다.

- 세 번째 오버로드는 반복을 지원하지 않는 컨테이너인 std::queue에 특화돼 있다. 큐는 매핑할 수 있는 일반적인 구조는 아니지만, 여기서는 다양한 구현 방법을 보여주기 위해 살펴본다. 큐의 요소를 반복하려면 큐를 변경해야 한다. 즉 목록이 비어있을 때까지 요소를 앞으로 가져와야 한다. 이것이 세 번째 오버로드가 하는 작업이다. 즉 입력 큐의 각 요소(값에 의해 전달)를 처리하고 주어진 함수를 적용한 결과를 나머지 큐의 맨 앞 요소로 푸시한다.

이제 이들 오버로드가 구현됐으므로 다음 예제와 같이 많은 컨테이너에 적용할 수 있다.

- 벡터에서 절댓값을 유지한다. 이 예제에서 벡터는 음수와 양수 값을 모두 포함한다. 매칭을 적용하면 결과는 양수 값만 있는 새 벡터가 된다.

```
auto vnums =
  std::vector<int>{0, 2, -3, 5, -1, 6, 8, -4, 9};
auto r = funclib::mapf([](int const i) {
  return std::abs(i); }, vnums);
// r = {0, 2, 3, 5, 1, 6, 8, 4, 9}
```

- 목록의 숫자 값을 제곱한다. 이 예에서는 목록에 정숫값이 들어있다. 매핑을 적용한 후, 결과는 초깃값의 제곱을 포함하는 목록이다.

```
auto lnums = std::list<int>{1, 2, 3, 4, 5};
auto l = funclib::mapf([](int const i) {
  return i*i; }, lnums);
// l = {1, 4, 9, 16, 25}
```

- 부동 소수점의 반올림한 값. 이 예제에서는 std::round( )를 사용해야 한다. 그러나 모든 부동 소수점 타입에 대해 오버로드를 가지므로 컴파일러가 올바른 타입을 선택할 수 없다. 결과적으로 특정 부동 소수점 타입의 인수를 취하고 해당 값에 적용된 std::round( ) 값을 반환하는 람다를 작성하거나 std::round( )를 래핑하고 부동 소수점 타입에만 해당 호출 연산자를 사용하는 함수 객체 템플릿을 생성해야 한다. 이 기술은 다음 예제에서 사용된다.

```
template<class T = double>
struct fround
{
  typename std::enable_if<
    std::is_floating_point<T>::value, T>::type
  operator()(const T& value) const
  {
    return std::round(value);
  }
};

auto amounts =
  std::array<double, 5> {10.42, 2.50, 100.0, 23.75, 12.99};
auto a = funclib::mapf(fround<>(), amounts);
// a = {10.0, 3.0, 100.0, 24.0, 13.0}
```

- 단어 맵의 문자열 키를 대문자로 만든다(여기서 키는 단어고 값은 텍스트에서 발견되는 숫자다). 문자열의 대문자 사본을 생성하는 것 자체가 매핑 연산이다. 따라서 이 예에서는 mapf를 사용해 키를 나타내는 문자열의 요소에 toupper( )를 적용해 대문자 복사본을 만든다.

```
auto words = std::map<std::string, int>{
  {"one", 1}, {"two", 2}, {"three", 3}
};
auto m = funclib::mapf(
  [](std::pair<std::string, int> const kvp) {
    return std::make_pair(
      funclib::mapf(toupper, kvp.first),
      kvp.second);
  },
  words);
// m = {{"ONE", 1}, {"TWO", 2}, {"THREE", 3}}
```

- 우선순위 큐에서 값을 정규화한다. 처음 값은 1에서 100 사이지만, 1=high, 2=normal이라는 두 값으로 정규화하고자 한다. 30까지 값을 갖는 우선순위는 높은high 우선순위가 되고, 나머지는 보통normal 우선순위가 된다.

```
auto priorities = std::queue<int>();
priorities.push(10);
priorities.push(20);
priorities.push(30);
priorities.push(40);
priorities.push(50);
auto p = funclib::mapf(
  [](int const i) { return i > 30 ? 2 : 1; },
  priorities);
// p = {1, 1, 1, 2, 2}
```

fold를 구현하려면 폴딩의 실제 가능한 타입, 즉 왼쪽에서 오른쪽으로, 오른쪽에서 왼쪽으로라는 두 가지 타입을 고려해야 한다. 따라서 foldl(왼쪽 폴딩)과 foldr(오른쪽 폴딩)이라는 두 가지 함수를 제공한다. 이전 절에서 설명한 구현은 매우 유사하다. 둘 다 함수, 범위, 초깃값을 받아 std::algorithm()을 호출해 범위 값을 단일 값으로 접는다. 그러나 foldl이 직접 반복자direct iterator를 사용하는 반면, foldr은 역반복자reverse iterator를 사용해 범위를 탐색하고 처리한다. 두 번째 오버로드는 반복자를 가지지 않는 std::queue 타입의 특수화다.

이런 폴딩 구현을 기반으로 다음 예제를 수행할 수 있다.

- 정수 벡터 값을 추가한다. 이 경우 왼쪽 및 오른쪽 폴딩 모두 동일한 결과를 생성한다. 다음 예제에서는 합계와 숫자를 받아 새로운 합계를 반환하는 람다 또는 동일한 타입의 두 피연산자에 operator+를 적용하는 표준 라이브러리의 함수 객체 std::plus<>(기본적으로 람다의 클로저와 유사)를 전달한다.

```
auto vnums =
  std::vector<int>{0, 2, -3, 5, -1, 6, 8, -4, 9};

auto s1 = funclib::foldl(
  [](const int s, const int n) {return s + n; },
  vnums, 0); // s1 = 22

auto s2 = funclib::foldl(
  std::plus<>(), vnums, 0); // s2 = 22

auto s3 = funclib::foldr(
  [](const int s, const int n) {return s + n; },
  vnums, 0); // s3 = 22

auto s4 = funclib::foldr(
  std::plus<>(), vnums, 0); // s4 = 22
```

- 벡터의 문자열을 단일 문자열에 연결한다.

```
auto texts =
  std::vector<std::string>{"hello"s, " "s, "world"s, "!"s};

auto txt1 = funclib::foldl(
  [](std::string const & s, std::string const & n) {
  return s + n;},
  texts, ""s); // txt1 = "hello world!"
```

```
auto txt2 = funclib::foldr(
  [](std::string const & s, std::string const & n) {
  return s + n; },
  texts, ""s); // txt2 = "!world hello"
```

- 문자 배열을 문자열에 연결한다.

```
char chars[] = {'c','i','v','i','c'};

auto str1 = funclib::foldl(std::plus<>(), chars, ""s);
// str1 = "civic"

auto str2 = funclib::foldr(std::plus<>(), chars, ""s);
// str2 = "civic"
```

- map<string, int>에서 사용할 수 있는 이미 계산된 발견 횟수를 기반으로 텍스트에서 단어의 수를 센다.

```
auto words = std::map<std::string, int>{
  {"one", 1}, {"two", 2}, {"three", 3} };

auto count = funclib::foldl(
  [](int const s, std::pair<std::string, int> const kvp) {
    return s + kvp.second; },
  words, 0); // count = 6
```

부연 설명

이들 함수는 파이프라인으로 연결될 수 있다. 즉 함수의 결과로 다른 함수를 호출할 수 있다. 다음 예제는 요소에 std::abs() 함수를 적용해 정수의 범위를 양의 정수 범위에 매핑한다. 결과는 다른 사각형의 범위로 매핑된다. 그런 다음 범위에 왼쪽 폴딩을 적용해 합산된다.

```
auto vnums = std::vector<int>{ 0, 2, -3, 5, -1, 6, 8, -4, 9 };

auto s = funclib::foldl(
  std::plus<>(),
  funclib::mapf(
    [](int const i) {return i*i; },
    funclib::mapf(
      [](int const i) {return std::abs(i); },
      vnums)),
  0); // s = 236
```

연습으로서, 이전 레시피에서 살펴본 방식으로 fold 함수를 가변 함수 템플릿으로 구현할 수 있다. 실제 폴딩을 수행하는 함수가 인수로 제공된다.

```
template <typename F, typename T1, typename T2>
auto foldl(F&&f, T1 arg1, T2 arg2)
{
  return f(arg1, arg2);
}

template <typename F, typename T, typename... Ts>
auto foldl(F&& f, T head, Ts... rest)
{
  return f(head, foldl(std::forward<F>(f), rest...));
}
```

이것을 '가변의 인수를 가진 함수 템플릿 작성하기' 레시피에서 작성한 add( ) 함수 템플릿과 비교하면, 몇 가지 차이점을 발견할 수 있다.

- 첫 번째 인수는 foldl을 재귀적으로 호출할 때 완벽하게 전달되는 함수다.
- 마지막 경우는 폴딩에 사용하는 함수가 이진 함수(인수를 두 개 취함)이기 때문에 두 개의 인수가 필요한 함수다.
- foldl을 호출할 때까지 알려지지 않은 제공된 바이너리 함수 f의 반환 타입과 매

칭돼야 하기 때문에 작성한 두 함수의 반환 타입은 auto로 선언된다.

```
auto s1 = foldl(std::plus<>(), 1, 2, 3, 4, 5);
// s1 = 15
auto s2 = foldl(std::plus<>(), "hello"s, ' ', "world"s, '!');
// s2 = "hello world!"
auto s3 = foldl(std::plus<>(), 1); // 오류. 너무 적은 인수
```

참고 사항

- 2장의 '문자열 헬퍼 라이브러리 생성' 레시피
- 가변의 인수를 가진 함수 템플릿 작성하기
- 함수를 고차 함수로 구성하기

함수를 고차 함수로 구성하기

이전 레시피에서는 map과 fold라는 두 가지 고차 함수를 구현하고 이를 사용하는 다양한 예제를 살펴봤다. 레시피의 후반부에서는 파이프라인을 사용해 원본 데이터를 여러 번 전환해 최종 값을 생성하는 방법을 배웠다. 파이프라인은 둘 이상의 주어진 함수에서 하나의 새로운 함수를 생성하는 것을 의미한다. 위에서 언급한 예에서는 실제로 함수를 구성하지는 않고 다른 함수에 의해 생성된 결과로만 함수를 호출했지만, 이번 레시피에서는 실제로 함수를 합쳐 하나의 새로운 함수로 구성하는 방법을 살펴볼 것이다. 간단히 하기 위해 여기서는 단항 함수(단 하나의 인수만 받는 함수)만 고려한다.

준비

진행하기에 앞서 먼저 이전 레시피인 '고차 함수 map과 fold 구현하기'를 읽는 것이 좋다. 이 레시피를 이해하는 것이 필수 사항은 아니지만 여기에서 구현한 map과 fold 함수를 참

조한다.

단항 함수를 고차 함수로 구성하려면 다음을 수행한다.

- 두 함수를 구성하기 위해 f와 g라는 두 함수를 인수로 사용하고 f(g(x))를 반환하는 새로운 함수(람다)를 반환한다. 여기서 x는 구성된 함수의 인수다.

```
template <typename F, typename G>
auto compose(F&& f, G&& g)
{
  return [=](auto x) { return f(g(x)); };
}

auto v = compose(
  [](int const n) {return std::to_string(n); },
  [](int const n) {return n * n; })(-3); // v = "9"
```

- 가변 개수의 함수를 구성하려면 앞에서 설명한 함수의 가변 템플릿 오버로드를 제공한다.

```
template <typename F, typename... R>
auto compose(F&& f, R&&... r)
{
  return [=](auto x) { return f(compose(r...)(x)); };
}

auto n = compose(
  [](int const n) {return std::to_string(n); },
  [](int const n) {return n * n; },
  [](int const n) {return n + n; },
  [](int const n) {return std::abs(n); })(-3); // n = "36"
```

두 단항 함수를 새로운 하나의 함수로 구성하는 것은 상대적으로 쉽다. 이전 예제에서 함수를 나타내는 두 개의 인수 --f와 g--를 사용해 compose( )라는 템플릿 함수를 생성하고 하나의 인수 x를 받아 f(g(x))를 반환하는 함수를 반환한다. 이것은 g 함수가 반환하는 값의 타입이 f 함수의 인수 타입과 동일하더라도 매우 중요하다. 구성 함수의 반환값은 클로저, 즉 람다의 인스턴스화다.

실제로 두 개 이상의 함수를 함께 결합할 수 있어 유용하다. 이것은 compose( ) 함수의 가변 템플릿 버전을 작성하면 된다. 가변 템플릿에 대해서는 '가변의 인수를 가진 함수 템플릿 작성하기' 레시피에서 자세히 설명했다. 가변 템플릿은 매개변수 팩을 확장한 컴파일 타임$^{\text{compile-time}}$ 재귀를 의미한다. 이 구현은 다음을 제외하면 compose( )의 첫 번째 버전과 매우 유사하다.

- 함수의 변수 수를 인수로 취한다.
- 반환된 클로저는 확장된 매개변수 팩으로 compose( )를 재귀적으로 호출한다. 재귀는 두 개의 함수만 남아있는 경우 종료되며, 이 경우 이전에 구현된 오버로드가 호출된다.

 코드가 재귀가 발생하는 것처럼 보이지만 실제로는 재귀가 아니다. 컴파일 타임 재귀(compile-time recursion)라고 부를 수는 있지만, 모든 확장에서 이름은 같으나 다른 수의 인수를 갖는 다른 메소드를 호출한다. 즉, 이 메소드는 재귀를 나타내지 않는다.

이제 가변 템플릿 오버로드를 구현했으므로 이전 레시피의 마지막 예제인 '고차 함수 map과 fold 구현하기'를 재작성할 수 있다. 정수의 초기 벡터를 가지고 각 요소에 std::abs( )를 적용해 양수 값만 가지는 새로운 벡터에 매핑한다. 그런 다음 결과는 각 요소의 값을 두 배로 해서 새 벡터에 매핑된다. 마지막으로 결과 벡터의 값은 초깃값 0에 더해져 함께 접힌다.

```
auto s = compose(
  [](std::vector<int> const & v) {
    return foldl(std::plus<>(), v, 0); },
  [](std::vector<int> const & v) {
    return mapf([](int const i) {return i + i; }, v); },
  [](std::vector<int> const & v) {
    return mapf([](int const i) {return std::abs(i); }, v); })(vnums);
```

부연 설명

구성은 일반적으로 f . g 또는 f * g와 같이 점(.) 또는 별표(*)로 표시된다. 실제로 C++에서 operator*를 오버로딩해 비슷한 작업을 수행할 수 있다(도트 연산자를 오버로딩하는 것은 적절하지 않다). compose( ) 함수와 마찬가지로 operator*는 어떤 수의 인수로도 동작해야 한다. 따라서 compose( )의 경우와 마찬가지로 두 개의 오버로드가 필요하다.

- 첫 번째 오버로드는 두 개의 인수를 받아 compose( )를 호출해 새로운 함수를 반환한다.
- 두 번째 오버로드는 매개변수 팩을 확장해 operator*를 다시 호출하는 가변 템플릿 함수다.

```
template <typename F, typename G>
auto operator*(F&& f, G&& g)
{
  return compose(std::forward<F>(f), std::forward<G>(g));
}

template <typename F, typename... R>
auto operator*(F&& f, R&&... r)
{
  return operator*(std::forward<F>(f), r...);
```

```
    }
```

이제 구성에 대한 자세한 호출 대신 operator*를 적용해 함수의 실제 구성을 단순화할
수 있다.

```
auto n =
  ([](int const n) {return std::to_string(n); } *
   [](int const n) {return n * n; } *
   [](int const n) {return n + n; } *
   [](int const n) {return std::abs(n); })(-3); // n = "36"

auto c =
  [](std::vector<int> const & v) {
    return foldl(std::plus<>(), v, 0); } *
  [](std::vector<int> const & v) {
    return mapf([](int const i) {return i + i; }, v); } *
  [](std::vector<int> const & v) {
    return mapf([](int const i) {return std::abs(i); }, v); };

auto s = c(vnums); // s = 76
```

- 가변의 인수를 가진 함수 템플릿 작성하기

호출 가능한 모든 것을 통합해 호출하기

개발자, 특히 라이브러리를 구현하는 개발자라면 호출 가능한 객체를 동일한 방식으
로 호출할 필요가 있다. 여기에는 함수, 함수의 포인터, 멤버 함수의 포인터 또는 함수
객체가 포함될 수 있다. 이런 경우의 예로 std::bind, std::function, std::mem_fn,
std::thread::thread가 있다. C++17은 제공된 인수로 모든 호출 가능한 객체를 호출할

수 있는 std::invoke( )라는 표준 함수를 정의하고 있다. 함수 또는 함수 객체의 직접 호출을 대체하기 위한 것은 아니지만, 다양한 라이브러리 함수를 구현하는 템플릿 메타프로그래밍에 유용하다.

준비

이번 레시피를 위해서는 함수 포인터를 정의하고 사용하는 방법에 익숙해야 한다.

다른 컨텍스트에서 std::invoke( )를 사용하는 방법을 예시하기 위해 다음 함수와 클래스를 사용한다.

```
int add(int const a, int const b)
{
  return a + b;
}

struct foo
{
  int x = 0;

  void increment_by(int const n) { x += n; }
};
```

예제 구현

std::invoke( ) 함수는 가변 함수 템플릿으로 호출 가능한 객체를 첫 번째 인수로, 그리고 호출 시 전달한 변수 목록을 나머지 인수로 받는다. std::invoke( )는 다음과 같이 사용할 수 있다.

- 자유 함수

```
auto a1 = std::invoke(add, 1, 2); // a1 = 3
```

- 함수 포인터를 통한 자유 함수

```
auto a2 = std::invoke(&add, 1, 2); // a2 = 3
int(*fadd)(int const, int const) = &add;
auto a3 = std::invoke(fadd, 1, 2); // a3 = 3
```

- 멤버 함수에 대한 포인터를 통한 멤버 함수

```
foo f;
std::invoke(&foo::increment_by, f, 10);
```

- 데이터 멤버

```
foo f;
auto x1 = std::invoke(&foo::x, f); // x1 = 0
```

- 함수 객체

```
foo f;
auto x3 = std::invoke(std::plus<>(),
    std::invoke(&foo::x, f), 3); // x3 = 3
```

- 람다 표현식

```
auto l = [](auto a, auto b) {return a + b; };
auto a = std::invoke(l, 1, 2); // a = 3
```

실제로 std:invoke( )는 임의의 수의 인수로 함수를 호출하기 위해 템플릿 메타프로그래밍에 사용돼야 한다. 이런 경우를 예시하기 위해 std::apply( ) 함수의 가능한 구현을 제시하고, 튜플 멤버를 함수의 인수로 추출해 함수를 호출하는 C++17 표준 라이브러리의 일부도 제공한다.

```
namespace details
{
  template <class F, class T, std::size_t... I>
  auto apply(F&& f, T&& t, std::index_sequence<I...>)
  {
    return std::invoke(
      std::forward<F>(f),
      std::get<I>(std::forward<T>(t))...);
  }
}

template <class F, class T>
auto apply(F&& f, T&& t)
{
  return details::apply(
    std::forward<F>(f),
    std::forward<T>(t),
    std::make_index_sequence<
      std::tuple_size<std::decay_t<T>>::value> {});
}
```

예제 분석

std::invoke( )가 어떻게 동작하는지 알아보기 전에 다른 호출 가능한 객체를 호출하는 방법을 간단히 살펴보자. 주어진 함수를 확실하게 호출하는 방법은 필요한 매개변수를 직접 전달하는 것이다. 그러나 함수 포인터를 사용해 함수를 호출할 수도 있다. 함수 포인터의 문제는 포인터의 타입을 정의하기가 번거로울 수 있다는 것이다. auto를 사용해 다음 코드와 같이 단순화할 수 있지만, 실제로는 먼저 함수의 포인터 타입을 정의한 다음 객체를 정의하고 올바른 함수 주소로 초기화해야 한다. 다음은 몇 가지 예를 보여준다.

```
// 직접 호출
auto a1 = add(1, 2); // a1 = 3

// 함수 포인터를 통해 호출
int(*fadd)(int const, int const) = &add;
auto a2 = fadd(1, 2); // a2 = 3

auto fadd2 = &add;
auto a3 = fadd2(1, 2); // a3 = 3
```

함수 포인터를 통해 호출하면 클래스의 인스턴스인 객체를 통해 클래스 함수를 호출해야 할 때 더 복잡해진다. 멤버 함수에 대한 포인터를 정의하고 호출하는 구문은 간단하지 않다.

```
foo f;
f.increment_by(3);
auto x1 = f.x; // x1 = 3

void(foo::*finc)(int const) = &foo::increment_by;
(f.*finc)(3);
auto x2 = f.x; // x2 = 6

auto finc2 = &foo::increment_by;
(f.*finc2)(3);
auto x3 = f.x; // x3 = 9
```

문제는 이런 종류의 호출이 얼마나 복잡한지가 아니라 이런 타입의 호출 가능한 객체를 동일한 방식으로 호출할 수 있는 라이브러리 구성 요소(함수 또는 클래스)를 실제로 어떻게 작성할 수 있는가다. 이것이 실제로 std::invoke() 같은 표준 함수를 사용할 때의 이점이다.

std::invoke()의 세부 구현은 복잡하지만, 동작 방식은 간단히 설명할 수 있다. 호출이 invoke(f, arg1, arg2, ..., argN) 형식이라면 다음을 고려한다.

- f가 T 클래스의 멤버 함수에 대한 포인터인 경우 호출은 다음 중 하나다.
  - (arg1.*f)(arg2, ..., argN): arg1이 T의 인스턴스인 경우
  - (arg1.get().*f)(arg2, ..., argN): arg1이 reference_wrapper의 특수화인 경우
  - ((*arg1).*f)(arg2, ..., argN): 그 외의 경우
- f가 T 클래스의 데이터 멤버에 대한 포인터고 단일 인수인 경우, 즉 호출이 invoke(f, arg1) 형식이라면 호출은 다음 중 하나다.
  - arg1.*f: arg1이 인스턴스 클래스 T인 경우
  - arg1.get().*f: arg1이 reference_wrapper의 특수화인 경우
  - (*arg1).*f: 그 외의 경우
- f가 함수 객체면, 호출은 f(arg1, arg2, ..., argN)과 같다.

참고 사항

- 가변의 인수를 가진 함수 템플릿 작성하기

04

전처리기와 컴파일

4장에서 다루는 레시피는 다음과 같다.

- 조건부로 소스 코드 컴파일하기
- 전처리기 문자열화와 연결에 간접 패턴 사용
- static_assert로 컴파일 타임 어서션 검사 수행
- enable_if로 조건부로 클래스와 함수 컴파일하기
- constexpr if로 컴파일 시 분기 선택
- 속성으로 컴파일러에 메타데이터 제공하기

소개

C++에서 컴파일은 소스 코드를 기계 코드로 변환한 다음 객체 파일로 구성하고 서로 연결해 실행 파일을 생성하는 과정이다. 컴파일러는 실제로 한 번에 하나의 파일에서 동작하며, 이 파일은 전처리기에서 하나의 소스 파일과 여기에 포함된 헤더 파일들로부터 생성된다. 그러나 이것은 코드를 컴파일할 때 일어나는 일을 지나치게 단순화한 것이다. 4장에서는 조건부 컴파일을 수행하는 다양한 방법에 중점을 두고 전처리와 컴파일에 관련된 주제를 다룬다. 또한 구현 정의 언어 확장implementation-defined language extension을 제공하기 위해 속성을 사용하는 것 같은 다른 현대적인 주제도 다룬다.

조건부로 소스 코드 컴파일하기

조건부 컴파일은 개발자가 단일 코드 베이스를 유지 관리할 수 있도록 해주는 간단한 메커니즘이다. 일반적으로 다른 플랫폼, 하드웨어에서 실행하거나 다른 라이브러리나 라이브러리 버전에 따라 코드의 일부를 다른 실행 파일로 생성하는 것을 말한다. 일반적인 예로는 컴파일러, 플랫폼(x86, x64, ARM 등), 구성(디버그 또는 릴리즈) 또는 사용자 정의 특정 조건에 따라 코드 베이스를 사용하거나 무시하는 것이 포함된다. 이번 레시피에서는 조건부 컴파일이 동작하는 방식을 살펴본다.

준비

조건부 컴파일은 다양한 목적으로 광범위하게 사용되는 기법이다. 이번 레시피에서는 몇 가지 예를 살펴보고 동작 과정을 설명한다. 하지만 이 기법은 이 예제에만 한정되지는 않는다. 이번 레시피에서는 세 가지 주요 컴파일러인 GCC, Clang, VC++만 고려한다.

조건부로 코드의 일부를 컴파일하려면 **#if**, **#ifdef**, **#ifndef** 지시문(#elif, #else, #endif 지시문과 함께)을 사용한다. 조건부 컴파일의 일반적인 형식은 다음과 같다.

```
#if condition1
  text
#elif condition2
  text
#elif condition3
  text
#else
  text
#endif
```

조건부 컴파일 매크로를 정의하려면 다음 중 하나를 사용한다.

- 소스 코드에서 #define 지시어

```
#define DEBUG_PRINTS
#define VERBOSITY_LEVEL 5
```

- 컴파일러마다 고유한 컴파일러 명령행 옵션. 가장 널리 사용되는 컴파일러의 예는 다음과 같다.
  - 비주얼 C++의 경우 /Dname 또는 /Dname=value 사용(여기서 /Dname은 /Dname=1과 동일)

    예: cl /DVERBOSITY_LEVEL=5
  - GCC와 Clang의 경우 -D name 또는 -D name=value 사용(여기서 -D name은 -D name=1과 동일)

    예: gcc -D VERBOSITY_LEVEL=5

다음은 조건부 컴파일의 전형적인 예를 보여준다.

- 중복 정의를 피하기 위한 헤더 가드^{header guard}

```
#if !defined(_UNIQUE_NAME_)
#define _UNIQUE_NAME_
class foo { };
#endif
```

- 교차 플랫폼 애플리케이션용 컴파일러 코드. 다음은 컴파일러 이름으로 콘솔에 메시지를 출력하는 예제다.

```
void show_compiler()
{
  #if defined _MSC_VER
    std::cout << "Visual C++" << std::endl;
  #elif defined __clang__
    std::cout << "Clang" << std::endl;
  #elif defined __GNUG__
    std::cout << "GCC" << std::endl;
  #else
    std::cout << "Unknown compiler" << std::endl;
  #endif
}
```

- 멀티플 아키텍처를 위한 특정 타깃 코드. 예를 들면 멀티플 컴파일러와 아키텍처용 코드를 조건부로 컴파일하는 경우

```
void show_architecture()
{
  #if defined _MSC_VER

    std::cout <<
  #if defined _M_X64
    "AMD64"
```

```
      #elif defined _M_IX86
        "INTEL x86"
      #elif defined _M_ARM
        "ARM"
      #else
        "unknown"
      #endif
   << std::endl;

   #elif defined __clang__ || __GNUG__

   std::cout <<
      #if defined __amd64__
        "AMD64"
      #elif defined __i386__
        "INTEL x86"
      #elif defined __arm__
        "ARM"
      #else
        "unknown"
      #endif
   << std::endl;

   #else
   #error Unknown compiler
   #endif
}
```

- 디버그 및 릴리스 빌드용 코드를 조건부로 컴파일하기 위한 구성별 코드

```
void show_configuration()
{
   std::cout <<
   #ifdef _DEBUG
     "debug"
   #else
     "release"
   #endif
```

```
    << std::endl;
}
```

예제 분석

#if, #ifndef, #ifdef, #elif, #else, #endif 전처리기 지시문을 사용하면 컴파일러는 컴파일용 번역 단위에 포함될 하나의 분기만 선택한다. 이 지시문의 본문은 다른 전처리기 지시문을 포함한 어떤 텍스트도 가능하다. 다음 규칙이 적용된다.

- #if, #ifdef, #ifndef는 #endif와 매칭돼야 한다.
- #if 지시문은 여러 개의 #elif 지시문을 가질 수 있지만 하나의 #else만 포함할 수 있으며 #endif 전에 마지막으로 있어야 한다.
- #if, #ifdef, #ifndef, #elif, #else, #endif는 중첩될 수 있다.
- #if 지시문에는 상수 표현식이 필요하지만 #ifdef와 #ifndef에는 지시문이 필요하다.
- 연산자 defined는 전처리기 상수 표현식에 사용될 수 있지만 #if와 #elif 지시문에서만 사용된다.
- defined(identifier)는 identifier가 정의된 경우 true로 간주되고, 그렇지 않으면 false로 간주된다.
- 빈 텍스트로 정의된 식별자도 정의된 것으로 간주된다.
- #ifdef identifier는 #if defined(identifier)와 동일하다.
- #ifndef identifier는 #if !defined(identifier)와 동일하다
- defined(identifier)와 defined identifier는 동일하다.

헤더 가드는 조건부 컴파일의 가장 일반적인 형태 중 하나다. 이 기술은 헤더 파일의 내용을 여러 번 컴파일하지 못하도록 하기 위해 사용된다(비록 어떤 것이 포함돼야 하는지 탐지하기 위해 매번 헤더를 검색해야 하지만). 헤더는 종종 여러 소스 파일에 포함되기 때문에 포함

된 모든 번역 단위에 대해 컴파일되도록 하면 동일한 심볼에 대해 여러 정의가 생성된다. 이는 오류다. 따라서 헤더의 코드는 이전 절의 예제에서 보여준 방식으로 여러 컴파일에서 가드(보호)된다. 주어진 예제에서 이런 방식으로 매크로 _UNIQUE_NAME_가 정의돼 있지 않으면 #if 지시문 다음의 코드가 #endif까지 번역 단위에 포함돼 컴파일된다. 이런 경우 _UNIQUE_NAME_ 매크로로는 #define 지시문으로 정의된다. 다음 번에 헤더가 번역 단위에 포함되면 _UNIQUE_NAME_ 매크로가 정의되고 #if 지시문 본문의 코드가 번역 단위에 포함되지 않으므로 다시 컴파일되지 않는다.

 매크로의 이름은 애플리케이션 전체에서 고유해야 한다. 그렇지 않으면 매크로가 사용되는 첫 번째 헤더의 코드만 컴파일되고 같은 이름을 사용하는 다른 헤더의 코드는 무시된다.

조건부 컴파일의 또 다른 중요한 예는 서로 다른 컴파일러와 아키텍처(일반적으로 인텔 x86과 AMD64 또는 ARM 중 하나)를 고려해야 하는 교차 플랫폼 코드다. 그러나 컴파일러는 가능한 플랫폼에 대해 자체 매크로를 정의한다. '예제 분석' 절의 예제는 여러 컴파일러와 아키텍처용 코드를 조건부로 컴파일하는 방법을 보여준다.

 위의 예제에서는 일부 아키텍처만 고려했다. 실제로는 동일한 아키텍처를 식별하는 매크로가 여러 개 있다. 코드에서 이들 타입의 매크로를 사용하기 전에 각 컴파일러의 문서를 읽어보는 것이 좋다.

구성용 코드는 매크로와 조건부 컴파일로도 처리된다. GCC와 Clang 같은 컴파일러는 디버그 실정을 위한 특별한 매크로를 성의하지 않는다(-g 플래그가 사용될 때). 비주얼 C++에서는 '예제 분석' 절의 마지막 예제에 보여준 것처럼 디버그 설정을 위해 _DEBUG를 정의한다. 다른 컴파일러에 대해서는 이런 디버그 설정을 식별하는 매크로를 명시적으로 정의해야 한다.

- 전처리기 문자열화와 연결에 간접 패턴 사용

전처리기 문자열화와 연결에 간접 패턴 사용

C++ 전처리기는 식별자를 문자열로 변환하는 연산자와 식별자를 연결하는 연산자라는 두 가지 연산자를 제공한다. 첫 번째 연산자인 operator #은 문자열화stringizing 연산자, 두 번째 operator ##은 토큰 붙여넣기token-pasting, 병합merging 또는 연결concatenating 연산자라고 불린다. 이들 연산자는 특정 용도에만 사용할 수 있지만 동작 방식을 이해할 필요가 있다.

준비

이번 레시피에서는 전처리 지시문 #define을 사용해 매크로를 정의하는 방법을 알고 있어야 한다.

예제 구현

전처리기의 operator#을 사용해 식별자에서 문자열을 생성하려면 다음 패턴을 사용한다.

1. # 다음에 인수로 확장되는 하나의 인수를 취하는 헬퍼 매크로를 정의한다.

```
#define MAKE_STR2(x) #x
```

2. 헬퍼 매크로로 확장되는 하나의 인수를 취해 사용할 매크로를 정의한다.

```
#define MAKE_STR(x) MAKE_STR2(x)
```

전처리기의 operator##을 사용해 식별자를 연결하려면 다음 패턴을 사용한다.

1. 토큰 붙여넣기 연산자 ##을 사용해 인수를 연결하는 하나 이상의 인수를 가지는 헬퍼 매크로를 정의한다.

```
#define MERGE2(x, y) x##y
```

2. 헬퍼 매크로를 사용해 사용할 매크로를 정의한다.

```
#define MERGE(x, y) MERGE2(x, y)
```

예제 분석

어떻게 동작하는지 이해하기 위해 앞서 정의한 MAKE_STR과 AKE_STR2 매크로를 살펴보자. 텍스트와 함께 사용하면 해당 텍스트가 포함된 문자열을 생성한다. 다음 예제는 이 두 매크로를 사용해 텍스트 "sample"을 포함하는 문자열을 정의하는 방법을 보여준다.

```
std::string s1 { MAKE_STR(sample) }; // s1 = "sample"
std::string s2 { MAKE_STR2(sample) }; // s2 = "sample"
```

반면에 매크로가 인수로 전달되면 결과가 달라진다. 다음 예제에서 NUMBER는 정수 42로 확장되는 매크로다. MAKE_STR의 인수로 사용될 때 실제로 문자열 "42"를 생성한다. 그러나 MAKE_STR2의 인수로 사용되면 문자열 "NUMBER"가 생성된다.

```
#define NUMBER 42

std::string s3 { MAKE_STR(NUMBER) }; // s3 = "42"
std::string s4 { MAKE_STR2(NUMBER) }; // s4 = "NUMBER"
```

C++ 표준은 함수와 유사한 매크로에서 인수 대체에 대해 다음 규칙을 정의한다(16.3.1절).

> 함수와 유사한 매크로 호출에서 인수가 식별되면 인수 대체가 발생한다. # 또는 ## 전처리 토큰(아래 참조)이 앞에 오지 않는 한 대체 목록의 매개변수는 포함된 모든 매크로가 확장된 후에 해당 인수로 대체된다. 대체되기 전에 각 인수의 전처리 토큰은 전처리 파일의 나머지 부분을 형성하는 것처럼 완전히 매크로로 대체된다. 다른 전처리 토큰은 사용할 수 없다.

이 말은 연산자 # 또는 ##이 매크로 본문의 매개변수 앞 또는 뒤에 오는 경우를 제외하고 매크로 인수가 매크로 본문에 대체되기 전에 매크로 인수가 확장된다는 것이다. 결과적으로 다음과 같은 결과가 발생한다.

- MAKE_STR2(NUMBER)의 경우, 대체 목록의 NUMBER 매개변수 앞에 #이 붙어있으므로 매크로 본문에서 인수를 대체하기 전에 확장되지 않는다. 따라서 대체 후에 #NUMBER는 "NUMBER"가 된다.
- MAKE_STR(NUMBER)의 경우, 대체 목록은 # 또는 ##이 없는 MAKE_STR2(NUMBER)다. 따라서 NUMBER 매개변수는 대체되기 전에 해당 인수인 42로 대체된다. 그 결과 MAKE_STR2(42)가 다시 스캔되고 확장 후 "42"가 된다.

동일한 처리 규칙이 토큰 붙여넣기 연산자를 사용하는 매크로에도 적용된다. 따라서 모든 경우에 문자열화와 연결 매크로가 동작하게 하려면 항상 이번 레시피에 설명한 간접 패턴을 적용한다.

토큰 붙여넣기 연산자는 일반적으로 반복 코드가 사용되는 매크로에서 반복 사용을 피하기 위해 사용된다. 다음의 간단한 예제는 토큰 붙여넣기 연산자의 실제 사용법을 보여준다. 주어진 클래스 세트에서 각 클래스의 인스턴스를 생성하는 팩토리 메소드를 제공하려고 한다.

```
#define DECL_MAKE(x) DECL_MAKE2(x)
#define DECL_MAKE2(x) x* make##_##x() { return new x(); }

struct bar {};
```

```
struct foo {};

DECL_MAKE(foo)
DECL_MAKE(bar)

auto f = make_foo(); // f is a foo*
auto b = make_bar(); // b is a bar*
```

윈도우 플랫폼에 익숙한 개발자는 아마도 유니코드^{Unicode} 또는 ANSI 문자열(단일 및 다중 타입 문자열 모두)로 변환되는 문자열 리터럴을 선언하는 데 _T(또는 _TEXT) 매크로를 사용했을 것이다.

```
auto text{ _T("sample") }; // 텍스트는 "sample" 또는 L"sample"
```

윈도우 SDK는 _T 매크로를 다음과 같이 정의한다. _UNICODE가 정의되면 토큰 붙여넣기 연산자가 매크로에 전달되는 L 접두사와 실제 문자열을 연결하도록 정의된다.

```
#ifdef _UNICODE
#define __T(x) L ## x
#else
#define __T(x) x
#endif

#define _T(x) __T(x)
#define _TEXT(x) __T(x)
```

처음에는 다른 매크로를 호출하는 하나의 매크로를 가지는 것이 불필요해 보이지만, 이 간접의 수준은 이번 레시피에서 살펴본 것처럼 #과 ## 연산자를 다른 매크로와 함께 사용하게 하는 데 중요하다.

- 조건부로 소스 코드 컴파일하기

static_assert로 컴파일 타임 어서션 검사 수행

C++는 런타임과 컴파일 타임 모두에서 어서션^{assertion} 검사를 수행해 코드의 특정 조건이 true인지 확인할 수 있다. 런타임 어서션은 프로그램이 실행 중일 때, 그리고 제어 흐름이 도달할 때만 확인되고 늦게 검증된다는 단점이 있다. 조건이 런타임 데이터에 의존할 때는 다른 대안이 없다. 그렇지 않은 경우에는 컴파일 타임 어서션 검사가 선호된다. 컴파일 타임 어서션을 사용하면 컴파일러는 특정 조건이 충족되지 않는다는 오류와 함께 개발 초기에 사용자에게 알릴 수 있다. 그러나 이들은 컴파일 타임에 조건을 평가할 수 있을 때만 사용할 수 있다. C++11에서는 static_assert를 사용해 컴파일 타임 어서션을 수행한다.

준비

정적 어서션 검사의 가장 일반적인 사용은 템플릿 타입의 전제 조건이 충족되는지 검증하는 데 사용할 수 있는 템플릿 메타프로그래밍과 함께 사용할 때다(예는 타입이 POD 타입인지, 복사 가능한지, 또는 참조 타입인지 등을 포함할 수 있다). 또 다른 전형적인 예는 타입(또는 객체)이 예상된 크기를 갖도록 보장하는 것이다.

예제 구현

static_assert 선언을 사용해 다른 범위에 있는 조건이 충족되는지 확인한다.

- 네임스페이스: 이 예에서는 클래스 item의 크기가 항상 16임을 검증한다.

```
struct alignas(8) item
```

```
{
  int id;
  bool active;
  double value;
};

static_assert(sizeof(item) == 16,
              "size of item must be 16 bytes");
```

- 클래스: 이 예에서는 pod_wrapper가 POD 타입에만 사용될 수 있음을 검증한다.

```
template <typename T>
class pod_wrapper
{
  static_assert(std::is_pod<T>::value,
                "POD type expected!");
  T value;
};

struct point
{
  int x;
  int y;
};
pod_wrapper<int> w1; // OK
pod_wrapper<point> w2; // OK
pod_wrapper<std::string> w3; // 오류: POD 타입이 필요
```

- 블록(함수): 이 예에서는 함수 템플릿이 정수 타입의 인수만 가짐을 검증한다.

```
template<typename T> auto
mul(T const a, T const b)
{
  static_assert(std::is_integral<T>::value,
                "Integral type expected");
  return a * b;
```

```
}

auto v1 = mul(1, 2); // OK
auto v2 = mul(12.0, 42.5); // 오류: 정수 타입이 필요
```

예제 분석

static_assert는 기본적으로 선언이지만 새 이름을 도입해서 사용하지는 않는다. 선언
의 형식은 다음과 같다.

```
static_assert(condition, message);
```

조건은 컴파일 타임에 부울 값으로 변환할 수 있어야 하며, 메시지는 문자열 리터럴이어
야 한다. C++17부터 메시지는 선택 사항이다.

static_assert 선언의 조건이 true로 평가되면, 아무 일도 발생하지 않는다. 조건이
false로 평가되면, 컴파일러는 지정된 메시지가 있는 경우 오류를 생성한다.

참고 사항

- enable_if로 조건부로 클래스와 함수 컴파일하기
- constexpr if로 컴파일 시 분기 선택

enable_if로 조건부로 클래스와 함수 컴파일하기

템플릿 메타프로그래밍은 C++의 강력한 기능으로 모든 타입에서 동작하는 제네릭 클래
스와 함수를 작성할 수 있게 해준다. 언어가 템플릿 매개변수로 대체할 수 있는 타입에 대
한 제약 조건을 지정하는 메커니즘을 정의하지 않았기 때문에 실제로는 종종 문제가 된

다. 그러나 메타프로그래밍 트릭을 사용하고 '대체 실패는 오류가 아님 substitution failure is not an error'으로 불리는 규칙(간단하게 SFINAE로 알려진)을 활용하면 여전히 사용할 수 있다. 이번 레시피에서는 템플릿의 타입 제약 조건을 구현하는 데 초점을 맞춘다.

준비

개발자는 템플릿 타입의 제약 조건을 구현하는 데 수년 동안 SFINAE와 함께 일반적으로 enable_if로 불리는 클래스 템플릿을 사용해왔다. 템플릿의 enable_if 패밀리는 C++11 표준의 일부가 됐으며 다음과 같이 구현된다.

```
template<bool Test, class T = void>
struct enable_if
{};

template<class T>
struct enable_if<true, T>
{
  typedef T type;
};
```

std::enable_if를 사용하려면 <type_traits> 헤더를 포함해야 한다.

예제 구현

std::enable_if는 여러 범위에서 다양한 목적을 달성하는 데 사용된다. 다음 예제를 살펴보자.

- 지정된 조건을 만족하는 타입에 대해서만 클래스 템플릿을 사용하도록 설정하는 템플릿 매개변수

```
template <typename T,
          typename = typename
            std::enable_if<std::is_pod<T>::value, T>::type>
class pod_wrapper
{
  T value;
};

struct point
{
  int x;
  int y;
};

pod_wrapper<int> w1; // OK
pod_wrapper<point> w2; // OK
pod_wrapper<std::string> w3; // 오류: 너무 적은 템플릿 인수
```

- 함수 템플릿 매개변수, 함수 매개변수, 또는 함수 반환 타입을 사용하면 지정된 조
  건을 충족하는 타입에 대해서만 함수 템플릿을 사용할 수 있다.

```
template<typename T,
         typename = typename std::enable_if<
           std::is_integral<T>::value, T>::type>
auto mul(T const a, T const b)
{
  return a * b;
}

auto v1 = mul(1, 2); // OK
auto v2 = mul(1.0, 2.0);
// 오류: 매칭되는 오버로드 함수가 없음
```

std::enable_if를 사용할 때 쓰는 복잡한 코드를 단순화하는 데 별칭 템플릿을 활용하고
EnableIf 및 DisabledIf라는 두 개의 별칭을 정의할 수 있다.

```
template <typename Test, typename T = void>
using EnableIf = typename std::enable_if<Test::value, T>::type;

template <typename Test, typename T = void>
using DisableIf = typename std::enable_if<!Test::value, T>::type;
```

이들 별칭 템플릿을 기반으로 작성한 다음 정의는 위의 코드와 동일하다.

```
template <typename T, typename = EnableIf<std::is_pod<T>>>
class pod_wrapper
{
  T value;
};

template<typename T, typename = EnableIf<std::is_integral<T>>>
auto mul(T const a, T const b)
{
  return a * b;
}
```

예제 분석

컴파일러가 오버로드 문제를 해결할 때 SFINAE 규칙을 적용하기 때문에 `std::enable_if`는 동작한다. `std::enable_if`가 어떻게 동작하는지 설명하기 전에 먼저 SFINAE가 무엇인지 잠시 살펴보자.

컴파일러가 함수 호출을 만나면 가능한 오버로드 세트를 작성하고 함수 호출 인수에 따라 호출에 가장 적합한 매칭 항목을 선택해야 한다. 이 오버로드 세트를 빌드할 때 컴파일러는 함수 템플릿도 평가하고 지정되거나 추론된 타입을 템플릿 인수로 대체해야 한다. SFINAE에 따르면 대체가 실패하면 오류를 생성하는 대신 컴파일러는 오버로드 세트에서 함수 템플릿을 제거하고 계속 진행해야 한다.

표준은 SFINAE 오류이기도 한 타입과 표현식 오류 목록을 지정하고 있다. 여기에는 void 배열이나 크기가 0인 배열을 생성하려고 시도하거나, void의 참조를 생성하려고 시도하거나, void 타입의 매개변수로 함수 타입을 생성하려고 시도하거나, 또는 템플릿 인수 표현식 또는 함수 선언에 사용된 표현식에서 잘못된 변환을 시도하는 것이 포함된다. 전체 예외 목록은 C++ 표준이나 다른 리소스를 참조한다.

func() 함수의 다음 두 가지 오버로드를 살펴보자. 첫 번째 오버로드는 T::data_type 타입의 단일 인수를 가지는 함수 템플릿이다. 이는 data_type이라는 내부 타입으로만 인스턴스화될 수 있음을 의미한다. 두 번째 오버로드는 int 타입의 단일 인수를 가지는 함수다.

```
template <typename T>
void func(typename T::data_type const a)
{ std::cout << "func<>" << std::endl; }

void func(int const a)
{ std::cout << "func" << std::endl; }

template <typename T>
struct some_type
{
  using data_type = T;
};
```

컴파일러가 func(42) 같은 호출을 만나면 int 인수를 받을 수 있는 오버로드를 찾아야 한다. 오버로드 세트를 만들고 템플릿 매개변수를 제공된 템플릿 인수로 대체하면 int가 data_type 멤버를 가질 수 없으므로 void func(int::data_type const) 결과는 유효하지 않다. SFINAE로 인해 컴파일러는 오류를 발생시키지 않으며, 오버로드를 무시하고 계속된다. 그런 다음 void func(int const)를 찾고 호출할 최상의(그리고 유일한) 매칭이 된다.

컴파일러가 func<some_type<int>>(42) 같은 호출을 발견하면 void func(some_type<int>::data_type const>와 void func(int const)를 포함하는 오버로드 세트를 만들고,

이 경우 최적의 매칭은 첫 번째 오버로드가 된다. 이번에는 SFINAE가 관여되지 않는다.

반면에 컴파일러에서 `func("string"s)` 같은 호출을 만나면 `std::basic_string`에 `value_type` 멤버가 없으므로 함수 템플릿을 무시하기 위해 다시 SFINAE에 의존한다. 그러나 이번에는 오버로드 세트에 문자열 인수와 매칭되는 항목이 없다. 따라서 프로그램은 잘못 구성된 것이며 컴파일러에서 오류가 발생하고 중지된다.

클래스 템플릿 `enable_if<bool, T>`에는 멤버가 없지만, 부분 특수화 `enable_if<true, T>`에는 T와 동의어인 `type`이라는 내부 타입이 있다. `enable_if`의 첫 번째 인수로 제공된 컴파일 타임 표현식이 `true`로 평가되면 내부 멤버 `type`을 사용할 수 있고, 그렇지 않은 경우에는 사용할 수 없다.

'예제 구현' 절에서 `mul()` 함수의 마지막 정의를 살펴보면, 컴파일러가 `mul(1, 2)` 같은 호출을 만날 경우 템플릿 매개변수 T를 `int`로 대체하려고 시도한다. `int`는 정수 타입이므로 `std::is_integral<T>`는 `true`로 평가되고, 따라서 `type`이라고 하는 내부 타입을 정의하는 `enable_if`의 특수화가 인스턴스화된다. 결과적으로 별명 템플릿 `EnableIf`는 `void`(표현식 `typename T = void`에서)인 이 타입의 동의어가 된다. 이 결과는 제공된 인수로 호출할 수 있는 함수 템플릿 `int mul<int, void>(int a, int b)`다.

반면에 컴파일러가 `mul(1.0, 2.0)` 같은 호출을 만나면 템플릿 매개변수 T를 `double`로 대체하려고 시도한다. 그러나 정수 타입이 아니기 때문에 결과적으로 `std::enable_if`의 조건은 `false`로 평가되고 클래스 템플릿은 내부 멤버 `type`을 정의하지 않는다. 이로 인해 대체 오류가 발생하지만 SFINAE에 따르면 컴파일러에서 오류가 발생하지 않고 계속 진행된다. 그러나 다른 오버로드가 발견되지 않으므로 호출할 수 있는 `mul()` 함수가 없다. 따라서 프로그램이 잘못 구성된 것으로 간주돼 컴파일러에서 오류가 발생하고 중지된다.

비슷한 상황이 `pod_wrapper` 클래스 템플릿에서 발생한다. 두 개의 템플릿 타입 매개변수를 가진다. 첫 번째는 래핑되는 실제 POD 타입이고, 두 번째는 `enable_if`와 `is_pod`의 대체 결과다. 타입이 POD 타입(`pod_wrapper<int>`에서와 같이)인 경우 `enable_if`의 내부 멤버 `type`이 존재하며 두 번째 템플릿 타입 매개변수를 대체한다. 그러나 내부 멤버 `type`

이 POD 타입(pod_wrapper<std::string>과 같이)이 아닌 경우 내부 멤버 **type**이 정의되지 않고, 대체가 실패해 'too few template arguments^{너무 적은 템플릿 인수}'와 같은 오류가 발생한다.

부연 설명

static_assert와 **std::enable_if**는 동일한 목표를 달성하는 데 사용될 수 있다. 사실 이전 레시피인 'static_assert로 컴파일 타임 어서션 검사 수행'에서는 동일한 클래스 템플릿 **pod_wrapper**와 함수 템플릿 **mul( )**을 정의했다. 이 예제의 경우 **static_assert**는 컴파일러가 더 나은 오류 메시지를 표시하기 때문에 더 나은 솔루션으로 보인다(static_assert 선언에서 관련 메시지를 지정). 그러나 이 둘은 아주 다르게 동작하며 대안으로 사용할 수 없다.

static_assert는 SFINAE에 의존하지 않으며 오버로드 분석^{overload resolution}이 수행된 후에 적용된다. 어서션이 실패하면 컴파일러 오류가 발생한다. 반면에 **std::enable_if**는 오버로드 세트에서 후보를 제거하는 데 사용되며 컴파일러 오류를 발생시키지 않는다(표준에서 SFINAE에 지정된 예외는 발생하지 않는다). SFINAE 후 발생할 수 있는 실제 오류는 특정 함수 호출이 수행될 수 없기 때문에 잘못 구성된 프로그램을 만드는 비어있는 오버로드 세트다.

static_assert와 **std::enable_if**의 차이점을 SFINAE와 비교하기 위해, 하나는 정수 타입의 인수로 호출하고 다른 하나는 정수 타입이 아닌 다른 타입의 인수로 호출해야 하는 두 가지 함수 오버로드가 필요한 경우를 가정해보자. **static_assert**를 사용하면 다음과 같이 작성할 수 있다(두 번째 오버로드의 두 번째 더미 타입 매개변수는 두 개의 서로 다른 오버로드를 정의하는 데 필요하다. 그렇지 않으면 동일한 함수에 두 개의 정의만 가질 수 있다).

```
template <typename T>
auto compute(T const a, T const b)
{
  static_assert(std::is_integral<T>,
                "An integral type expected");
  return a + b;
}
```

```
template <typename T, typename = void>
auto compute(T const a, T const b)
{
  static_assert(!std::is_integral<T>,
                "A non-integral type expected");
  return a * b;
}

auto v1 = compute(1, 2);
// 오류: 오버로드된 함수에 대한 모호한 호출

auto v2 = compute(1.0, 2.0);
// 오류: 오버로드된 함수에 대한 모호한 호출
```

이 함수를 호출하는 방법에 관계없이, 컴파일러가 잠재적으로 호출할 수 있는 두 가지 오버로드를 찾기 때문에 결국 오류가 발생한다. 이는 static_assert가 오버로드 분석이 해결된 후에만 고려되기 때문이다. 이 경우에는 두 개의 가능한 후보 집합이 작성된다.

이 문제에 대한 해결책은 std::enable_if와 SFINAE다. 위에서 정의한 템플릿 매개변수에서 EnableIf와 DisableIf 별칭 템플릿을 통해 std::enable_if를 사용한다(두 개의 서로 다른 정의를 설명하기 위해 두 번째 오버로드에서 여전히 더미 템플릿 매개변수를 사용한다). 다음 예제는 다시 작성된 두 개의 오버로드를 보여준다. 첫 번째 오버로드는 정수 타입에만 사용 가능하고, 두 번째는 정수 타입에 사용할 수 없다.

```
template <typename T, typename = EnableIf<std::is_integral<T>>>
auto compute(T const a, T const b)
{
  return a * b;
}

template <typename T, typename = DisableIf<std::is_integral<T>>,
          typename = void>
auto compute(T const a, T const b)
{
```

```
  return a + b;
}
auto v1 = compute(1, 2); // OK; v1 = 2
auto v2 = compute(1.0, 2.0); // OK; v2 = 3.0
```

SFINAE를 사용하면 컴파일러가 compute(1, 2) 또는 compute(1.0, 2.0)에 대한 오버로드 세트를 작성한다. 대체 실패를 일으키는 오버로드를 단순히 버리고 계속 진행해 각각의 경우 단일 후보를 포함하는 오버로드 세트로 끝난다.

참고 사항

- static_assert로 컴파일 타임 어서션 검사 수행
- 1장의 '타입 별칭 및 별칭 템플릿 생성' 레시피

constexpr if로 컴파일 시 분기 선택

이전 레시피에서는 static_assert와 std::enable_if를 사용해 타입과 함수에 제한을 부과할 수 있는 방법과 이 두 가지가 어떻게 다른지 살펴봤다. SFINAE와 std::enable_if를 사용해 함수 오버로드를 정의하거나 가변 함수 템플릿을 작성할 때 템플릿 메타프로그래밍은 복잡하고 어수선해질 수 있다. C++17에서 이런 코드를 단순화하기 위해 constexpr if라고 불리는 새로운 기능이 도입됐다. 이것은 컴파일 타임에 평가되는 조건을 가진 if문을 정의해 컴파일러가 분기branch의 본문 등을 번역 단위로 선택하게 한다. constexpr if의 전형적인 사용 예는 가변 템플릿과 std::enable_if 기반 코드의 단순화다.

준비

이번 레시피에서는 이전 레시피에서 작성한 코드를 단순화해 작성한다. 레시피를 계속하기 전에 잠시 시간을 내어 다음과 같이 이전 레시피에서 작성한 코드를 살펴보자.

- 'enable_if로 조건부로 클래스와 함수 컴파일하기' 레시피의 정수 타입과 비정수 타입용 compute( ) 오버로드
- 2장의 '원시 사용자 정의 리터럴 작성' 레시피에서 작성한 사용자 정의 8비트, 16비트, 32비트 바이너리 리터럴

이들 구현에는 몇 가지 문제가 있다.

- 읽기 어렵다. 예를 들어 템플릿 선언에 중점을 두기 때문에 함수의 본문은 매우 간단하다. 하지만 가장 큰 문제는 typename =std::enable_if<std::is_integral<T>::value, T>::type과 같이 복잡한 선언으로 구성돼 있기 때문에 개발자의 주의가 더 필요하다는 것이다.
- 코드가 너무 많다. 첫 번째 예제의 최종 목적은 타입에 따라 다르게 동작하는 제네릭 함수를 갖는 것이지만, 여전히 함수에 대해 두 개의 오버로드를 작성해야 했다. 게다가 이 둘을 구별하기 위해 사용되지 않는 여분의 템플릿 매개변수를 사용해야 했다. 두 번째 예제의 목적은 '0'과 '1' 문자로 정숫값을 만드는 것이었다. 이를 위해 여전히 하나의 클래스 템플릿과 세 개의 특수화를 작성해야 했다.
- 단순한 작업 수행에 필요하지 않은 고급 템플릿 메타프로그래밍 기술을 필요로 한다.

constexpr if 구문은 일반적인 if문과 매우 유사하며 조건 앞에 constexpr 키워드가 필요하다. 일반적인 형식은 다음과 같다.

```
if constexpr (init-statement condition) statement-true
else statement-false
```

예제 구현

constexpr if문을 사용해 다음을 수행한다.

- std::enable_if를 사용하지 않고 SFINAE에 의존해 함수 템플릿 타입에 제한을 두고 코드를 조건부로 컴파일한다.

```cpp
template <typename T>
auto compute(T const a, T const b)
{
  if constexpr (std::is_integral<T>::value)
    return a * b;
  else
    return a + b;
}
```

- 가변 템플릿 작성을 단순화하고 메타프로그래밍 컴파일 타임 재귀를 구현하려면 다음을 수행한다.

```cpp
namespace binary
{
  using byte8 = unsigned char;

  namespace binary_literals
  {
    namespace binary_literals_internals
    {
      template <typename CharT, char d, char... bits>
      constexpr CharT binary_eval()
      {
        if constexpr(sizeof...(bits) == 0)
          return static_cast<CharT>(d-'0');
        else if constexpr(d == '0')
          return binary_eval<CharT, bits...>();
        else if constexpr(d == '1')
          return static_cast<CharT>(
            (1 << sizeof...(bits)) |
            binary_eval<CharT, bits...>());
      }
    }
```

```
template<char... bits>
constexpr byte8 operator""_b8()
{
  static_assert(
    sizeof...(bits) <= 8,
    "binary literal b8 must be up to 8 digits long");

  return binary_literals_internals::
         binary_eval<byte8, bits...>();
  }
 }
}
```

예제 분석

constexpr if의 동작 방식은 상대적으로 간단하다. if문의 조건은 컴파일 시 부울로 평가되거나 변환될 수 있는 표현식이어야 한다. 조건이 true면 if문의 본문이 선택된다. 즉, 컴파일의 번역 단위가 된다. 조건이 false면 else 분기가 정의돼 있는 경우, 이 문이 평가된다. 버려진 constexpr if 분기의 명령문이 함수 반환 타입 추론에 기여하지 않도록 반환한다.

'예제 구현' 절의 첫 번째 예제에서 compute() 함수 템플릿은 깔끔한 시그니처를 가진다. 본문 역시 매우 간단하다. 템플릿 매개변수로 대체된 타입이 정수 타입이면 컴파일러에서 코드 생성을 위해 첫 번째 분기(즉 return a * b;)를 선택하고 else 분기를 버린다. 비정수 타입의 경우, 조건이 false로 평가되므로 컴파일러에서 코드 생성을 위해 else 분기(즉, return a + b;)를 선택하고 나머지는 버린다.

'예제 구현' 절의 두 번째 예제에서 내부 헬퍼 함수 binary_eval()은 매개변수가 없는 가변 템플릿 함수로 템플릿 매개변수만 가진다. 이 함수는 첫 번째 인수를 평가한 후 나머지 인수와 함께 재귀적으로 처리한다(하지만 런타임 재귀는 아니다). 왼쪽에 단일 문자가 있고 나머지 팩의 크기가 0인 경우, 문자로 표시되는 10진수 값을 반환한다('0'은 0, '1'은 1). 현재 첫 번째 요소가 '0'이면, 나머지 인수 팩을 평가해 결정된 값을 반환한다. 이 값에는 재귀 호출이 포함된다. 현재 첫 번째 요소가 '1'이면, 나머지 팩 비트의 크기 또는 나머지 인수 팩을 계산해 결정된 값으로 주어진 위치를 1만큼 왼쪽으로 시프트해 값을 반환한다. 여기서 다시 재귀 호출이 포함된다.

속성으로 컴파일러에 메타데이터 제공하기

C++는 언어 확장을 정의하기 위한 타입이나 데이터 또는 표준 메커니즘에 대한 리플렉션reflection이나 인트로스펙션introspection에 대한 지원이 매우 부족하다. 이 때문에 컴파일러는 이를 위해 자체적으로 고유한 확장을 정의했다. 예로 VC++ __declspec() 지정자 또는 GCC __attribute__((...))가 포함된다. 그러나 C++11은 컴파일러가 확장을 표준 방식으로 구현하거나 임베디드 도메인 특정 언어로 구현할 수 있도록 하는 속성attribute 개념을 도입했다. 새로운 C++ 표준은 모든 컴파일러가 구현해야 하는 몇 가지 속성을 정의한다. 이것이 이번 레시피의 주제다.

예제 구현

표준 속성을 사용해 컴파일러에 다양한 디자인 목적에 대한 힌트를 제공한다.

- 함수의 반환값을 무시할 수 없도록 하려면 [[nodiscard]] 속성을 사용해 함수를 선언한다.

```
[[nodiscard]] int get_value1()
{
  return 42;
}

get_value1();
// 경고: 'nodiscard' 속성으로 선언된
//       get_value1() 함수의 반환값 무시
```

- 또는 [[nodiscard]] 속성을 사용해 함수의 반환 타입으로 사용되는 열거형과 클래스를 선언할 수 있다. 이 경우, 이런 타입을 반환하는 함수의 반환값은 무시할 수 없다.

```
enum class[[nodiscard]] ReturnCodes{ OK, NoData, Error };

ReturnCodes get_value2()
{
  return ReturnCodes::OK;
}

struct[[nodiscard]] Item{};

Item get_value3()
{
  return Item{};
}

// 경고: 'nodiscard' 속성으로 선언된
//        함수의 반환값 무시

get_value2();
get_value3();
```

- 더 이상 사용되지 않는 것으로 간주되는 함수 또는 타입의 사용이 컴파일러에서 경고와 함께 플래그가 지정되도록 하려면 [[deprecated]] 속성을 사용해 선언한다.

```
[[deprecated("Use func2()")]] void func()
{
}

// 경고: 'func'는 더 이상 사용되지 않음. func2() 사용
func();
```

```
class [[deprecated]] foo
{
};

// 경고: 'foo'는 더 이상 사용되지 않음
foo f;
```

- 컴파일러가 사용되지 않는 변수에 대한 경고를 표시하지 않게 하려면 [[maybe_unused]] 속성을 사용한다.

```
double run([[maybe_unused]] int a, double b)
{
  return 2 * b;
}

[[maybe_unused]] auto i = get_value1();
```

- switch문의 의도적인 폴—스루fall-through 레이블이 컴파일러에서 경고로 표시되지 않도록 하려면 [[fallthrough]] 속성을 사용한다.

```
void option1() {}
void option2() {}

int alternative = get_value1();
switch (alternative)
{
  case 1:
    option1();
    [[fallthrough]]; // 의도적
  case 2:
    option2();
}
```

속성은 C++의 매우 유연한 기능이다. 거의 모든 곳에서 사용할 수 있지만, 실제 사용은 각각의 특정 속성에 대해 정의된다. 타입, 함수, 변수, 이름, 코드 블록 또는 전체 번역 단위에서 사용할 수 있다.

속성은 이중 대괄호(예: [[attr1]]) 사이에 지정되며, 둘 이상의 속성은 선언에서 지정할 수 있다(예: [[attr1, attr2, attr3]]).

속성은 [[mode(greedy)]]와 같은 인수를 가질 수 있으며 [[sys::hidden]] 또는 [[using sys: visibility(hidden), debug]]처럼 정규화할 수 있다.

속성은 적용되는 엔터티의 이름 앞이나 뒤, 또는 둘 다에 모두 나타날 수 있으며 각각을 결합할 수 있다. 다음은 몇 가지 예를 보여준다.

```
// attr1은 a에 적용되고, attr2는 b에 적용됨
int a [[attr1]], b [[attr2]];
// attr1은 a와 b에 적용됨
int [[attr1]] a, b;
// attr1은 a와 b에, attr2는 a에 적용됨
int [[attr1]] a [[attr2]], b;
```

속성은 네임스페이스 선언에 나타날 수 없지만, 네임스페이스의 모든 위치에 단일 행 선언으로 나타날 수 있다. 이 경우 선언에 적용되는 네임스페이스 또는 번역 단위에 따라 각 속성에 고유하다.

```
namespace test
{
  [[debug]];
}
```

속성은 종종 모던 C++ 프로그래밍 서적이나 지침서에서 무시되거나 간략하게만 언급되

고 있다. 이는 이 언어 기능이 컴파일러 구현을 위한 것으로 개발자가 실제로는 속성을 작성할 수 없기 때문일 수 있다. 그러나 GCC와 같은 일부 컴파일러의 경우 사용자 제공 속성을 정의하는 것이 가능하기도 하다. 컴파일러에 추가 기능을 넣는 플러그인을 지원하며 새로운 속성을 정의하는 데도 사용할 수 있다.

표준은 모든 컴파일러가 구현해야 하는 몇 가지 속성을 정의하고 있으며, 이를 사용하면 더 나은 코드를 작성할 수 있다. 이미 이전 절의 예제에서 그중 일부를 살펴봤다. 이들 속성은 표준의 다른 버전에서 정의됐다.

- C++11
  - [[noreturn]] 속성은 함수가 반환되지 않음을 나타낸다.
  - [[carries_dependency]] 속성은 릴리즈의 종속성 체인이 std::memory_order를 사용해 함수로 들어오고 나가는 것을 나타내며, 컴파일러가 불필요한 메모리 펜스^{fence} 명령을 건너뛸 수 있음을 의미한다.
- C++14
  - [[deprecated]]와 [[deprecated("reason")]] 속성은 이들 속성으로 선언된 엔터티가 사용되지 않는 것으로 간주돼 사용해서는 안 된다는 것을 나타낸다. 이 속성은 클래스, 비정적 데이터 멤버, typedef 함수, 열거형, 템플릿 특수화와 함께 사용할 수 있다. reason 문자열은 선택적인 매개변수다.
- C++17
  - [[fallthrough]] 속성은 switch문에서 레이블 사이의 폴-스루가 의도적임을 나타낸다. 속성은 case 레이블 바로 앞에 있는 자체 행에 나타나야 한다.
  - [[nodiscard]] 속성은 함수의 반환값을 무시할 수 없음을 나타낸다.
  - [[maybe_unused]] 속성은 엔터티^{entity}가 사용되지 않아도 컴파일러에서 이에 대한 경고를 보내지 않도록 지시한다. 이 속성은 변수, 클래스, 비정적 데이터 멤버, 열거형, 열거자, typedef에 적용할 수 있다.

05

표준 라이브러리 컨테이너와 알고리즘, 반복자

5장에서 다루는 레시피는 다음과 같다.

- 벡터를 디폴트 컨테이너로 사용
- 비트의 고정 크기 시퀀스에 비트셋^bitset 사용
- 가변 크기의 비트 시퀀스에 벡터 <bool> 사용
- 범위 내의 요소 찾기
- 범위 정렬
- 범위 초기화
- 범위에서 세트 연산 사용하기
- 반복자를 사용해 컨테이너에 새 요소 삽입하기
- 자신만의 임의 접근 반복자 작성하기

- 비멤버 함수를 사용한 컨테이너 접근

소개

C++ 표준 라이브러리는 C++11, C++14, C++17에서 비약적으로 발전했다. 그러나 처음에는 컨테이너, 알고리즘, 반복자라는 세 가지 기본 요소가 핵심이었다. 이들은 모두 범용 클래스 또는 함수 템플릿으로 구현된다. 5장에서는 다양한 목적을 달성하기 위해 이들을 어떻게 함께 사용할 수 있는지 살펴본다.

벡터를 디폴트 컨테이너로 사용

표준 라이브러리는 객체의 컬렉션을 저장하는 다양한 타입의 컨테이너를 제공한다. 라이브러리는 시퀀스 컨테이너(vector, array, list 같은)와 정렬되거나 정렬되지 않은 연관 컨테이너(set과 map 같은), 그리고 데이터를 저장하지 않지만 시퀀스 컨테이너에 적합한 인터페이스를 제공하는 컨테이너 어댑터(stack과 queue 같은)를 포함한다. 이들 모두는 클래스 템플릿으로 구현돼 모든 타입(컨테이너 요구 사항을 충족하는 경우)에서 사용할 수 있다. 특정 문제에 가장 적합한 컨테이너를 사용해야 하지만(삽입, 삭제, 요소 접근, 메모리 사용 속도 측면에서 우수한 성능을 제공할 뿐만 아니라 코드를 읽고 유지하기 쉽게 해준다.), 디폴트 선택은 vector다. 이번 레시피에서는 vector가 컨테이너에서 왜 선호되는 선택인지, 그리고 vector를 사용하는 가장 일반적인 연산이 무엇인지 알아본다.

준비

정적으로 그리고 동적으로 할당된 C 같은 배열에 익숙해야 한다. 클래스 템플릿 vector는 <vector> 헤더의 std 네임스페이스에서 사용할 수 있다.

std::vector 클래스 템플릿을 초기화하려면 다음 방법 중 하나를 사용하면 된다. 하지만 이 방법에만 국한되지는 않는다.

- 초기화 목록에서 초기화

```
std::vector<int> v1 { 1, 2, 3, 4, 5 };
```

- C 같은 배열에서 초기화

```
int arr[] = { 1, 2, 3, 4, 5 };
std::vector<int> v2(arr, arr + 5); // { 1, 2, 3, 4, 5 }
```

- 다른 컨테이너에서 초기화

```
std::list<int> l{ 1, 2, 3, 4, 5 };
std::vector<int> v3(l.begin(), l.end()); // { 1, 2, 3, 4, 5 }
```

- 카운트와 값에서 초기화

```
std::vector<int> v4(5, 1); // {1, 1, 1, 1, 1}
```

std::vector의 내용을 수정하려면 다음 방법 중 하나를 사용하면 된다. 하지만 이 방법에만 국한되지는 않는다.

- push_back( )으로 벡터 끝에 요소를 추가한다.

```
std::vector<int> v1{ 1, 2, 3, 4, 5 };
v1.push_back(6); // v1 = { 1, 2, 3, 4, 5, 6 }
```

- pop_back( )으로 벡터의 끝에서 요소를 제거한다.

```
v1.pop_back();
```

- insert( )로 벡터의 아무 곳에서나 삽입한다.

```
int arr[] = { 1, 2, 3, 4, 5 };
std::vector<int> v2;
v2.insert(v2.begin(), arr, arr + 5); // v2 = { 1, 2, 3, 4, 5 }
```

- emplace_back( )으로 벡터의 끝에서 요소를 생성해 추가한다.

```
struct foo
{
  int a;
  double b;
  std::string c;

  foo(int a, double b, std::string const & c) :
    a(a), b(b), c(c) {}
};

std::vector<foo> v3;
v3.emplace_back(1, 1.0, "one"s);
// v3 = { foo{1, 1.0, "one"} }
```

- emplace( )로 벡터의 임의의 위치에 요소를 생성해 삽입한다.

```
v3.emplace(v3.begin(), 2, 2.0, "two"s);
// v3 = { foo{2, 2.0, "two"}, foo{1, 1.0, "one"} }
```

벡터의 전체 내용을 수정하려면 다음 방법 중 하나를 사용하면 된다. 하지만 이 방법에만
국한되지는 않는다.

- 다른 벡터에서 operator=;으로 지정한다. 이것은 컨테이너의 내용을 대체한다.

```
std::vector<int> v1{ 1, 2, 3, 4, 5 };
std::vector<int> v2{ 10, 20, 30 };
v2 = v1; // v1 = { 1, 2, 3, 4, 5 }
```

- assign( ) 메소드로 begin과 end 반복자에 의해 정의된 다른 시퀀스로부터 지정한다. 이것은 컨테이너의 내용을 대체한다.

```
int arr[] = { 1, 2, 3, 4, 5 };
std::vector<int> v3;
v3.assign(arr, arr + 5); // v3 = { 1, 2, 3, 4, 5 }
```

- swap( ) 메소드로 두 벡터의 내용을 서로 바꾼다.

```
std::vector<int> v4{ 1, 2, 3, 4, 5 };
std::vector<int> v5{ 10, 20, 30 };
v4.swap(v5); // v4 = { 10, 20, 30 }, v5 = { 1, 2, 3, 4, 5 }
```

- clear( ) 메소드로 모든 요소를 제거한다.

```
std::vector<int> v6{ 1, 2, 3, 4, 5 };
v6.clear(); // v6 = { }
```

- erase( ) 메소드(제거할 벡터의 요소 범위를 정의하는 반복자 또는 반복자 쌍이 필요)로 하나 이상의 요소를 제거한다.

```
std::vector<int> v7{ 1, 2, 3, 4, 5 };
v7.erase(v7.begin() + 2, v7.begin() + 4); // v7 = { 1, 2, 5 }
```

일반적으로 벡터의 내용을 C 같은 API에 전달해 벡터의 첫 번째 요소의 주소를 가져오려면 다음 방법 중 하나를 사용한다.

- 첫 번째 요소에 대한 포인터를 반환하는 data( ) 메소드를 사용하면 벡터 요소가 저장된 기본 연속 메모리 시퀀스에 직접 접근할 수 있다. 이것은 C++11 이후 버전에서만 사용 가능하다.

```
void process(int const * const arr, int const size)
{ /* 무언가를 작업 */ }

std::vector<int> v{ 1, 2, 3, 4, 5 };
process(v.data( ), static_cast<int>(v.size( )));
```

- 첫 번째 요소의 주소를 가져온다.

```
process(&v[0], static_cast<int>(v.size( )));
```

- front( ) 메소드에서 참조하는 요소의 주소를 가져온다.

```
process(&v.front( ), static_cast<int>(v.size( )));
```

- begin( )에서 반환된 반복자가 가리키는 요소의 주소를 가져온다.

```
process(&*v.begin( ), static_cast<int>(v.size( )));
```

예제 분석

std::vector 클래스는 C 같은 배열과 가장 비슷하고 상호 운용이 가능한 C++ 컨테이너로 설계됐다. 벡터는 가변 크기의 요소 시퀀스며 메모리에 연속적으로 저장되도록 보장돼서 벡터의 내용을 배열 요소와 크기의 포인터를 받는 C 같은 함수에 쉽게 전달할 수 있게 한다. C 같은 배열 대신 벡터를 사용하면 다음과 같은 많은 이점이 있다.

- 컨테이너가 내부적으로 메모리를 할당하고 재할당하고 해제하므로 개발자가 직접 메모리 관리를 할 필요가 없음

 벡터는 객체 인스턴스를 저장하기 위한 것이다. 포인터를 저장해야 하는 경우 원시 포인터를 저장하지 말고 스마트 포인터를 저장한다. 그렇지 않으면 포인팅된 객체의 수명 관리를 처리해야 한다.

- 벡터의 크기를 수정할 수 있는 가능성
- 두 벡터의 간단한 할당 또는 연결
- 두 벡터의 직접 비교

vector 클래스는 매우 효율적인 컨테이너며 전체 구현은 대부분의 개발자가 C 같은 배열로는 수행할 수 없는 많은 최적화를 제공한다. 벡터의 끝 요소에 대한 무작위 접근 및 삽입과 제거는 상수constant $O(1)$ 연산(재할당이 필요 없는)이며, 다른 곳에서의 삽입과 제거는 선형linear $O(n)$ 연산이다.

다른 표준 컨테이너와 비교해 벡터는 다양한 이점을 가지고 있다.

- C 같은 배열 및 C 같은 API와 호환된다. 다른 컨테이너(std::array를 제외하고)의 내용은 배열을 필요로 하는 C 같은 API에 전달되기 전에 벡터에 복사돼야 한다.
- 모든 컨테이너의 요소에 가장 **빠르게** 접근할 수 있다.
- C 배열(그리고 list처럼 다른 요소에 대한 추가 포인터를 필요로 하는 다른 컨테이너나 해시hash 값을 필요로 하는 연관 컨테이너와는 달리)과 같이 요소가 연속된 공간에 저상되므로, 요소를 저장하기 위한 요소당 메모리 오버헤드가 없다.

std::vector는 의미론적으로 C 같은 배열과 매우 유사하지만 가변 크기를 가진다. 벡터의 크기는 증가하거나 감소할 수 있다. 벡터의 크기를 정의하는 두 가지 속성이 있다.

- capacity는 벡터가 추가 메모리 할당을 수행하지 않고 수용할 수 있는 요소의 수다. capacity( ) 메소드로 표시된다.
- size는 벡터의 실제 요소 수다. size( ) 메소드로 표시된다.

size는 항상 capacity보다 작거나 같다. size가 capacity와 같고 새 요소를 추가해야 하는 경우 벡터가 더 많은 요소를 위한 공간을 가질 수 있도록 capacity가 수정돼야 한다. 이 경우 벡터는 새 메모리 청크chunk를 할당하고 이전 내용을 새 위치로 이동한 다음 이전에 할당된 메모리를 해제한다. 비록 이 작업이 시간이 오래 걸리는 것처럼 보여도(실제로도 그렇다.), 구현은 변경이 필요할 때마다 두 배로 늘려 capacity가 기하급수적으로 늘어난다. 결과적으로 각 벡터의 요소는 평균 한 번만 이동하면 된다(즉, 벡터의 모든 요소가 capacity 증가 중에 이동되기 때문에 벡터의 끝에 삽입되면 더 많은 이동을 발생시키지 않으면서 같은 수의 요소를 추가할 수 있다).

벡터에 몇 개의 요소가 삽입될지 미리 아는 경우 reserve( ) 메소드를 호출해 capacity를 적어도 지정된 양만큼 늘리고(이 메소드는 지정된 크기가 현재 capacity보다 작은 경우 아무것도 수행하지 않는다.) 요소를 삽입할 수 있다.

반면에 여분의 메모리를 확보해야 하는 경우 shrink_to_fit( ) 메소드를 사용해 요청할 수 있지만, 메모리를 확보할지는 구현에서 결정할 문제다. C++11 이후에 사용 가능한 이 비바인딩 메소드의 대안은 임시 빈 벡터로 스왑swap하는 것이다.

```
std::vector<int> v{ 1, 2, 3, 4, 5 };
std::vector<int>().swap(v); // v.size = 0, v.capacity = 0
```

clear( ) 메소드를 호출하면 벡터에서 모든 요소가 제거되지만 메모리가 해제되지는 않는다.

벡터는 다른 컨테이너 타입에 특화된 연산을 구현한다는 점에 유의해야 한다.

- stack: push_back( )과 emplace_back( )을 사용해 마지막에 요소를 추가하고 pop_back( )을 사용해 마지막에서 제거한다. pop_back( )은 제거된 마지막 요소를 반환하지 않는다는 점을 명심하자. 필요한 경우, 요소를 제거하기 전에 back( ) 같은 메소드를 사용해 명시적으로 접근해야 한다.

- list: insert( )와 emplace( )를 사용해 시퀀스의 중간에 요소를 추가하고, erase( )로 시퀀스에서 요소를 제거한다.

부연 설명

 C++ 컨테이너의 경험적 법칙은 다음과 같다.
'다른 컨테이너를 사용해야 하는 특별한 이유가 없다면 std::vector를 디폴트 컨테이너로 사용한다.'

참고 사항

- 비트의 고정 크기 시퀀스에 비트셋 사용
- 가변 크기의 비트 시퀀스에 벡터 <bool> 사용

비트의 고정 크기 시퀀스에 비트셋 사용

개발자는 종종 비트^{bit} 플래그로 작업한다. 비트 플래그 형태로 다양한 타입의 인수(옵션 또는 스타일)를 취하는 운영체제 API(일반적으로 C로 작성된)로 작업하거나 유사한 작업을 수행하는 라이브러리로 작업하기 때문이며, 또는 단순히 일부 유형의 문제가 비트 플래그로 자연스럽게 해결되기 때문이다. 모든 옵션/플래그에 대해 하나의 요소를 갖는 배열을 정의하거나 비트 플래그를 모델링하는 멤버와 함수로 구조를 정의하는 것과 같이 비트와 비트 연산으로 작업하는 대안을 생각할 수도 있지만, 더 복잡하거나 비트 플래그를 나타내는 숫자 값을 함수에 전달해야 하는 경우 여전히 배열이나 구조체를 비트 시퀀스로 변환해야 하는 경우가 종종 있다. 이런 이유로 C++ 표준에서는 고정 크기 비트 시퀀스를 위해 std::bitset이라는 컨테이너를 제공한다.

준비

이번 레시피에서는 비트 연산(AND, OR, XOR, NOT, 시프팅)에 익숙해야 한다.

bitset 클래스는 <bitset> 헤더의 std 네임스페이스에서 사용할 수 있다. 비트셋^{bitset}은 고정된 크기의 비트 시퀀스를 나타내며, 컴파일 시에 크기가 정의된다. 편의상 이번 레시피에서는 모든 예제가 8비트의 비트셋으로 돼 있다.

예제 구현

std::bitset 객체를 생성하려면 다음 생성자 중 하나를 사용한다.

- 모든 비트가 0으로 설정된 빈 비트셋

  ```
  std::bitset<8> b1; // [0,0,0,0,0,0,0,0]
  ```

- 숫자 값의 비트셋

  ```
  std::bitset<8> b2{ 10 }; // [0,0,0,0,1,0,1,0]
  ```

- '0'과 '1'의 문자열로 된 비트셋

  ```
  std::bitset<8> b3{ "1010"s }; // [0,0,0,0,1,0,1,0]
  ```

- '0'과 '1'을 나타내는 두 문자가 포함된 문자열의 비트셋. 이 경우 어떤 문자가 0을 나타내고 어떤 문자가 1을 나타낼지를 반드시 지정해야 한다.

```
std::bitset<8> b4
  { "ooooxoxo"s, 0, std::string::npos, 'o', 'x' };
  // [0,0,0,0,1,0,1,0]
```

세트 또는 특정 값의 전체 세트의 개별 비트를 테스트하려면 다음 메소드 중 하나를 사용한다.

- 1로 설정된 비트의 수를 구하는 count( )

```
std::bitset<8> bs{ 10 };
std::cout << "has " << bs.count() << " 1s" << std::endl;
```

- 적어도 하나의 비트가 1로 설정돼 있는지 확인하는 any( )

```
if (bs.any()) std::cout << "has some 1s" << std::endl;
```

- 모든 비트가 1로 설정돼 있는지 확인하는 all( )

```
if (bs.all()) std::cout << "has only 1s" << std::endl;
```

- 모든 비트가 0으로 설정돼 있는지 확인하는 none( )

```
if (bs.none()) std::cout << "has no 1s" << std::endl;
```

- 개별 비트의 값을 확인하는 test( )

```
if (!bs.test(0)) std::cout << "even" << std::endl;
```

- 개별 비트에 접근하고 테스트하는 operator[]

  ```
  if(!bs[0]) std::cout << "even" << std::endl;
  ```

비트셋의 내용을 수정하려면 다음 방법 중 하나를 사용한다.

- 멤버 연산자 |=, &=, ^=, ~를 사용해 바이너리 OR, AND, XOR, NOT을 수행하거나 비멤버 연산자 |, &, ^을 사용

  ```
  std::bitset<8> b1{ 42 }; // [0,0,1,0,1,0,1,0]
  std::bitset<8> b2{ 11 }; // [0,0,0,0,1,0,1,1]
  auto b3 = b1 | b2; // [0,0,1,0,1,0,1,1]
  auto b4 = b1 & b2; // [0,0,0,0,1,0,1,0]
  auto b5 = b1 ^ b2; // [1,1,0,1,1,1,1,0]
  auto b6 = ~b1; // [1,1,0,1,0,1,0,1]
  ```

- 멤버 연산자 <<=, <<, >>=, >>로 시프팅 연산을 수행

  ```
  auto b7 = b1 << 2; // [1,0,1,0,1,0,0,0]
  auto b8 = b1 >> 2; // [0,0,0,0,1,0,1,0]
  ```

- flip( )으로 전체 세트 또는 개별 비트를 0에서 1로, 또는 1에서 0으로 토글

  ```
  b1.flip(); // [1,1,0,1,0,1,0,1]
  b1.flip(0); // [1,1,0,1,0,1,0,0]
  ```

- set( )로 전체 세트 또는 개별 비트를 true 또는 지정된 값으로 변경

  ```
  b1.set(0, true); // [1,1,0,1,0,1,0,1]
  b1.set(0, false); // [1,1,0,1,0,1,0,0]
  ```

- reset( )으로 전체 세트 또는 개별 비트를 false로 변경

```
b1.reset(2); // [1,1,0,1,0,0,0,0]
```

비트셋을 숫자 또는 문자열 값으로 변환하려면 다음 메소드를 사용한다.

- to_ulong( )과 to_ullong( )으로 unsigned long 또는 unsigned long long으로 변환

```
std::bitset<8> bs{ 42 };
auto n1 = bs.to_ulong(); // n1 = 42UL
auto n2 = bs.to_ullong(); // n2 = 42ULL
```

- to_string( )으로 std::basic_string으로 변환. 디폴트 결과는 '0'과 '1'을 포함한 문자열이지만, 이 두 값에 대해 다른 문자를 지정할 수 있다.

```
auto s1 = bs.to_string(); // s1 = "00101010"
auto s2 = bs.to_string('o', 'x'); // s2 = "ooxoxoxo"
```

예제 분석

C 또는 C 같은 API로 작업한 적이 있다면, 스타일이나 옵션 또는 다른 종류의 값을 정의하기 위해 비트를 조작하는 코드를 작성했거나 적어도 이런 코드를 본 적이 있을 것이다. 여기에는 일반적으로 다음과 같은 연산이 포함된다.

- 비트 플래그 정의. 열거형, 클래스의 정적 상수 또는 C 스타일의 #define으로 작성된 매크로일 수 있다. 일반적으로 값을 나타내지 않는 플래그(스타일, 옵션 등)가 있다. 비트 플래그라고 여겨지기 때문에 그 값은 2의 거듭제곱이다.
- 세트에서 플래그를 추가하고 제거(즉 숫자 값). 비트 플래그 추가는 비트 OR 연산자로 수행(value |= FLAG)되고 비트 플래그 제거는 부정 플래그와 비트 AND 연산

자로 수행(value &= ~FLAG)된다.

- 플래그가 세트에 추가되는지 테스트(value & FLAG == FLAG)
- 플래그를 인수로 사용해 함수를 호출

다음은 경계선 없음을 포함해 왼쪽, 오른쪽, 위쪽, 아래쪽의 경계선 스타일을 정의하는 플래그의 간단한 예제를 보여준다.

```
#define BORDER_NONE 0x00
#define BORDER_LEFT 0x01
#define BORDER_TOP 0x02
#define BORDER_RIGHT 0x04
#define BORDER_BOTTOM 0x08

void apply_style(unsigned int const style)
{
   if (style & BORDER_BOTTOM) { /* 아무 일도 하지 않음 */ }
}

// 플래그 없이 초기화
unsigned int style = BORDER_NONE;
// 플래그 설정
style = BORDER_BOTTOM;
// 플래그 추가
style |= BORDER_LEFT | BORDER_RIGHT | BORDER_TOP;
// 일부 플래그 제거
style &= ~BORDER_LEFT;
style &= ~BORDER_RIGHT;
// 플래그가 설정돼 있는지 테스트
if ((style & BORDER_BOTTOM) == BORDER_BOTTOM) {}
// 플래그를 함수에 인수로 전달
apply_style(style);
```

표준 std::bitset 클래스는 비트의 세트를 가진 C 같은 작업 스타일에 대한 C++ 대안으로 사용된다. 비트 연산을 멤버 함수로 추상화하기 때문에 더 강력하고 안전한 코드를 작성할 수 있지만, 여전히 세트의 각 비트가 무엇을 나타내는지 식별할 필요가 있다.

- 플래그를 추가하고 제거하는 것은 set( )와 reset( ) 메소드로 수행된다. 이 메소드는 해당 위치로 표시된 비트 값을 1 또는 0(또는 true/false)으로 설정한다. 또는 동일한 목적의 인덱스 연산자를 사용할 수 있다.
- 비트가 설정돼 있는지 테스트하는 것은 test( ) 메소드로 수행된다.
- 정수 또는 문자열에서의 변환은 생성자를 통해 수행되며, 정수 또는 문자열로의 변환은 멤버 함수로 수행되므로 정수가 필요한 곳에서 비트셋의 값을 사용할 수 있다(예: 함수의 인수).

위에서 언급한 연산 외에도 bitset 클래스에는 비트에 대한 비트 연산, 시프팅, 테스트와 이전 절에서 설명한 다른 연산을 수행하기 위한 추가 메소드가 있다.

개념적으로 std::bitset은 개별 비트에 접근하고 그 비트를 수정할 수 있는 숫자 값으로 나타낸다. 그러나 내부적으로 비트셋은 비트 연산을 수행하는 정숫값 배열을 가진다. 비트셋의 크기는 숫자 타입의 크기에 제한되지 않으며, 컴파일 타임 상수를 제외한 어떤 것도 될 수 있다.

이전 절의 경계선 스타일 제어 예제는 std::bitset을 사용해 다음과 같이 작성할 수 있다.

```
struct border_flags
{
  static const int left = 0;
  static const int top = 1;
  static const int right = 2;
  static const int bottom = 3;
};

// 플래그 없이 초기화
std::bitset<4> style;
// 플래그 설정
style.set(border_flags::bottom);
```

```
// 더 많은 플래그 설정
style
  .set(border_flags::left)
  .set(border_flags::top)
  .set(border_flags::right);
// 일부 플래그 제거
style[border_flags::left] = 0;
style.reset(border_flags::right);
// 플래그가 설정돼 있는지 테스트
if (style.test(border_flags::bottom)) {}
// 플래그를 함수에 인수로 전달
apply_style(style.to_ulong());
```

부연 설명

비트셋은 정수에서 생성할 수 있으며 to_ulong() 또는 to_ullong() 메소드를 사용해
이 값을 정수로 변환할 수 있다. 그러나 비트셋의 크기가 이들 숫자 타입의 크기보다 크
고 요청된 숫자 타입의 크기를 초과하는 비트가 1로 설정된 경우, unsigned long 또는
unsigned long long으로 값을 표현할 수 없으므로 이 메소드는 std::overflow_error 예
외를 발생시킨다. 모든 비트를 추출하려면 다음 코드와 같은 연산을 수행해야 한다.

- unsigned long 또는 unsigned long long의 크기를 초과하는 비트를 지운다.
- 값을 unsigned long 또는 unsigned long long으로 변환한다.
- 비트셋을 unsigned long 또는 unsigned long long의 비트 수만큼 시프트한다.
- 모든 비트가 추출될 때까지 이를 수행한다.

```
template <size_t N>
std::vector<unsigned long> bitset_to_vectorulong(std::bitset<N> bs)
{
  auto result = std::vector<unsigned long> {};
  auto const size = 8 * sizeof(unsigned long);
```

```
  auto const mask = std::bitset<N>{ static_cast<unsigned long>(-1)};

  auto totalbits = 0;
  while (totalbits < N)
  {
    auto value = (bs & mask).to_ulong();
    result.push_back(value);
    bs >>= size;
    totalbits += size;
  }

  return result;
}

std::bitset<128> bs =
      (std::bitset<128>(0xFEDC) << 96) |
      (std::bitset<128>(0xBA98) << 64) |
      (std::bitset<128>(0x7654) << 32) |
      std::bitset<128>(0x3210);

std::cout << bs << std::endl;

auto result = bitset_to_vectorulong(bs);
for (auto const v : result)
  std::cout << std::hex << v << std::endl;
```

컴파일 타임에 bitset의 크기를 알 수 없는 경우의 대안은 std::vector<bool>이며, 이에 대해서는 다음 레시피에서 다룬다.

참고 사항

- 가변 크기의 비트 시퀀스에 벡터 <bool> 사용

가변 크기의 비트 시퀀스에 벡터 〈bool〉 사용

이전 레시피에서는 고정된 크기의 비트 시퀀스에서 std::bitset을 사용하는 방법을 살펴봤다. 그러나 컴파일 타임에 비트의 수를 알지 못하기 때문에 때로 std::bitset은 좋은 선택이 아니다. 또한 단순히 충분히 큰 수의 비트를 정의했을 경우, 실제로 이 숫자가 충분하지 않은 상황이 발생할 수 있기 때문에 그다지 좋은 아이디어가 아니다. 이에 대한 표준 대안은 구현에서 실제로 부울 값을 저장하는 것이 아니라 각 요소에 개별 비트를 저장해 공간과 속도를 최적화한 std::vector의 특수화된 std::vector<bool> 컨테이너를 사용하는 것이다.

 이런 이유로 std::vector〈bool〉은 표준 컨테이너 또는 순차(sequential) 컨테이너의 요구 사항을 만족시키지 않으며 std::vector〈bool〉::iterator도 전진 반복자(forward iterator)의 요구 사항을 만족시키지 않는다. 결과적으로 이 특수화는 벡터를 사용해야 하는 일반 코드에서 사용할 수 없다. 반면에 벡터는 std::bitset과 다른 인터페이스를 가지며 숫자의 바이너리 표현으로 볼 수 없다. 숫자나 문자열에서 std::vector〈bool〉을 구성하거나 숫자나 문자열로 변화하는 직접적인 방법은 없다.

준비

이번 레시피에서는 여러분이 std::vector와 std::bitset에 익숙하다고 가정한다. 이전 레시피인 '벡터를 디폴트 컨테이너로 사용'과 '비트의 고정 크기 시퀀스에 비트셋 사용'을 읽지 않았다면, 이번 레시피를 진행하기 전에 먼저 읽는 것이 좋다.

vector<bool> 클래스는 <vector> 헤더의 std 네임스페이스에서 사용할 수 있다.

예제 구현

std::vector<bool>을 조작하려면, 다음 예제와 같이 std::vector<T>에 사용하는 것과 동일한 메소드를 사용한다.

- 빈 벡터를 생성한다.

```
std::vector<bool> bv; // []
```

- 벡터에 비트를 추가한다.

```
bv.push_back(true); // [1]
bv.push_back(true); // [1, 1]
bv.push_back(false); // [1, 1, 0]
bv.push_back(false); // [1, 1, 0, 0]
bv.push_back(true); // [1, 1, 0, 0, 1]
```

- 개별 비트의 값을 설정한다.

```
bv[3] = true; // [1, 1, 0, 1, 1]
```

- 제네릭 알고리즘을 사용한다.

```
auto count_of_ones = std::count(bv.cbegin(), bv.cend(), true);
```

- 벡터에서 비트를 제거한다.

```
bv.erase(bv.begin() + 2); // [1, 1, 1, 1]
```

예제 분석

std::vector<bool>은 부울 값 대신 각 요소에 대해 단일 비트를 저장해 공간 최적화를 제공하기 때문에 표준 벡터가 아니다. 따라서 요소는 인접contiguous 시퀀스에 저장되지 않으며 부울 배열로 대체될 수 없다.

- 요소가 개별적으로 저장되지 않으므로 인덱스 연산자는 특정 요소에 대한 참조를 반환할 수 없다.

```
std::vector<bool> bv;
bv.resize(10);
auto& bit = bv[0]; // 오류
```

- 반복자의 역참조는 앞에서 설명한 것과 같은 이유로 bool의 참조를 생성할 수 없다.

```
auto& bit = *bv.begin(); // 오류
```

- 개별 비트가 동시에 다른 스레드에서 독립적으로 조작될 수 있다고 보장할 수는 없다.
- 벡터는 std::search() 같은 전진 반복자가 필요한 알고리즘에는 사용할 수 없다.
- 벡터는 이 목록에 언급된 연산이 필요한 경우, std::vector<T>를 사용해야 하는 일부 제네릭 코드에서 사용할 수 없다.

 std::vector〈bool〉의 대안은 모든 컨테이너와 반복자 요구 사항을 충족하고 모든 표준 알고리즘에서 사용할 수 있는 표준 컨테이너(양단 큐)인 std::dequeu〈bool〉이다. 그러나 std::vector〈bool〉이 제공하는 공간 최적화는 제공하지 않는다.

부연 설명

std::vector<bool> 인터페이스는 std::bitset과 매우 다르다. 유사한 방식으로 코드를 작성하려면 std::vector<bool>에 std::bitset처럼 보이는 래퍼를 생성하면 된다. 다음

구현은 std::bitset에서 사용할 수 있는 것과 유사한 멤버를 제공한다.

```cpp
class bitvector
{
  std::vector<bool> bv;

public:
  bitvector(std::vector<bool> const & bv) : bv(bv) {}
  bool operator[](size_t const i) { return bv[i]; }

  inline bool any() const {
    for (auto b : bv) if (b) return true;
      return false;
  }

  inline bool all() const {
    for (auto b : bv) if (!b) return false;
      return true;
  }

  inline bool none() const { return !any(); }

  inline size_t count() const {
    return std::count(bv.cbegin(), bv.cend(), true);
  }

  inline size_t size() const { return bv.size(); }

  inline bitvector & add(bool const value) {
    bv.push_back(value);
    return *this;
  }

  inline bitvector & remove(size_t const index) {
    if (index >= bv.size())
      throw std::out_of_range("Index out of range");
    bv.erase(bv.begin() + index);
    return *this;
```

```cpp
    }

    inline bitvector & set(bool const value = true) {
      for (size_t i = 0; i < bv.size(); ++i)
        bv[i] = value;
      return *this;
    }

    inline bitvector& set(size_t const index, bool const value = true) {
      if (index >= bv.size())
        throw std::out_of_range("Index out of range");
      bv[index] = value;
      return *this;
    }

    inline bitvector & reset() {
      for (size_t i = 0; i < bv.size(); ++i) bv[i] = false;
      return *this;
    }

    inline bitvector & reset(size_t const index) {
      if (index >= bv.size())
        throw std::out_of_range("Index out of range");
      bv[index] = false;
      return *this;
    }

    inline bitvector & flip() {
      bv.flip();
      return *this;
    }

    std::vector<bool>& data() { return bv; }
};
```

예제는 단지 기본 구현을 보여줄 뿐이며, 이런 래퍼를 사용하려면 비트 논리 연산, 시프팅, 스트림 읽기/쓰기 등의 추가 메소드를 넣어야 한다. 앞의 코드로 다음과 같은 예제를

작성할 수 있다.

```
bitvector bv;
bv.add(true).add(true).add(false); // [1, 1, 0]
bv.add(false); // [1, 1, 0, 0]
bv.add(true); // [1, 1, 0, 0, 1]

if (bv.any()) std::cout << "has some 1s" << std::endl;
if (bv.all()) std::cout << "has only 1s" << std::endl;
if (bv.none()) std::cout << "has no 1s" << std::endl;
std::cout << "has " << bv.count() << " 1s" << std::endl;

bv.set(2, true); // [1, 1, 1, 0, 1]
bv.set(); // [1, 1, 1, 1, 1]

bv.reset(0); // [0, 1, 1, 1, 1]
bv.reset(); // [0, 0, 0, 0, 0]

bv.flip(); // [1, 1, 1, 1, 1]
```

참고 사항

- 벡터를 디폴트 컨테이너로 사용
- 비트의 고정 크기 시퀀스에 비트셋 사용

범위 내의 요소 찾기

모든 애플리케이션에서 가장 일반적으로 수행하는 연산 중 하나는 데이터 검색이다. 따라서 표준 컨테이너 또는 범위를 나타낼 수 있는 것이라면, 어떤 것이든 표준 라이브러리에서 제공하는 다양한 일반 검색 알고리즘을 사용할 수 있으며 start와 past-the-end 반복자로 정의할 수 있다. 이번 레시피에서는 이런 표준 알고리즘에 어떤 것이 있고 어떻게 사용할 수 있는지 살펴본다.

이 레시피의 모든 예제에서 std::vector를 사용할 것이지만, 모든 알고리즘은 알고리즘
에 따라 입력 또는 전달 반복자의 시작^{begin}과 끝^{past-the-end}이 정의된 범위에서 동작한다(다
양한 타입의 반복자에 대한 자세한 정보는 '자신만의 임의 접근 반복자 작성하기' 레시피를 참조한다).
이들 알고리즘은 <algorithm> 헤더의 std 네임스페이스에서 사용할 수 있다.

다음은 범위에서 요소를 찾는 데 사용할 수 있는 알고리즘의 목록이다.

- 범위에서 값을 찾으려면 std::find( )를 사용한다. 이 알고리즘은 값과 동일한 첫
  번째 요소에 반복자를 반환한다.

  ```
  std::vector<int> v{ 1, 1, 2, 3, 5, 8, 13 };

  auto it = std::find(v.cbegin( ), v.cend( ), 3);
  if (it != v.cend( )) std::cout << *it << std::endl;
  ```

- 범위에서 단항 술어^{unary predicate}의 기준^{criterion}을 만족시키는 값을 찾으려면
  std::find_if( )를 사용한다. 이 알고리즘은 술어를 true로 반환하는 첫 번째 요
  소에 반복자를 반환한다.

  ```
  std::vector<int> v{ 1, 1, 2, 3, 5, 8, 13 };

  auto it = std::find_if(v.cbegin( ), v.cend( ),
                         [](int const n) {return n > 10; });
  if (it != v.cend( )) std::cout << *it << std::endl;
  ```

- 범위에서 단항 술어의 기준을 만족하지 않는 값을 찾으려면 std::find_if_not()을 사용한다. 이 알고리즘은 술어가 false를 반환하는 첫 번째 요소에 반복자를 반환한다.

```
std::vector<int> v{ 1, 1, 2, 3, 5, 8, 13 };

auto it = std::find_if_not(v.cbegin(), v.cend(),
                           [](int const n) {return n % 2 == 1; });
if (it != v.cend()) std::cout << *it << std::endl;
```

- 다른 범위의 범위에서 어떤 값이든 일치하는 값을 검색하려면 std::find_first_of()를 사용한다. 이 알고리즘은 발견된 첫 번째 요소에 반복자를 반환한다.

```
std::vector<int> v{ 1, 1, 2, 3, 5, 8, 13 };
std::vector<int> p{ 5, 7, 11 };

auto it = std::find_first_of(v.cbegin(), v.cend(),
                             p.cbegin(), p.cend());

if (it != v.cend())
  std::cout << "found " << *it
            << " at index " << std::distance(v.cbegin(), it)
            << std::endl;
```

- 범위에서 요소의 하위 범위의 마지막 항목을 찾으려면 std::find_end()를 사용한다. 이 알고리즘은 범위의 마지막 하위 범위의 첫 번째 요소에 반복자를 반환한다.

```
std::vector<int> v1{ 1, 1, 0, 0, 1, 0, 1, 0, 1, 0, 1, 1 };
std::vector<int> v2{ 1, 0, 1 };

auto it = std::find_end(v1.cbegin(), v1.cend(),
                        v2.cbegin(), v2.cend());
```

```
if (it != v1.cend())
  std::cout << "found at index "
            << std::distance(v1.cbegin(), it) << std::endl;
```

- 범위에서 하위 범위의 첫 번째 항목을 검색하려면 std::search( )를 사용한다. 이
  알고리즘은 범위의 하위 범위의 첫 번째 요소에 반복자를 반환한다.

```
auto text = "The quick brown fox jumps over the lazy dog"s;
auto word = "over"s;

auto it = std::search(text.cbegin(), text.cend(),
                      word.cbegin(), word.cend());

if (it != text.cend())
  std::cout << "found " << word
            << " at index "
            << std::distance(text.cbegin(), it) << std::endl;
```

- 검색자^{searcher}와 함께 std::search( )를 사용한다. 이 검색자는 검색 알고리즘을
  구현하고 사전 정의된 기준을 충족하는 클래스다. 이 std::search( )의 오버로드
  는 C++17에서 도입됐으며, 사용 가능한 표준 검색자는 보이어-무어^{Boyer-Moore}
  및 보이어-무어-호스풀^{Boyer-Moore-Horspool} 문자열 검색 알고리즘을 구현한다.

```
auto text = "The quick brown fox jumps over the lazy dog"s;
auto word = "over"s;

auto it = std::search(
  text.cbegin(), text.cend(),
  std::make_boyer_moore_searcher(word.cbegin(), word.cend()));

if (it != text.cend())
  std::cout << "found " << word
            << " at index "
            << std::distance(text.cbegin(), it) << std::endl;
```

- 범위 내에서 N개의 연속된 값을 찾으려면 std::search_n( )을 사용한다. 이 알고리즘은 범위에서 발견된 시퀀스의 첫 번째 요소에 반복자를 반환한다.

```
std::vector<int> v{ 1, 1, 0, 0, 1, 0, 1, 0, 1, 0, 1, 1 };

auto it = std::search_n(v.cbegin(), v.cend(), 2, 0);
if (it != v.cend())
  std::cout << "found at index "
          << std::distance(v.cbegin(), it) << std::endl;
```

- 이항 술어^{binary predicate}와 같거나 만족하는 범위에서 인접한 두 요소를 찾으려면 std::adjacent_find( )를 사용한다. 이 알고리즘은 발견된 첫 번째 요소에 반복자를 반환한다.

```
std::vector<int> v{ 1, 1, 2, 3, 5, 8, 13 };

auto it = std::adjacent_find(v.cbegin(), v.cend());
if (it != v.cend())
  std::cout << "found at index "
          << std::distance(v.cbegin(), it) << std::endl;

auto it = std::adjacent_find(
  v.cbegin(), v.cend(),
  [](int const a, int const b) {
    return IsPrime(a) && IsPrime(b); });

if (it != v.cend())
  std::cout << "found at index "
          << std::distance(v.cbegin(), it) << std::endl;
```

- 요소가 정렬된 범위에 존재하는지 확인하려면 std::binary_search( )를 사용한다. 이 알고리즘은 값이 발견됐는지를 나타내는 부울 값을 반환한다.

```
std::vector<int> v{ 1, 1, 2, 3, 5, 8, 13 };
```

```
auto success = std::binary_search(v.cbegin(), v.cend(), 8);
if (success) std::cout << "found" << std::endl;
```

- std::lower_bound( )를 사용해 지정된 값보다 작지 않은 범위에서 첫 번째 요소를 찾는다. 이 알고리즘은 요소에 반복자를 반환한다.

```
std::vector<int> v{ 1, 1, 2, 3, 5, 8, 13 };

auto it = std::lower_bound(v.cbegin(), v.cend(), 1);
if (it != v.cend())
  std::cout << "lower bound at "
            << std::distance(v.cbegin(), it) << std::endl;
```

- std::upper_bound( )를 사용해 지정된 값보다 큰 범위의 첫 번째 요소를 찾는다. 이 알고리즘은 요소에 반복자를 반환한다.

```
std::vector<int> v{ 1, 1, 2, 3, 5, 8, 13 };

auto it = std::upper_bound(v.cbegin(), v.cend(), 1);
if (it != v.cend())
  std::cout << "upper bound at "
            << std::distance(v.cbegin(), it) << std::endl;
```

- 범위에서 값이 지정된 값과 동일한 하위 범위를 찾으려면 std::equal_range( )를 사용한다. 이 알고리즘은 first 반복자와 past-the-end 반복자를 정의하는 두 개의 반복자를 하위 범위로 반환한다. 이들 두 반복자는 std::lower_bound( )와 std::upper_bound( )에서 반환된 것과 동일하다.

```
std::vector<int> v{ 1, 1, 2, 3, 5, 8, 13 };

auto bounds = std::equal_range(v.cbegin(), v.cend(), 1);
std::cout << "range between indexes "
          << std::distance(v.cbegin(), bounds.first)
```

```
<< " and "
<< std::distance(v.cbegin(), bounds.second)
<< std::endl;
```

예제 분석

알고리즘이 동작하는 방식은 매우 유사하다. 이들 알고리즘은 검색 범위를 정의하는 반복자와 각 알고리즘에 따라 추가 인수를 인수로 받는다. 부울을 반환하는 std::search()와 한 쌍의 반복자를 반환하는 std::equal_range()를 제외하고는 모두 검색된 요소나 하위 범위에 반복자를 반환한다. 이들 반복자는 검색의 성공 여부를 확인하기 위해 범위의 마지막 반복자(즉, 마지막 다음 요소)와 비교해야 한다. 검색에서 요소 또는 하위 범위를 찾지 못하면 반환값은 마지막 반복자다.

모든 알고리즘은 복수의 오버로드를 가지지만, '예제 구현' 절에서는 알고리즘 사용 방법을 알아보기 위해 하나의 특정 오버로드만 살펴봤다. 전체 오버로드에 대해서는 다른 문헌을 참조한다.

앞의 모든 예제에서는 상수 반복자를 사용했지만, 모든 알고리즘은 수정 반복자mutable iterator와 역반복자reverse iterator에서 동일하게 동작한다. 반복자를 입력 인수로 사용하기 때문에 표준 컨테이너, C 같은 배열, 또는 시퀀스를 나타내고 사용 가능한 반복자를 가진 어떤 것과도 함께 동작한다.

std::binary_search() 알고리즘에 대해서는 특별한 주의가 필요하다. 검색 범위를 정의하는 반복자 매개변수는 최소한 전진 반복자의 요구 사항을 충족시켜야 한다. 제공된 반복자의 타입에 관계없이 비교 횟수는 항상 범위의 크기에 대해 대수적logarithmic이다. 그러나 반복자가 임의 접근인 반복자 증가increment의 수 역시 대수적이며, 임의 접근이 아닌 경우 증가의 수는 선형이며 범위의 크기에 비례한다.

std::find_if_not()을 제외한 모든 알고리즘은 C++11 이전부터 사용 가능했다. 그러나 그중 일부 오버로드는 새로운 표준에서 도입됐다. 예를 들어 std::search( )는 C++17에서 도입된 여러 오버로드를 가지고 있다. 이들 오버로드 중 하나는 다음과 같은 형식이다.

```
template<class ForwardIterator, class Searcher>
ForwardIterator search(ForwardIterator first, ForwardIterator last,
                       const Searcher& searcher );
```

이 오버로드는 표준이 제공하는 여러 구현의 검색자 함수 객체에 의해 정의된 패턴이 있는지 검색한다.

- default_searcher는 기본적으로 검색을 표준 std::search( ) 알고리즘에 위임한다.
- boyer_moore_searcher는 문자열 검색을 위해 보이어-무어 알고리즘을 구현한다.
- boyer_moore_horspool_algorithm은 문자열 검색을 위해 보이어-무어-호스풀 알고리즘을 구현한다.

부연 설명

많은 표준 컨테이너에는 컨테이너의 요소를 찾는 멤버 함수 find( )가 있다. 이런 메소드가 사용 가능하고 필요에 맞는 경우, 이들 멤버 함수가 각 컨테이너의 특수성을 기반으로 최적화돼 있으므로 제네릭 알고리즘을 참조해야 한다.

참고 사항

- 벡터를 디폴트 컨테이너로 사용
- 범위 초기화
- 범위에서 세트 연산 사용하기
- 범위 정렬

범위 정렬

이전 레시피에서는 범위를 검색하는 데 사용하는 표준 제네릭 알고리즘을 살펴봤다. 검색 알고리즘을 포함한 많은 루틴에서 정렬된 범위를 필요로 하기 때문에 일반적으로 범위 정렬 연산도 필요하다. 표준 라이브러리는 몇 가지 범위 정렬 제네릭 알고리즘을 제공한다. 이번 레시피에서는 이런 알고리즘에 어떤 것이 있으며 어떻게 사용할 수 있는지 살펴본다.

준비

제네릭 정렬 알고리즘은 start와 end 반복자에 의해 정의된 범위에서 동작한다. 따라서 표준 컨테이너뿐만 아니라 C 같은 배열, 또는 시퀀스를 나타내며 랜덤 반복자를 사용할 수 있는 것이면 무엇이든지 정렬할 수 있다. 이번 레시피의 예제에서는 std::vector를 사용한다.

예제 구현

다음은 범위 검색을 위한 표준 제네릭 알고리즘의 목록이다.

- 범위를 정렬하려면 std::sort()를 사용한다.

  ```
  std::vector<int> v{3, 13, 5, 8, 1, 2, 1};

  std::sort(v.begin(), v.end());
  // v = {1, 1, 2, 3, 5, 8, 13}

  std::sort(v.begin(), v.end(), std::greater<>());
  // v = {13, 8, 5, 3, 2, 1 ,1}
  ```

- 범위를 정렬하지만 동일한 요소의 순서를 유지하려면 std::stable_sort()를 사용한다.

```
struct Task
{
  int priority;
  std::string name;
};

bool operator<(Task const & lhs, Task const & rhs) {
  return lhs.priority < rhs.priority;
}

bool operator>(Task const & lhs, Task const & rhs) {
  return lhs.priority > rhs.priority;
}

std::vector<Task> v{
  { 10, "Task 1"s }, { 40, "Task 2"s }, { 25, "Task 3"s },
  { 10, "Task 4"s }, { 80, "Task 5"s }, { 10, "Task 6"s },
};

std::stable_sort(v.begin(), v.end());
// {{ 10, "Task 1" },{ 10, "Task 4" },{ 10, "Task 6" },
// { 25, "Task 3" },{ 40, "Task 2" },{ 80, "Task 5" }}

std::stable_sort(v.begin(), v.end(), std::greater<>());
// {{ 80, "Task 5" },{ 40, "Task 2" },{ 25, "Task 3" },
// { 10, "Task 1" },{ 10, "Task 4" },{ 10, "Task 6" }}
```

- 범위의 일부를 정렬(나머지는 정렬되지 않은 순서로 나눈다.)하려면 std::partial_sort()를 사용한다.

```
std::vector<int> v{ 3, 13, 5, 8, 1, 2, 1 };

std::partial_sort(v.begin(), v.begin() + 4, v.end());
// v = {1, 1, 2, 3, ?, ?, ?}

std::partial_sort(v.begin(), v.begin() + 4, v.end(),
```

```
                        std::greater<>());
// v = {13, 8, 5, 3, ?, ?, ?}
```

- 정렬된 요소를 두 번째 범위로 복사해 원래 범위는 변경하지 않고 범위의 일부를 정렬하려면 std::partial_sort_copy()를 사용한다.

```
std::vector<int> v{ 3, 13, 5, 8, 1, 2, 1 };
std::vector<int> vc(v.size());

std::partial_sort_copy(v.begin(), v.end(),
                       vc.begin(), vc.end());
// v = {3, 13, 5, 8, 1, 2, 1}
// vc = {1, 1, 2, 3, 5, 8, 13}

std::partial_sort_copy(v.begin(), v.end(),
                       vc.begin(), vc.end(), std::greater<>());
// vc = {13, 8, 5, 3, 2, 1, 1}
```

- 범위가 완전히 정렬된 후 N번째 요소를 기준으로 이전의 요소는 모두 작게 하고 이후의 요소는 모두 크게(이들도 모두 정렬됐다는 보장은 없음) 하려면 std::nth_element()를 사용한다.

```
std::vector<int> v{ 3, 13, 5, 8, 1, 2, 1 };

std::nth_element(v.begin(), v.begin() + 3, v.end());
// v = {1, 1, 2, 3, 5, 8, 13}

std::nth_element(v.begin(), v.begin() + 3, v.end(),
                 std::greater<>());
// v = {13, 8, 5, 3, 2, 1, 1}
```

- 범위가 정렬됐는지 확인하려면 std::is_sorted()를 사용한다.

```
std::vector<int> v { 1, 1, 2, 3, 5, 8, 13 };

auto sorted = std::is_sorted(v.cbegin(), v.cend());
sorted = std::is_sorted(v.cbegin(), v.cend(),
                        std::greater<>());
```

- 범위의 시작 부분부터 정렬된 하위 범위를 찾으려면 std::is_sorted_until()을 사용한다.

```
std::vector<int> v{ 3, 13, 5, 8, 1, 2, 1 };

auto it = std::is_sorted_until(v.cbegin(), v.cend());
auto length = std::distance(v.cbegin(), it);
```

예제 분석

이전의 모든 일반 알고리즘은 정렬할 범위를 정의하는 랜덤 반복자를 인수로 취하며, 그중 일부는 출력 범위를 추가로 받는다. 이들은 모두 오버로드를 가지며, 하나는 요소 정렬을 위한 비교 함수를 필요로 하고, 다른 하나는 그렇지 않으며 요소를 비교하는 데 operator< 를 사용한다.

이들 알고리즘은 다음과 같은 방식으로 동작한다.

- std::sort()는 디폴트 또는 지정된 비교 함수에 따라 요소가 정렬되도록 입력 범위를 변경한다. 정렬의 실제 알고리즘은 상세 구현에 따른다.
- std::stable_sort()는 std::sort()와 유사하지만, 원래 요소의 순서를 동일하게 유지한다.

- std::partial_sort( )는 범위의 처음과 중간, 끝 요소를 나타내는 세 개의 반복자를 인수로 취한다. 여기서 중간은 중간 위치에 있는 요소만이 아니라 어떤 요소도 될 수 있다. 결과는 부분적으로 정렬된 범위이므로 원래 범위에서 첫 번째 가장 작은 middle–first 요소, 즉 [first, last)는 [first, middle) 하위 범위에서 발견되며, 나머지 요소는 [middle, last) 하위 범위에서 지정되지 않은 순서로 있다.

- std::partial_sort_copy( )는 이름에서 유추하듯이 std::partial_copy( )의 변형이 아닌 std::sort( )의 변형이다. 요소를 출력 범위에 복사하고 정렬해 범위를 변경하지 않는다. 알고리즘의 인수는 입력과 출력 범위의 첫 번째와 마지막 반복자다. 출력 범위의 크기가 입력 범위의 크기 N보다 크거나 같은 경우, 입력 범위는 전체가 정렬돼 출력 범위로 복사된다. 출력 범위의 첫 번째 N 요소를 덮어 쓰고 마지막 $M - N$ 요소는 그대로 남겨둔다. 출력 범위가 입력 범위보다 작으면, 입력 범위의 첫 번째 M 정렬 요소만 출력 범위에 복사된다(이 경우 완전히 덮어 쓰여진다).

- std::nth_element( )는 기본적으로 범위에서 N번째로 작은 요소를 찾는 선택 알고리즘의 구현이다. 이 알고리즘은 첫 번째와 N번째, 마지막 요소를 나타내는 세 개의 반복자를 인수로 받아 범위를 부분적으로 정렬하므로, 정렬 후에 범위가 완전히 정렬된 경우 N번째 요소가 해당 위치에 있게 된다. 수정된 범위에서 n번째 요소 앞에 있는 모든 $N-1$ 요소는 n번째 요소보다 작고, n번째 요소 뒤에 오는 모든 요소는 크다. 그러나 이들 요소의 순서에 대한 보장은 없다.

- std::is_sorted( )는 지정된 범위가 지정된 또는 디폴트 비교 함수에 따라 정렬됐는지를 확인하고 이를 나타내는 부울 값을 반환한다.

- std::is_sorted_until( )은 제공된 비교 함수 또는 디폴트 operator<를 사용해 지정된 범위의 처음부터 시작해 정렬된 하위 범위를 찾는다. 반환된 값은 정렬된 하위 범위의 상한을 나타내는 반복자이자 또한 one-past-last 정렬 요소의 반복자이기도 하다.

일부 표준 컨테이너 std::list와 std::forward_list는 해당 컨테이너에 최적화된 멤버 함수 sort( )를 제공한다. 이런 멤버 함수는 일반 표준 알고리즘 std::sort( )보다 선호돼야 한다.

참고 사항

- 벡터를 디폴트 컨테이너로 사용
- 범위 초기화
- 범위에서 세트 연산 사용하기
- 범위 내의 요소 찾기

범위 초기화

이전 레시피에서는 범위를 검색하고 범위를 정렬하는 제네럴 표준 알고리즘을 살펴봤다. 알고리즘 라이브러리는 이외에도 다른 많은 제네럴 알고리즘을 제공하고 있다. 여기에는 범위를 값으로 채우는 데 사용되는 알고리즘도 있다. 이번 레시피에서는 이런 알고리즘에 어떤 것들이 있으며 어떻게 사용하는지 알아본다.

준비

이번 레시피의 모든 예제는 std::vector를 사용한다. 그러나 모든 제네럴 알고리즘과 마찬가지로 이번 레시피의 알고리즘도 범위의 끝을 정의하는 반복자를 취하므로 어떤 표준 컨테이너나 C 같은 배열, 또는 정의된 전진 반복자가 있는 시퀀스를 나타내는 사용자 정의 타입도 사용할 수 있다.

<numeric> 헤더에서 사용할 수 있는 std::iota( )를 제외하고 다른 모든 알고리즘은

<algorithm> 헤더에서 찾을 수 있다.

예제 구현

범위에 값을 할당하려면, 다음 표준 알고리즘 중 하나를 사용한다.

- std::fill(): 범위의 모든 요소에 값을 할당한다. 범위는 첫 번째와 마지막 전진 반복자에 의해 정의된다.

```
std::vector<int> v(5);
std::fill(v.begin(), v.end(), 42);
// v = {42, 42, 42, 42, 42}
```

- std::fill_n(): 범위의 n개 요소에 값을 할당한다. 범위는 첫 번째 전진 반복자와 몇 개의 요소에 지정된 값을 할당해야 하는지를 나타내는 카운터로 정의된다.

```
std::vector<int> v(10);
std::fill_n(v.begin(), 5, 42);
// v = {42, 42, 42, 42, 42, 0, 0, 0, 0, 0}
```

- std::generate(): 함수가 반환한 값을 범위의 요소에 할당한다. 범위는 첫 번째와 마지막 전진 반복자에 의해 정의되며 범위의 각 요소마다 함수가 한 번씩 호출된다.

```
std::random_device rd{};
std::mt19937 mt{ rd() };
std::uniform_int_distribution<> ud{1, 10};
std::vector<int> v(5);
std::generate(v.begin(), v.end(),
              [&ud, &mt] {return ud(mt); });
```

- std::generate_n(): 함수가 반환한 값을 범위의 여러 요소에 할당한다. 범위는

첫 번째 전진 반복자와 몇 개의 요소에 각 요소에 대해 한 번씩만 호출되는 함수의 값을 지정해야 하는지를 나타내는 카운터로 정의된다.

```cpp
std::vector<int> v(5);
auto i = 1;
std::generate_n(v.begin(), v.size(), [&i] { return i*i++; });
// v = {1, 4, 9, 16, 25}
```

- std::iota(): 순차적으로 증가하는 값을 범위의 요소에 할당한다. 범위는 첫 번째와 마지막 전진 반복자에 의해 정의되며, 값은 접두사prefix operator++를 사용해 초기 지정된 값에서부터 증가된다.

```cpp
std::vector<int> v(5);
std::iota(v.begin(), v.end(), 1);
// v = {1, 2, 3, 4, 5}
```

예제 분석

std::fill()과 std::fill_n()은 비슷하게 동작하지만 범위가 지정되는 방식이 다르다. 전자는 첫 번째와 마지막 반복자로, 후자는 첫 번째 반복자와 카운터로 지정된다. 두 번째 알고리즘은 카운터가 0보다 큰 경우 마지막 다음으로 할당된 요소를 나타내는 반복자를, 그렇지 않으면 범위의 첫 번째 요소의 반복자를 반환한다.

std::generate()와 std::generate_n()도 비슷하지만 범위가 지정되는 방식만 다르다. 전자는 범위의 상한과 하한을 정의하는 두 개의 반복자를 받고, 후자는 첫 번째 요소의 반복자와 개수를 받는다. std::fill_n()과 마찬가지로, std::generate_n() 역시 마지막 다음 할당된 요소를 나타내는 반복자를 반환하고, 그렇지 않으면 범위의 첫 번째 요소의 반복자를 반환한다. 이들 알고리즘은 범위의 각 요소에 지정된 함수를 호출하고 요소에 반환된 값을 할당한다. 생성 함수는 인수를 취하지 않는다. 따라서 범위의 요소를 초기화하는 함수로 사용되므로 인수의 값을 함수에 전달할 수 없다. 새로운 값을 생성하기 위해 요소의 값을 사용해야 하는 경우, std::transform( )을 사용해야 한다.

std::iota( )는 APL 프로그래밍 언어의 ι(이오타^{iota}) 함수에서 이름을 따왔으며, 초기 STL의 일부였지만 C++11의 표준 라이브러리에만 포함됐다. 이 함수는 범위의 첫 번째 및 마지막 반복자와 범위의 첫 번째 요소에 할당된 초깃값을 받아 범위의 나머지 요소에 접두사 operator++를 사용해 순차적으로 증가하는 값을 생성하는 데 사용된다.

참고 사항

- 벡터를 디폴트 컨테이너로 사용
- 범위 정렬
- 범위에서 세트 연산 사용하기
- 범위 내의 요소 찾기
- 2장의 '의사 난수 생성' 레시피
- 2장의 '의사 난수 생성기의 내부 상태의 모든 비트 초기화' 레시피

범위에서 세트 연산 사용하기

표준 라이브러리는 정렬된 범위의 합집합^{union}, 교집합^{intersection}, 또는 차집합^{difference}을 가능하게 해주는 세트 연산을 위한 여러 알고리즘을 제공한다. 이번 레시피에서는 이런 알고리즘에는 어떤 것들이 있으며 어떻게 동작하는지 살펴본다.

준비

세트 연산을 위한 알고리즘은 반복자와 함께 동작한다. 즉 표준 컨테이너, C 같은 배열, 또는 입력 반복자를 사용할 수 있는 시퀀스를 나타내는 어떤 사용자 정의 타입도 사용할 수

있다. 이 레시피의 모든 예제는 std::vector를 사용한다.

다음 절의 예제에서는 다음 범위를 사용한다.

```
std::vector<int> v1{ 1, 2, 3, 4, 4, 5 };
std::vector<int> v2{ 2, 3, 3, 4, 6, 8 };
std::vector<int> v3;
```

예제 구현

세트 연산에 다음 제네럴 알고리즘을 사용한다.

- std::set_union(): 두 범위의 합집합을 세 번째 범위로 계산한다.

```
std::set_union(v1.cbegin(), v1.cend(),
               v2.cbegin(), v2.cend(),
               std::back_inserter(v3));
// v3 = {1, 2, 3, 3, 4, 4, 5, 6, 8}
```

- std::merge(): 두 범위의 내용을 세 번째 범위로 병합한다. 입력 범위의 전체 내용을 합집합이 아닌 출력으로 복사한다는 점만 제외하면 std::set_union()과 유사하다.

```
std::merge(v1.cbegin(), v1.cend(),
           v2.cbegin(), v2.cend(),
           std::back_inserter(v3));
// v3 = {1, 2, 2, 3, 3, 3, 4, 4, 4, 5, 6, 8}
```

- std::set_intersection(): 두 범위의 교집합을 세 번째 범위로 계산한다.

```
std::set_intersection(v1.cbegin(), v1.cend(),
                      v2.cbegin(), v2.cend(),
```

```
                        std::back_inserter(v3));
// v3 = {2, 3, 4}
```

- std::set_difference( ): 두 범위의 차집합을 세 번째 범위로 계산한다. 출력 범위는 두 번째 범위에는 없는 첫 번째 범위의 요소를 포함한다.

```
std::set_difference(v1.cbegin( ), v1.cend( ),
                    v2.cbegin( ), v2.cend( ),
                    std::back_inserter(v3));
// v3 = {1, 4, 5}
```

- std::set_symmetric_difference( ): 두 범위의 이중 차집합을 세 번째 범위로 계산한다. 출력 범위에는 입력 범위 중 하나에만 존재하는 요소가 포함된다.

```
std::set_symmetric_difference(v1.cbegin( ), v1.cend( ),
                              v2.cbegin( ), v2.cend( ),
                              std::back_inserter(v3));
// v3 = {1, 3, 4, 5, 6, 8}
```

- std::includes( ): 한 범위가 다른 범위의 하위 집합인지를 확인한다(즉, 이 범위의 모든 요소가 다른 범위에도 존재한다).

```
std::vector<int> v1{ 1, 2, 3, 4, 4, 5 };
std::vector<int> v2{ 2, 3, 3, 4, 6, 8 };
std::vector<int> v3{ 1, 2, 4 };
std::vector<int> v4{ };

auto i1 = std::includes(v1.cbegin( ), v1.cend( ),
                        v2.cbegin( ), v2.cend( )); // i1 = false
auto i2 = std::includes(v1.cbegin( ), v1.cend( ),
                        v3.cbegin( ), v3.cend( )); // i2 = true
auto i3 = std::includes(v1.cbegin( ), v1.cend( ),
                        v4.cbegin( ), v4.cend( )); // i3 = true
```

두 입력 범위에서 새로운 범위를 생성하는 모든 세트 연산은 사실 동일한 인터페이스를 가지며 유사한 방식으로 동작한다.

- 두 개의 입력 범위를 취한다. 각각은 첫 번째와 마지막 입력 반복자에 의해 정의된다.
- 요소가 삽입될 출력 범위에 출력 반복자를 취한다.
- 비교 바이너리 함수 객체를 나타내는 추가 인수를 받는 오버로드를 가진다. 이 비교 바이너리 함수 객체는 첫 번째 인수가 두 번째보다 작으면 true를 반환해야 한다. 비교 함수 객체가 지정되지 않으면, operator<가 사용된다.
- 생성된 출력 범위의 마지막 다음을 나타내는 반복자를 반환한다.
- 입력 범위는 사용된 오버로드에 따라 operator< 또는 제공된 비교 함수를 사용해 정렬돼야 한다.
- 출력 범위는 두 입력 범위 중 어느 것과도 겹치지 않아야 한다.

이전 레시피에서도 사용한 POD 타입 Task의 벡터를 사용해 동작하는 방식을 추가 예제로 알아본다.

```cpp
struct Task
{
  int priority;
  std::string name;
};

bool operator<(Task const & lhs, Task const & rhs) {
  return lhs.priority < rhs.priority;
}

bool operator>(Task const & lhs, Task const & rhs) {
  return lhs.priority > rhs.priority;
```

```
}

std::vector<Task> v1{
  { 10, "Task 1.1"s },
  { 20, "Task 1.2"s },
  { 20, "Task 1.3"s },
  { 20, "Task 1.4"s },
  { 30, "Task 1.5"s },
  { 50, "Task 1.6"s },
};

std::vector<Task> v2{
  { 20, "Task 2.1"s },
  { 30, "Task 2.2"s },
  { 30, "Task 2.3"s },
  { 30, "Task 2.4"s },
  { 40, "Task 2.5"s },
  { 50, "Task 2.6"s },
};
```

각 알고리즘이 출력 범위를 생성하는 고유한 방식은 다음과 같다.

- std::set_union( )은 입력 범위의 하나 또는 둘 다에 있는 모든 요소를 출력 범위로 복사해 새로운 정렬 범위를 생성한다. 요소가 첫 번째 범위에서 M번 발견되고 두 번째 범위에서 N번 발견되면, 첫 번째 범위의 모든 M 요소가 기존 순서대로 출력 범위에 복사된 다음, $N>M$이면 두 번째 범위의 $N-M$ 요소가 출력 범위에 복사되고 그렇지 않으면 0 요소가 복사된다.

```
std::vector<Task> v3;
std::set_union(v1.cbegin(), v1.cend(),
               v2.cbegin(), v2.cend(),
               std::back_inserter(v3));
// v3 = {{10, "Task 1.1"},{20, "Task 1.2"},{20, "Task 1.3"},
// {20, "Task 1.4"},{30, "Task 1.5"},{30, "Task 2.3"},
// {30, "Task 2.4"},{40, "Task 2.5"},{50, "Task 1.6"}}
```

- std::merge( )는 두 입력 범위의 모든 요소를 출력 범위로 복사해, 비교 함수에 따라 정렬된 새로운 범위를 생성한다.

```
std::vector<Task> v4;
std::merge(v1.cbegin(), v1.cend(),
           v2.cbegin(), v2.cend(),
           std::back_inserter(v4));
// v4 = {{10, "Task 1.1"},{20, "Task 1.2"},{20, "Task 1.3"},
// {20, "Task 1.4"},{20, "Task 2.1"},{30, "Task 1.5"},
// {30, "Task 2.2"},{30, "Task 2.3"},{30, "Task 2.4"},
// {40, "Task 2.5"},{50, "Task 1.6"},{50, "Task 2.6"}}
```

- std::set_intersection( )은 두 입력 범위에서 발견된 모든 요소를 출력 범위로 복사해, 비교 함수에 따라 새로운 범위를 생성한다.

```
std::vector<Task> v5;
std::set_intersection(v1.cbegin(), v1.cend(),
                      v2.cbegin(), v2.cend(),
                      std::back_inserter(v5));
// v5 = {{20, "Task 1.2"},{30, "Task 1.5"},{50, "Task 1.6"}}
```

- std::set_difference( )는 두 번째 입력 범위에 없는 첫 번째 입력 범위의 모든 요소를 출력 범위에 복사한다. 두 범위 모두에 해당하는 요소의 경우 다음 규칙이 적용된다. 요소가 첫 번째 범위에서 M번 발견되고 두 번째 범위에서 N번 발견될 경우, $M>N$이면 M-N번 복사되고 그렇지 않으면 복사되지 않는다.

```
std::vector<Task> v6;
std::set_difference(v1.cbegin(), v1.cend(),
                    v2.cbegin(), v2.cend(),
                    std::back_inserter(v6));
// v6 = {{10, "Task 1.1"},{20, "Task 1.3"},{20, "Task 1.4"}}
```

- `std::set_symmetric_difference()`는 두 입력 범위 중 하나에는 있지만 둘 다에는 없는 모든 요소를 출력 범위에 복사한다. 요소가 첫 번째 범위에서 M번 발견되고 두 번째 범위에서 N번 발견될 경우, $M>N$이면 첫 번째 범위의 마지막 $M-N$개 요소가 출력 범위에 복사되고, 그렇지 않으면 두 번째 범위의 마지막 $N-M$개 요소가 출력 범위에 복사된다.

```
std::vector<Task> v7;
std::set_symmetric_difference(v1.cbegin(), v1.cend(),
                              v2.cbegin(), v2.cend(),
                              std::back_inserter(v7));
// v7 = {{10, "Task 1.1"},{20, "Task 1.3"},{20, "Task 1.4"}
// {30, "Task 2.3"},{30, "Task 2.4"},{40, "Task 2.5"}}
```

반면에 std::includes()는 출력 범위를 생성하지 않고 두 번째 범위가 첫 번째 범위에 포함되는지만 확인한다. 두 번째 범위가 비어있거나 모든 요소가 첫 번째 범위에 포함돼 있으면 true를, 그렇지 않으면 false인 부울 값을 반환한다. 두 개의 오버로드를 가지며, 그중 하나는 비교 바이너리 함수 객체를 지정한다.

참고 사항

- 벡터를 디폴트 컨테이너로 사용
- 범위 정렬
- 범위 초기화
- 반복자를 사용해 컨테이너에 새 요소 삽입하기
- 범위 내의 요소 찾기

반복자를 사용해 컨테이너에 새 요소 삽입하기

컨테이너로 작업할 때 새로운 요소를 처음이나 끝 또는 중간에 삽입하는 것이 종종 유용할 때가 있다. 이전의 '범위에서 세트 연산 사용하기' 레시피에서 봤던 알고리즘과 같이 범위에 반복자를 삽입해야 하는 알고리즘도 있지만, 단순히 begin( )이 반환한 반복자를 전달하면 삽입하지 않고 컨테이너의 요소를 덮어 쓴다. 또한 end( )가 반환한 반복자를 사용해 끝에 삽입할 수 없다. 이런 연산을 수행하기 위해 표준 라이브러리는 이런 시나리오에서 사용할 수 있는 일련의 반복자와 반복자 어댑터를 제공한다.

준비

이번 레시피에서 설명하는 반복자와 어댑터는 <iterator> 헤더의 std 네임스페이스에서 사용할 수 있다. <algorithm> 같은 헤더를 포함하면 <iterator>를 명시적으로 포함할 필요가 없다.

예제 구현

다음 반복자 어댑터를 사용해 컨테이너에 새로운 요소를 삽입한다.

- push_back( ) 메소드를 가진 컨테이너의 경우, std::back_inserter( )를 사용해 컨테이너의 마지막에 요소를 삽입한다.

    ```
    std::vector<int> v{ 1,2,3,4,5 };
    std::fill_n(std::back_inserter(v), 3, 0);
    // v={1,2,3,4,5,0,0,0}
    ```

- push_front( ) 메소드를 가진 컨테이너의 경우, std::front_inserter( )를 사용해 컨테이너의 처음에 요소를 삽입한다.

```
std::list<int> l{ 1,2,3,4,5 };
std::fill_n(std::front_inserter(l), 3, 0);
// l={0,0,0,1,2,3,4,5}
```

- insert( ) 메소드를 가진 컨테이너의 경우, std::inserter( )를 사용해 컨테이너
  의 아무 곳에나 요소를 삽입한다.

```
std::vector<int> v{ 1,2,3,4,5 };
std::fill_n(std::inserter(v, v.begin()), 3, 0);
// v={0,0,0,1,2,3,4,5}

std::list<int> l{ 1,2,3,4,5 };
auto it = l.begin();
std::advance(it, 3);
std::fill_n(std::inserter(l, it), 3, 0);
// l={1,2,3,0,0,0,4,5}
```

예제 분석

std::back_inserter( ), std::front_inserter( ), std::inserter( )는 모두 std::back_
insert_iterator와 std::front_insert_iterator, std::insert_iterator 반복자 어
댑터 타입을 생성하는 헬퍼 함수다. 이들은 모두 생성된 컨테이너에 추가append, 덧붙임
prepend, 삽입insert되는 출력 반복자다. 이들 반복자를 증가시키거나 역참조해도 아무런 일
도 일어나지 않는다. 그러나 할당 시 이들 반복자는 컨테이너에서 다음 메소드를 호출한다.

- std::back_insterter_iterator는 push_back( )을 호출함
- std::front_inserter_iterator는 push_front( )를 호출함
- std::insert_iterator는 insert( )를 호출함

다음은 std::back_inserter_iterator의 단순화된 구현이다.

```
template<class C>
class back_insert_iterator {
public:
  typedef back_insert_iterator<C> T;
  typedef typename C::value_type V;

  explicit back_insert_iterator( C& c ) :container( &c ) { }

  T& operator=( const V& val ) {
    container->push_back( val );
    return *this;
  }

  T& operator*() { return *this; }

  T& operator++() { return *this; }

  T& operator++( int ) { return *this; }
  protected:
  C* container;
};
```

할당 연산자가 동작하는 방식 때문에 이런 반복자는 표준 컨테이너에서만 사용할 수 있다.

- std::back_insert_iterator는 std::vector, std::list, std::deque, std::ba
  sic_string과 함께 사용할 수 있다.
- std::front_insert_iterator는 std::list, std::forward_list, std:deque와
  함께 사용할 수 있다.
- std::insert_iterator는 모든 표준 컨테이너에서 사용할 수 있다.

다음 예제에서는 std::vector 시작 부분에 값이 0인 세 개의 요소를 삽입한다.

```
std::vector<int> v{ 1,2,3,4,5 };
std::fill_n(std::inserter(v, v.begin()), 3, 0);
// v={0,0,0,1,2,3,4,5}
```

std::inserter( ) 어댑터는 컨테이너와 요소가 삽입되는 반복자를 두 개의 인수로 취한
다. 컨테이너에서 insert( )를 호출하면 std::insert_iterator는 반복자를 증가시키므
로, 다시 할당되면 다음 위치에 새 요소를 삽입할 수 있다. 이 반복자 어댑터에 대한 할당
연산이 구현되는 방법은 다음과 같다.

```
T& operator=(const V& v)
{
  iter = container->insert(iter, v);
  ++iter;
  return (*this);
}
```

부연 설명

이들 반복자 어댑터는 범위에 여러 요소를 삽입하는 알고리즘 또는 함수에 사용하기 위
한 것이다. 물론 단일 요소를 삽입하는 데도 사용할 수는 있지만, 이 경우에는 단순히
push_back( ), push_front( ), insert( )를 호출하는 것이 훨씬 간단하고 직관적이므로 안
티패턴[anti-pattern]이 된다. 다음과 같은 예제는 피하는 것이 좋다.

```
std::vector<int> v{ 1,2,3,4,5 };
*std::back_inserter(v) = 6; // v = {1,2,3,4,5,6}

std::back_insert_iterator<std::vector<int>> it(v);
*it = 7; // v = {1,2,3,4,5,6,7}
```

- 범위에서 세트 연산 사용하기

자신만의 임의 접근 반복자 작성하기

1장에서는 사용자 정의 범위의 처음과 마지막 다음 요소의 반복자를 반환하는 반복자와 자유 begin( ) 및 end( ) 함수를 구현함으로써 사용자 정의 타입에 범위 기반 for 루프를 어떻게 사용하는지 살펴봤다. 이 레시피에서 제공한 최소한의 반복자 구현은 구성을 복사하거나 할당 또는 증가할 수 없기 때문에 표준 반복자의 요구 사항을 만족시키지 못한다는 사실을 알았을 것이다. 이번 레시피에서는 예제를 작성하고 모든 요구 사항을 충족시키는 임의 접근 반복자를 생성하는 방법을 알아본다.

준비

이번 레시피에서는 표준에서 정의하는 반복자의 타입이 무엇이고 이 타입이 어떻게 다른지 알아야 한다. 요구 사항에 대한 개요는 http://www.cplusplus.com/reference/iterator/에서 확인할 수 있다.

임의 접근 반복자를 작성하는 방법을 예시하기 위해 1장의 '사용자 정의 타입에 대한 범위 기반 for 루프 활성화' 레시피에서 사용한 dummy_array 클래스의 변형을 사용할 것이다. 이것은 매우 간단한 배열 개념으로, 반복자의 데모를 보여주는 코드 역할 외에 다른 실용적인 가치는 없다.

```
template <typename Type, size_t const SIZE>
class dummy_array
{
  Type data[SIZE] = {};
public:
```

```
  Type& operator[](size_t const index)
  {
    if (index < SIZE) return data[index];
    throw std::out_of_range("index out of range");
  }

Type const & operator[](size_t const index) const
{
  if (index < SIZE) return data[index];
  throw std::out_of_range("index out of range");
}

  size_t size() const { return SIZE; }
};
```

다음 절에 나오는 모든 코드, 반복자 클래스, typedef, begin( ) 및 end( ) 함수는 이 클래스의 일부다.

이전 절에서 보여준 dummy_array 클래스에 대해 가변적이고 일정한 임의 접근 반복자를 제공하려면 클래스에 다음 멤버를 추가한다.

- 요소의 타입과 배열의 크기를 매개변수로 사용하는 반복자 클래스 템플릿. 이 클래스에는 표준 동의어를 정의하는 다음과 같은 public typedef가 있어야 한다.

```
template <typename T, size_t const Size>
class dummy_array_iterator
{
public:
  typedef dummy_array_iterator self_type;
  typedef T value_type;
  typedef T& reference;
  typedef T* pointer;
```

```
    typedef std::random_access_iterator_tag iterator_category;
    typedef ptrdiff_t difference_type;
};
```

- 반복자 클래스의 private 멤버: 배열 데이터에 대한 포인터와 배열에 대한 현재
  인덱스

```
private:
    pointer ptr = nullptr;
    size_t index = 0;
```

- 반복자 클래스가 두 개의 반복자 인스턴스가 동일한 배열 데이터를 가리키는지
  확인하는 private 메소드

```
private:
    bool compatible(self_type const & other) const
    {
        return ptr == other.ptr;
    }
```

- 반복자 클래스의 명시적 생성자

```
public:
    explicit dummy_array_iterator(pointer ptr,
                                   size_t const index)
        : ptr(ptr), index(index) { }
```

- 모든 반복자의 공통 요구 사항인 복사 생성 가능copy-constructible, 복사 대입 가능
  copy-assignable, 소멸 가능destructible, 선행 증가prefix incrementable, 후행 증가postfix increme
  ntable를 만족하는 반복자 클래스 멤버. 이 구현에서 후행 증가 연산자는 코드 중복
  을 피하기 위해 선행 증가 연산자로 구현된다.

```
dummy_array_iterator(dummy_array_iterator const & o)
  = default;
dummy_array_iterator& operator=(dummy_array_iterator const & o)
  = default;
~dummy_array_iterator() = default;

self_type & operator++ ()
{
  if (index >= Size)
    throw std::out_of_range("Iterator cannot be incremented past
                             the end of range.");
  ++index;
  return *this;
}

self_type operator++ (int)
{
  self_type tmp = *this;
  ++*this;
  return tmp;
}
```

- 입력 반복자 요구 사항을 충족시키는 반복자 클래스 멤버: 동등/비동등 테스트,
  rvalue로 역참조

```
bool operator== (self_type const & other) const
{
  assert(compatible(other));
  return index == other.index;
}

bool operator!= (self_type const & other) const
{
  return !(*this == other);
}
```

```
reference operator* () const
{
  if (ptr == nullptr)
    throw std::bad_function_call();
  return *(ptr + index);
}

reference operator-> () const
{
  if (ptr == nullptr)
    throw std::bad_function_call();
  return *(ptr + index);
}
```

- 전진 반복자 요구 사항을 충족시키는 반복자 클래스 멤버: 디폴트 생성 가능^{default} constructible

```
dummy_array_iterator() = default;
```

- 양방향 반복자 요구 사항을 충족시키는 반복자 클래스 멤버: 감소 가능^{decrementable}

```
self_type & operator--()
{
  if (index <= 0)
    throw std::out_of_range("Iterator cannot be decremented
                             past the end of range.");
  --index;
  return *this;
}

self_type operator--(int)
{
  self_type tmp = *this;
  --*this;
  return tmp;
}
```

- 임의 접근 반복자 요구 사항을 충족시키는 반복자 클래스 멤버: 산술 더하기와 빼기, 다른 연산자와의 불일치 비교, 복합 할당^{compound assignment}, 오프셋 역참조 가능^{offset dereferenceable}

```cpp
self_type operator+(difference_type offset) const
{
  self_type tmp = *this;
  return tmp += offset;
}

self_type operator-(difference_type offset) const
{
  self_type tmp = *this;
  return tmp -= offset;
}

difference_type operator-(self_type const & other) const
{
  assert(compatible(other));
  return (index - other.index);
}

bool operator<(self_type const & other) const
{
  assert(compatible(other));
  return index < other.index;
}

bool operator>(self_type const & other) const
{
  return other < *this;
}

bool operator<=(self_type const & other) const
{
  return !(other < *this);
}
```

```cpp
bool operator>=(self_type const & other) const
{
  return !(*this < other);
}

self_type & operator+=(difference_type const offset)
{
  if (index + offset < 0 || index + offset > Size)
    throw std::out_of_range("Iterator cannot be incremented
                              past the end of range.");
  index += offset;
  return *this;
}

self_type & operator-=(difference_type const offset)
{
  return *this += -offset;
}

value_type & operator[](difference_type const offset)
{
  return (*(*this + offset));
}

value_type const & operator[](difference_type const offset) const
{
  return (*(*this + offset));
}
```

- 가변mutatble 및 상수 반복자 동의어에 대한 **typedef**를 dummy_array 클래스에 추가한다.

```cpp
public:
  typedef dummy_array_iterator<Type, SIZE>
        iterator;
  typedef dummy_array_iterator<Type const, SIZE>
        constant_iterator;
```

- dummy_array 클래스에 public begin( )과 end( ) 함수를 추가해 반복자를 배열의 첫 번째 요소와 마지막 다음 요소로 반환한다.

```
iterator begin( )
{
  return iterator(data, 0);
}

iterator end( )
{
  return iterator(data, SIZE);
}

constant_iterator begin( ) const
{
  return constant_iterator(data, 0);
}

constant_iterator end( ) const
{
  return constant_iterator(data, SIZE);
}
```

예제 분석

표준 라이브러리는 다섯 가지 범주의 반복자를 정의한다.

- 입력 반복자input iterator: 가장 단순한 범주며 단일—통과 순차single-pass sequential 알고리즘에 대해서만 유효성을 보장한다. 증가된 후, 이전 사본은 유효하지 않게 될 수 있다.
- 출력 반복자output iterator: 기본적으로 포인팅된 요소를 작성하는 데 사용할 수 있는 입력 반복자다.
- 전진 반복자forward iterator: 포인팅된 요소에 데이터를 읽고 쓸 수 있다. 입력 반복

자의 요구 사항을 만족시키며, 또한 이전 사본을 무효화시키지 않으면서 디폴트 생성 가능default constructible과 다중 패스 시나리오 지원을 만족시킨다.

- 양방향 반복자bidirectional iterator: 전진 반복자며 추가로 감소decrementing를 지원해 양방향으로 이동할 수 있다.
- 임의 접근 반복자random access iterator: 컨테이너의 임의의 요소 접근을 지원한다. 양방향 반복자에 대한 모든 요구 사항을 구현하고 추가로 산술 연산 +와 -, 복합 할당 +=, -=, <, <=, >, >= 및 오프셋 역참조 연산으로 다른 반복자와의 비교를 지원한다.

출력 반복자의 요구 사항도 구현하는 전진, 양방향, 임의 접근 반복자를 가변 반복자mutable iterator라고 한다.

이전 절에서는 각 반복자 범주의 요구 사항을 단계별로 설명하면서 임의 접근 반복자를 구현하는 방법을 살펴봤다(각 반복자 범주에는 이전 범주의 요구 사항이 포함돼 있고 여기에 새로운 요구 사항이 추가됨). iterator 클래스 템플릿은 상수와 가변 반복자 모두에 공통적이며 iterator와 constant_iterator라는 두 개의 동의어를 정의했다.

내부 iterator 클래스 템플릿을 구현한 후에는 배열의 첫 번째 요소와 마지막 요소에 반복자를 반환하는 begin( )과 end( ) 멤버 함수도 정의했다. 이들 메소드는 dummy_array 클래스 인스턴스가 가변인지, 상수인지에 따라 가변 반복자 또는 상수 반복자를 반환하는 오버로드를 가진다.

dummy_array 클래스와 반복자 구현으로 다음 예제를 작성할 수 있다. 더 많은 예제는 이 책과 함께 제공되는 소스 코드를 확인한다.

```
dummy_array<int, 3> a;
a[0] = 10;
a[1] = 20;
a[2] = 30;
```

```
std::transform(a.begin(), a.end(), a.begin(),
               [](int const e) {return e * 2; });
for (auto&& e : a) std::cout << e << std::endl;

auto lp = [](dummy_array<int, 3> const & ca)
{
  for (auto const & e : ca)
    std::cout << e << std::endl;
};

lp(a);

dummy_array<std::unique_ptr<Tag>, 3> ta;
ta[0] = std::make_unique<Tag>(1, "Tag 1");
ta[1] = std::make_unique<Tag>(2, "Tag 2");
ta[2] = std::make_unique<Tag>(3, "Tag 3");

for (auto it = ta.begin(); it != ta.end(); ++it)
  std::cout << it->id << " " << it->name << std::endl;
```

부연 설명

begin( )과 end( ) 외에도 컨테이너는 cbegin( )/cend( )(상수 반복자용), rbegin( )/rend( )
(가변 반복자용), crbegin( )/crend( )(상수 역방향 반복자용) 같은 추가 메소드를 가질 수 있다.
이를 구현하는 것은 여러분을 위한 연습 과제로 남겨졌다.

한편 모던 C++에서 이들 함수는 첫 번째와 마지막 반복자를 반환하는 멤버 함수일 필요
가 없으며, 비멤버 함수로 제공될 수 있다. 사실 이것이 다음 레시피인 '비멤버 함수를 사
용한 컨테이너 접근'의 주제다.

- 1장의 '사용자 정의 타입에 대한 범위 기반 for 루프 활성화' 레시피
- 1장의 '타입 별칭 및 별칭 템플릿 생성' 레시피

비멤버 함수를 사용한 컨테이너 접근

표준 컨테이너는 컨테이너의 첫 번째 요소와 마지막 다음 요소의 반복자를 가져오는 begin( )과 end( ) 멤버 함수를 제공한다. 사실 네 세트의 함수가 있다. begin( )/end( ) 외에도 컨테이너는 상수 반복자를 반환하는 cbegin( )/cend( ), 가변 역방향 반복자를 반환하는 rbegin( )/rend( ), 상수 역방향 반복자를 반환하는 crbegin( )/crend( )를 제공한다. C++11/C++14는 모두 표준 컨테이너, C 같은 배열, 그리고 이들을 특수화한 모든 사용자 정의 타입에서 동작하는 해당 비멤버 함수를 가진다. C++17에서는 더 많은 비멤버 함수가 추가됐다. std::data( )는 컨테이너의 요소를 담고 있는 메모리 블록의 포인터를 반환하고, std::size( )는 컨테이너나 배열의 크기를 반환한다. 그리고 std::empty( )는 주어진 컨테이너가 비어있는지의 여부를 반환한다. 이런 비멤버 함수는 제네릭 코드를 위한 것이지만 코드의 어디에서나 사용할 수 있다.

준비

이번 레시피에서는 이전 레시피인 '자신만의 임의 접근 반복자 작성하기'에서 구현한 dummy_array 클래스와 반복자를 예제로 사용한다. 계속하기 전에 먼저 이전 레시피를 읽도록 한다.

비멤버 data( ), size( ), empty( )뿐만 아니라 비멤버 begin( )/end( ) 함수와 다른 변형은 <array>, <deque>, <forward_list>, <list>, <map>, <regex>, <set>, <string>, <unordered_map>, <unordered_set>, <vector> 등의 헤더에 암시적으로 포함되는 <iter

ator> 헤더의 std 네임스페이스에서 사용 가능하다.

이번 레시피에서는 std::begin( )/std::end( ) 함수를 참조할 것이지만, 설명된 모든 것
은 std::cbegin( )/std::cend( ), std::rbegin( )/std::rend( ), std::crbegin( )/std::
crend( ) 같은 다른 함수에도 적용된다.

예제 구현

std::data( ), std::size( ), std::empty( )뿐만 아니라 비멤버 std::begin( )/std::end( )
함수와 다른 변형을 사용한다.

- 표준 컨테이너

```
std::vector<int> v1{ 1, 2, 3, 4, 5 };
auto sv1 = std::size(v1); // sv1 = 5
auto ev1 = std::empty(v1); // ev1 = false
auto dv1 = std::data(v1); // dv1 = v1.data( )
for (auto i = std::begin(v1); i != std::end(v1); ++i)
  std::cout << *i << std::endl;

std::vector<int> v2;
std::copy(std::cbegin(v1), std::cend(v1),
        std::back_inserter(v2));
```

- (C 같은) 배열

```
int a[5] = { 1, 2, 3, 4, 5 };
auto pos = std::find_if(std::crbegin(a), std::crend(a),
[](int const n) {return n % 2 == 0; });
auto sa = std::size(a); // sa = 5
auto ea = std::empty(a); // ea = false
auto da = std::data(a); // da = a
```

- begin()/end(), data(), empty(), size()에 해당하는 멤버 함수를 제공하는 사용자 정의 타입

```cpp
dummy_array<std::string, 5> sa;
dummy_array<int, 5> sb;
sa[0] = "1"s;
sa[1] = "2"s;
sa[2] = "3"s;
sa[3] = "4"s;
sa[4] = "5"s;

std::transform(
  std::begin(sa), std::end(sa),
  std::begin(sb),
  [](std::string const & s) {return std::stoi(s); });
// sb = [1, 2, 3, 4, 5]

auto sa_size = std::size(sa); // sa_size = 5
```

- 컨테이너 타입을 알 수 없는 제네릭 코드

```cpp
template <typename F, typename C>
void process(F&& f, C const & c)
{
  std::for_each(std::begin(c), std::end(c),
              std::forward<F>(f));
}

auto l = [](auto const e) {std::cout << e << std::endl; };

process(l, v1); // std::vector<int>
process(l, a); // int[5]
process(l, sa); // dummy_array<std::string, 5>
```

이들 비멤버 함수는 표준의 다른 버전에서 도입됐지만, 모두 C++17에서 constexpr auto를 반환하도록 수정됐다.

- C++11의 std::begin( ), std::end( )
- C++14의 std::cbegin( )/std::cend( ), std::rbegin( )/std::rend( ), std::crbegin( )/std::crend( )
- C++17의 std::data( ), std::size( ), std::empty( )

begin( )/end( ) 함수 패밀리는 컨테이너 클래스와 배열의 오버로드를 가지며 모두 다음과 같이 동작한다.

- 컨테이너를 위해 컨테이너 대응 멤버 함수를 호출한 결과를 반환한다.
- 배열을 위해 배열의 첫 번째 또는 마지막 다음 요소에 대한 포인터를 반환한다.

std::begin( )/std::end( )의 전형적인 실제 구현은 다음과 같다.

```
template<class C>
constexpr auto inline begin(C& c) -> decltype(c.begin())
{
  return c.begin();
}

template<class C>
constexpr auto inline end(C& c) -> decltype(c.end())
{
  return c.end();
}

template<class T, std::size_t N>
constexpr T* inline begin(T (&array)[N])
{
```

```
  return array;
}

template<class T, std::size_t N>
constexpr T* inline begin(T (&array)[N])
{
  return array+N;
}
```

대응되는 begin( )/end( ) 멤버는 가지지 않지만 여전히 반복 가능한 컨테이너에 대해 사용자 정의 특수화가 제공될 수 있다. 실제로 표준 라이브러리는 std::initializer_list 와 std::valarray 등에 대한 특수화를 제공한다.

 특수화는 원본 클래스 또는 함수 템플릿이 정의된 동일한 네임스페이스에 정의돼야 한다. 따라서 std::begin()/std::end() 쌍을 특수화하려면 std 네임스페이스에서 수행해야 한다.

C++17에서 도입된 컨테이너 접근을 위한 다른 비멤버 함수는 몇 개의 오버로드를 가진다.

- std::data( )는 몇 개의 오버로드를 가진다. 클래스 C에 대해서는 c.data( )를 반환하고, 배열에 대해서는 array를 반환하며, std::initializer_list<T>에 대해서는 il.begin( )을 반환한다.

```
template <class C>
constexpr auto data(C& c) -> decltype(c.data())
{
  return c.data();
}

template <class C>
constexpr auto data(const C& c) -> decltype(c.data())
{
  return c.data();
}
```

322

```
template <class T, std::size_t N>
constexpr T* data(T (&array)[N]) noexcept
{
  return array;
}

template <class E>
constexpr const E* data(std::initializer_list<E> il) noexcept
{
  return il.begin();
}
```

- std::size()는 두 개의 오버로드를 가진다. 클래스 C의 경우 c.size()를 반환하고, 배열에 대해서는 크기 N을 반환한다.

```
template <class C>
constexpr auto size(const C& c) -> decltype(c.size())
{
  return c.size();
}

template <class T, std::size_t N>
constexpr std::size_t size(const T (&array)[N]) noexcept
{
  return N;
}
```

- std::empty()는 몇 개의 오버로드를 가진다. 클래스 C의 경우 c.empty()를 반환하고, 배열의 경우 false를 반환하며, std::initializer_list<T>의 경우 il.size() == 0을 반환한다.

```
template <class C>
constexpr auto empty(const C& c) -> decltype(c.empty())
{
  return c.empty();
}
```

```
}

template <class T, std::size_t N>
constexpr bool empty(const T (&array)[N]) noexcept
{
  return false;
}

template <class E>
constexpr bool empty(std::initializer_list<E> il) noexcept
{
  return il.size() == 0;
}
```

부연 설명

이들 비멤버 함수는 주로 컨테이너가 알려지지 않았으나, 표준 컨테이너나 C 같은 배열 또는 사용자 정의 타입인 템플릿 코드에서 사용하기 위한 용도다. 이런 함수의 비멤버 버전을 사용하면 이런 타입의 컨테이너에서 동작하는 더 간단하고 적은 코드를 작성할 수 있다.

그러나 이런 함수의 사용은 제네릭 코드에 국한되지 않는다. 개인적인 취향의 문제지만, 모든 프로그램에서 일관성 있는 코드를 사용하는 것은 좋은 습관이다. 이런 메소드들은 컴파일러에서 인라인될 수 있을 정도로 가볍게 구현돼 있어 해당 멤버 함수를 사용해도 오버헤드가 전혀 없다.

참고 사항

- 자신만의 임의 접근 반복자 작성하기

06

범용 유틸리티

6장에서 다루는 레시피는 다음과 같다.

- chrono::duration으로 시간 간격 표현하기
- 표준 시계로 함수 실행 시간 측정
- 사용자 정의 타입에 대한 해시 값 생성
- std::any를 사용해 값을 저장
- std::optional을 사용해 옵션 값 저장
- 타입 안전한 공용체로 std::variant 사용
- std::variant 방문
- 프로그램이 정상적으로 종료될 때 호출할 함수 등록하기
- 타입 특성을 사용한 타입의 속성 조회

- 자신만의 타입 특성 작성하기
- std::conditional을 사용해 타입 선택하기

소개

표준 라이브러리에는 이전 장에서 설명한 컨테이너, 알고리즘, 반복자 외에도 많은 범용 유틸리티와 라이브러리가 포함돼 있다. 6장에서는 날짜와 시간을 다루는 chrono 라이브러리와 다른 시간에 대한 메타 정보를 제공하는 타입 특성[trait], 그리고 새로운 C++17 타입인 std::any, std::optional, std::variant에 중점을 둔다.

chrono::duration으로 시간 간격 표현하기

시간과 날짜에 대한 작업은 프로그래밍 언어에 관계없는 공통적인 작업이다. C++11은 유연한 날짜와 시간 라이브러리를 표준 라이브러리의 일부로 제공해 시간 지점과 시간 간격[interval]을 정의할 수 있게 한다. 이 라이브러리는 chrono라고 불리는 범용 유틸리티로 다양한 시스템의 다양한 타이머와 클럭에서 동작하도록 설계됐으므로 정밀 중립적[precision-neutral]이다. 이 라이브러리는 std::chrono 네임스페이스의 <chrono> 헤더에서 사용할 수 있으며 다음과 같은 여러 구성 요소를 정의하고 구현한다.

- 시간 간격을 나타내는 지속 시간[duration]
- 클럭의 에포크[epoch] 이후의 지속 시간을 나타내는 시간 지점[time point]
- 에포크(즉, 시간의 시작)와 틱[tick]을 정의하는 클럭[clock]

이번 레시피에서는 지속 시간을 다루는 방법을 살펴본다.

이번 레시피의 목적이 duration 클래스에 대한 완전한 가이드를 제공하는 것은 아니다.
따라서 이를 위해서는 추가 자료를 참조할 것을 권장한다(라이브러리 문서는 http://en.cpp
reference.com/w/cpp/chrono를 참조한다).

chrono 라이브러리에서 시간 간격은 std::chrono::duration 클래스로 나타낸다.

시간 간격을 작업하려면 다음을 사용한다.

- std::chrono::duration은 시, 분, 초, 밀리초, 마이크로초, 나노초에 대한 타입
을 정의한다.

```
std::chrono::hours half_day(12);
std::chrono::minutes half_hour(30);
std::chrono::seconds half_minute(30);
std::chrono::milliseconds half_second(500);
std::chrono::microseconds half_millisecond(500);
std::chrono::nanoseconds half_microsecond(500);
```

- 시, 분, 초, 밀리초, 마이크로초, 나노초의 지속 시간을 생성하려면 std::chrono_
literals 네임스페이스에서 사용할 수 있는 C++14의 표준 사용자 정의 리터럴
연산자를 사용한다.

```
using namespace std::chrono_literals;

auto half_day = 12h;
auto half_hour = 30min;
auto half_minute = 30s;
auto half_second = 500ms;
```

```
auto half_millisecond = 500us;
auto half_microsecond = 500ns;
```

- 정확도가 낮은 지속 시간에서 높은 지속 시간으로는 직접 변환을 사용한다.

```
std::chrono::hours half_day_in_h(12);
std::chrono::minutes half_day_in_min(half_day_in_h);
std::cout << half_day_in_h.count() << "h" << std::endl; //12h
std::cout << half_day_in_min.count() << "min" << std::endl;//720min
```

- 높은 정밀도에서 낮은 정밀도의 지속 시간으로 변환하려면 std::chrono::duration_cast를 사용한다.

```
using namespace std::chrono_literals;

auto total_seconds = 12345s;
auto hours =
  std::chrono::duration_cast<std::chrono::hours>
    (total_seconds);
auto minutes =
  std::chrono::duration_cast<std::chrono::minutes>
    (total_seconds % 1h);
auto seconds =
  std::chrono::duration_cast<std::chrono::seconds>
    (total_seconds % 1min);

std::cout << hours.count() << ':'
        << minutes.count() << ':'
        << seconds.count() << std::endl; // 3:25:45
```

- 반올림이 필요할 때는 C++17에서 사용할 수 있는 변환 함수 floor( ), round( ), ceil( )을 사용한다.

```
using namespace std::chrono_literals;
```

```
auto total_seconds = 12345s;
auto m1 = std::chrono::floor<std::chrono::minutes>(total_seconds);
// 205 min
auto m2 = std::chrono::round<std::chrono::minutes>(total_seconds);
// 206 min
auto m3 = std::chrono::ceil<std::chrono::minutes>(total_seconds);
// 206 min
auto sa = std::chrono::abs(total_seconds);
```

- 산술 연산, 복합 할당, 비교 연산을 사용해 시간 간격을 수정하고 비교한다.

```
using namespace std::chrono_literals;

auto d1 = 1h + 23min + 45s; // d1 = 5025s
auto d2 = 3h + 12min + 50s; // d2 = 11570s
if (d1 < d2) { /* 작업 수행 */ }
```

예제 분석

클래스는 시간 단위 동안 틱 수(두 시간 사이의 증가)를 정의한다. 디폴트 단위는 초며, 분 또는 밀리초 같은 다른 단위로 나타내기 위해서는 비율^{ratio}을 사용해야 한다. 초보다 큰 단위의 경우, 분의 비율은 ratio<60>과 같이 1보다 크다. 초보다 작은 단위의 경우, 밀리초의 비율은 ratio<1, 1000>과 같이 1보다 작다. 틱의 수는 count( ) 멤버 함수로 구할 수 있다.

표준 라이브러리는 이전 절의 첫 번째 예제에서 사용한 나노초, 마이크로초, 밀리초, 초, 분, 시의 몇 가지 타입 동의어를 정의한다. 다음 코드는 이런 지속 시간이 chrono 네임스페이스에서 정의되는 방법을 보여준다.

```
namespace std {
  namespace chrono {
    typedef duration<long long, ratio<1, 1000000000>> nanoseconds;
    typedef duration<long long, ratio<1, 1000000>> microseconds;
```

```
    typedef duration<long long, ratio<1, 1000>> milliseconds;
    typedef duration<long long> seconds;
    typedef duration<int, ratio<60> > minutes;
    typedef duration<int, ratio<3600> > hours;
  }
}
```

이 유연한 정의를 사용하면 1분의 1.2(12초를 의미)와 같은 시간 간격을 표현할 수 있다. 여기서 1.2는 지속 시간의 틱 수고 ratio<10>은 시간 단위다.

```
std::chrono::duration<double, std::ratio<10>> d(1.2); // 12 초
```

C++14에서는 몇 가지 표준 사용자 정의 리터럴 연산자가 네임스페이스 std::chrono_literals에 추가됐다. 이것으로 지속 시간을 쉽게 정의할 수 있지만 리터럴 연산자를 사용하려는 범위에 네임스페이스를 포함해야 한다.

 서로 다른 라이브러리와 네임스페이스에서, 다른 연산자와의 충돌을 피하기 위해 사용자 정의 리터럴 연산자의 네임스페이스는 큰 범위가 아닌 사용하려는 범위에만 포함시켜야 한다.

duration 클래스에서는 모든 산술 연산을 사용할 수 있다. 지속 시간을 더하거나 빼고, 값을 곱하거나 나누는 것뿐만 아니라 modulo 연산을 적용할 수도 있다. 그러나 서로 다른 시간 단위의 두 지속 시간을 더하거나 뺄 때, 결과는 두 시간 단위의 최대 공약수의 지속 시간이라는 점에 유의해야 한다. 즉, 초를 나타내는 지속 시간과 분을 나타내는 지속 시간을 더하면 결과는 초를 나타내는 지속 시간이다.

덜 정확한 시간 단위의 지속 시간에서 더 정확한 시간 단위의 지속 시간으로의 변환은 암시적으로 수행된다. 반면에 정확한 시간 단위에서 덜 정확한 시간 단위로 변환하려면 명시적 변환이 필요하다. 이것은 비멤버 함수 std::chrono::duration_cast( )로 수행된다. '예제 분석' 절에서는 초 단위로 표시된 특정 지속 시간의 시, 분, 초를 결정하는 예제를 살

펴봤다.

C++17에는 내림하는 floor( ), 올림하는 ceil( ), 반올림하는 round( ) 등의 반올림 처리
로 지속 시간 변환을 수행하는 몇 가지 비멤버 전환 함수를 추가했다. 또한 C++17에서는
지속 시간의 절댓값을 유지하는 비멤버 함수 abs( )도 추가됐다.

부연 설명

chrono는 범용 라이브러리이기 때문에 날짜를 년, 월, 일의 부분으로 표현하고, 시간대
및 캘린더로 작업하는 등의 유용한 기능이 많이 부족하다. 이런 기능들을 구현한 서드파티
라이브러리가 많이 있으며, 그중에서 MIT 라이선스로 사용할 수 있는 하워드 히난트[Howard
Hinnant]의 date 라이브러리(https://github.com/HowardHinnant/date)를 추천한다.

참고 사항

* 표준 시계로 함수 실행 시간 측정

표준 시계로 함수 실행 시간 측정

이전 레시피에서는 chrono 표준 라이브러리를 사용해 시간 간격을 작업하는 방법을 살펴
봤다. 그러나 종종 시간 지점을 처리해야 할 때가 있다. chrono 라이브러리는 클럭의 에
포크 이후의 지속 시간(즉, 클럭으로 정의된 시간의 시작)을 나타내는 이런 구성 요소를 제공
한다. 이번 레시피에서는 chrono 라이브러리와 시간 지점을 사용해 함수 실행 시간을 측
정하는 방법을 살펴본다.

준비

이번 레시피는 이전 레시피인 'chrono::duration으로 시간 간격 표현하기'와 밀접하게 관

련돼 있다. 따라서 이전 레시피를 읽어보지 않았다면 이 레시피를 시작하기 전에 먼저 읽는 것이 좋다.

이번 레시피의 예제에서는 실제로 아무 일도 수행하지 않지만 실행 시간이 걸리는 다음과 같은 함수를 사용한다.

```
void func(int const count = 100000000)
{
  for (int i = 0; i < count; ++i);
}
```

예제 구현

함수의 실행 시간을 측정하려면 다음 단계를 수행한다.

1. 표준 클럭을 사용해 현재 시간을 추출한다.

```
auto start = std::chrono::high_resolution_clock::now();
```

2. 측정하려는 함수를 호출한다.

```
func();
```

3. 현재 시간을 다시 추출한다. 둘 사이의 차이가 함수의 실행 시간이다.

```
auto diff = std::chrono::high_resolution_clock::now() - start;
```

4. 차이(나노초로 표현되는)를 원하는 실제 해상도resolution로 변환한다.

```
std::cout << std::chrono::duration<double,std::milli>(diff).count()
          << "ms" << std::endl;
```

```
std::cout << std::chrono::duration<double,std::nano>(diff).count()
          << "ns" << std::endl;
```

재사용 가능한 구성 요소에 이 패턴을 구현하려면 다음 단계를 수행한다.

1. 해상도와 클럭을 매개변수로 클래스 템플릿을 생성한다.
2. 함수와 인수를 취하는 정적 가변 함수 템플릿을 생성한다.
3. 인수로 함수를 호출해 위에서 보여준 패턴을 구현한다.
4. 틱 수가 아닌 지속 시간을 반환한다.

```
template <typename Time = std::chrono::microseconds,
          typename Clock = std::chrono::high_resolution_clock>
struct perf_timer
{
  template <typename F, typename... Args>
  static Time duration(F&& f, Args... args)
  {
    auto start = Clock::now();

    std::invoke(std::forward<F>(f), std::forward<Args>(args)...);

    auto end = Clock::now();
    return std::chrono::duration_cast<Time>(end - start);
  }
};
```

예제 분석

클럭은 두 가지를 정의하는 구성 요소다.

- 에포크로 불리는 시간의 시작. 에포크가 언제인지에 대한 제약은 없지만 전형적
  인 구현은 1970년 1월 1일을 사용한다.

- 두 시간 지점 사이의 증가를 정의(예: 밀리초 또는 나노초)하는 틱 비율^{tick rate}

시간 지점은 클럭의 에포크 이후의 지속 시간이다. 특히 중요한 몇 가지 시간 지점은 다음과 같다.

- 클럭의 정적 멤버 now( )가 반환하는 현재 시간
- 에포크, 또는 시간의 시작. 이것은 특정 클럭의 time_point의 디폴트 생성자가 생성한 시간 지점이다.
- time_point의 정적 멤버 min( )이 반환한 클럭으로 표현할 수 있는 최소 시간
- time_point의 정적 멤버 min( )이 반환한 클럭으로 표현할 수 있는 최대 시간

표준은 세 가지 타입의 클럭을 정의한다.

- system_clock: 현재 시스템의 실시간 클럭을 사용해 시간 지점을 나타낸다.
- high_resolution_clock: 현재 시스템에서 가능한 가장 짧은 틱 지속 시간을 사용하는 클럭을 나타낸다.
- steady_clock: 조정되지 않은 클럭을 나타낸다. 즉, 다른 클럭과는 달리 시간이 진행됨에 따라 두 시간 지점의 차이는 항상 양수로 나타난다.

다음 예제는 고정^{steadiness}(또는 모노톤^{monotone}) 여부에 관계없이 각 클럭의 정밀도를 출력한다.

```cpp
template <typename T>
void print_clock()
{
  std::cout << "precision: "
            << (1000000.0 * double(T::period::num)) / (T::period::den)
            << std::endl;
  std::cout << "steady: " << T::is_steady << std::endl;
}
```

```
print_clock<std::chrono::system_clock>();
print_clock<std::chrono::high_resolution_clock>();
print_clock<std::chrono::steady_clock>();
```

가능한 출력은 다음과 같다.

```
precision: 0.1
steady: 0
precision: 0.001
steady: 1
precision: 0.001
steady: 1
```

즉 system_clock은 0.1밀리초의 해상도를 가지며 모노톤 클럭이 아니다. 반면에 다른 두 클럭 high_resolution_clock과 steady_clock은 모두 1나노초의 해상도를 가지며 모노톤 클럭이다.

함수의 실행 시간을 측정할 때는 클럭의 고정이 중요하다. 함수가 실행되는 동안 클럭이 조정되면 결과로 실제 실행 시간이 산출되지 않으며 값이 음수가 될 수도 있기 때문이다. 함수 실행 시간을 측정하려면 고정된 클럭에 의존해야 한다. 전형적인 선택은 high_resolution_clock이며, '예제 구현' 절의 예제에서 사용됐다.

실행 시간을 측정할 때는 호출하기 전과 호출이 반환된 후의 현재 시간을 구해야 한다. 이를 위해 클럭의 now() 정적 메소드를 사용한다. 결과는 time_point다. 두 개의 시간 지점을 빼면 결과는 클럭의 지속 시간으로 정의된 duration이 된다.

함수의 실행 시간을 측정하는 데 사용할 수 있는 재사용 가능한 구성 요소를 생성하기 위해 perf_timer라는 클래스 템플릿을 정의했다. 이 클래스 템플릿은 우리가 관심을 갖고 있는 해상도(디폴트는 마이크로초)와 사용할 클럭(디폴트는 high_resolution_clock)을 매개변수로 받는다. 클래스 템플릿에는 실행할 함수와 변수 개수를 인수로 취하는 단일 정적 멤버 duration(), 즉 가변 함수 템플릿을 가진다. 구현은 비교적 간단해서 현재 시간을 추출하고 std::invoke를 사용해 함수를 호출한다(호출 가능한 것을 호출하는 여러 메커니즘을 처리하도록). 그리고 현재 시간을 다시 추출한다. 반환값은 duration(정의된 해상도와 함께)이다.

```
auto t = perf_timer<>::duration(func, 100000000);

std::cout << std::chrono::duration<double, std::milli>(t).count()
        << "ms" << std::endl;

std::cout << std::chrono::duration<double, std::nano>(t).count()
        << "ns" << std::endl;
```

duration() 함수는 틱 수를 반환하는 것이 아니라 실제 duration 값을 반환한다는 점에 유의해야 한다. 그 이유는 틱 수를 반환하면 해상도를 읽어버려 실제로 값을 알 수 없기 때문이다. 실제 틱 수가 필요할 때만 count()를 호출하는 것이 좋다.

```
auto t1 = perf_timer<std::chrono::nanoseconds>::duration(func1);
auto t2 = perf_timer<std::chrono::microseconds>::duration(func2);
auto t3 = perf_timer<std::chrono::milliseconds>::duration(func3);

std::cout
  << std::chrono::duration<double, std::micro>(t1 + t2 + t3).count()
  << "us" << std::endl;
```

참고 사항

- chrono::duration으로 시간 간격 표현하기
- 3장의 '호출 가능한 모든 것을 통합해 호출하기' 레시피

사용자 정의 타입에 대한 해시 값 생성

표준 라이브러리는 정렬되지 않은^{unordered} 연관 컨테이너인 std::unordered_set, std::unordered_multiset, std::unordered_map, std::unordered_map을 제공한다. 이 컨테이너는 요소를 특정 순서로 저장하지 않고 대신 버킷^{bucket}으로 그룹화한다. 요소가 속한 버킷은 요소의 해시 값에 따라 다르다. 이런 표준 컨테이너는 디폴트로 std::hash 클래스 템플릿을 사용해 해시 값을 계산한다. 모든 기본 타입과 일부 라이브러리 타입에 대한 특수화가 가능하다. 그러나 사용자 정의 타입의 경우 클래스 템플릿을 직접 특수화해야 한다. 이번 레시피에서는 이를 수행하는 방법과 좋은 해시 값을 계산하는 방법을 설명한다.

준비

이번 레시피는 표준 라이브러리의 해싱 함수를 다룬다. 따라서 해시와 해시 함수의 개념에 익숙해야 한다.

이번 레시피의 예제는 다음 클래스를 사용한다.

```cpp
struct Item
{
  int id;
  std::string name;
  double value;

  Item(int const id, std::string const & name, double const value)
    :id(id), name(name), value(value)
  {}

  bool operator==(Item const & other) const
  {
    return id == other.id && name == other.name &&
      value == other.value;
  }
};
```

정렬되지 않은 연관 컨테이너로 사용자 정의 타입을 사용하려면 다음 단계를 수행해야한다.

1. 사용자 정의 타입에 대해 std::hash 클래스 템플릿을 특수화한다. 특수화는 std 네임스페이스에서 수행돼야 한다.
2. 인수와 결과 타입에 대한 동의어를 정의한다.
3. 호출 연산자를 구현해 타입에 대한 상수 참조를 받아 해시 값을 반환한다.

좋은 해시 값을 계산하기 위해 다음을 수행한다.

1. 소수(예를 들어 17)를 초깃값으로 시작한다.
2. 클래스의 두 인스턴스가 동일한지를 확인하는 데 사용되는 각 필드에 대해 다음 공식에 따라 해시 값을 조정한다.

```
hashValue = hashValue * prime + hashFunc(field);
```

3. 위의 공식을 사용해 모든 필드에 동일한 소수를 사용할 수 있지만 초깃값 31과 같이 다른 값을 사용하는 것이 좋다.
4. std::hash의 특수화를 사용해 클래스 데이터 멤버의 해시 값을 결정한다.

앞에서 설명한 단계에 따르면 Item 클래스의 std::hash 특수화는 다음과 같다.

```
namespace std
{
  template<>
  struct hash<Item>
  {
    typedef Item argument_type;
    typedef size_t result_type;
```

```
    result_type operator()(argument_type const & item) const
    {
      result_type hashValue = 17;
      hashValue = 31 * hashValue +
          std::hash<int>{}(item.id);
      hashValue = 31 * hashValue +
          std::hash<std::string>{}(item.name);
      hashValue = 31 * hashValue +
          std::hash<double>{}(item.value);
      return hashValue;
    }
  };
}
```

예제 분석

클래스 템플릿 std::hash는 호출 연산자가 다음과 같은 속성을 가진 해시 함수를 정의하는 함수 객체 템플릿이다.

- 템플릿 매개변수 타입의 인수를 취하고 size_t 값을 반환한다.
- 예외를 발생시키지 않는다.
- 동일한 두 인수에 대해 동일한 해시 값을 반환한다.
- 동일하지 않은 두 인수의 경우, 동일한 값을 반환할 확률은 매우 작다(1.0/std::nu meric_limits<size_t>::max()에 가까워야 한다).

표준은 bool, char, int, long, float, double(unsigned와 long의 모든 가능한 변형 포함)과 포인터 타입 같은 모든 기본 타입뿐만 아니라 basic_string과 basic_string_view 타입, unique_ptr과 shared_ptr, bitset과 vector<bool>, optional과 variant(C++17에서)를 포함한 라이브러리 타입, 그리고 여러 다른 타입에 대한 특수화를 제공한다. 하지만 사용자 정의 타입의 경우에는 자체적으로 특수화를 제공해야 한다. 이 특수화는 네임스페이스 std(클래스 템플릿 hash가 정의된 네임스페이스이기 때문에)에 있어야 하며 앞에서 열거한 요구 사항을 충족해야 한다.

표준은 해시 값을 계산하는 방법을 지정하지 않는다. 동일한 객체에 대해 동일한 값을 반환하고 동일하지 않은 객체에 대해서는 동일한 값을 반환할 확률이 매우 낮은 한, 원하는 어떤 함수도 사용할 수 있다. 이 레시피에 설명된 알고리즘은 조쉬아 블락^{Joshua Bloch}의 『Effective Java 2nd Edition』에 실렸다.

해시 값을 계산할 때 클래스의 두 인스턴스가 같은지(즉 operator==에서 사용되는 필드)를 결정하는 데 참여하는 필드만 고려한다. 그러나 operator==과 함께 사용되는 모든 필드를 사용해야 한다. 예제에서 Item 클래스의 세 필드는 모두 두 객체가 같은지를 결정하는 데 사용된다. 따라서 해시를 계산하는 데 이들을 모두 사용해야 한다. 초기 해시 값은 0이 아니어야 하며 예제에서는 소수 17을 선택했다. 중요한 점은 이런 값이 0이 아니어야 한다는 것이다. 그렇지 않으면 해시 값 0을 생성하는 초기 필드(즉 처리 순서의 첫 번째 필드)는 해시를 변경하지 않는다(즉, x * 0 + 0 = 0으로 유지된다). 해시 계산에 사용되는 모든 필드에 대해 이전 값에 소수를 곱하고 현재 필드의 해시를 추가해 현재 해시를 변경한다. 이를 위해 std::hash 클래스 템플릿의 특수화를 사용한다. 31 * x는 컴파일러에 의해 더 빠른 (x << 5) - x로 대체될 수 있기 때문에 소수 31을 사용하면 성능 최적화에 유리하다. 마찬가지로 127 * x는 (x << 7) - x와 같기 때문에 127을 사용하거나, 또는 8191 * x는 (x << 13) -x와 같기 때문에 8191을 사용할 수 있다.

만약 사용자 정의 타입에 배열이 포함돼 있고 두 객체가 동일한지를 결정하는 데 사용된다면, 해시를 계산하는 데 사용돼야 하므로 해당 요소가 클래스의 데이터 멤버인 것으로 간주해 배열을 처리한다. 즉, 배열의 모든 요소에 대해 앞에서 설명한 동일한 알고리즘을 적용한다.

'예제 구현' 절에서 보여준 std::hash<Item>의 특수화를 사용하면, Item 클래스에 std::unordered_set 같은 정렬되지 않은 연관 컨테이너를 사용할 수 있다.

```
std::unordered_set<Item> set2
{
  { 1, "one"s, 1.0 },
  { 2, "two"s, 2.0 },
  { 3, "three"s, 3.0 },
};
```

std::any를 사용해 값을 저장

C++에는 C#이나 자바 같은 다른 언어의 계층적 타입 시스템이 없으므로, .NET과 자바의 Object 타입 또는 자바스크립트에서 기본적으로 가능한 여러 타입의 값을 단일 변수에 저장하는 것이 불가능하다. 개발자들은 이런 목적으로 오랫동안 void*를 사용해왔다. 그러나 이는 포인터를 어떤 타입으로도 저장할 수 있도록 하는 데 도움이 되지만, 타입 안전type-safe하지는 않다. 이에 대한 대안은 최종 목적에 따라 템플릿 또는 오버로드 함수가 될 수 있다. C++17에서는 모든 타입의 단일 값을 저장할 수 있는 std::any라는 타입 안전한 표준 컨테이너를 도입했다.

준비

std::any는 boost::any를 기반으로 설계됐으며 <any> 헤더에서 사용할 수 있다. boost::any에 익숙하고 코드에서 사용해봤다면 std::any로 완벽하게 이전할 수 있다.

예제 구현

std::any로 작업하려면 다음 과정을 따른다.

- 값을 저장하려면 생성자를 사용하거나 직접 std::any 변수에 할당한다.

```
std::any value(42); // integer 12
value = 42.0; // double 12.0
value = "42"s; // std::string "12"
```

- 값을 읽으려면 비멤버 함수 std::any_cast( )를 사용한다.

```
std::any value = 42.0;
try
{
  auto d = std::any_cast<double>(value);
  std::cout << d << std::endl;
}
catch (std::bad_any_cast const & e)
{
  std::cout << e.what() << std::endl;
}
```

- 저장된 값의 타입을 확인하려면 멤버 함수 type( )을 사용한다.

```
inline bool is_integer(std::any const & a)
{
  return a.type() == typeid(int);
}
```

- 컨테이너가 값을 저장하는지를 확인하려면 멤버 함수 has_value( )를 사용한다.

```
auto ltest = [](std::any const & a) {
  if (a.has_value())
    std::cout << "has value" << std::endl;
  else
    std::cout << "no value" << std::endl;
};

std::any value;
ltest(value); // 값이 없음
```

```
value = 42;
ltest(value); // 값을 가짐
```

- 저장된 값을 수정하려면 멤버 함수 emplace( ), reset( ), swap( )을 사용한다.

```
std::any value = 42;
ltest(value); // 값을 가짐
value.reset();
ltest(value); // 값이 없음
```

예제 분석

std::any는 복사 생성 가능한 어떤 유형의 값도 포함할 수 있는 타입 안전한 컨테이너다. 컨테이너에 값을 저장하는 것은 매우 간단하다. 사용 가능한 생성자(값을 저장하지 않는 컨테이너를 생성하는 디폴트 생성자) 중 하나 또는 할당 연산자를 사용할 수 있다. 그러나 직접 값을 읽을 수 없으며 저장된 값을 지정한 타입으로 변환하는 비멤버 함수 std::any_cast( )를 사용해야 한다. 이 함수는 저장된 값이 변환할 값과 다른 타입인 경우 std::bad_any_cast를 발생시킨다. int 및 long과 같이 암시적으로 변환 가능한 타입 간에는 변환할 수 없다. std::bad_any_cast는 std::bad_cast에서 파생된다. 따라서 이 두 가지 예외 타입 중 하나를 캐치catch할 수 있다.

type_info 상수 참조를 반환하는 type( ) 멤버 함수를 사용해 저장된 값의 타입을 확인할 수 있다. 컨테이너가 비어있으면 이 함수는 typeid(void)를 반환한다. 컨테이너가 값을 저장하는지를 확인하려면 has_value( ) 멤버 함수를 사용할 수 있다. 이 함수는 값이 있으면 true를 반환하고, 컨테이너가 비어있으면 false를 반환한다.

다음 예제에서는 컨테이너에 값이 있는지의 여부와 저장된 값의 타입을 확인하는 방법, 컨테이너에서 값을 읽는 방법을 보여준다.

```cpp
void log(std::any const & value)
{
  if (value.has_value())
  {
    auto const & tv = value.type();
    if (tv == typeid(int))
    {
      std::cout << std::any_cast<int>(value) << std::endl;
    }
    else if (tv == typeid(std::string))
    {
      std::cout << std::any_cast<std::string>(value) << std::endl;
    }
    else if (tv == typeid(
      std::chrono::time_point<std::chrono::system_clock>))
    {
      auto t = std::any_cast<std::chrono::time_point<
                std::chrono::system_clock>>(value);
      auto now = std::chrono::system_clock::to_time_t(t);
      std::cout << std::put_time(std::localtime(&now), "%F %T")
                << std::endl;
    }
    else
    {
      std::cout << "unexpected value type" << std::endl;
    }
  }
  else
  {
    std::cout << "(empty)" << std::endl;
  }
}

log(std::any{}); // (비어있음)
log(12); // 12
log("12"s); // 12
log(12.0); // 예기치 않은 값 타입
log(std::chrono::system_clock::now()); // 2016-10-30 22:42:57
```

344

어떤 타입도 가능한 복수의 값을 저장하려면 std::any 타입의 값을 가질 수 있도록 std::vector 같은 표준 컨테이너를 사용한다.

```
std::vector<std::any> values;
values.push_back(std::any{});
values.push_back(12);
values.push_back("12"s);
values.push_back(12.0);
values.push_back(std::chrono::system_clock::now());

for (auto const v : values)
  log(v);
```

참고 사항

- std::optional을 사용해 옵션 값 저장
- 타입 안전한 공용체로 std::variant 사용

std::optional을 사용해 옵션 값 저장

값을 사용할 수 없을 때 값 또는 null을 저장할 수 있으면 유용할 때가 있다. 이런 경우의 전형적인 예로 반환값의 생성에 실패하는 함수의 반환값을 들 수 있다. 이 실패는 오류가 아니다. 예를 들어 키를 지정해 사전에서 값을 찾아 반환하는 함수를 생각해보자. 값을 찾지 못하는 경우도 있으므로 함수는 부울(또는 더 많은 오류 코드가 필요할 경우 정수)을 반환하고 반환값을 보관하는 참조 인수를 가지고 있거나, 또는 포인터(원시 또는 스마트 포인터)를 반환한다. C++17에서 std::optional은 이런 솔루션보다 더 나은 대안이다. 클래스 템플릿 std::optional은 존재하거나 존재하지 않을 수도 있는 값을 저장하기 위한 템플릿 컨테이너다. 이번 레시피에서는 이 컨테이너를 사용하는 방법과 전형적인 사용 사례를 살펴본다.

std::optional<T> 클래스 템플릿은 boost::optional을 기반으로 설계됐으며 <optional> 헤더에서 사용할 수 있다. boost::optional에 익숙하고 코드에서 사용해본 적이 있다면 std::optional로 완벽하게 이전할 수 있다.

예제 구현

std::optional로 작업하려면 다음 과정을 따른다.

- 값을 저장하려면 생성자를 사용하거나 std::optional 객체에 값을 직접 할당한다.

```cpp
std::optional<int> v1; // v1은 비어있음
std::optional<int> v2(42); // v2는 42를 가짐
v1 = 42; // v1은 42를 가짐
std::optional<int> v3 = v2; // v3은 42를 가짐
```

- 저장된 값을 읽으려면 operator* 또는 operator->를 사용한다.

```cpp
std::optional<int> v1{ 42 };
std::cout << *v1 << std::endl; // 42
std::optional<foo> v2{ foo{ 42, 10.5 } };
std::cout << v2->a << ", "
          << v2->b << std::endl; // 42, 10.5
```

- 또는 멤버 함수 value()와 value_or()를 사용해 저장된 값을 읽을 수 있다.

```cpp
std::optional<std::string> v1{ "text"s };
std::cout << v1.value()
          << std::endl; // 텍스트
std::optional<std::string> v2;
```

```
std::cout << v2.value_or("default"s)
          << std::endl; // 디폴트
```

- 컨테이너가 값을 저장하는지 확인하려면 bool 변환 연산자를 사용하거나 멤버 함수 has_value( )를 사용한다.

```
struct foo
{
  int a;
  double b;
};

std::optional<int> v1{ 42 };
if (v1) std::cout << *v1 << std::endl;

std::optional<foo> v2{ foo{ 42, 10.5 } };
if (v2.has_value())
  std::cout << v2->a << ", " << v2->b << std::endl;
```

- 저장된 값을 수정하려면 멤버 함수 emplace( ), reset( ), swap( )을 사용한다.

```
std::optional<int> v{ 42 }; // v는 42를 가짐
v.reset(); // v는 비어있음
```

다음 중 하나를 모델링하려면 std::optional을 사용한다.

- 값 생성에 실패한 함수에서 값을 반환한다.

```
template <typename K, typename V>
std::optional<V> find(int const key,
                      std::map<K, V> const & m)
{
  auto pos = m.find(key);
  if (pos != m.end())
```

```
    return pos->second;
  return {};
}
std::map<int, std::string> m{
  { 1, "one"s },{ 2, "two"s },{ 3, "three"s } };

auto value = find(2, m);
if (value) std::cout << *value << std::endl; // two

value = find(4, m);
if (value) std::cout << *value << std::endl;
```

- 선택 사항인 함수의 매개변수

```
std::string extract(std::string const & text,
                    std::optional<int> start,
                    std::optional<int> end)
{
  auto s = start.value_or(0);
  auto e = end.value_or(text.length());
  return text.substr(s, e - s);
}

auto v1 = extract("sample"s, {}, {});
std::cout << v1 << std::endl; // sample

auto v2 = extract("sample"s, 1, {});
std::cout << v2 << std::endl; // ample

auto v3 = extract("sample"s, 1, 4);
std::cout << v3 << std::endl; // amp
```

- 선택 사항인 클래스 데이터 멤버

```
struct book
{
```

```
      std::string title;
      std::optional<std::string> subtitle;
      std::vector<std::string> authors;
      std::string publisher;
      std::string isbn;
      std::optional<int> pages;
      std::optional<int> year;
};
```

예제 분석

클래스 템플릿 std::optional은 선택적인 값을 위한 컨테이너를 나타내는 클래스 템플릿이다. 컨테이너가 값을 가지면 그 값은 optional 객체의 일부로 저장된다. 힙 할당과 포인터는 관여되지 않는다. std::optional 클래스 템플릿은 개념적으로 다음과 같이 구현된다.

```
template <typename T>
class optional
{
  bool _initialized;
  std::aligned_storage_t<sizeof(t), alignof(T)> _storage;
};
```

std::aligned_storage_t 별칭 템플릿을 사용하면 주어진 타입의 객체를 포함할 수 있는 초기화되지 않은 메모리 청크를 생성할 수 있다. 디폴트로 생성됐거나 다른 빈 선택적인 객체 또는 std::nullopt_t 값에서 복사 생성되거나 복사 지정된 경우, 클래스 템플릿 std::optional은 값을 포함하지 않는다. 이것은 빈 클래스로 구현되는 헬퍼 타입이며, 초기화되지 않은 상태의 선택적인 객체를 나타낸다.

optional 타입(다른 프로그래밍 언어에서는 널러블nullable이라고 함)의 전형적인 용도는 실패한 함수의 반환 타입이다. 이 상황의 가능한 해결책은 다음과 같다.

- std::pair<T, bool>을 반환한다. 여기서 T는 반환값의 타입이다. 쌍의 두 번째 요소는 첫 번째 요소의 값이 유효한지를 나타내는 부울 플래그다.
- bool을 반환하고 타입 T&의 추가 매개변수를 가져와서 함수가 성공한 경우에만 이 매개변수에 값을 할당한다.
- 원시 또는 스마트 포인터 타입을 반환하고 nullptr을 사용해 실패를 나타낸다.

클래스 템플릿 std::optional은 한편으로는 함수에 출력 매개변수가 포함되지 않고(값의 반환은 부자연스러움) 포인터로 작업할 필요가 없으며, 다른 한편으로는 std::pair<T, bool>의 세부 사항을 더 잘 캡슐화하기 때문에 더 좋은 접근 방법이다. 선택적인 객체를 클래스 데이터 멤버로 사용할 수도 있으며 컴파일러는 효율적으로 메모리 레이아웃을 최적화할 수 있다.

클래스 템플릿 std::optional은 다형성(polymorphic) 타입을 반환하는 데 사용할 수 없다. 예를 들어 타입의 계층 구조에서 다른 타입을 반환해야 하는 팩토리 메소드를 작성하는 경우, std::optional에 의존할 수 없고 std::shared_ptr 또는 std::unique_ptr 포인터(객체의 소유권을 공유해야 하는지의 여부에 따라)를 반환해야 한다.

함수에 선택적 인수를 전달하기 위해 std::optional을 사용할 때 복사본 생성이 발생할 수 있고, 이는 성능 문제를 야기할 수 있다. std::optional 매개변수에 대한 상수 참조를 가지는 다음 함수의 예제를 살펴보자.

```
struct bar { /* 세부 사항 */ };
void process(std::optional<bar> const & arg)
{
  /* arg로 작업 수행 */
}

std::optional<bar> b1{ bar{} };
bar b2{};
```

```
process(b1); // 사본 없음
process(b2); // 사본 생성
```

process( )의 첫 번째 호출은 std::optional<bar> 객체를 전달하기 때문에 추가 객체 생성이 필요 없다. 그러나 두 번째 호출은 b2가 bar고 std::optional<bar>에 복사돼야 하기 때문에 bar 객체의 사본 생성이 필요하다. bar가 이동 시맨틱을 구현하더라도 사본이 만들어진다. bar가 작은 객체인 경우 큰 문제는 아니지만, 큰 객체인 경우라면 성능 문제가 될 수 있다. 이 문제를 회피할 수 있는 솔루션은 컨텍스트에 따라 다르며, bar의 상수 참조를 취하는 두 번째 오버로드를 생성하거나 std::optional을 전혀 사용하지 않으면 된다.

참고 사항

- std::any를 사용해 값을 저장
- 타입 안전한 공용체로 std::variant 사용

타입 안전한 공용체로 std::variant 사용

C++에서 공용체union는 언제든지 데이터 멤버 중 하나의 값을 보유할 수 있는 특별 클래스 타입이다. 일반 클래스와 달리, 공용체는 기본 클래스를 가질 수도 없고 파생될 수도 없으며 가상 함수를 포함할 수 없다(의미가 없다). 공용체는 대개 동일한 데이터를 다르게 정의하는 데 사용된다. 그러나 공용체는 POD 타입에서만 동작한다. 공용체가 POD 타입이 아닌 값을 포함하는 경우, 이 멤버는 new 배치와 명시적 소멸destruction을 사용해 명시적으로 생성해야 하며, 이는 번거롭고 오류가 발생하기 쉽다. C++17에서 타입 안전한 공용체는 std::variant라는 표준 라이브러리 클래스 템플릿 형태로 사용할 수 있다. 이번 레시피에서는 이를 사용해 대체 값을 모델링하는 방법을 알아본다.

이번 레시피에서 차별화된 공용체^{discriminated union}가 직접 논의되지는 않지만, 익숙해지면 variant가 동작하는 방식과 더 좋은 디자인을 이해하는 데 도움이 된다.

std::variant 클래스 템플릿은 boost::variant를 기반으로 설계됐으며 <variant> 헤더에서 사용할 수 있다. boost::variant에 익숙하고 코드에서 사용해왔다면 표준 variant 클래스 템플릿을 사용해 약간의 노력으로 쉽게 이전할 수 있다.

예제 구현

std::variant로 작업하려면 다음 과정을 따른다.

- 저장된 값을 수정하려면 멤버 함수 emplace( ) 또는 swap( )을 사용한다.

```
struct foo
{
  int value;
  explicit foo(int const i) : value(i) {}
};

std::variant<int, std::string, foo> v = 42; // int를 가짐
v.emplace<foo>(42); // foo를 가짐
```

- 저장된 값을 읽으려면 비멤버 함수 std::get 또는 std::get_if를 사용한다.

```
std::variant<int, double, std::string> v = 42;

auto i1 = std::get<int>(v);
auto i2 = std::get<0>(v);

try
{
```

```
  auto f = std::get<double>(v);
}
catch (std::bad_variant_access const & e)
{
  std::cout << e.what() << std::endl; // 예상치 못한 인덱스
}
```

- 값을 저장하려면 생성자를 사용하거나 직접 variant 객체에 값을 할당한다.

```
std::variant<int, double, std::string> v;
v = 42; // v는 int 42를 가짐
v = 42.0; // v는 double 42.0을 가짐
v = "42"; // v는 string "42"를 가짐
```

- 저장된 대안이 무엇인지 확인하려면 멤버 함수 index()를 사용한다.

```
std::variant<int, double, std::string> v = 42;
static_assert(std::variant_size_v<decltype(v)> == 3);
std::cout << "index = " << v.index() << std::endl;
v = 42.0;
std::cout << "index = " << v.index() << std::endl;
v = "42";
std::cout << "index = " << v.index() << std::endl;
```

- variant가 대안을 포함하고 있는지 확인하려면 비멤버 함수 std::holds_altern ative()를 사용한다.

```
std::variant<int, double, std::string> v = 42;
std::cout << "int? " << std::boolalpha
          << std::holds_alternative<int>(v)
          << std::endl; // int? true
v = "42";
std::cout << "int? " << std::boolalpha
          << std::holds_alternative<int>(v)
          << std::endl; // int? false
```

- 첫 번째 대안이 디폴트 생성 가능하지 않은 variant를 정의하려면 첫 번째 대안으로 std::monostate를 사용한다(이 예에서 foo는 이전과 동일한 클래스다).

```
std::variant<std::monostate, foo, int> v;
v = 42; // v는 int 42를 가짐
std::cout << std::get<int>(v) << std::endl;
v = foo{ 42 }; // v는 foo{42}를 가짐
std::cout << std::get<foo>(v).value << std::endl;
```

- variant의 저장된 값을 처리하고 대안의 타입에 따라 처리하려면 std::visit()를 사용한다.

```
std::variant<int, double, std::string> v = 42;
std::visit(
  [](auto&& arg) {std::cout << arg << std::endl; },
  v);
```

예제 분석

std::variant는 주어진 시점에 가용한 대안 중 하나의 값을 보유한 타입 안전한 공용체를 모델링하는 클래스 템플릿이다. 드문 경우지만 variant 객체가 어떤 값도 저장하지 않을 수 있다. std::variant에는 variant가 값을 가지고 있지 않은 경우 true를 반환하는 valueless_by_exception()이라는 멤버 함수가 있다. 이 함수는 이름과 같이 초기화 중에 예외가 발생한 경우에만 값을 가지지 않는다.

std::variant 객체의 크기는 가장 큰 대안의 크기다. variant는 추가 데이터를 저장하지 않는다. variant에 의해 저장된 값은 객체 자체의 메모리 표현 내에 할당된다.

variant는 동일한 타입의 여러 대체를 보유할 수 있으며 동시에 여러 가지 상수 및 변경 가능 버전을 보유할 수 있다. 반면에 void 타입의 대안이나 배열과 참조 타입의 대안을 가질 수 없다. 반면에 첫 번째 대안은 항상 디폴트 생성 가능해야 한다. 그 이유는 차별화된

공용체와 마찬가지로 variant는 첫 번째 대안의 값으로 초기화되기 때문이다. 첫 번째 대체 타입이 디폴트 생성 가능하지 않은 경우 variant는 std::monostate를 첫 번째 대안으로 사용해야 한다. 이것은 variant를 디폴트 생성 가능하게 만들기 위해 들여쓰여진 빈 empty 타입이다.

컴파일 타임에 크기(즉, 정의한 대안의 수)와 0부터 시작하는 인덱스로 지정된 대안의 타입으로 variant를 쿼리할 수 있다. 한편 멤버 함수 index( )를 사용해 런타임에 현재 보유 중인 대체 인덱스를 쿼리할 수 있다.

부연 설명

variant의 내용을 조작하는 일반적인 방법은 방문visitation을 통한 것이다. 이것은 기본적으로 variant가 가진 대안을 기반으로 한 동작의 실행이다. 이것 자체로 큰 주제이므로 이에 대해서는 다음 레시피에서 별도로 알아본다.

참고 사항

- std::any를 사용해 값을 저장
- std::optional을 사용해 옵션 값 저장
- std::variant 방문

std::variant 방문

std::variant는 boost.variant 라이브러리를 기반으로 C++17에 추가된 새로운 표준 컨테이너다. variant는 대안 타입 중 하나의 값을 보유하는 타입 안전한 공용체다. 이전 레시피에서 이미 variant를 사용한 다양한 연산을 살펴봤지만, 여기서 사용한 variant는 std::variant가 생성된 실제 목적이 아닌 대부분 POD 타입으로 매우 단순했다. variant

는 유사한 비다형성 및 비POD 타입의 대안을 보유하는 데 사용된다. 이번 레시피에서는 variant를 사용하는 좀 더 현실적인 예를 살펴보고 variant를 방문하는visit 방법을 배운다.

준비

이번 레시피에서는 std::variant 타입에 익숙해야 한다. 먼저 이전 레시피인 '타입 안전한 공용체로 std::variant 사용'을 읽어보는 것을 추천한다.

variant 방문을 수행하는 방법을 설명하기 위해 미디어 DVD를 나타내는 variant를 고려해보자. 음악이나 영화 또는 소프트웨어를 담을 수 있는 DVD 상점이나 라이브러리를 모델링한다고 가정해보자. 그러나 이런 옵션은 공통 데이터와 가상 함수를 가진 계층 구조로 모델링되지 않고, 제목과 같이 유사한 속성을 가질 수 있는 비관련 타입으로 모델링된다. 간단히 하기 위해 다음 속성을 고려해보자.

- 영화의 경우: 제목과 길이(분 단위)
- 앨범의 경우: 제목, 아티스트 이름, 트랙 목록(각 트랙의 제목과 초 단위의 길이)
- 소프트웨어의 경우: 제목과 제조사

다음은 이들 타입의 대안을 보유하고 있는 variant의 방문과 관련이 없기 때문에 함수가 없는 이들 타입의 간단한 구현을 보여준다.

```
enum class Genre { Drama, Action, SF, Commedy };

struct Movie
{
  std::string title;
  std::chrono::minutes length;
  std::vector<Genre> genre;
};
```

```
struct Track
{
  std::string title;
  std::chrono::seconds length;
};

struct Music
{
  std::string title;
  std::string artist;
  std::vector<Track> tracks;
};

struct Software
{
  std::string title;
  std::string vendor;
};

using dvd = std::variant<Movie, Music, Software>;
```

예제 구현

variant를 방문하려면 variant의 가능한 대안에 대해 하나 이상의 동작을 제공해야 한다.
방문자^{visitor}에는 다른 목적으로 사용되는 다양한 타입이 있다.

- 아무것도 반환하지 않지만 부작용을 가진 void 방문자. 다음 예는 각 DVD의 제
  목을 콘솔에 출력한다.

```
for (auto const & d : dvds)
{
  std::visit([](auto&& arg) {
              std::cout << arg.title << std::endl; },
            d);
}
```

- 값을 반환하는 방문자. 값은 variant의 현재 대안과 상관없이 동일한 타입이어야 하며 그 자체가 variant일 수 있다. 다음 예제에서는 variant를 방문해 대문자로 변형된 대안에서 제목 속성을 가진 동일한 타입의 새 variant를 반환한다.

```cpp
for (auto const & d : dvds)
{
  dvd result = std::visit(
    [](auto&& arg) -> dvd
    {
      auto cpy { arg };
      cpy.title = to_upper(cpy.title);
      return cpy;
    },
    d);
  std::visit(
    [](auto&& arg) {
      std::cout << arg.title << std::endl; },
    result);
}
```

- 각 variant의 대안 타입에 대한 오버로드된 호출 연산자를 가지는 함수 객체를 제공해 구현된 타입 매칭을 수행하는 방문자(void 또는 값을 반환하는 방문자가 될 수 있음)

```cpp
struct visitor_functor
{
  void operator()(Movie const & arg) const
  {
    std::cout << "Movie" << std::endl;
    std::cout << " Title: " << arg.title << std::endl;
    std::cout << " Length: " << arg.length.count()
              << "min" << std::endl;
  }

  void operator()(Music const & arg) const
```

```
  {
    std::cout << "Music" << std::endl;
    std::cout << " Title: " << arg.title << std::endl;
    std::cout << " Artist: " << arg.artist << std::endl;

    for (auto const & t : arg.tracks)
      std::cout << " Track: " << t.title
                << ", " << t.length.count()
                << "sec" << std::endl;
  }

  void operator()(Software const & arg) const
  {
    std::cout << "Software" << std::endl;
    std::cout << " Title: " << arg.title << std::endl;
    std::cout << " Vendor: " << arg.vendor << std::endl;
  }
};

for (auto const & d : dvds)
{
  std::visit(visitor_functor(), d);
}
```

- 대안의 타입에 따라 동작을 수행하는 람다 표현식을 제공해 구현된 타입 매칭을
  수행하는 방문자

```
for (auto const & d : dvds)
{
  std::visit([](auto&& arg) {
    using T = std::decay_t<decltype(arg)>;
    if constexpr (std::is_same_v<T, Movie>)
    {
      std::cout << "Movie" << std::endl;
      std::cout << " Title: " << arg.title << std::endl;
      std::cout << " Length: " << arg.length.count()
                << "min" << std::endl;
```

```
      }
      else if constexpr (std::is_same_v<T, Music>)
      {
        std::cout << "Music" << std::endl;
        std::cout << " Title: " << arg.title << std::endl;
        std::cout << " Artist: " << arg.artist << std::endl;

        for (auto const & t : arg.tracks)
          std::cout << " Track: " << t.title
                    << ", " << t.length.count()
                    << "sec" << std::endl;
      }
      else if constexpr (std::is_same_v<T, Software>)
      {
        std::cout << "Software" << std::endl;
        std::cout << " Title: " << arg.title << std::endl;
        std::cout << " Vendor: " << arg.vendor << std::endl;
      }
    },
    d);
}
```

예제 분석

방문자는 variant의 모든 가능한 대안을 허용하는 호출 가능한 객체(함수, 람다 표현식 또는 함수 객체)다. 방문은 방문자와 하나 이상의 variant 객체로 std::visit()를 호출해 수행된다. variant는 동일한 타입일 필요가 없지만, 방문자는 호출된 모든 variant에서 모든 가능한 대안을 허용할 수 있어야 한다. 앞의 예제에서 단일 variant 객체를 방문했지만 여러 variant를 방문해도 std::visit()에 인수를 전달하는 것 이상을 의미하지는 않는다.

variant를 방문하면 현재 variant에 저장된 값으로 호출 가능한 객체가 호출된다. 방문자가 variant에 저장된 타입의 인수를 허용하지 않으면 프로그램이 잘못 구성된다. 방문자가 함수 객체인 경우 variant의 가능한 모든 대안 타입에 대해 호출 연산자를 오버로드해야 한다. 방문자가 람다 표현식인 경우, 기본적으로 호출 연산자 템플릿이 있는 함수 객체인 제네릭 람다여야 하며 컴파일러에서 호출된 실제 타입으로 인스턴스화된다.

두 가지 접근 방식의 예는 타입 매칭 방문자에 대한 이전 절에 나와 있다. 첫 번째 예제의 함수 객체는 간단하므로 추가 설명이 필요하지 않다. 반면에 제네릭 람다 표현식은 컴파일 타임에 인수의 타입에 기반해 특정 if 분기를 선택하기 위해 constexpr if를 사용한다. 결과적으로 컴파일러는 연산자 호출 템플릿과 constexpr if문을 포함하는 본문을 가진 함수 객체를 생성한다. 해당 함수 템플릿을 인스턴스화할 때 variant의 가능한 각 타입에 대한 오버로드를 생성하고 각 오버로드에서 호출 연산자 인수의 타입과 일치하는 constexpr if 분기만 선택한다. 결과는 개념적으로 visitor_functor 클래스의 구현과 동일하다.

참고 사항

- std::any를 사용해 값을 저장
- std::optional을 사용해 옵션 값 저장
- 타입 안전한 공용체로 std::variant 사용

프로그램이 정상적으로 종료될 때 호출할 함수 등록하기

일반적으로 프로그램이 종료될 때 리소스를 해제하거나 로그를 작성하거나 다른 최종 작업을 수행하는 것이 일반적이다. 표준 라이브러리는 main( )에서 돌아오거나 std::exit( ) 또는 std::quick_exit( ) 호출을 통해 프로그램이 정상적으로 종료될 때 호출할 함수를 등록할 수 있게 해주는 두 개의 유틸리티 함수를 제공한다. 이것은 사용자가 명시적으로 종료 함수를 호출하지 않아도 프로그램이 종료되기 전에 조치를 수행해야 하는 라이브러리에서 특히 유용하다.

이번 레시피에서 설명하는 모든 함수 exit( ), quick_exit( ), atexit( ), at_quick_exit( ) 는 <cstdlib> 헤더의 std 네임스페이스에서 사용할 수 있다.

예제 구현

프로그램 종료 시 호출할 함수를 등록하려면 다음을 수행한다.

- main( )에서 돌아오거나 std::exit( ) 호출이 수행될 때 호출될 함수를 등록하는 std::atexit( )

```
void exit_handler_1()
{
  std::cout << "exit handler 1" << std::endl;
}

void exit_handler_2()
{
  std::cout << "exit handler 1" << std::endl;
}

std::atexit(exit_handler_1);
std::atexit(exit_handler_2);
std::atexit([]() {std::cout << "exit handler 3" << std::endl; });
```

- std::quick_exit( )의 호출이 수행될 때 호출될 함수를 등록하는 std::at_qui ck_exit( )

```
void quick_exit_handler_1()
{
  std::cout << "quick exit handler 1" << std::endl;
}
```

```
void quick_exit_handler_2()
{
  std::cout << "quick exit handler 2" << std::endl;
}

std::at_quick_exit(quick_exit_handler_1);
std::at_quick_exit(quick_exit_handler_2);
std::at_quick_exit([]() {
  std::cout << "quick exit handler 3" << std::endl; });
```

예제 분석

종료 핸들러는 등록된 메소드에 관계없이 프로그램이 정상적으로 또는 빠르게 종료될 때만 호출된다. std::terminate() 또는 std::abort() 호출을 통해 비정상적인 방법으로 종료되면 아무것도 호출되지 않는다. 이들 핸들러 중 하나가 예외를 통해 종료되면 std::terminate()가 호출된다. 종료 핸들러는 매개변수가 없으며 void를 반환해야 한다. 일단 등록되면 종료 핸들러를 해제할 수 없다.

프로그램은 여러 핸들러를 설치할 수 있다. 실제 구현에서는 더 큰 수를 지원할 수도 있지만, 표준에서는 적어도 32개의 핸들러를 등록할 수 있음을 보장한다. std::atexit()와 std::at_quick_exit()는 둘 다 스레드 안전^{thread-safe}하므로 경쟁 조건을 발생시키지 않고 다른 스레드에서 동시에 호출할 수 있다.

여러 핸들러가 등록되면 등록의 역순으로 호출된다. 다음 표는 프로그램이 std::exit()와 std::quick_exit() 호출을 통해 종료될 때 이전 절에서 설명한 것처럼 종료 핸들러를 등록한 프로그램의 출력을 보여준다.

std::exit(0);	std::quick_exit(0);
exit handler 3	quick exit handler 3
exit handler 2	quick exit handler 2
exit handler 1	quick exit handler 1

한편 프로그램의 정상 종료 시, 지역 저장 기간을 갖는 객체의 파괴destruction, 정적 저장 기간을 갖는 객체의 파괴, 등록된 종료 핸들러의 호출이 동시에 수행된다. 그러나 정적 객체의 생성 전에 등록된 종료 핸들러는 그 정적 객체의 파괴 후에 호출되고, 정적 객체의 생성 후에 등록된 종료 핸들러는 그 정적 객체의 파괴 전에 호출된다. 이를 더 잘 설명하기 위해 다음 클래스를 살펴본다.

```cpp
struct static_foo
{
  ~static_foo() { std::cout << "static foo destroyed!" << std::endl; }
  static static_foo* instance()
  {
    static static_foo obj;
    return &obj;
  }
};
```

다음과 같은 코드 시퀀스가 실행되면 static_foo라는 정적 객체를 생성하기 전에 exit_handler_1이 등록된다. 반면에 exit_handler_2와 람다 표현식은 모두 정적 객체가 생성된 후에 순서대로 등록된다. 결과적으로 정상 종료 시 호출 순서는 다음과 같다.

1. 람다 표현식
2. exit_handler_2
3. static_foo의 소멸자
4. exit_handler_1

```cpp
std::atexit(exit_handler_1);
static_foo::instance();
std::atexit(exit_handler_2);
std::atexit([]() {std::cout << "exit handler 3" << std::endl; });
std::exit(42);
```

앞의 프로그램의 출력은 다음과 같다.

```
exit handler 3
exit handler 2
static foo destroyed!
exit handler 1
```

참고 사항

- 3장의 '표준 알고리즘에서 람다 사용하기' 레시피

타입 특성을 사용한 타입의 속성 조회

템플릿 메타프로그래밍은 모든 타입에서 동작하는 제네릭 코드를 작성하고 재사용할 수 있게 해주는 강력한 언어 기능이다. 그러나 실제로는 제네릭 코드가 의도나 시맨틱 정확성, 또는 다른 이유로 타입에 따라 다르게 동작하거나 전혀 동작하지 않아야 하는 경우도 종종 있다. 예를 들어 POD와 비POD 타입에 대해 제네릭 알고리즘을 다르게 구현하거나 또는 함수 템플릿이 정수 타입에서만 인스턴스화되는 것이 필요할 수 있다. C++11은 이를 돕기 위해 일련의 타입 특성^{type trait}을 제공한다.

타입 특성은 기본적으로 다른 타입에 대한 정보를 제공하는 메타 타입이다. 타입 특성 라이브러리에는 타입 속성 조회를 위한 타입의 긴 목록(예를 들어 타입이 정수 타입인지 또는 두 타입이 동일한지 확인하는 것과 같은)이 포함돼 있지만 타입 변환(const와 volatile 한정자^{qualifier} 제거 또는 타입에 대한 포인터 추가 같은)도 포함된다. 이미 앞의 몇 개 레시피에서 타입 특성을 사용했다. 이번 레시피에서는 타입 특성이 무엇이며 어떻게 동작하는지 살펴본다.

C++11에서 도입된 모든 타입 특성은 `<type_traits>` 헤더의 `std` 네임스페이스에서 사용할 수 있다.

타입 특성은 여러 메타프로그래밍 환경에서 사용될 수 있으며, 이 책 전반에 걸쳐 다양한 상황에서 사용되는 것을 볼 수 있다. 이번 레시피에서는 이런 유스케이스의 일부를 요약하고 타입 특성이 어떻게 동작하는지 살펴본다.

이번 레시피에서는 전체 및 부분 템플릿 특수화에 대해 설명한다. 이런 개념에 익숙하면 타입 특성이 동작하는 방식을 이해하는 데 도움이 된다.

다음 목록은 디자인 목적을 달성하는 데 타입 특성을 사용하는 다양한 상황을 보여준다.

- `enable_if`를 사용해 함수 템플릿을 인스턴스화할 수 있는 타입의 전제 조건을 정의한다.

```
template <typename T,
          typename = typename std::enable_if<
              std::is_arithmetic<T>::value>::type>
T multiply(T const t1, T const t2)
{
  return t1 * t2;
}

auto v1 = multiply(42.0, 1.5); // OK
auto v2 = multiply("42"s, "1.5"s); // 오류
```

- `static_assert`를 사용해 불변invariant이 충족되는지 확인한다.

```
template <typename T>
struct pod_wrapper
{
  static_assert(std::is_pod<T>::value, "Type is not a POD!");
  T value;
};

pod_wrapper<int> i{ 42 }; // OK
pod_wrapper<std::string> s{ "42"s }; // 오류
```

- std::conditional을 사용해 타입을 선택한다.

```
template <typename T>
struct const_wrapper
{
  typedef typename std::conditional<
    std::is_const<T>::value,
    T,
    typename std::add_const<T>::type>::type const_type;
};

static_assert(
  std::is_const<const_wrapper<int>::const_type>::value);

static_assert(
  std::is_const<const_wrapper<int const>::const_type>::value);
```

- constexpr if를 사용해 템플릿이 인스턴스화된 타입에 따라 컴파일러에서 다른 코드를 생성한다.

```
template <typename T>
auto process(T arg)
{
  if constexpr (std::is_same<T, bool>::value)
    return !arg;
```

```
    else if constexpr (std::is_integral<T>::value)
      return -arg;
    else if constexpr (std::is_floating_point<T>::value)
      return std::abs(arg);
    else
      return arg;
}

auto v1 = process(false); // v1 = true
auto v2 = process(42); // v2 = -42
auto v3 = process(-42.0); // v3 = 42.0
auto v4 = process("42"s); // v4 = "42"
```

예제 분석

타입 특성은 타입에 대한 메타 정보를 제공하거나 타입을 수정하는 데 사용할 수 있는 클래스다. 타입 특성에는 실제로 두 가지 카테고리가 있다.

- 타입, 속성 또는 관계(예를 들어 is_integer, is_arithmetic, is_array, is_enum, is_class, is_const, is_pod, is_constructible, is_same 등)에 대한 정보를 제공하는 특성. 이런 특성은 value로 불리는 상수 bool 멤버를 제공한다.
- 타입의 속성을 수정하는 특성(예를 들어 add_const, remove_const, add_pointer, remove_pointer, make_signed, make_unsigned 등). 이런 특성은 변환된 타입을 나타내는 type 으로 불리는 멤버 typedef를 제공한다.

이들 타입의 카테고리는 모두 '예제 구현' 절에서 볼 수 있다. 예제는 다른 레시피에서 이미 자세히 논의되고 설명됐다. 편의상 여기에는 짧은 요약을 제공한다.

- 첫 번째 예제에서 함수 템플릿 multiply( )는 산술 타입(즉 정수 또는 부동 소수점)으로만 인스턴스화될 수 있다. 다른 종류의 타입으로 인스턴스화될 때 enable_if 는 type이라는 typedef 멤버를 정의하지 않고 이는 컴파일 오류를 발생시킨다.

- 두 번째 예제에서 pod_wrapper는 POD 타입으로만 인스턴스화돼야 하는 클래스 템플릿이다. static_assert 선언은 POD 타입이 아닌 경우 컴파일 오류를 발생시킨다.

- 세 번째 예제에서 const_wrapper는 const 한정 타입을 나타내는 const_type이라는 typedef 멤버를 제공하는 클래스 템플릿이다. 이 예제에서 std::conditional을 사용해 컴파일 타임에 두 가지 타입을 선택했다. 타입 매개변수 T가 이미 const 타입인 경우 T를 선택한다. 그렇지 않으면, add_const 타입 특성을 사용해 const 한정자로 타입을 한정한다.

- 네 번째 예제의 경우 process( )는 if constexpr 분기[branch]가 포함된 함수 템플릿이다. 컴파일 타임에 다양한 타입 특성(is_same, is_integer, is_floating_point)으로 쿼리된 타입의 카테고리에 따라 컴파일러는 생성된 코드에 포함될 분기만 선택하고 나머지는 삭제한다. 따라서 process(42) 같은 호출은 함수 템플릿의 다음과 같은 인스턴스를 생성한다.

```
int process(int arg)
{
    return -arg;
}
```

타입 특성은 클래스 템플릿과 이에 대한 부분적 또는 전체 특수화를 제공함으로써 구현된다. 다음은 일부 타입 특성에 대한 개념적 구현을 나타낸다.

- is_void( ) 메소드는 타입이 void인지, void가 아닌지를 나타낸다. 이것은 전체 특수화를 사용한다.

```
template <typename T>
struct is_void
{ static const bool value = false; };

template <>
```

```
struct is_void<void>
{ static const bool value = true; };
```

- is_pointer( ) 메소드는 타입이 객체에 대한 포인터인지, 함수에 대한 포인터인지를 나타낸다. 이것은 부분 특수화를 사용한다.

```
template <typename T>
struct is_pointer
{ static const bool value = false; };

template <typename T>
struct is_pointer<T*>
{ static const bool value = true; };
```

부연 설명

타입 특성은 표준 라이브러리만 제공할 수 있는 것은 아니다. 유사한 기술을 사용해 사용자 정의 타입 특성을 정의함으로써 다양한 목적을 달성할 수 있다. 다음 레시피에서는 사용자 정의 타입 특성을 정의하고 사용하는 방법을 살펴본다.

참고 사항

- 4장의 'constexpr if로 컴파일 시 분기 선택' 레시피
- 4장의 'enable_if로 조건부로 클래스와 함수 컴파일하기' 레시피
- 4장의 'static_assert로 컴파일 타임 어서션 검사 수행' 레시피
- 자신만의 타입 특성 작성하기
- std::conditional을 사용해 타입 선택하기

자신만의 타입 특성 작성하기

이전 레시피에서는 타입 특성이 무엇인지, 표준이 제공하는 특성은 무엇이고 다양한 목적에 어떻게 사용할 수 있는지 살펴봤다. 이번 레시피에서는 한 단계 더 나아가 사용자 정의 특성을 정의하는 방법을 살펴본다.

준비

이번 레시피를 계속하기 전에 '타입 특성을 사용한 타입의 속성 조회' 레시피를 먼저 읽는 것이 좋다.

이번 레시피에서는 직렬화를 지원하는 여러 클래스에 대한 문제를 해결하는 방법을 배운다. 세부 사항을 알아보기 전까지, 일부는 지정된 인코딩을 기반으로 하고 일부는 문자열에 '평범한plain' 직렬화를 제공한다고 가정해보자. 최종 목표는 이런 타입의 객체를 직렬화하는 단일 API를 생성하는 것이다. 이를 위해 간단한 직렬화를 제공하는 foo와 인코딩을 직렬화할 수 있는 bar라는 두 가지 클래스를 고려해본다.

```
struct foo
{
  std::string serialize()
  {
    return "plain"s;
  }
};

struct bar
{
  std::string serialize_with_encoding()
  {
    return "encoded"s;
  }
};
```

다음 클래스와 함수 템플릿을 구현한다.

- static const bool 변수가 false로 설정된 is_serializable_with_encoding이
  라는 클래스 템플릿

```
template <typename T>
struct is_serializable_with_encoding
{
  static const bool value = false;
};
```

- true로 설정된 static const bool 변수를 가지는 클래스 bar에 대한 is_serial
  izable_with_encoding 템플릿의 전체 특수화

```
template <>
struct is_serializable_with_encoding<bar>
{
  static const bool value = true;
};
```

- 템플릿 타입 T의 인수를 받아 해당 객체에 대해 serialize()를 호출하는 serial
  ize라는 정적 템플릿 메소드를 포함하는 serializer라는 클래스 템플릿

```
template <bool b>
struct serializer
{
  template <typename T>
  static auto serialize(T& v)
  {
    return v.serialize();
  }
};
```

- serialize( ) 정적 메소드가 인수에 대해 serialize_with_encoding( )을 호출하는, true의 전체 특수화 클래스 템플릿

```
template <>
struct serializer<true>
{
  template <typename T>
  static auto serialize(T& v)
  {
    return v.serialize_with_encoding();
  }
};
```

- 위에 정의된 serializer 클래스 템플릿과 실제 호출돼야 하는 직렬화 메소드(일반 또는 인코딩된)를 선택하는 is_serializable_with_encoding 타입 특성을 사용하는 serialize( )라는 함수 템플릿

```
template <typename T>
auto serialize(T& v)
{
  return serializer<is_serializable_with_encoding<T>::value>::
    serialize(v);
}
```

예제 분석

is_serializable_with_encoding은 클래스 T가 (지정된) 인코딩으로 직렬화가 가능한지를 확인하는 타입 특성이다. T가 인코딩으로 직렬화를 지원하면 true와 동일한 value라는 bool 타입의 정적 멤버를 제공하고, 그렇지 않으면 false를 제공한다. 이것은 단일 타입 템플릿 매개변수 T를 사용하는 클래스 템플릿으로 구현된다. 이 클래스 템플릿은 인코딩된 직렬화를 지원하는 타입(이 예제에서는 클래스 bar)에 전체 특수화돼 있다.

```
std::cout <<
  is_serializable_with_encoding<foo>::value << std::endl; // false
std::cout <<
  is_serializable_with_encoding<bar>::value << std::endl; // true
std::cout <<
  is_serializable_with_encoding<int>::value << std::endl; // false
std::cout <<
  is_serializable_with_encoding<string>::value << std::endl; // false
```

serialize( ) 메소드는 두 가지 타입의 직렬화를 지원하는 공통 API를 나타내는 함수 템플릿이다. 타입 템플릿 매개변수 T의 단일 인수를 받아 헬퍼 클래스 템플릿 serializer를 사용해 해당 인수의 serialize( ) 또는 the serialize_with_encoding( ) 메소드를 호출한다.

serializer는 bool 타입의 단일, 비타입 템플릿 매개변수를 가진 클래스 템플릿이다. 이 클래스 템플릿에는 serialize( )라는 정적 함수 템플릿이 포함돼 있다. 이 함수 템플릿은 타입 템플릿 매개변수 T의 단일 매개변수를 받아 인수의 serialize( )를 호출하고 해당 호출에서 반환된 값을 반환한다. serializer 클래스 템플릿은 비타입 템플릿 매개변수의 true 값을 전체 특수화한다. 이 특수화에서 함수 템플릿 serialize( )는 변경되지 않은 서명을 가지고 있지만 serialize( ) 대신 serialize_with_encoding( )을 호출한다.

제네릭 또는 전체 특수화된 클래스 템플릿 중 어느 것을 사용할지 선택하는 것은 is_serializable_with_encoding 타입 특성을 사용하는 serialize( ) 함수 템플릿에서 수행된다. 타입 특성의 정적 멤버 value는 serializer의 비타입 템플릿 매개변수의 인수로 사용된다.

위의 정의들을 사용하면 다음 코드를 작성할 수 있다.

```
foo f;
bar b;
```

```
std::cout << serialize(f) << std::endl; // 일반
std::cout << serialize(b) << std::endl; // 인코딩된
```

참고 사항

- 타입 특성을 사용한 타입의 속성 조회
- std::conditional을 사용해 타입 선택하기

std::conditional을 사용해 타입 선택하기

이전 레시피에서는 타입 지원 라이브러리의 일부 기능, 그중에서도 특히 타입 특성을 살펴봤다. 그 외 std::enable_if를 사용한 함수 오버로드 숨기기와 std::decay 같은 관련 주제들도 이 책의 다른 부분에서 이미 살펴봤다. 좀 더 논의할 만한 다른 타입 변환 기능은 컴파일 타임 시 컴파일 타임 부울 표현식을 기반으로 두 가지 타입 중에서 선택할 수 있게 해주는 std::conditional이다. 이번 레시피에서는 여러 예제를 통해 어떻게 동작하는지 살펴보고 그 사용 방법을 알아본다.

준비

이번 레시피를 시작하기 전에 이번 장의 '타입 특성을 사용한 타입의 속성 조회' 레시피를 먼저 읽는 것이 좋다.

예제 구현

다음은 std::conditional(그리고 std::conditional_t)을 사용해 컴파일 타임 시 두 타입 중 하나를 선택하는 예제의 목록이다.

- 타입 별칭 또는 typedef에서 플랫폼을 기반으로 32비트와 64비트 정수 타입 중 하나를 선택한다(포인터 크기는 32비트 플랫폼에서는 4바이트고 68비트 플랫폼에서는 8 바이트다).

```
using long_type =
  std::conditional<
    sizeof(void*) <= 4,
    long,
    long long>::type;

auto n = long_type{ 42 };
```

- 별칭 템플릿에서 사용자 지정(비타입 템플릿 매개변수로)을 기반으로 8비트, 16비트, 32비트 또는 64비트 정수 타입 중 하나를 선택한다.

```
template <int size>
using number_type =
  typename std::conditional<
  size<=1,
  std::int8_t,
    typename std::conditional<
    size<=2,
    std::int16_t,
      typename std::conditional<
      size<=4,
      std::int32_t,
      std::int64_t
      >::type
    >::type
  >::type;

auto n = number_type<2>{ 42 };

static_assert(sizeof(number_type<1>) == 1);
static_assert(sizeof(number_type<2>) == 2);
static_assert(sizeof(number_type<3>) == 4);
```

```
static_assert(sizeof(number_type<4>) == 4);
static_assert(sizeof(number_type<5>) == 8);
static_assert(sizeof(number_type<6>) == 8);
static_assert(sizeof(number_type<7>) == 8);
static_assert(sizeof(number_type<8>) == 8);
static_assert(sizeof(number_type<9>) == 8);
```

● 타입 템플릿 매개변수에서, 템플릿 매개변수가 정수 또는 부동 소수점 타입인지
  의 여부에 따라 정수와 실수 균일 분포 중 하나를 선택한다.

```
template <typename T,
          typename D = std::conditional_t<
                          std::is_integral<T>::value,
                          std::uniform_int_distribution<T>,
                          std::uniform_real_distribution<T>>,
          typename = typename std::enable_if<
                          std::is_arithmetic<T>::value>::type>
std::vector<T> GenerateRandom(T const min, T const max,
                              size_t const size)
{
  std::vector<T> v(size);
  std::random_device rd{};
  std::mt19937 mt{ rd() };

  D dist{ min, max };

  std::generate(std::begin(v), std::end(v),
    [&dist, &mt] {return dist(mt); });

  return v;
}

auto v1 = GenerateRandom(1, 10, 10); // 정수
auto v2 = GenerateRandom(1.0, 10.0, 10); // 더블
```

std::conditional은 두 개의 타입 템플릿 매개변수 중 하나 또는 모두로 type이라는 멤버를 정의하는 클래스 템플릿이다. 선택은 비타입 템플릿 매개변수의 인수로 제공된 컴파일 타임 상수 부울 표현식을 기반으로 수행된다. 구현은 다음과 같다.

```
template<bool Test, class T1, class T2>
struct conditional
{
  typedef T2 type;
};

template<class T1, class T2>
struct conditional<true, T1, T2>
{
  typedef T1 type;
};
```

std::conditional의 사용을 단순화하기 위해 C++14에서는 위의 세 번째 예제에서 봤던 std::conditional_t라는 별칭 템플릿을 제공하며 다음과 같이 정의된다.

```
template<bool Test, class T1, class T2>
using conditional_t = typename conditional<Test,T1,T2>::type;
```

이전 절의 예제를 요약해보자.

- 첫 번째 예제에서, 플랫폼이 32비트면 포인터 타입의 크기가 4바이트이므로 컴파일 타임 표현식 sizeof(void*) <= 4는 true다. 결과적으로 std::conditional은 멤버 타입을 long으로 정의한다. 플랫폼이 64비트면 포인터 타입의 크기가 8바이트다. 따라서 멤버 타입이 long long으로 정의되므로 조건은 false로 평가된다.
- 두 번째 예제에서도 std::conditional이 여러 번 사용돼 일련의 if...else문을

에뮬레이션해 적절한 타입을 선택하는 유사한 상황이 발생한다.

- 세 번째 예제에서는 별칭 템플릿 std::conditional_t를 사용해 함수 템플릿 GenerateRandom의 선언을 단순화했다. 여기서 std::conditional은 통계 분포를 나타내는 타입 템플릿 매개변수의 디폴트 값을 정의하는 데 사용된다. 첫 번째 타입 템플릿 매개변수 T가 정수 또는 부동 소수점 타입인지의 여부에 따라 디폴트 배포 타입은 std::uniform_int_distribution<T>와 std::uniform_real_distribution<T> 중에서 선택된다. 앞의 다른 레시피에서 봤듯이 세 번째 템플릿 매개변수와 함께 std::enable_if를 사용하면 다른 타입을 사용할 수 없다.

참고 사항

- 타입 특성을 사용한 타입의 속성 조회
- 자신만의 타입 특성 작성하기
- 4장의 'enable_if로 조건부로 클래스와 함수 컴파일하기' 레시피

07

파일과 스트림 작업

7장에서 다루는 레시피는 다음과 같다.

- 바이너리 파일에서 원시 데이터 읽기/쓰기
- 바이너리 파일에서 객체 읽기/쓰기
- 스트림에 지역 설정 사용
- I/O 조작자를 사용해 스트림 출력 제어
- 통화 I/O 조작자 사용
- 시간 I/O 조작자 사용
- 파일시스템 경로로 작업하기
- 파일과 디렉터리의 생성, 복사, 삭제
- 파일에서 내용 삭제

- 기존 파일 또는 디렉터리의 속성 확인
- 디렉터리의 내용 열거
- 파일 찾기

소개

C++ 표준 라이브러리의 가장 중요한 부분 중 하나는 개발자가 파일, 메모리 스트림 또는 다른 타입의 I/O 장치로 작업할 수 있게 해주는 입출력 스트림 기반 라이브러리다. 이 장의 첫 번째 부분에서는 데이터 읽기와 쓰기, 지역 설정, 스트림의 입력과 출력의 조작 같은 공통적인 스트림 작업에 대한 솔루션을 제공한다. 이 장의 두 번째 부분에서는 개발자가 파일시스템과 파일시스템의 객체(파일과 디렉터리 같은)를 사용해 작업을 수행할 수 있게 해주는 새로운 C++17 filesystem 라이브러리에 대해 살펴본다.

바이너리 파일에서 원시 데이터 읽기/쓰기

데이터 프로그램 중 일부는 텍스트 또는 바이너리 데이터를 데이터베이스나 일반 파일의 어떤 형태로든 디스크 파일에 저장해야 한다. 이번 레시피와 다음 레시피는 바이너리 파일에 원시 데이터와 객체를 저장하고 로딩하는 데 중점을 둔다. 이런 맥락에서 원시 데이터는 구조화되지 않은 데이터를 의미하며, 이번 레시피에서는 버퍼의 내용(즉, C 같은 배열, std::vector 또는 std::array 중 하나일 수 있는 인접한 메모리 시퀀스)을 작성하고 읽는 방법을 알아본다.

준비

이번 레시피를 이해하는 데 필요한 설명이 아래에 나와 있지만, 이번 레시피에서는 표준 스트림 입력/출력 라이브러리에 익숙해져야 한다. 또한 바이너리와 텍스트 파일의 차이점에 대해서도 잘 알고 있어야 한다.

이번 레시피에서는 <fstream> 헤더의 std 네임스페이스에서 사용할 수 있는 ofstream과 ifstream 클래스를 사용한다.

다음 예제에서는 바이너리 파일에 쓰는(그리고 나중에 다시 읽을 수 있도록) 다음 데이터를 살펴본다.

```
std::vector<unsigned char> output {0, 1, 2, 3, 4, 5, 6, 7, 8, 9};
```

예제 구현

버퍼 내용(예제에서는 std::vector)을 바이너리 파일에 쓰려면 다음 단계를 수행한다.

1. std::ofstream 클래스의 인스턴스를 생성해 바이너리 모드로 쓸 수 있도록 파일 스트림을 연다.

    ```
    std::ofstream ofile("sample.bin", std::ios::binary);
    ```

2. 파일에 데이터를 쓰기 전에 파일이 실제로 열려 있는지 확인한다.

    ```
    if(ofile.is_open())
    {
        // 스트림 파일 연산
    }
    ```

3. 파일에 쓸 문자 배열과 문자 배열에 대한 포인터를 제공해 파일에 데이터를 쓴다.

    ```
    ofile.write(reinterpret_cast<char*>(output.data()),
        output.size());
    ```

4. 스트림 버퍼의 내용을 실제 디스크 파일로 플러시^{flush}한다. 이 작업은 스트림을 닫으면 자동으로 수행된다.

```
ofile.close();
```

바이너리 파일의 전체 내용을 버퍼로 읽으려면 다음 단계를 수행한다.

1. std::ifstream 클래스의 인스턴스를 생성해 파일에서 바이너리 모드로 읽을 파일 스트림을 연다.

```
std::ifstream ifile("sample.bin", std::ios::binary);
```

2. 데이터를 읽기 전에 파일이 실제로 열려 있는지 확인한다.

```
if(ifile.is_open())
{
    // 스트리밍된 파일 작업
}
```

3. 입력 위치 표시기를 파일 끝에 배치하고 값을 읽은 다음 표시기를 처음으로 이동해 파일의 길이를 결정한다.

```
ifile.seekg(0, std::ios_base::end);
auto length = ifile.tellg();
ifile.seekg(0, std::ios_base::beg);
```

4. 메모리를 할당해 파일의 내용을 읽는다.

```
std::vector<unsigned char> input;
input.resize(static_cast<size_t>(length));
```

5. 데이터를 받을 문자 배열과 읽을 문자 수를 가리키는 포인터로 할당된 버퍼로 파일의 내용을 읽는다.

```
ifile.read(reinterpret_cast<char*>(input.data()), length);
```

6. 읽기 작업이 성공적으로 완료됐는지 확인한다.

```
auto success = !ifile.fail() && length == ifile.gcount();
```

7. 마지막으로 파일 스트림을 닫는다.

```
ifile.close();
```

예제 분석

표준 스트림 기반 입출력 라이브러리는 높은 수준의 입력, 출력 또는 입출력 파일 스트림, 문자열 스트림과 문자 배열 연산, 이런 스트림의 동작 방식을 제어하는 조작자, 그리고 미리 정의된 여러 스트림 객체(cin/wcin, cout/wcout, cerr/wcerr, clog/wclog)를 구현하는 다양한 클래스를 제공한다.

이런 스트림은 클래스 템플릿으로 구현되며 파일의 경우 라이브러리에서 여러 클래스를 제공한다.

- basic_filebuf는 원시 파일에 대한 입력/출력 작업을 구현하며 C FILE 스트림과 시맨틱이 유사하다.
- basic_ifstream은 내부적으로 basic_filebuf 객체를 사용해 basic_istream 스트림 인터페이스에 의해 정의된 고수준 파일 스트림 입력 연산을 구현한다.
- basic_ofstream은 내부적으로 basic_filebuf 객체를 사용해 basic_ostream 스트림 인터페이스에 의해 정의된 고수준 파일 스트림 출력 연산을 구현한다.

- basic_fstream은 내부적으로 basic_filebuf 객체를 사용해 basic_iostream 스트림 인터페이스에 의해 정의된 고수준 파일 스트림 입력과 출력 연산을 구현한다.

앞의 클래스들에서 언급된 클래스 템플릿의 여러 typedef 역시 <fstream> 헤더에 정의돼 있다. ofstream과 ifstream 객체는 이전 예제에서 사용된 타입 동의어다

```
typedef basic_ifstream<char> ifstream;
typedef basic_ifstream<wchar_t> wifstream;
typedef basic_ofstream<char> ofstream;
typedef basic_ofstream<wchar_t> wofstream;
typedef basic_fstream<char> fstream;
typedef basic_fstream<wchar_t> wfstream;
```

이전 절에서는 원시 데이터를 파일 스트림에서 읽고 쓰는 방법을 살펴봤다. 동작 방법은 여기에서 자세히 설명한다.

- 파일에 데이터를 쓰기 위해 std::ofstream 타입 객체를 인스턴스화했다. 생성자에서 열고자 하는 파일의 이름과 스트림 open 모드를 전달했고 바이너리 모드를 가리키기 위해 std::ios::binary를 지정했다. 이렇게 파일을 열면 이전 파일 내용은 삭제된다. 기존 파일에 내용을 추가하려면 std::ios::app 플래그(즉, std::ios::app | std::ios::binary)를 사용해야 한다. 이 생성자는 내부 원시 파일 객체, 즉 basic_filebuf 객체의 open( )을 내부적으로 호출한다. 이 연산이 실패하면 실패 비트가 설정된다. 스트림이 파일 장치에 성공적으로 연결됐는지 확인하기 위해 is_open( )(하위 basic_filebuf에서 동일한 이름으로 메소드를 내부적으로 호출)을 사용했다. 파일 스트림에 데이터를 쓰려면 기록할 문자의 문자열과 문자의 수를 가리키는 포인터를 취하는 write( ) 메소드를 사용한다. 이 메소드는 문자열로 동작하기 때문에 데이터가 다른 타입인 경우(예제의 경우 unsigned char)에는 reinterpret_cast가 필요하다. 쓰기 연산은 실패 시 실패 비트를 설정하지 않지만 std::ios_base::failure 예외를 던질 수는 있다. 그러나 데이터는 파일 장

치에 직접 기록되지 않고 basic_filebuf 객체에 저장된다. 파일에 기록하려면 flush( )를 호출해 버퍼를 플러시해야 한다. 앞의 예제와 같이 파일 스트림을 닫으면 자동으로 수행된다.

- 파일에서 데이터를 읽기 위해 std::ifstream 시간 객체를 인스턴스화했다. 생성자에서 파일을 여는 데 사용한 것과 동일한 인수인 파일 이름과 open 모드, 즉 std::ios::binary를 전달한다. 생성자는 하위 std::basic_filebuf에서 내부적으로 open( )을 호출한다. 스트림이 파일 장치에 성공적으로 연결됐는지 확인하기 위해 is_open( )을 사용했다(하위 basic_filebuf와 같은 이름의 메소드를 내부적으로 호출함). 이 예제에서는 파일의 전체 내용을 메모리 버퍼, std::vector로 읽는다. 데이터를 읽기 전에 데이터를 저장할 만큼 충분히 큰 버퍼를 할당할 수 있도록 파일의 크기를 알아야 한다. 이를 위해 seekg( )를 사용해 입력 위치 표시기를 파일의 끝으로 이동하고 나서 tellg( )를 호출해 현재 위치(이 경우 파일의 크기를 바이트 단위로 나타냄)를 반환한 다음, 입력 위치 표시기를 파일의 시작 부분으로 이동해 처음부터 읽기 시작할 수 있다. 위치 표시기를 직접 마지막으로 이동하고 파일을 열면 seekg( )를 호출하지 않고도 위치 표시기를 마지막으로 이동시킬 수 있다. 이것은 생성자(또는 open( ) 메소드)의 std::ios::ate 열기 플래그를 사용하면 된다. 파일 내용에 충분한 메모리를 할당한 후 read( ) 메소드를 사용해 파일의 데이터를 메모리에 복사했다. 이렇게 하면 스트림에서 읽은 데이터와 읽을 문자 수를 받는 문자열에 대한 포인터가 필요하다. 스트림은 문자에 대해 동작하므로 버퍼에 다른 타입의 데이터(예를 들어 unsigned char)가 들어있으면 reinterpret_cast 표현식이 필요하다. 오류가 발생하면 이 작업은 std::basic_ios::failure 예외를 던진다. 스트림에서 성공적으로 읽은 문자 수를 확인하려면 gcount( ) 메소드를 사용한다. 읽기 작업이 완료되면 파일 스트림을 닫는다.

이 예제에서는 파일 스트림에서 데이터를 쓰고 읽는 데 필요한 최소한의 연산만 보여줬다. 그러나 작업의 성공 여부에 대한 적절한 검사를 수행하고 발생 가능한 예외를 걸러내는 처리가 필요하다.

지금까지 이 레시피에서 논의한 예제 코드는 파일에 데이터를 쓰고 읽는 두 개의 제너럴 함수 형태로 재구성할 수 있다.

```cpp
bool write_data(char const * const filename,
                char const * const data,
                size_t const size)
{
  auto success = false;
  std::ofstream ofile(filename, std::ios::binary);

  if(ofile.is_open())
  {
    try
    {
      ofile.write(data, size);
        success = true;
    }
    catch(std::ios_base::failure &)
    {
      // 오류 처리
    }
    ofile.close();
  }

  return success;
}

size_t read_data(char const * const filename,
                 std::function<char*(size_t const)> allocator)
{
  size_t readbytes = 0;
  std::ifstream ifile(filename, std::ios::ate | std::ios::binary);

  if(ifile.is_open())
  {
    auto length = static_cast<size_t>(ifile.tellg());
    ifile.seekg(0, std::ios_base::beg);
```

```
    auto buffer = allocator(length);

    try
    {
      ifile.read(buffer, length);

      readbytes = static_cast<size_t>(ifile.gcount());
    }
    catch (std::ios_base::failure &)
    {
      // 오류 처리
    }

    ifile.close();
  }

  return readbytes;
}
```

write_data()는 파일 이름과 문자 배열 및 길이에 대한 포인터를 받아 지정된 파일에 쓰는 함수다. read_data()는 파일의 이름과 버퍼를 할당하고 할당된 함수가 반환한 버퍼로 파일의 전체 내용을 읽는 함수다. 다음은 이들 함수를 사용하는 방법을 보여주는 예제다.

```
std::vector<unsigned char> output {0, 1, 2, 3, 4, 5, 6, 7, 8, 9};
std::vector<unsigned char> input;

if(write_data("sample.bin",
            reinterpret_cast<char*>(output.data()),
            output.size()))
{
  if(read_data("sample.bin",
              [&input](size_t const length) {
    input.resize(length);
    return reinterpret_cast<char*>(input.data());}) > 0)
    {
      std::cout << (output == input ? "equal": "not equal")
```

```
                        << std::endl;
    }
  }
```

std::vector 대신 동적으로 할당된 버퍼를 사용할 수도 있다. 전체 예제에서 변경해야 할 사항은 많지 않다.

```
std::vector<unsigned char> output {0, 1, 2, 3, 4, 5, 6, 7, 8, 9};
unsigned char* input = nullptr;
size_t readb = 0;

if(write_data("sample.bin",
               reinterpret_cast<char*>(output.data()),
               output.size()))
{
  if((readb = read_data(
      "sample.bin",
      [&input](size_t const length) {
    input = new unsigned char[length];
    return reinterpret_cast<char*>(input); })) > 0)
    {
      auto cmp = memcmp(output.data(), input, output.size());
      std::cout << (cmp == 0 ? "equal": "not equal")
                << std::endl;
    }
  }

  delete [] input;
```

부연 설명

이 레시피에서 보여준 파일에서 메모리로 데이터를 읽는 방법은 여러 가능한 방법 중 하나일 뿐이다. 하지만 객체지향적인 관점에서 다른 대안이 더 매력적으로 보일지라도, 다른 방법과 비교할 때 이 방법이 가장 빠르다. 여러 대안들의 성능을 비교하는 것은 이 레시피의 목적을 넘어서지만, 연습 삼아 시도해볼 만하다.

파일 스트림에서 데이터를 읽을 수 있는 가능한 대안들은 다음과 같다.

- std::istreambuf_iterator 반복자를 사용해 직접 std::vector를 초기화한다(유사하게 std::string을 사용할 수도 있다).

```cpp
std::vector<unsigned char> input;
std::ifstream ifile("sample.bin", std::ios::binary);
if(ifile.is_open())
{
  input = std::vector<unsigned char>(
    std::istreambuf_iterator<char>(ifile),
    std::istreambuf_iterator<char>());
  ifile.close();
}
```

- std::istreambuf_iterator 반복자에서 std::vector의 내용을 할당한다.

```cpp
std::vector<unsigned char> input;
std::ifstream ifile("sample.bin", std::ios::binary);
if(ifile.is_open())
{
  ifile.seekg(0, std::ios_base::end);
  auto length = ifile.tellg();
  ifile.seekg(0, std::ios_base::beg);

  input.reserve(static_cast<size_t>(length));
  input.assign(
    std::istreambuf_iterator<char>(ifile),
    std::istreambuf_iterator<char>());
  ifile.close();
}
```

- std::istreambuf_iterator 반복자와 std::back_inserter 어댑터를 사용해 벡터의 마지막에 파일 스트림의 내용을 복사한다.

```cpp
std::vector<unsigned char> input;
std::ifstream ifile("sample.bin", std::ios::binary);
if(ifile.is_open())
{
  ifile.seekg(0, std::ios_base::end);
  auto length = ifile.tellg();
  ifile.seekg(0, std::ios_base::beg);

  input.reserve(static_cast<size_t>(length));
  std::copy(std::istreambuf_iterator<char>(ifile),
            std::istreambuf_iterator<char>(),
            std::back_inserter(input));
  ifile.close();
}
```

참고 사항

- 바이너리 파일에서 객체 읽기/쓰기
- I/O 조작자를 사용해 스트림 출력 제어

바이너리 파일에서 객체 읽기/쓰기

이전 레시피에서는 원시 데이터(즉 구조화되지 않은 데이터)를 파일에 쓰고 읽는 방법을 알아봤다. 그러나 객체를 여러 번 저장하고 로드해야 한다. 이전 레시피에서 보여준 방식의 쓰기 및 읽기는 POD 타입에서만 가능하다. 그 외에는 쓰기와 읽기 포인터, 가상 테이블, 그리고 메타데이터가 관련성이 없을 뿐만 아니라 시맨틱도 잘못됐기 때문에 실제로 쓰고 읽는 대상을 명시적으로 결정해야 한다. 이런 작업을 일반적으로 직렬화serialization와 역직렬화^{deserialization}라고 한다. 이번 레시피에서는 바이너리 파일에서 POD 타입과 비POD 타입을 직렬화/역직렬화하는 방법을 알아본다.

준비

계속하기 전에 이전 레시피인 '바이너리 파일에서 원시 데이터 읽기/쓰기'를 먼저 읽는 것이 좋다. 또한 POD와 비POD 타입이 무엇인지, 연산자가 어떻게 오버로드될 수 있는지 알아야 한다. 이번 레시피의 예제에서는 다음과 같은 foo와 foopod 클래스를 사용한다.

```cpp
class foo
{
  int i;
  char c;
  std::string s;

public:
  foo(int const i = 0, char const c = 0, std::string const & s = {}):
    i(i), c(c), s(s)
  {}

  foo(foo const &) = default;
  foo& operator=(foo const &) = default;

  bool operator==(foo const & rhv) const
  {
    return i == rhv.i &&
           c == rhv.c &&
           s == rhv.s;
  }
      bool operator!=(foo const & rhv) const
  {
    return !(*this == rhv);
  }
};
```

```
struct foopod
{
  bool a;
  char b;
  int c[2];
};

bool operator==(foopod const & f1, foopod const & f2)
{
  return f1.a == f2.a && f1.b == f2.b &&
         f1.c[0] == f2.c[0] && f1.c[1] == f2.c[1];
}
```

예제 구현

포인터를 포함하지 않는 POD 타입을 직렬화/역직렬화하려면 이전 레시피에서와 같이
ofstream::write( )와 ifstream::read( )를 사용한다.

- ofstream과 write( ) 메소드를 사용해 객체를 바이너리 파일로 직렬화한다.

```
std::vector<foopod> output {
  {true, '1', {1, 2}},
  {true, '2', {3, 4}},
  {false, '3', {4, 5}}
};

std::ofstream ofile("sample.bin", std::ios::binary);
if(ofile.is_open())
{
  for(auto const & value : output)
  {
    ofile.write(reinterpret_cast<const char*>(&value),
                sizeof(value));
  }
```

```
      ofile.close();
}
```

- ifstream과 read( ) 메소드를 사용해 바이너리 파일에서 객체를 역직렬화한다.

```
std::vector<foopod> input;
std::ifstream ifile("sample.bin", std::ios::binary);
if(ifile.is_open())
{
  while(true)
  {
    foopod value;
    ifile.read(reinterpret_cast<char*>(&value),
            sizeof(value));

    if(ifile.fail() || ifile.eof()) break;
    input.push_back(value);
  }

  ifile.close();
}
```

비POD 타입(또는 포인터가 포함된 POD 타입)을 직렬화하려면 데이터 멤버의 값을 명시적으로 파일에 써야 하고, 역직렬화하려면 명시적으로 파일에서 데이터 멤버로 동일한 순서로 읽어야 한다. 이를 설명하기 위해 앞에서 정의한 foo 클래스를 고려해보자.

- write( )라는 멤버 함수를 추가해 이 클래스의 객체를 직렬화한다. 이 메소드는 ofstream의 참조를 받아 작업이 성공했는지를 나타내는 bool을 반환한다.

```
bool write(std::ofstream& ofile) const
{
  ofile.write(reinterpret_cast<const char*>(&i), sizeof(i));
  ofile.write(&c, sizeof(c));
  auto size = static_cast<int>(s.size());
```

```
ofile.write(reinterpret_cast<char*>(&size), sizeof(size));
ofile.write(s.data(), s.size());

return !ofile.fail();
}
```

- read( )라는 멤버 함수를 추가해 이 클래스의 객체를 역직렬화한다. 이 메소드는
  ifstream의 참조를 받아 작업이 성공했는지를 나타내는 bool을 반환한다.

```
bool read(std::ifstream& ifile)
{
  ifile.read(reinterpret_cast<char*>(&i), sizeof(i));
  ifile.read(&c, sizeof(c));
  auto size {0};
  ifile.read(reinterpret_cast<char*>(&size), sizeof(size));
  s.resize(size);
  ifile.read(reinterpret_cast<char*>(&s.front()), size);

  return !ifile.fail();
}
```

위에 예시된 write( )와 read( ) 멤버 함수의 대안은 operator<<와 operator>>의 오버로
드다. 이를 위해 다음 단계를 수행한다.

1. 비멤버 operator<<와 operator>>에 대한 friend 선언을 직렬화/역직렬화할 클
   래스에 추가한다(예제의 경우 foo 클래스).

```
friend std::ofstream& operator<<(std::ofstream& ofile,
                                 foo const& f);
friend std::ifstream& operator>>(std::ifstream& ifile,
                                 foo& f);
```

2. 클래스의 operator<<를 오버로드한다.

```
std::ofstream& operator<<(std::ofstream& ofile, foo const& f)
{
  ofile.write(reinterpret_cast<const char*>(&f.i),
              sizeof(f.i));
  ofile.write(&f.c, sizeof(f.c));
  auto size = static_cast<int>(f.s.size());
  ofile.write(reinterpret_cast<char*>(&size), sizeof(size));
  ofile.write(f.s.data(), f.s.size());

  return ofile;
}
```

3. 클래스의 operator>>를 오버로드한다.

```
std::ifstream& operator>>(std::ifstream& ifile, foo& f)
{
  ifile.read(reinterpret_cast<char*>(&f.i), sizeof(f.i));
  ifile.read(&f.c, sizeof(f.c));
  auto size {0};
  ifile.read(reinterpret_cast<char*>(&size), sizeof(size));
  f.s.resize(size);
  ifile.read(reinterpret_cast<char*>(&f.s.front()), size);

  return ifile;
}
```

예제 분석

객체 전체(POD 타입의 경우)를 직렬화하는지, 일부만 직렬화하는지에 관계없이 이전 레시피에서 설명한 것과 동일한 스트림 클래스(출력 파일 스트림의 ofstream과 입력 파일 스트림의 ifstream)를 사용한다. 이 표준 클래스를 사용해 데이터를 쓰고 읽는 방법에 대한 세부 사항은 이전 레시피에서 알아봤으므로 여기서는 다시 반복하지 않는다.

포인터는 메모리 주소를 나타내며 프로세스 간에 또는 심지어 같은 프로세스에서라도 잠시 후에는 의미가 없기 때문에 파일에서 객체를 직렬화하고 역직렬화할 때 포인터의 값을 파일에 쓰거나 파일에서 포인터 값을 읽으면 안 된다. 대신 이미 포인터로 참조된 데이터를 쓰고 포인터가 참조하는 객체로 데이터를 읽어들여야 한다. 직렬화하려는 객체가 POD 타입인 경우 원시 데이터를 논의할 때 했던 것처럼 처리하면 된다. 이번 레시피의 예제에서 foopod 타입의 객체 시퀀스를 직렬화했다. 역직렬화할 때 파일의 끝이 읽히거나 또는 실패가 발생할 때까지 루프에서 파일 스트림을 읽는다. 이렇게 읽는 방법은 직관적이지 않게 보일 수 있지만, 이와 다르게 수행하면 마지막 읽은 값이 중복될 수 있다.

- 읽기는 무한 루프에서 수행된다.
- 루프에서 읽기 연산이 수행된다.
- 실패 또는 파일 끝인지 확인이 수행되고, 이런 이벤트가 발생하면 무한 루프가 종료된다.
- 값이 입력 시퀀스에 추가되고 루프가 계속된다.

읽기가 파일 비트의 끝을 검사하는 종료 조건(즉, while(!ifile.eof()))의 루프를 사용해 수행되면, 마지막 값이 입력 시퀀스에 두 번 추가된다. 마지막 값을 읽을 때 파일 끝에 아직 도달하지 않았기 때문이다(파일의 마지막 바이트를 넘어서는 마크이기 때문에). 파일 끝 마크는 다음 읽기 시도에서만 도달할 수 있으므로, 스트림의 비트를 설정한다. 그러나 입력 변수는 아무것도 덮어 쓰지 않았으므로 아직도 마지막 값을 가지고 있으며 입력 벡터에 두 번째로 추가된다.

POD 타입이 아닌 객체를 직렬화/역직렬화하려는 경우 이 객체를 원시 데이터로 쓰거나 읽는 것은 불가능하다. 예를 들어, 객체는 가상 테이블을 가지고 있을 수 있다. vtable을 파일에 써도(아무런 값을 가지지 않아도) 아무런 문제가 발생하지 않는다. 그러나 파일에서 읽고 객체의 vtable을 덮어 쓰면 객체와 프로그램에 치명적인 영향을 미칠 수 있다.

이전 절에서 본 것처럼, 비POD 타입을 직렬화/역직렬화할 때 몇 가지 대안이 있다. 쓰고 읽기에 명시적 메소드를 제공하거나 표준 <<과 >> 연산자를 오버로딩한다. 두 번째 방법은 이들 연산자를 사용해 스트림 파일에서 객체를 읽고 쓰는 제네릭 코드에서 클래스를 사용할 수 있다는 이점이 있다.

 객체를 직렬화하고 역직렬화할 계획이라면 데이터 구조가 시간이 지남에 따라 변경돼도 문제가 발생하지 않도록 데이터를 처음부터 버전 관리하는 것이 좋다. 버전 관리를 수행하는 방법은 이 레시피의 목적을 벗어난다.

참고 사항

- 바이너리 파일에서 원시 데이터 읽기/쓰기
- I/O 조작자를 사용해 스트림 출력 제어

스트림에 지역 설정 사용

스트림에 쓰거나 읽는 방법은 언어나 지역 설정에 따라 다를 수 있다. 숫자와 시간 값, 화폐 값, 또는 문자열 비교의 쓰기와 파싱을 예로 들 수 있다. C++ 입출력 라이브러리는 로케일locale과 패싯facet을 통해 국제화 기능을 처리하는 범용 메커니즘을 제공한다. 이번 레시피에서는 로케일을 사용해 입력/출력 스트림의 동작을 제어하는 방법을 알아본다.

준비

이 레시피의 모든 예제는 사전 정의된 std::cout 콘솔 스트림 객체를 사용한다. 그러나 모든 입력/출력 스트림 객체에도 동일하게 적용된다. 또한 이 레시피 예제에서는 다음 객체와 람다 함수를 사용한다.

```
auto now = std::chrono::system_clock::now();
auto stime = std::chrono::system_clock::to_time_t(now);
auto ltime = std::localtime(&stime);

std::vector<std::string> names
  {"John", "adele", "Øivind", "Francois", "Robert", "Ake"};

auto sort_and_print = [](std::vector<std::string> v,
                         std::locale const & loc)
{
  std::sort(v.begin(), v.end(), loc);
  for (auto const & s : v) std::cout << s << ' ';
  std::cout << std::endl;
};
```

이 레시피에서 사용된 로케일 이름(en_US.utf8, de_DE.utf8 등)은 유닉스^{UNIX} 시스템에서 사용되는 로케일 이름이다. 다음 표는 윈도우 시스템에서 사용되는 이름을 보여준다.

유닉스	윈도우
en_US.utf8	English_US.1252
en_GB.utf8	English_UK.1252
de_DE.utf8	German_Germany.1252
sv_SE.utf8	Swedish_Sweden.1252

예제 구현

스트림의 지역 설정을 제어하려면 다음을 수행한다.

- std::locale 클래스를 사용해 지역 설정을 나타낸다. 로케일 객체를 구성하는 방법은 다음과 같이 다양하다.
  - 디폴트는 전역 로케일^{global locale}을 사용하도록 설정(프로그램 시작 시 디폴트로

C 로케일임)

- ○ 운영체제에서 지원하는 경우 C, POSIX, en_US.utf8 등
- ○ 지정된 패싯을 제외한 다른 로케일에서
- ○ 다른 지정된 로케일에서 복사된 지정된 카테고리의 모든 패싯을 제외한 다른 로케일에서

```
// 디폴트 구성
auto loc_def = std::locale {};

// 이름에서
auto loc_us = std::locale {"en_US.utf8"};

// 패싯을 제외한 다른 로케일에서
auto loc1 = std::locale {loc_def, new std::collate<wchar_t>};

// 카테고리의 패싯을 제외한 다른 로케일에서
auto loc2 = std::locale {loc_def, loc_us,
                         std::locale::collate};
```

- 디폴트 *C* 로케일의 복사본을 구하려면 std::locale::classic( ) 정적 메소드를 사용한다.

```
auto loc = std::locale::classic();
```

- 로케일이 디폴트로 생성될 때마다 복사되는 디폴트 로케일을 변경하려면 std::locale::global( ) 정적 메소드를 사용한다.

```
std::locale::global(std::locale("en_US.utf8"));
```

- imbue( ) 메소드를 사용해 입력/출력 스트림의 현재 로케일을 변경한다.

```
std::cout.imbue(std::locale("en_US.utf8"));
```

다음 목록은 다양한 로케일 사용 예제를 보여준다.

- 이름으로 지시된 특정 로케일을 사용한다. 이 예제에서 로케일은 독일이다.

```
auto loc = std::locale("de_DE.utf8");
std::cout.imbue(loc);

std::cout << 1000.50 << std::endl;
// 1.000,5
std::cout << std::showbase << std::put_money(1050)
        << std::endl;
// 10,50 €
std::cout << std::put_time(ltime, "%c") << std::endl;
// So 04 Dez 2016 17:54:06 JST
sort_and_print(names, loc);
// adele Ake Francois John Øivind Robert
```

- 사용자 설정에 대응하는 로케일을 사용한다(시스템에 정의된 대로). 이 작업은 빈 문자열에서 std::locale 객체를 생성해 수행된다.

```
auto loc = std::locale("");
std::cout.imbue(loc);

std::cout << 1000.50 << std::endl;
// 1,000.5
std::cout << std::showbase << std::put_money(1050)
        << std::endl;
// $10.50
std::cout << std::put_time(ltime, "%c") << std::endl;
// Sun 04 Dec 2016 05:54:06 PM JST
sort_and_print(names, loc);
// adele Ake Francois John Øivind Robert
```

- 전역 로케일을 설정해 사용한다.

```
std::locale::global(std::locale("sv_SE.utf8")); // global 설정
auto loc = std::locale{}; // global 사용
std::cout.imbue(loc);

std::cout << 1000.50 << std::endl;
// 1 000,5
std::cout << std::showbase << std::put_money(1050)
        << std::endl;
// 10,50 kr
std::cout << std::put_time(ltime, "%c") << std::endl;
// son 4 dec 2016 18:02:29
sort_and_print(names, loc);
// adele Francois John Robert Ake Øivind
```

- 디폴트 *C* 로케일을 사용한다.

```
auto loc = std::locale::classic();
std::cout.imbue(loc);

std::cout << 1000.50 << std::endl;
// 1000.5
std::cout << std::showbase << std::put_money(1050)
        << std::endl;
// 1050
std::cout << std::put_time(ltime, "%c") << std::endl;
// Sun Dec 4 17:55:14 2016
sort_and_print(names, loc);
// François John Robert adele Åke Øivind
```

예제 분석

로케일 객체는 실제로 지역 설정을 저장하지 않는다. 로케일은 패싯의 이종heterogeneous 컨
테이너다. 패싯은 지역화와 국제화 설정을 정의하는 객체다. 표준은 각 로케일에 포함돼
야 하는 패싯 목록을 정의한다. 이 외에도 로케일에는 다른 사용자 정의 패싯이 포함될 수

있다. 다음은 모든 표준 정의 패싯의 목록이다.

std::collate⟨char⟩	std::collate⟨wchar_t⟩
std::ctype⟨char⟩	std::ctype⟨wchar_t⟩
std::codecvt⟨char,char,mbstate_t⟩ std::codecvt⟨char16_t,char,mbstate_t⟩	std::codecvt⟨char32_t,char,mbstate_t⟩ std::codecvt⟨wchar_t,char,mbstate_t⟩
std::moneypunct⟨char⟩ std::moneypunct⟨char,true⟩	std::moneypunct⟨wchar_t⟩ std::moneypunct⟨wchar_t,true⟩
std::money_get⟨char⟩	std::money_get⟨wchar_t⟩
std::money_put⟨char⟩	std::money_put⟨wchar_t⟩
std::numpunct⟨char⟩	std::numpunct⟨wchar_t⟩
std::num_get⟨char⟩	std::num_get⟨wchar_t⟩
std::num_put⟨char⟩	std::num_put⟨wchar_t⟩
std::time_get⟨char⟩	std::time_get⟨wchar_t⟩
std::time_put⟨char⟩	std::time_put⟨wchar_t⟩
std::messages⟨char⟩	std::messages⟨wchar_t⟩

로케일은 변경할 수 없는 패싯 객체를 포함하는 불변immutable 객체다. 로케일은 패싯의 참조 카운트된reference-counted 포인터의 참조 카운트된 배열로 구현된다. 배열은 std::locale::id로 인덱스되고 모든 패싯은 기본 클래스 std::locale::facet에서 파생돼야 하며 id라는 std::locale::id 타입의 공용 정적 멤버를 가져야 한다.

오버로드된 생성자 중 하나 또는 combine() 메소드를 사용해서만 로케일 객체를 생성할 수 있다. combine() 메소드는 이름에서 알 수 있듯이 현재 로케일을 컴파일 타임에 식별 가능한 새로운 패싯과 결합하고 새 로케일 객체를 반환한다. 반면 std::has_facet() 함수 템플릿을 사용해 로케일에 특정 패싯이 있는지의 여부를 판단하거나 std::use_facet() 함수 템플릿을 사용해 특정 로케일로 구현된 패싯에 대한 참조를 얻을 수 있다.

앞의 예제에서 문자열의 벡터를 정렬하고 세 번째 인수로 로케일 객체를 std::sort() 제네럴 알고리즘에 전달했다. 이 세 번째 인수는 비교 함수 객체다. std::locale에는 컬레

잇^{collate} 패싯을 사용해 두 문자열을 사전식으로 비교하는 operator( )가 있기 때문에 로케일 객체 전달이 동작한다. 이것은 실제로 std::locale에 의해 직접 제공되는 유일한 지역화 기능이다. 그러나 실제로는 패싯의 규칙에 따라 문자열 비교를 수행하는 컬레잇 패싯의 compare( ) 메소드를 호출한다.

모든 프로그램은 프로그램이 시작될 때 생성되는 전역 로케일을 가지고 있다. 이 전역 로케일의 내용은 모든 디폴트 생성 로케일로 복사된다. 전역 로케일은 정적 메소드 std::locale::global( )을 사용해 바꿀 수 있다. 디폴트로 전역 로케일은 ANCI C의 로케일과 동일한 이름의 로케일인 C 로케일이다. 이 로케일은 간단한 영어 텍스트를 처리하기 위해 만들어졌으며 C와의 호환성을 제공하는 디폴트 로케일이다. 이 로케일의 참조는 정적 메소드 std::locale::classic( )을 사용해 구할 수 있다.

디폴트로 모든 스트림은 클래식^{classic} 로케일을 사용해 텍스트를 쓰거나 파싱한다. 그러나 스트림의 imbue( ) 메소드를 사용해 스트림에서 사용하는 로케일을 변경할 수 있다. 이것은 모든 입력/출력 스트림의 기본이 되는 std::ios_base 클래스의 멤버다. 컴패니언 멤버 companion member는 현재 스트림의 로케일 복사본을 반환하는 getloc( ) 메소드다.

> **TIP** 앞의 예제에서 std::cout 스트림 객체에 대한 로케일을 변경했다. 실제로 cin, cout, cerr, clog (또는 wcin, wcout, wcerr, wclog)와 같이 표준 C 스트림과 관련된 모든 스트림 객체에 대해 동일한 로케일을 설정할 수 있다.

참고 사항

- I/O 조작자를 사용해 스트림 출력 제어
- 통화 I/O 조작자 사용
- 시간 I/O 조작자 사용

I/O 조작자를 사용해 스트림 출력 제어

스트림 기반 입력/출력 라이브러리와는 별도로 표준 라이브러리는 operator<<와 operator>>를 사용해 입력 또는 출력 스트림을 제어하는 조작자^{manipulator}라는 일련의 헬퍼 함수를 제공한다. 이번 레시피에서는 이런 조작자 중 일부를 살펴보고 콘솔 출력을 포맷화하는 몇 가지 예제를 통해 사용법을 알아본다. 계속해서 다음 레시피에서는 더 많은 조작자에 대해 알아본다.

준비

I/O 조작자는 <ios>, <istream>, <ostream>, <iomanip> 헤더의 std 네임스페이스에서 사용할 수 있다. 이번 레시피에서는 <ios>와 <iomanip>의 조작자에 대해서만 알아본다.

예제 구현

다음과 같은 조작자를 사용해 스트림의 출력 또는 입력을 제어할 수 있다.

- boolalpha와 noboolalpha는 부울의 텍스트 표현을 활성화하고 비활성화한다.

```
std::cout << std::boolalpha << true << std::endl; // true
std::cout << false << std::endl; // false
std::cout << std::noboolalpha << false << std::endl; // 0
```

- left, right, internal은 채우기 문자의 정렬에 영향을 준다. left와 right는 모든 텍스트에 영향을 미치지만, internal은 정수와 부동 소수점, 통화 출력에만 영향을 미친다.

```
std::cout << std::right << std::setw(10) << "right"
          << std::endl;
std::cout << std::setw(10) << "text" << std::endl;
```

```
std::cout << std::left << std::setw(10) << "left" << std::endl;
```

- fixed, scientific, hexfloat, defaultfloat는 부동 소수점 타입(입력 스트림과 출력 스트림 모두)에 사용되는 타입을 변경한다. 마지막 두 개는 C++11 이후에서만 사용할 수 있다.

```
std::cout << std::fixed << 0.25 << std::endl;
// 0.250000
std::cout << std::scientific << 0.25 << std::endl;
// 2.500000e-01
std::cout << std::hexfloat << 0.25 << std::endl;
// 0x1p-2
std::cout << std::defaultfloat << 0.25 << std::endl;
// 0.25
```

- dec, hex, oct는 정수 타입(입력 스트림과 출력 스트림 모두)에 사용되는 기본을 제어한다.

```
std::cout << std::oct << 42 << std::endl; // 52
std::cout << std::hex << 42 << std::endl; // 2a
std::cout << std::dec << 42 << std::endl; // 42
```

- setw는 다음 입력 또는 출력 필드의 너비^{width}를 변경한다. 디폴트 너비는 0이다.
- setfill은 출력 스트림의 채우기 문자를 변경한다. 이것은 지정된 너비에 이를 때까지 다음 필드를 채우는 데 사용되는 문자다. 디폴트 채우기 문자는 공백이다.

```
std::cout << std::right
        << std::setfill('.') << std::setw(10)
        << "right" << std::endl;
// .....right
```

- setprecision은 입력 스트림과 출력 스트림의 부동 소수점 타입에 대한 10진수

정밀도(생성되는 자릿수)를 변경한다. 디폴트 정밀도는 6이다.

```
std::cout << std::fixed << std::setprecision(2) << 12.345
          << std::endl;
// 12.35
```

예제 분석

위에 나열된 모든 I/O 조작자는 setw를 제외하고는 다음 출력 필드만을 참조하고 스트림에 영향을 주며, 다른 조작자가 다시 사용될 때까지 모든 연속 쓰기 또는 읽기 연산은 마지막으로 지정된 포맷을 사용한다.

이들 조작자 중 일부는 인수 없이 호출된다. 예를 들어 boolalpha/noboolalpha 또는 dec/hex/oct가 있다. 이들 조작자는 단일 인수, 즉 문자열의 참조를 받고, 동일한 스트림의 참조를 반환하는 함수다.

```
std::ios_base& hex(std::ios_base& str);
```

basic_ostream::operator<<와 basic_istream::operator>>는 이들 함수의 포인터를 취하는 특별한 오버로드를 가지고 있기 때문에 std::cout << std::hex 같은 표현식을 사용할 수 있다.

다른 조작자들은 인수로 호출된다. 이들 조작자는 하나 이상의 인수를 받아 지정되지 않은 타입의 객체를 반환하는 함수다.

```
template<class CharT>
/*지정되지 않은*/ setfill(CharT c);
```

이들 조작자의 사용을 좀 더 잘 설명하기 위해 콘솔 출력 포맷을 지정하는 두 가지 예제를 살펴본다.

첫 번째 예제에서는 다음 요구 사항을 가진 책의 목차를 나열한다.

- 장의 번호는 오른쪽 정렬되고 로마 숫자로 표시된다.
- 장의 제목은 왼쪽 정렬되고 페이지 번호까지의 남은 공간은 점으로 채워진다.
- 장의 첫 페이지는 오른쪽 정렬된다.

이 예제에서는 다음 클래스와 헬퍼 함수를 사용한다.

```cpp
struct Chapter
{
  int Number;
  std::string Title;
  int Page;
};

struct BookPart
{
  std::string Title;
  std::vector<Chapter> Chapters;
};

struct Book
{
  std::string Title;
  std::vector<BookPart> Parts;
};

std::string to_roman(unsigned int value)
{
  struct roman_t { unsigned int value; char const* numeral; };
  const static roman_t rarr[13] =
  {
    {1000, "M"}, {900, "CM"}, {500, "D"}, {400, "CD"},
    {100, "C"}, { 90, "XC"}, { 50, "L"}, { 40, "XL"},
```

```
    { 10, "X"}, { 9, "IX"}, { 5, "V"}, { 4, "IV"},
    { 1, "I"}
  };

  std::string result;
  for (auto const & number : rarr)
  {
    while (value >= number.value)
    {
      result += number.numeral;
      value -= number.value;
    }
  }

  return result;
}
```

다음 예제 코드에 표시된 print_toc( ) 함수는 Book을 인수로 받아 지정된 요구 사항에 따라 콘솔에 내용을 출력한다. 이를 위해 다음을 사용한다.

- std::left와 std::right는 텍스트 정렬을 지정한다.
- std::setw는 각 출력 필드의 너비를 지정한다.
- std::fill은 채우기 문자(장 번호의 공백 및 장 제목의 점)를 지정한다.

```
void print_toc(Book const & book)
{
  std::cout << book.Title << std::endl;
  for(auto const & part : book.Parts)
  {
    std::cout << std::left << std::setw(15) << std::setfill(' ')
              << part.Title << std::endl;
    std::cout << std::left << std::setw(15) << std::setfill('-')
              << '-' << std::endl;

    for(auto const & chapter : part.Chapters)
```

```cpp
  {
    std::cout << std::right << std::setw(4) << std::setfill(' ')
              << to_roman(chapter.Number) << ' ';
    std::cout << std::left << std::setw(35) << std::setfill('.')
              << chapter.Title;
    std::cout << std::right << std::setw(3) << std::setfill('.')
              << chapter.Page << std::endl;
  }
 }
}
```

다음은 『The Fellowship of the Ring』이라는 책의 목차를 기술하는 **Book** 객체에 이 메소
드를 사용하는 예제다.

```cpp
auto book = Book
{
  "THE FELLOWSHIP OF THE RING"s,
  {
    {
      "BOOK ONE"s,
      {
        {1, "A Long-expected Party"s, 21},
        {2, "The Shadow of the Past"s, 42},
        {3, "Three Is Company"s, 65},
        {4, "A Short Cut to Mushrooms"s, 86},
        {5, "A Conspiracy Unmasked"s, 98},
        {6, "The Old Forest"s, 109},
        {7, "In the House of Tom Bombadil"s, 123},
        {8, "Fog on the Barrow-downs"s, 135},
        {9, "At the Sign of The Prancing Pony"s, 149},
        {10, "Strider"s, 163},
        {11, "A Knife in the Dark"s, 176},
        {12, "Flight to the Ford"s, 197},
      },
    },
    {
      "BOOK TWO"s,
```

```
    {
        {1, "Many Meetings"s, 219},
        {2, "The Council of Elrond"s, 239},
        {3, "The Ring Goes South"s, 272},
        {4, "A Journey in the Dark"s, 295},
        {5, "The Bridge of Khazad-dum"s, 321},
        {6, "Lothlorien"s, 333},
        {7, "The Mirror of Galadriel"s, 353},
        {8, "Farewell to Lorien"s, 367},
        {9, "The Great River"s, 380},
        {10, "The Breaking of the Fellowship"s, 390},
      },
    },
  }
};

print_toc(book);
```

예제의 출력은 다음과 같다.

In this case, the output is the following:
THE FELLOWSHIP OF THE RING
BOOK ONE

I A Long-expected Party..............21
II The Shadow of the Past.............42
III Three Is Company...................65
IV A Short Cut to Mushrooms...........86
V A Conspiracy Unmasked...............98
VI The Old Forest....................109
VII In the House of Tom Bombadil.......123
VIII Fog on the Barrow-downs...........135
IX At the Sign of The Prancing Pony...149
X Strider...........................163
XI A Knife in the Dark...............176
XII Flight to the Ford...............197
BOOK TWO

두 번째 예제의 목표는 세계에서 가장 큰 회사들의 수익 테이블을 출력하는 것이다. 이 테이블의 열에는 회사 이름과 산업 분야, 수익(10억 USD 단위), 매출 성장의 증가/감소, 매출 성장, 직원 수, 국가가 포함된다. 이 예제에서는 다음 클래스를 사용한다.

```
struct Company
{
  std::string Name;
  std::string Industry;
  double Revenue;
  bool RevenueIncrease;
  double Growth;
  int Employees;
  std::string Country;
};
```

다음 예제 코드의 print_companies( ) 함수는 이전 예제에서 살펴본 조작자 외에 추가로 몇 가지 조작자를 더 사용한다.

- std::boolalpha는 부울 값을 1과 0 대신 true와 false로 표시한다.
- std::fixed는 고정된 부동 소수점 표현을 나타내고, std::setprecision은 디폴트 부동 소수점 표현으로 되돌린다.

- std::setprecision은 출력에 표시할 10진수의 수를 지정한다. std::setprecis
  ion과 함께 증가 필드의 고정된 10진수 표현을 나타내는 데 사용된다.

```cpp
void print_companies(std::vector<Company> const & companies)
{
  for(auto const & company : companies)
  {
    std::cout << std::left << std::setw(26) << std::setfill(' ')
            << company.Name;
    std::cout << std::left << std::setw(18) << std::setfill(' ')
            << company.Industry;
    std::cout << std::left << std::setw(5) << std::setfill(' ')
            << company.Revenue;
    std::cout << std::left << std::setw(5) << std::setfill(' ')
            << std::boolalpha << company.RevenueIncrease
            << std::noboolalpha;
    std::cout << std::right << std::setw(5) << std::setfill(' ')
            << std::fixed << std::setprecision(1) << company.Growth
            << std::defaultfloat << std::setprecision(6) << ' ';
    std::cout << std::right << std::setw(8) << std::setfill(' ')
            << company.Employees << ' ';
    std::cout << std::left << std::setw(2) << std::setfill(' ')
            << company.Country
            << std::endl;
  }
}
```

다음은 이 메소드를 호출하는 예제다. 데이터의 출처는 위키피디아(https://en.wikipedia.
org/wiki/List_of_largest_companies_by_revenue, 2016년 현재)다.

```cpp
std::vector<Company> companies
{
  {"Walmart"s, "Retail"s, 482, false, 0.71,
    2300000, "US"s},
  {"State Grid"s, "Electric utility"s, 330, false, 2.91,
```

```
    927839, "China"s},
  {"Saudi Aramco"s, "Oil and gas"s, 311, true, 40.11,
    65266, "SA"s},
  {"China National Petroleum"s, "Oil and gas"s, 299,
    false, 30.21, 1589508, "China"s},
  {"Sinopec Group"s, "Oil and gas"s, 294, false, 34.11,
    810538, "China"s},
};

print_companies(companies);
```

예제의 경우, 다음과 같이 테이블 기반의 포맷으로 출력된다. 이를 이용해 테이블 표제와 그리드 선을 추가하는 연습을 할 수 있을 것이다.

```
Walmart                    Retail           482  false  0.7  2300000 US
State Grid                 Electric utility 330  false  2.9   927839 China
Saudi Aramco               Oil and gas      311  true  40.1    65266 SA
China National Petroleum   Oil and gas      299  false 30.2  1589508 China
Sinopec Group              Oil and gas      294  false 34.1   810538 China
```

참고 사항

- 바이너리 파일에서 원시 데이터 읽기/쓰기
- 통화 I/O 조작자 사용
- 시간 I/O 조작자 사용

통화 I/O 조작자 사용

이전 레시피에서는 입력과 출력 스트림을 제어하는 데 사용할 수 있는 몇 가지 조작자에 대해 살펴봤다. 여기서 논의된 조작자들은 숫자 및 텍스트 값과 관련돼 있다. 이번 레시피에서는 표준 조작자를 사용해 통화 값을 읽고 쓰는 방법을 알아본다.

준비

스트림에 로케일을 설정하고 사용하는 방법에 익숙해야 한다. 이 주제는 '스트림에 지역 설정 사용' 레시피에서 알아봤다. 계속하기 전에 이 레시피를 먼저 읽는 것이 좋다.

이번 레시피에서 논의된 조작자는 `<iomanip>` 헤더의 `std` 네임스페이스에서 사용할 수 있다.

예제 구현

출력 스트림에 통화 값을 쓰려면 다음을 수행한다.

- 통화 포맷을 제어하기 위해 원하는 로케일을 설정한다.

```
std::cout.imbue(std::locale("en_GB.utf8"));
```

- 양에 대해 `long double` 또는 `std::basic_string` 값을 사용한다.

```
long double mon = 12345.67;
std::string smon = "12345.67";
```

- 통화 기호를 사용해 값을 표시하려면 단일 인수(통화 값)와 함께 `std::put_money` 조작자를 사용한다(가능한 경우).

```
std::cout << std::showbase << std::put_money(mon)
          << std::endl; // £123.46
std::cout << std::showbase << std::put_money(smon)
          << std::endl; // £123.46
```

- 두 개의 인수(통화 값과 true로 설정된 부울 플래그)로 std::put_money를 사용해 국제 통화 문자열 사용을 나타낸다.

```
std::cout << std::showbase << std::put_money(mon, true)
        << std::endl; // GBP 123.46
std::cout << std::showbase << std::put_money(smon, true)
        << std::endl; // GBP 123.46
```

입력 스트림에서 통화 값을 읽으려면 다음을 수행한다.

- 통화 포맷을 제어하기 위해 원하는 로케일을 설정한다.

```
std::istringstream stext("$123.45 123.45 USD");
stext.imbue(std::locale("en_US.utf8"));
```

- long double 또는 std::basic_string 값을 사용해 입력 스트림에서 양을 읽는다.

```
long double v1;
std::string v2;
```

- 입력 스트림에서 통화 기호를 사용할 수 있는 경우, 쓸 통화 값을 나타내는 단일 인수로 std::get_money()를 사용한다.

```
stext >> std::get_money(v1) >> std::get_money(v2);
// v1 = 12345, v2 = "12345"
```

- 두 개의 인수(쓸 통화 값과 true로 설정된 부울 플래그)와 함께 std::get_money()를 사용해 국제 통화 문자열의 존재를 나타낸다.

```
stext >> std::get_money(v1, true) >> std::get_money(v2, true);
// v1 = 0, v2 = "12345"
```

put_money( )와 get_money( ) 조작자는 매우 유사하다. 둘 다 출력 스트림에 쓸 통화 값 또는 입력 스트림에서 읽어들인 통화 값을 나타내는 변수와, 국제 통화 문자열이 사용됐는지를 지시하는 선택 사항인 두 번째 매개변수를 취하는 함수 템플릿이다. 디폴트 대안은 통화 기호(있는 경우)다. put_money( )는 std::money_put( ) 패싯 설정을 사용해 통화 값을 출력하고, get_money( )는 std::money_get( ) 패싯을 사용해 통화 값을 파싱한다. 두 조작자 함수 템플릿 모두 지정되지 않은 타입의 객체를 반환한다. 이들 함수는 예외를 발생시키지 않는다.

```
template <class MoneyT>
/*지정되지 않음*/ put_money(const MoneyT& mon, bool intl = false);

template <class MoneyT>
/*지정되지 않음*/ get_money(MoneyT& mon, bool intl = false);
```

두 조작자 함수 모두 통화 값이 long double 또는 std::basic_string 중 하나여야 한다.

TIP 그러나 통화 값은 사용 중인 로케일에 의해 정의된 통화 중 가장 작은 단위의 정수로 저장된다는 점에 유의해야 한다. 해당 통화로 미국 달러를 사용한다면 100.00달러는 10000.0으로 저장되고 1센트, 즉 0.01달러는 1.0으로 저장된다.

출력 스트림에 통화 값을 쓰는 경우 통화 기호 또는 국제 통화 문자열을 표시하려면 std::showbase 조작자를 사용해야 한다. 이것은 일반적으로 숫자 베이스의 접두어(예를 들어 16진수는 0x)를 나타내는 데 사용되지만, 통화 값의 경우 통화 기호/문자열을 표시할지를 나타내는 데 사용된다.

418

```
std::cout << std::put_money(12345.67)
          << std::endl; // prints 123.46
std::cout << std::showbase << std::put_money(12345.67)
          << std::endl; // prints £123.46
```

참고 사항

- I/O 조작자를 사용해 스트림 출력 제어
- 시간 I/O 조작자 사용

시간 I/O 조작자 사용

C++11 표준은 이전 레시피에서 설명한 통화 입력/출력 조작자와 유사한 시간 값을 스트림에 읽고 쓰기를 제어하는 조작자를 제공한다. 시간 값은 캘린더 날짜와 시간을 가지고 있는 std::tm 객체의 형식으로 표현된다. 이번 레시피에서는 이런 시간 조작자를 사용하는 방법을 배운다.

준비

시간 I/O 조작자가 사용하는 시간 값은 std::tm 값으로 표현된다. <ctime> 헤더에 있는 이 구조에 대해 익숙해져야 한다.

또한 스트림에 로케일을 설정하는 방법에 익숙해야 한다. 이 주제는 '스드림에 지역 실정 사용' 레시피에서 알아봤다. 계속하기 전에 해당 레시피를 읽는 것이 좋다.

이번 레시피에서 논의된 조작자는 <iomanip> 헤더의 std 네임스페이스에서 사용할 수 있다.

출력 스트림에 시간 값을 쓰려면 다음 단계를 수행한다.

1. 주어진 시간에 해당하는 캘린더 날짜와 시간 값을 얻는다. 이를 수행하는 데는 여러 가지 방법이 있다. 다음은 현재 시간을 캘린더 날짜와 시간으로 표현된 지역 시간으로 변화시키는 예제다.

```
auto now = std::chrono::system_clock::now( );
auto stime = std::chrono::system_clock::to_time_t(now);
auto ltime = std::localtime(&stime);

auto ttime = std::time(nullptr);
auto ltime = std::localtime(&ttime);
```

2. 캘린더 날짜와 시간을 나타내는 std::tm 객체의 포인터를 제공하는 std::put_time( )과 포맷을 나타내는 null 종료 문자열의 포인터를 사용한다. C++11 표준은 사용할 수 있는 다양한 포맷의 목록을 제공한다. 이 목록은 http://en.cppreference.com/w/cpp/io/manip/put_time을 참조한다.

3. 특정 로케일의 설정에 따라 표준 날짜와 시간 문자열을 쓰려면, 먼저 imbue( )를 호출해 스트림의 로케일을 설정한 다음 std::put_time( ) 조작자를 사용한다.

```
std::cout.imbue(std::locale("en_GB.utf8"));
std::cout << std::put_time(ltime, "%c") << std::endl;
// Sun 04 Dec 2016 05:26:47 JST
```

다음은 지원되는 시간 포맷의 예다.

- ISO 8601 날짜 포맷 "%F" 또는 "%Y-%m-%d"

```
std::cout << std::put_time(ltime, "%F") << std::endl;
```

```
// 2016-12-04
```

- ISO 8601 시간 포맷 "%T"

```
std::cout << std::put_time(ltime, "%T") << std::endl;
// 05:26:47
```

- UTC 포맷으로 통합된 ISO 8601 날짜와 시간 "%FT%T%z"

```
std::cout << std::put_time(ltime, "%FT%T%z") << std::endl;
// 2016-12-04T05:26:47+0900
```

- ISO 8601 주 포맷 "%Y-W%V"

```
std::cout << std::put_time(ltime, "%Y-W%V") << std::endl;
// 2016-W48
```

- ISO 8601 주차를 포함한 날짜 포맷 "%Y-W%V-%u"

```
std::cout << std::put_time(ltime, "%Y-W%V-%u") << std::endl;
// 2016-W48-7
```

- ISO 8601 원본 날짜 포맷 "%Y-%j"

```
std::cout << std::put_time(ltime, "%Y-%j") << std::endl;
// 2016-339
```

입력 스트림에서 시간 값을 읽으려면 다음 단계를 수행한다.

1. 스트림에서 읽은 시간 값을 담을 std::tm 타입의 객체를 선언한다.

```
auto time = std::tm {};
```

2. 시간 값을 담을 std::tm 객체의 포인터와 포맷을 나타내는 널 종료 문자열의 포인터를 제공하는 std::get_time()을 사용한다. 사용 가능한 포맷의 목록은 http://en.cppreference.com/w/cpp/io/manip/get_time을 참조한다. 다음 예제에서는 ISO 8601 통합된 날짜와 시간 값을 파싱한다.

```
std::istringstream stext("2016-12-04T05:26:47+0900");
stext >> std::get_time(&time, "%Y-%m-%dT%H:%M:%S");
if (!stext.fail()) { /* 작업 수행 */ }
```

3. 특정 로케일의 설정에 따라 표준 날짜와 시간 문자열을 읽으려면, 먼저 imblue() 를 호출해 스트림의 로케일을 설정한 다음 std::get_time() 조작자를 사용한다.

```
std::istringstream stext("Sun 04 Dec 2016 05:35:30 JST");
stext.imbue(std::locale("en_GB.utf8"));
stext >> std::get_time(&time, "%c");
if (stext.fail()) { /* 다른 작업 수행 */ }
```

예제 분석

시간 값에 대한 두 개의 조작자인 put_time()과 get_time()은 매우 유사하다. 이 둘은 두 개의 인수를 갖는 함수 템플릿이다. 첫 번째 인수는 스트림에 쓰이거나 스트림에서 읽은 값을 가지는 캘린더 날짜와 시간을 나타내는 std::tm 객체의 포인터다. 두 번째 인수는 시간 텍스트의 포맷을 나타내는 null 종료 문자열의 포인터다. put_time()은 std::time_put() 패싯을 사용해 날짜와 시간 값을 출력하고, get_time()은 std::time_get() 패싯을 사용해 날짜와 시간 값을 파싱한다. 두 조작자 함수 템플릿 모두 지정되지 않은 타입의 객체를 반환한다. 이 함수는 예외를 발생시키지 않는다.

422

```
template<class CharT>
/*지정되지 않음*/ put_time(const std::tm* tmb, const CharT* fmt);

template<class CharT>
/*지정되지 않음*/ get_time(std::tm* tmb, const CharT* fmt);
```

 TIP put_time()을 사용해 출력 스트림에 날짜와 시간 값을 쓰는 결과 문자열은 std::strftime() 또는 std::wcsftime()을 호출한 결과와 같다.

표준은 포맷 문자열을 구성하는 데 사용 가능한 다양한 변환 지정자의 목록을 정의하고 있다. 이런 지정자 앞에는 %가 붙으며 경우에 따라 E 또는 0이 뒤따라 온다. 그들 중 일부는 동등하다. 예를 들어 %F는 %Y-%m-%d(ISO 8601 날짜 포맷)와 동등하며, %T는 %H:%M:%S (ISO 8601 시간 포맷)와 동등하다. 이번 레시피의 예제는 ISO 8601 날짜와 시간 포맷을 참조하는 변환 지정자의 일부만 다룬다. 변환 지정자의 전체 목록은 C++ 표준이나 앞에서 언급한 링크를 참조한다.

 put_time()이 지원하는 모든 변환 지정자가 get_time()에서도 지원되는 것은 아니다. 예를 들어 z(ISO 8601 포맷의 UTC에서의 오프셋)와 Z(표준시간대 이름 또는 약어) 지정자는 put_time()에서만 사용할 수 있다.

```
std::istringstream stext("2016-12-04T05:26:47+0900");
auto time = std::tm {};

stext >> std::get_time(&time, "%Y-%m-%dT%H:%M:%S%z"); // 실패
stext >> std::get_time(&time, "%Y-%m-%dT%H:%M:%S"); // OK
```

일부 변환 지정자가 나타내는 텍스트는 로케일 종속적이다. 접두어가 E 또는 0인 모든 지정자는 로케일 종속적이다. 스트림에 특정 로케일을 설정하려면 이전 절의 예와 같이 imbue() 메소드를 사용한다.

- I/O 조작자를 사용해 스트림 출력 제어
- 통화 I/O 조작자 사용

파일시스템 경로로 작업하기

C++17 표준에 추가된 중요한 사항 중 하나는 계층적 파일시스템(윈도우 또는 POSIX 파일 시스템 같은)의 경로와 파일, 디렉터리로 작업할 수 있게 해주는 filesystem 라이브러리다. 이 표준 라이브러리는 boost.filesystem 라이브러리를 기반으로 개발됐다. 다음 몇 개의 레시피에서는 파일과 디렉터리에서 생성, 이동, 삭제와 같은 연산을 수행할 수 있는 라이브러리의 기능을 알아보고, 또한 속성을 쿼리하고 검색하는 방법을 살펴본다. 먼저 라이브러리가 경로를 처리하는 방법을 살펴보자.

준비

이번 레시피에서는 대부분의 예제에서 윈도우 경로를 사용한다. 함께 제공되는 코드는 윈도우와 POSIX 대안을 모두 포함하고 있다.

filesystem 라이브러리는 `<filesystem>` 헤더의 `std::filesystem` 네임스페이스에서 사용할 수 있다. 코드를 단순화하기 위해 모든 예제에서 다음 네임스페이스 별칭을 사용한다.

```
namespace fs = std::filesystem;
```

이 책을 쓰는 시점에서 모든 주요 컴파일러가 라이브러리의 구현을 제공하고 있음에도 불구하고, 이 라이브러리는 아직 실험적인 것으로 간주되고 있다. 따라서 experimental이 네임스페이스로 제공된다. 이 때문에 라이브러리의 실제 네임스페이스는 std::experimental::filesystem이고 GCC와 Clang의 실제 헤더는 〈experimental/filesystem〉이다.

파일시스템 구성 요소(파일, 디렉터리, 하드 링크 또는 소프트 링크)의 경로는 path 클래스로 표현된다.

예제 구현

다음은 경로에서 가장 일반적인 연산의 목록이다.

- 생성자, 대입 연산자, 또는 assign( ) 메소드를 사용해 경로를 생성한다.

```
// 윈도우
auto path = fs::path{"C:\\Users\\Marius\\Documents"};

// POSIX
auto path = fs::path{ "/home/marius/docs" };
```

- 멤버 operator /=, 비멤버 operator /, append( ) 메소드를 사용해 디렉터리 구분자separator를 포함시킴으로써 요소를 경로에 추가한다.

```
path /= "Book";
path = path / "Modern" / "Cpp";
path.append("Programming");
// 윈도우: C:\Users\Marius\Documents\Book\Modern\Cpp\Programming
// POSIX: /home/marius/docs/Book/Modern/Cpp/Programming
```

- 멤버 operator +=, 비멤버 operator +, concat( ) 메소드를 사용해 디렉터리 구분자를 포함하지 않고 요소를 경로에 연결한다.

```
auto path = fs::path{ "C:\\Users\\Marius\\Documents" };
path += "Book";
path.concat("Modern");
// path = C:\Users\Marius\Documents\Book\Modern
```

- root_name( ), root_dir( ), filename( ), stem( ), extension( ) 등과 같은 멤버 함수를 사용해 경로의 요소를 루트, 루트 디렉터리, 부모 경로, 파일 이름, 확장자 등의 부분으로 분리한다(전체 목록은 다음 예제에 나와 있다).

```
auto path =
  fs::path{"C:\\Users\\Marius\\Documents\\sample.file.txt"};

std::cout
  << "root: " << path.root_name() << std::endl
  << "root dir: " << path.root_directory() << std::endl
  << "root path: " << path.root_path() << std::endl
  << "rel path: " << path.relative_path() << std::endl
  << "parent path: " << path.parent_path() << std::endl
  << "filename: " << path.filename() << std::endl
  << "stem: " << path.stem() << std::endl
  << "extension: " << path.extension() << std::endl;
```

- has_root_name( ), has_root_directory( ), has_filename( ), has_stem( ), has_extension( ) 같은 멤버 함수를 사용해 부분의 일부를 사용할 수 있는지를 쿼리한다(전체 목록은 다음 예제에 나와 있다).

```
auto path =
  fs::path{"C:\\Users\\Marius\\Documents\\sample.file.txt"};

std::cout
  << "has root: " << path.has_root_name() << std::endl
  << "has root dir: " << path.has_root_directory() << std::endl
  << "has root path: " << path.has_root_path() << std::endl
  << "has rel path: " << path.has_relative_path() << std::endl
```

```
   << "has parent path: " << path.has_parent_path() << std::endl
   << "has filename: " << path.has_filename() << std::endl
   << "has stem: " << path.has_stem() << std::endl
   << "has extension: " << path.has_extension() << std::endl;
```

- 상대 경로인지, 절대 경로인지 확인한다.

```
auto path2 = fs::path{ "marius\\temp" };
std::cout
   << "absolute: " << path1.is_absolute() << std::endl
   << "absolute: " << path2.is_absolute() << std::endl;
```

- replace_filename( ), remove_filename( ), replace_extension( )의 확장으로
  경로의 개별 부분을 수정한다.

```
auto path =
   fs::path{"C:\\Users\\Marius\\Documents\\sample.file.txt"};

path.replace_filename("output");
path.replace_extension(".log");
// path = C:\Users\Marius\Documents\output.log

path.remove_filename();
// path = C:\Users\Marius\Documents
```

- 디렉터리 구분자를 시스템 우선 구분자로 변환한다.

```
// 윈도우
auto path = fs::path{"Users/Marius/Documents"};
path.make_preferred();
// path = Users\Marius\Documents

// POSIX
auto path = fs::path{ "homedocs" };
path.make_preferred();
```

```
// path = /home/marius/docs
```

---

std::filesystem::path 클래스는 파일시스템 구성 요소의 경로를 모델링한다. 그러나 구문을 처리하는 경우에만 해당 경로로 표시되는 구성 요소(예: 파일 또는 디렉터리)의 존재 여부를 확인하지 않는다.

라이브러리는 마이크로소프트 윈도우 UNC^Universal Naming Convention 포맷을 포함한 POSIX, 윈도우와 같은 다양한 파일시스템을 수용할 수 있는 경로에 대한 포터블^portable한 제네릭 구문을 정의한다. 이 둘은 몇 가지 주요 측면에서 서로 다르다.

- POSIX 시스템은 단일 트리, 이름 없는 루트, /로 불리는 단일 루트 디렉터리와 하나의 현재 디렉터리를 가지며 /를 디렉터리 구분자로 사용한다. 경로는 UTF-8로 인코딩된 char의 null 종료 문자열로 표시된다.
- 윈도우 시스템은 루트 이름(예: C:), 루트 디렉터리(예: C:), 현재 디렉터리를 가진 여러 개의 트리가 있다. 경로는 UTF-16으로 인코딩된 와이드 캐릭터의 null 종료 문자열로 표시된다.

filesystem 라이브러리에 정의된 경로 이름의 구문은 다음과 같다.

- 선택적인 루트 이름(C: 또는 //localhost)
- 선택적인 루트 디렉터리
- 0개 이상의 파일 이름(파일, 디렉터리, 하드 링크 또는 기호 링크를 참조) 또는 디렉터리 구분자

잘 알려진 특수한 파일 이름으로는 현재 디렉터리를 나타내는 단일 점(.)과 상위 디렉터리를 나타내는 이중 점(..)이 있다. 디렉터리 구분자는 반복될 수 있으며, 이 경우 단일 구

분자(즉 /home////docs는 /home/marius/docs와 동일하다.)로 취급된다. 중복되는 현재 디렉터리 이름(.)과 부모 디렉터리 이름(..), 디렉터리 구분자가 없는 경로를 정규형^{normal form}이라고 한다.

이전 절에서는 경로 연산 중 가장 일반적인 연산만 보여줬을 뿐이다. 구현은 이 외에도 추가 쿼리와 수정 메소드, 반복자, 비멤버 비교 연산자 등을 정의하고 있다. 다음 예제는 경로의 일부를 반복해 이를 콘솔에 출력한다.

```
auto path =
  fs::path{ "C:\\Users\\Marius\\Documents\\sample.file.txt" };

for (auto const & part : path)
{
  std::cout << part << std::endl;
}
```

결과는 다음과 같다.

```
C:

Users
Marius
Documents
sample.file.txt
```

이 예제에서 sample.file.txt는 파일 이름이다. 이것은 기본적으로 마지막 디렉터리 구분자부터 경로 끝까지의 일부분이다. 이것은 멤버 함수 filename( )의 주어진 경로에 대한 반환값이다. 이 파일의 확장자는 .txt로 extension( ) 멤버 함수가 반환하는 문자열이다. 확장자 없이 파일 이름을 검색하려면 stem( )이라는 다른 멤버 함수를 사용하면 된다. 예제에서 이 메소드가 반환하는 문자열은 sample.file이다. 이들 메소드 외에도 분해 메소드의 경우 has_filename( ), has_stem( ), has_extension( )과 같이 동일한 이름에 접두사로 has_를 갖는 상응되는 쿼리 메소드들이 있다. 이들 모든 메소드는 경로에 해당 부분이 있는지를 나타내는 bool 값을 반환한다.

참고 사항

- 파일과 디렉터리의 생성, 복사, 삭제
- 기존 파일 또는 디렉터리의 속성 확인

파일과 디렉터리의 생성, 복사, 삭제

filesystem 라이브러리는 파일의 복사, 이동, 삭제 또는 디렉터리의 생성, 이름 변경, 삭제 같은 연산을 모두 지원한다. 파일과 디렉터리는 경로(절대 경로나 상대 경로)로 식별되며, 이 주제는 이전 레시피에서 살펴봤다. 이번 레시피에서는 위에서 언급한 연산의 표준 함수를 소개하고 어떻게 동작하는지 살펴본다.

준비

계속하기 전에 먼저 '파일시스템 경로로 작업하기' 레시피를 읽는 것이 좋다. 해당 레시피의 소개도 여기에 적용된다. 하지만 이 레시피의 모든 예제는 플랫폼에 독립적이다.

다음의 모든 예제에서 다음 변수를 사용하고, 현재 경로가 윈도우의 경우 C:\Users\Marius\Documents, POSIX의 경우 /home/marius/docs라고 가정한다. 또한 현재 경로의 temp 하위 디렉터리에 sample.txt라는 파일이 있다고 가정한다(예: C:\Users\Marius\Documents\temp\sample.txt 또는 /home/marius/docs/temp/sample.txt).

```
auto err = std::error_code{};
auto basepath = fs::current_path();
auto path = basepath / "temp";
```

```
auto filepath = path / "sample.txt";
```

예제 구현

다음 라이브러리 함수를 사용해 디렉터리 연산을 수행한다.

- 새로운 디렉터리를 생성하려면 create_directory()를 사용한다. 이 메소드는 디
  렉터리가 이미 존재하는 경우 아무 일도 수행하지 않으며 디렉터리를 재귀적으
  로 생성하지 않는다.

```
auto success = fs::create_directory(path, err);
```

- 재귀적으로 새로운 디렉터리를 생성하려면 create_directories()를 사용한다.

```
auto temp = path / "tmp1" / "tmp2" / "tmp3";
auto success = fs::create_directories(temp, err);
```

- 기존 디렉터리를 이동하려면 rename()을 사용한다.

```
auto temp = path / "tmp1" / "tmp2" / "tmp3";
auto newtemp = path / "tmp1" / "tmp3";

fs::rename(temp, newtemp, err);
if (err) std::cout << err.message() << std::endl;
```

- 기존 디렉터리의 이름을 바꾸는 것 역시 rename()을 사용한다.

```
auto temp = path / "tmp1" / "tmp3";
auto newtemp = path / "tmp1" / "tmp4";

fs::rename(temp, newtemp, err);
```

```
if (err) std::cout << err.message() << std::endl;
```

- 기존 디렉터리를 복사하려면 copy()를 사용한다. 디렉터리의 전체 내용을 복사하려면 copy_options::recursive 플래그를 사용한다.

```
fs::copy(basepath / "temp", basepath / "temp2",
         fs::copy_options::recursive, err);
if (err) std::cout << err.message() << std::endl;
```

- 디렉터리의 심볼릭 링크를 생성하려면 create_directory_symlink()를 사용한다.

```
auto linkdir = basepath / "templink";
fs::create_directory_symlink(path, linkdir, err);
if (err) std::cout << err.message() << std::endl;
```

- 빈 디렉터리를 삭제하려면 remove()를 사용한다.

```
auto temp = path / "tmp1" / "tmp4";
auto success = fs::remove(temp, err);
```

- 디렉터리의 전체 내용과 디렉터리 자체를 재귀적으로 삭제하려면 remove_all()을 사용한다.

```
auto success = fs::remove_all(path, err) !=
                static_cast<std::uintmax_t>(-1);
```

다음 라이브러리 함수를 수행해 파일 연산을 수행한다.

- 파일을 복사하려면 copy() 또는 copy_file()을 사용한다. 이 둘의 차이점은 다음 절에서 설명한다.

432

```
auto success = fs::copy_file(filepath, path / "sample.bak", err);
if (!success) std::cout << err.message() << std::endl;

fs::copy(filepath, path / "sample.cpy", err);
if (err) std::cout << err.message() << std::endl;
```

- 파일의 이름을 바꾸려면 rename( )을 사용한다.

```
auto newpath = path / "sample.log";
fs::rename(filepath, newpath, err);
if (err) std::cout << err.message() << std::endl;
```

- 파일을 이동하려면 rename( )을 사용한다.

```
auto newpath = path / "sample.log";
fs::rename(newpath, path / "tmp1" / "sample.log", err);
if (err) std::cout << err.message() << std::endl;
```

- 파일의 심볼릭 링크를 생성하려면 create_symlink( )를 사용한다.

```
auto linkpath = path / "sample.txt.link";
fs::create_symlink(filepath, linkpath, err);
if (err) std::cout << err.message() << std::endl;
```

- 파일을 삭제하려면 remove( )를 사용한다.

```
auto success = fs::remove(path / "sample.cpy", err);
if (!success) std::cout << err.message() << std::endl;
```

이번 레시피에서 언급된 모든 함수와 여기에서 다루지 않은 다른 유사 함수들은 두 가지 범주로 그룹화된 다중 오버로드를 가진다.

- std::error_code의 참조를 마지막 인수로 취하는 오버로드: 이런 오버로드는 예외를 발생시키지 않지만(noexcept 규격으로 정의됨), 대신 운영체제 오류가 발생한 경우 error_code 객체의 값을 운영체제 오류 코드로 설정한다. 이런 오류가 발생하지 않은 경우 error_code 객체의 clear( ) 메소드가 호출돼 이전에 설정한 코드를 재설정한다.
- std::error_code 타입의 마지막 인수를 취하지 않는 오버로드: 이런 오버로드는 오류가 생기면 예외를 발생시킨다. 운영체제 오류가 발생하면 std::filesystem::filesystem_error 예외가 발생한다. 반면에 메모리 할당에 실패하면, 이 함수는 std::bad_alloc 예외를 발생시킨다.

이전 절의 모든 예제는 예외를 발생시키지 않는 오버로드를 사용했다. 대신 오류가 발생하면 코드를 설정했다. 일부 함수는 bool을 반환하며 성공 또는 실패를 나타낸다. error_code 객체가 value( ) 메소드에 의해 반환된 오류 코드의 값이 0이 아닌지, 또는 동일한 경우 true를 반환하고 그렇지 않은 경우 false를 반환하는 operator bool을 사용해 오류 코드가 들어있는지 확인할 수 있다. 오류 코드의 설명 문자열을 검색하려면 message( ) 메소드를 사용한다.

filesystem 라이브러리 함수 중 일부는 파일과 디렉터리 모두에 공통이다. rename( ), remove( ), copy( )가 그 경우다. 이 함수 각각의 세부 동작은 복잡하며(특히 copy( )의 경우), 이 레시피의 범위를 벗어난다. 여기서 다룬 간단한 연산 이상의 작업을 수행해야 하는 경우에는 참조 문서를 읽는 것이 좋다.

파일 복사와 관련해 copy( )와 copy_file( )이라는 두 함수를 사용할 수 있다. 이들은 똑같은 시그니처의 동일한 오버로드를 가지며, 같은 방식으로 동작한다. 그러나 중요한 차이점

(copy( )가 디렉터리에서도 동작한다는 것 외에)이 있다. copy_file( )은 심볼릭 링크를 따른다. 이렇게 하지 않고 실제 심볼릭 링크를 복사하려면 copy_options::copy_symlinks 플래그와 함께 copy_symlink( ) 또는 copy( )를 사용해야 한다. copy( )와 copy_file( ) 함수는 연산 수행 방법을 정의하는 std::filesystem::copy_options 타입의 인수를 취하는 오버로드를 가진다. copy_options는 다음과 같은 정의의 범위로 지정된 enum이다.

```
enum class copy_options
{
  none = 0,
  skip_existing = 1,
  overwrite_existing = 2,
  update_existing = 4,
  recursive = 8,
  copy_symlinks = 16,
  skip_symlinks = 32,
  directories_only = 64,
  create_symlinks = 128,
  create_hard_links = 256
};
```

다음 표는 copy( ) 또는 copy_file( )을 사용해 이런 플래그가 복사 연산에 미치는 영향을 정의한다. 이 표는 C++17 표준의 27.10.10.4절에서 발췌했다.

기존 대상 파일에 대한 copy_file 함수 효과를 제어하는 옵션 그룹	
none	(디폴트) 오류. 파일이 이미 존재함
skip_existing	기존 파일을 덮어 쓰지 않음(오류를 보고하지 않음)
overwrite_existing	기존 파일을 덮어 씀
update_existing	대체 파일보다 오래된 파일인 경우 기존 파일을 덮어 씀
하위 디렉터리에 대한 copy 함수 효과를 제어하는 옵션 그룹	
none	(디폴트) 하위 디렉터리를 복사하지 않음

(이어짐)

recursive	하위 디렉터리와 그 내용을 재귀적으로 복사
심볼릭 링크에 대한 copy 함수 효과를 제어하는 옵션 그룹	
None	(디폴트) 심볼릭 링크를 따라감
copy_symlinks	심볼릭 링크가 가리키는 파일을 복사하는 대신 심볼릭 링크로 복사함
skip_symlinks	심볼릭 링크 무시
복사 형태 선택을 위한 copy 함수 효과를 제어하는 옵션 그룹	
none	(디폴트) 내용 복사
directories_only	디렉터리 구조만 복사하고 디렉터리가 아닌 파일은 복사하지 않음
create_symlinks	파일의 복사본 대신 심볼릭 링크를 만듦. 대상 경로가 현재 디렉터리에 있지 않으면 소스 경로는 절대 경로여야 함
create_hard_links	파일 사본 대신 하드 링크를 만듦

중요한 또 다른 측면은 심볼릭 링크와 관련이 있다. create_directory_symlink( )는 디렉터리의 심볼릭 링크를 생성하지만, create_symlink( )는 파일이나 디렉터리의 심볼릭 링크를 생성한다. POSIX 시스템에서 둘은 디렉터리에서 동일하다. 다른 시스템(예: 윈도우)에서 디렉터리의 심볼릭 링크는 파일의 심볼릭 링크와 다르게 생성된다. 따라서 모든 시스템에서 올바르게 동작하는 코드를 작성하려면 디렉터리에 create_directory_symlink( )를 사용하는 것이 좋다.

이 레시피에서 설명한 것과 같이 파일과 디렉터리 작업을 수행하고 예외를 발생시키는 오버로드를 사용할 경우에는 호출을 try-catch해야 한다. 사용된 오버로드 타입에 관계없이 연산의 성공 여부를 확인하고, 오류가 발생할 경우 적절한 동작을 취해야 한다.

참고 사항

- 파일시스템 경로로 작업하기

- 파일에서 내용 삭제
- 기존 파일 또는 디렉터리의 속성 확인

파일에서 내용 삭제

파일의 복사, 이름 변경, 이동, 삭제 같은 연산은 filesystem 라이브러리에서 직접 제공한다. 그러나 파일에서 내용을 삭제할 때는 명시적 동작을 수행해야 한다. 텍스트 또는 바이너리 여부에 관계없이 다음 패턴을 구현한다.

1. 임시 파일을 생성한다.
2. 원본 파일에서 원하는 내용만 임시 파일로 복사한다.
3. 원본 파일을 삭제한다.
4. 임시 파일의 이름을 원래 파일의 이름/위치로 변경/이동한다.

준비

이번 레시피에서는 텍스트 파일에 앞서 언급한 패턴을 구현하는 방법을 알아본다. 이를 위해 빈 줄이나 세미콜론(;)으로 시작하는 줄을 제거하는 것이 좋다. 이 예제에서는 셰익스피어의 연극 이름을 담고 있는 sample.dat라는 초기 파일로 작업한다. 이 파일은 세미콜론으로 시작하는 줄과 빈 줄도 포함하고 있다. 다음은 이 파일의 일부 목록이다.

```
;Shakespeare's plays, listed by genre

;TRAGEDIES
Troilus and Cressida
Coriolanus
Titus Andronicus
Romeo and Juliet
Timon of Athens
```

다음 절의 예제 코드는 다음 변수를 사용한다.

```
auto path = fs::current_path();
auto filepath = path / "sample.dat";
auto temppath = path / "sample.tmp";
auto err = std::error_code{};
```

예제 구현

파일에서 내용을 삭제하려면 다음 연산을 수행한다.

1. 내용을 읽기 위해 파일을 연다.

```
std::ifstream in(filepath);
if (!in.is_open())
{
  std::cout << "File could not be opened!" << std::endl;
  return;
}
```

2. 다른 임시 파일을 쓰기 위해 연다. 파일이 이미 존재한다면 내용을 잘라낸다.

```
std::ofstream out(temppath, std::ios::trunc);
if (!out.is_open())
{
  std::cout << "Temporary file could not be created!"
            << std::endl;
  return;
}
```

3. 입력 파일에서 한 줄씩 읽고 선택한 내용을 출력 파일에 복사한다.

```
auto line = std::string{};
while (std::getline(in, line))
{
  if (!line.empty() && line.at(0) != ';')
  {
    out << line << 'n';
  }
}
```

4. 입력 파일과 출력 파일을 모두 닫는다.

```
in.close();
out.close();
```

5. 원본 파일을 삭제한다.

```
auto success = fs::remove(filepath, err);
if(!success || err)
{
  std::cout << err.message() << std::endl;
  return;
}
```

6. 임시 파일을 원래 파일의 이름/위치로 변경/이동한다.

```
fs::rename(temppath, filepath, err);
if (err)
{
  std::cout << err.message() << std::endl;
}
```

위에서 설명한 패턴은 바이너리 파일에서도 동일하다. 여기서는 편의상 텍스트 파일을 예로 들어 설명한다. 이 예제의 임시 파일은 원본 파일과 동일한 디렉터리에 있다. 또는 사용자 임시 디렉터리와 같은 별도의 디렉터리에 위치할 수도 있다. 임시 디렉터리의 경로를 구하려면 `std::filesystem::temp_directory_path()`를 사용한다. 윈도우 시스템에서 이 함수는 `GetTempPath()`와 동일한 디렉터리를 반환한다. POSIX 시스템에서는 환경 변수 `TMPDIR`, `TMP`, `TEMP` 또는 `TEMPDIR` 중 하나에 지정된 경로를 반환하거나 사용 가능한 경로가 없으면 /tmp 경로를 반환한다.

원본 파일의 내용을 임시 파일에 복사하는 방법은 복사할 대상에 따라 다르다. 앞의 예제에서 비어있거나 세미콜론으로 시작하지 않는 한, 전체 줄을 복사했다. 이를 위해 원본 파일의 내용을 읽을 줄이 없을 때까지 `std::getline()`을 사용해 줄 단위로 읽는다. 필요한 모든 내용이 복사된 후에는 파일을 이동하거나 삭제할 수 있도록 파일을 닫아야 한다.

연산 완료를 위해 세 가지 옵션이 가능하다.

- 동일한 디렉터리에 있는 경우 원본 파일을 삭제하고 임시 파일의 이름을 원본과 동일한 이름으로 변경하거나, 다른 디렉터리에 있는 경우 임시 파일을 원본 파일 위치로 이동한다. 이것이 이번 레시피에서 사용한 방식이다. 이를 위해 `remove()` 함수를 사용해 원본 파일을 삭제하고 `rename()`을 사용해 임시 파일의 이름을 원본 파일의 이름으로 변경했다.
- 임시 파일의 내용을 원본 파일에 복사하고(이 경우 `copy()` 또는 `copy_file()` 함수를 사용할 수 있다.) 임시 파일을 삭제한다(`remove()` 사용).
- 원본 파일의 이름을 바꾸고(예: 확장자나 이름을 변경), 임시 파일의 이름을 원본 파일 이름으로 변경하거나 이동한다.

참고 사항

- 파일과 디렉터리의 생성, 복사, 삭제

기존 파일 또는 디렉터리의 속성 확인

filesystem 라이브러리는 개발자가 파일이나 디렉터리 같은 파일시스템 객체의 존재 여부, 타입(파일, 디렉터리, 심볼릭 링크 등), 마지막으로 쓴 시간, 권한 등과 같은 속성을 검사할 수 있는 함수와 타입을 제공한다. 이번 레시피에서는 이런 타입과 함수가 무엇이고 어떻게 사용할 수 있는지 살펴본다.

준비

이 레시피를 계속하기 전에 '파일시스템 경로로 작업하기' 레시피를 읽는 것이 좋다. 다음 예제 코드에서는 std::filesystem 네임스페이스에 fs 네임스페이스 별칭을 사용한다. filesystem 라이브러리는 <filesystem> 헤더에서 사용할 수 있다. 또한 다음과 같이 파일 경로를 위한 path와, 파일시스템 API의 잠재적인 운영체제 오류 코드를 수신하는 err 변수를 사용한다.

```
auto path = fs::current_path() / "main.cpp";
auto err = std::error_code{};
```

다음 라이브러리 함수를 사용해 파일시스템 객체에 대한 정보를 검색한다.

- 경로가 기존 파일시스템 객체를 참조하는지 확인하려면 exists( )를 사용한다.

```
auto exists = fs::exists(path, err);
std::cout << "file exists: " << std::boolalpha
          << exists << std::endl;
```

- 두 개의 다른 경로가 동일한 파일시스템 객체를 참조하는지 확인하려면 equival
ent( )를 사용한다.

```
auto same = fs::equivalent(path,
            fs::current_path() / "." / "main.cpp");
std::cout << "equivalent: " << same << std::endl;
```

- 바이트 단위로 파일의 크기를 검색하려면 file_size( )를 사용한다.

```
auto size = fs::file_size(path, err);
std::cout << "file size: " << size << std::endl;
```

- 파일시스템 객체의 하드 링크 카운트를 검색하려면 hard_link_count( )를 사용
한다.

```
auto links = fs::hard_link_count(path, err);
if(links != static_cast<uintmax_t>(-1))
  std::cout << "hard links: " << links << std::endl;
else
  std::cout << "hard links: error" << std::endl;
```

- 파일시스템 객체의 마지막 수정 시간을 검색하거나 설정하려면 last_write_

time( )을 사용한다.

```cpp
auto lwt = fs::last_write_time(path, err);
auto time = decltype(lwt)::clock::to_time_t(lwt);
auto localtime = std::localtime(&time);
std::cout << "last write time: "
          << std::put_time(localtime, "%c") << std::endl;
```

- 타입과 권한 같은 POSIX 파일 속성을 검색하려면 status( ) 함수를 사용한다. 이
  함수는 심볼릭 링크를 따른다. 심볼릭 링크의 파일 속성을 따르지 않고 검색하려
  면 symlink_status( )를 사용한다.

```cpp
auto print_perm = [](fs::perms p)
{
  std::cout
    << ((p & fs::perms::owner_read) != fs::perms::none ?
      "r" : "-")
    << ((p & fs::perms::owner_write) != fs::perms::none ?
      "w" : "-")
    << ((p & fs::perms::owner_exec) != fs::perms::none ?
      "x" : "-")
    << ((p & fs::perms::group_read) != fs::perms::none ?
      "r" : "-")
    << ((p & fs::perms::group_write) != fs::perms::none ?
      "w" : "-")
    << ((p & fs::perms::group_exec) != fs::perms::none ?
      "x" : "-")
    << ((p & fs::perms::others_read) != fs::perms::none ?
      "r" : "-")
    << ((p & fs::perms::others_write) != fs::perms::none ?
      "w" : "-")
    << ((p & fs::perms::others_exec) != fs::perms::none ?
      "x" : "-")
    << std::endl;
  };
```

```
auto status = fs::status(path, err);
std::cout << "permissions: ";
print_perm(status.permissions());
```

- 경로가 파일, 디렉터리, 심볼릭 링크 같은 특정 타입의 파일시스템 객체를 참조하는지 확인하려면 is_regular_file( ), is_directory( ), is_symlink( ) 등의 함수를 사용한다.

```
std::cout << "regular file? " <<
        fs::is_regular_file(path, err) << std::endl;
std::cout << "directory? " <<
        fs::is_directory(path, err) << std::endl;
std::cout << "char file? " <<
        fs::is_character_file(path, err) << std::endl;
std::cout << "symlink? " <<
        fs::is_symlink(path, err) << std::endl;
```

예제 분석

이 레시피에서 설명하는 모든 함수는 오류 발생 시 예외를 던지는 오버로드와, 예외를 던지지 않고 함수 매개변수를 통해 오류를 반환하는 오버로드를 가진다. 이 레시피의 모든 예제는 이 접근 방식을 사용한다. 이들 오버로드 세트에 대한 자세한 정보는 '파일과 디렉터리의 생성, 복사, 삭제' 레시피를 참조한다.

파일시스템 파일과 디렉터리에 대한 정보를 검색하는 데 사용되는 이들 함수는 일반적으로 간단하고 직관적이다. 그러나 다음과 같은 몇 가지 고려 사항을 염두에 둬야 한다.

- 파일시스템 객체가 존재하는지를 검사하는 것은 경로 또는 status( ) 함수를 사용해 이전에 검색된 std::filesystem::file_status 객체를 전달하고 exists( )를 사용함으로써 수행할 수 있다.
- equivalent( ) 함수는 두 파일시스템 객체가 함수 status( )에 의해 검색된 동일

한 상태를 가지는지의 여부를 결정한다. 경로가 존재하지 않거나 둘 다 존재하지만 파일, 디렉터리 또는 심볼릭 링크가 아닌 경우 함수는 오류를 반환한다. 동일한 파일 객체의 하드 링크는 동등하다. 심볼릭 링크와 그 대상도 동등하다.

- file_size( ) 함수는 일반 파일의 크기와 심볼릭 링크의 크기를 결정하는 데만 사용할 수 있다. 디렉터리와 같은 다른 타입의 파일 객체의 경우 이 함수는 실패한다. 이 함수는 파일의 크기를 바이트로 반환하고 오류가 발행하면 −1을 반환한다. 파일이 비었는지의 여부를 판별하려면 is_empty( ) 함수를 사용할 수 있다. 이것은 디렉터리를 포함해 모든 타입의 파일시스템 객체에서 동작한다.

- last_write_time( ) 함수는 두 가지 오버로드 세트를 가진다. 하나는 파일시스템 객체의 최종 수정 시간을 검색하는 데 사용되고, 다른 하나는 마지막 수정 시간을 설정하는 데 사용된다. 시간은 기본적으로 std::chrono::time_point의 타입 별칭인 std::filesystem::file_time_type 객체로 표시된다. 다음 예제는 파일의 마지막 쓴 시간을 이전보다 30분 뒤로 변경한다.

```
using namespace std::chrono_literals;
auto lwt = fs::last_write_time(path, err);
fs::last_write_time(path, lwt - 30min);
```

- status( ) 함수는 파일시스템 객체의 타입과 권한을 결정한다. 그러나 파일이 심볼릭 링크인 경우 반환되는 정보는 심볼릭 링크의 대상에 대한 것이다. 심볼릭 링크 자체에 대한 정보를 검색하려면 symlink_status( ) 함수를 사용해야 한다. 권한은 열거형 std::filesystem::perms로 정의된다. 이 enum 범위로 지정된 모든 열거자들이 권한을 의미하는 것은 아니다. 일부는 권한을 추가해야 함을 의미하는 add_perms, 또는 권한을 제거해야 함을 의미하는 remove_perms와 같은 제어 비트를 나타낸다. permissions( ) 함수를 사용해 파일이나 디렉터리의 권한을 수정할 수 있다. 다음 예제는 모든 사용 권한을 파일의 소유자와 사용자 그룹에 추가한다.

```
fs::permissions(
  path,
  fs::perms::add_perms |
  fs::perms::owner_all | fs::perms::group_all,
  err);
```

- 파일, 디렉터리 또는 심볼릭 링크와 같은 파일시스템 객체의 타입을 판단하는 데 두 가지 옵션을 이용할 수 있다. 파일 상태를 검색한 다음 type 속성을 확인하거나 is_regular_file( ), is_symlink( ), is_directory( )와 같은 사용 가능한 파일시스템 함수 중 하나를 사용한다. 경로가 일반 파일을 참조하는지를 확인하는 다음 예제는 동등하다.

```
auto s = fs::status(path, err);
auto isfile = s.type( ) == std::filesystem::file_type::regular;

auto isfile = fs::is_regular_file(path, err);
```

참고 사항

- 파일시스템 경로로 작업하기
- 파일과 디렉터리의 생성, 복사, 삭제
- 디렉터리의 내용 열거

디렉터리의 내용 열거

7장에서는 지금까지 경로 작업을 비롯해 파일과 디렉터리로 작업(생성, 이동, 이름 변경, 삭제 등) 수행하기, 속성을 쿼리하거나 수정하기 등과 같은 filesystem 라이브러리가 제공하는 많은 기능들을 살펴봤다. 파일시스템으로 작업할 때 또 다른 유용한 기능은 디렉터리의 내용을 반복하는 것이다. 파일 라이브러리는 디렉터리 내용을 반복하는 `directory_iterator`라는 두 개의 디렉터리 반복자를 제공한다. 이번 레시피에서는 이들 반복자의 사용법을 살펴본다.

준비

이번 레시피에서는 파일시스템 경로로 작업하고 파일시스템 객체의 속성을 검사한다. 따라서 먼저 '파일시스템 경로로 작업하기'와 '기존 파일 또는 디렉터리의 속성 확인' 레시피를 읽는 것이 좋다.

이번 레시피에서는 다음과 같은 디렉터리 구조를 사용한다.

```
test/
├──data/
│  ├──input.dat
│  └──output.dat
├──file_1.txt
├──file_2.txt
└──file_3.log
```

예제 구현

다음 패턴을 사용해 디렉터리의 내용을 나열한다.

- 재귀적으로 하위 디렉터리를 방문하지 않고 디렉터리의 내용만 반복하려면 `directory_iterator`를 사용한다.

```
void visit_directory(fs::path const & dir)
{
  if (fs::exists(dir) && fs::is_directory(dir))
  {
```

```
        for (auto const & entry : fs::directory_iterator(dir))
        {
          auto filename = entry.path().filename();
          if (fs::is_directory(entry.status()))
            std::cout << "[+]" << filename << std::endl;
          else if (fs::is_symlink(entry.status()))
            std::cout << "[>]" << filename << std::endl;
          else if (fs::is_regular_file(entry.status()))
            std::cout << " " << filename << std::endl;
          else
            std::cout << "[?]" << filename << std::endl;
        }
      }
    }
```

- 하위 디렉터리를 포함한 디렉터리의 모든 내용을 반복하려면, 항목을 처리하는
  순서가 중요하지 않은 경우 recursive_directory_iterator를 사용한다.

```
void visit_directory_rec(fs::path const & dir)
{
  if (fs::exists(dir) && fs::is_directory(dir))
  {
    for (auto const & entry :
      fs::recursive_directory_iterator(dir))
    {
      auto filename = entry.path().filename();
      if (fs::is_directory(entry.status()))
        std::cout << "[+]" << filename << std::endl;
      else if (fs::is_symlink(entry.status()))
        std::cout << "[>]" << filename << std::endl;
      else if (fs::is_regular_file(entry.status()))
        std::cout << " " << filename << std::endl;
      else
        std::cout << "[?]" << filename << std::endl;
    }
  }
}
```

448

- 트리 탐색과 같은 구조화된 방식으로 하위 디렉터리를 포함한 디렉터리의 모든 내용을 반복하려면 첫 번째 예제와 유사하게 디렉터리의 내용을 반복하는 directory_iterator를 사용하지만, 각 하위 디렉터리에 대해 재귀적으로 호출한다.

```cpp
void visit_directory(
  fs::path const & dir,
  bool const recursive = false,
  unsigned int const level = 0)
{
  if (fs::exists(dir) && fs::is_directory(dir))
  {
    auto lead = std::string(level*3, ' ');
    for (auto const & entry : fs::directory_iterator(dir))
    {
      auto filename = entry.path().filename();
      if (fs::is_directory(entry.status()))
      {
        std::cout << lead << "[+]" << filename << std::endl;
        if(recursive)
          visit_directory(entry, recursive, level+1);
      }
      else if (fs::is_symlink(entry.status()))
        std::cout << lead << "[>]" << filename << std::endl;
      else if (fs::is_regular_file(entry.status()))
        std::cout << lead << " " << filename << std::endl;
      else
        std::cout << lead << "[?]" << filename << std::endl;
    }
  }
}
```

예제 분석

directory_iterator와 recursive_directory_iterator는 모두 디렉터리 항목을 반복하

는 입력 반복자다. 차이점을 살펴보면, 전자는 하위 디렉터리를 재귀적으로 방문하지 않는 반면에 후자는 이름에서 알 수 있듯이 하위 디렉터리를 재귀적으로 방문한다. 둘은 비슷하게 동작한다.

- 반복의 순서는 지정되지 않는다.
- 각 디렉터리 항목은 한 번만 방문된다.
- 특수 경로인 도트(.)와 도트-도트(..)는 건너뛴다.
- 디폴트로 생성된 반복자는 최종 반복자고, 두 최종 반복자는 항상 동일하다.
- 마지막 디렉터리 항목을 반복할 때, 최종 반복자와 동일해진다.
- 표준은 반복자가 생성된 후에 디렉터리 항목이 반복되는 디렉터리에 추가되거나 삭제될 경우 수행되는 작업을 지정하지 않는다.
- 표준은 directory_iterator와 recursive_directory_iterator에 대해 비멤버 함수 begin( )과 end( )를 정의하므로 이전 예제에서와 같이 범위 기반 for 루프에서 이 반복자를 사용할 수 있다.

두 반복자는 모두 오버로드된 생성자를 가진다. recursive_directory_iterator 생성자의 일부 오버로드는 반복을 위한 추가 옵션을 지정하는 std::filesystem::directory_options 타입의 인수를 취한다.

- none: 아무것도 지정하지 않는 디폴트 값이다.
- follow_directory_symlink: 반복이 링크 자체를 제공하는 대신 심볼릭 링크를 따라가도록 지정한다.
- skip_permission_denied: 접근 거부 오류를 트리거할 디렉터리를 무시하고 건너뛰도록 지정한다.

두 디렉터리 반복자가 가리키는 요소는 directory_entry 타입이다. path( ) 멤버 함수는 이 객체가 나타내는 파일시스템 객체의 경로를 반환한다. 파일시스템 객체의 상태는 심볼릭 링크에 대한 멤버 함수 status( )와 symlink_status( )를 사용해 검색할 수 있다.

앞의 예제는 공통 패턴을 따른다.

- 반복할 경로가 실제로 있는지 확인한다.
- 범위 기반 for 루프를 사용해 디렉터리의 모든 항목을 반복한다.
- 반복 수행 방법에 따라 filesystem 라이브러리에서 사용할 수 있는 두 개의 디렉터리 반복자 중 하나를 사용한다.
- 요구 사항에 따라 각 항목을 처리한다.

이 예제에서는 단순히 디렉터리 항목의 이름을 콘솔에 출력했다. 이미 지정된 것처럼 디렉터리의 내용이 지정되지 않은 순서로 반복된다는 점에 유의해야 한다. 하위 디렉터리와 해당 항목을 들여쓰기된 형태나 트리(다른 타입의 애플리케이션에서)로 보여주는 것과 같이 구조화된 방식으로 내용을 처리하려면 recursive_directory_iterator를 사용하는 것이 적절하지 않다. 대신 이전 절의 마지막 예제에서와 같이 각 하위 디렉터리에 대해 반복적으로 호출되는 함수에서 directory_iterator를 사용해야 한다.

이 레시피의 시작 부분에서 제시된 디렉터리 구조(현재 경로에 대한 상대 경로)에서 다음 예제와 같이 재귀적 반복자를 사용하면 다음과 같은 결과를 얻는다.

```
visit_directory_rec(fs::current_path( ) / "test");

[+]data
  input.dat
  output.dat
  file_1.txt
  file_2.txt
  file_3.log
```

한편 아래에 표시된 것처럼 세 번째 예제의 재귀 함수를 사용하면, 결과는 의도한 대로 하위 수준에서 순서대로 표시된다.

```
visit_directory(fs::current_path( ) / "test", true);
```

[+]data
  input.dat
  output.dat
  file_1.txt
  file_2.txt
  file_3.log

부연 설명

이전 레시피인 '기존 파일 또는 디렉터리의 속성 확인'에서는 파일의 크기를 바이트 단위로 반환하는 file_size( ) 함수에 대해 알아봤다. 그러나 지정된 경로가 디렉터리인 경우 이 함수는 실패한다. 디렉터리의 크기를 결정하려면 디렉터리의 내용을 재귀적으로 반복하고 일반 파일이나 심볼릭 링크의 크기를 검색해 추가해야 한다. 오류가 발생하면 file_size( )가 반환하는 값(std::uintmax_t로 캐스트되는 -1)을 확인해야 한다. 이 값은 실패를 나타내며 디렉터리의 전체 크기에 추가하면 안 된다. 다음 함수 역시 오류가 발생하면 uintmax_t로 -1을 반환한다.

```
std::uintmax_t dir_size(fs::path const & path)
{
  auto size = static_cast<uintmax_t>(-1);
  if (fs::exists(path) && fs::is_directory(path))
  {
    for (auto const & entry : fs::recursive_directory_iterator(path))
    {
      if (fs::is_regular_file(entry.status()) ||
      fs::is_symlink(entry.status()))
      {
        auto err = std::error_code{};
        auto filesize = fs::file_size(entry);
        if (filesize != static_cast<uintmax_t>(-1))
```

```
            size += filesize;
        }
      }
    }

  return size;
}
```

참고 사항

- 기존 파일 또는 디렉터리의 속성 확인
- 파일 찾기

파일 찾기

이전 레시피에서는 directory_iterator와 recursive_directory_iterator를 사용해 디렉터리의 내용을 열거하는 방법을 살펴봤다. 이전 레시피의 디렉터리 내용 표시는 필요한 시나리오 중 하나일 뿐이다. 다른 주요 시나리오로는 디렉터리에서 특정 이름이나 확장자의 파일을 검색하는 것과 같이 특정 항목을 검색하는 것이 있다. 이번 레시피에서는 앞에서 설명한 디렉터리 반복자와 반복 패턴을 사용해 주어진 기준[criteria]과 일치하는 파일을 찾는 방법을 살펴본다.

준비

디렉터리 반복자에 대한 자세한 설명은 이전 레시피인 '디렉터리의 내용 열거'를 참조한다. 이번 레시피에서는 이전 레시피에서 제시된 것과 동일한 테스트 디렉터리 구조를 사용한다.

특정 기준과 일치하는 파일을 찾으려면 find_files( ) 함수와 함께 다음 패턴을 사용한다.

1. recursive_directory_iterator를 사용해 디렉터리와 하위 디렉터리의 모든 항목을 재귀적으로 반복한다.

2. 일반 함수(그리고 처리해야 하는 다른 타입의 파일)를 고려한다.

3. 함수 객체(람다 표현식과 같은)를 사용해 조건과 일치하는 파일만 필터링한다.

4. 선택한 항목을 범위(예: 벡터)에 추가한다.

```
std::vector<fs::path> find_files(
  fs::path const & dir,
  std::function<bool(fs::path const&)> filter)
{
  auto result = std::vector<fs::path>{};

  if (fs::exists(dir))
  {
    for (auto const & entry :
      fs::recursive_directory_iterator(
        dir,
        fs::directory_options::follow_directory_symlink))
      {
      if (fs::is_regular_file(entry) &&
        filter(entry))
      {
        result.push_back(entry);
      }
    }
  }

  return result;
}
```

디렉터리에 있는 파일을 찾고 싶을 때, 디렉터리의 구조와 하위 디렉터리를 포함한 항목의 순서는 중요하지 않을 것이다. 따라서 recursive_directory_iterator를 사용해 항목을 반복할 수 있다.

find_files( ) 함수는 경로와 반환돼야 하는 항목을 선택하는 데 사용되는 함수 래퍼의 두 인수를 취한다. 반환 타입은 filesystem::path의 벡터지만, filesystem::directory_entry의 벡터가 될 수도 있다. 이 예제에서 사용된 재귀적 디렉터리 반복자는 심볼릭 링크를 따르지 않고 대상이 아닌 링크 자체를 반환한다. 이 동작은 filesystem::directory_options 타입의 인수를 가지고 follow_directory_symlink를 전달하는 생성자 오버로드를 사용해 변경할 수 있다.

앞의 예제에서는 다른 타입의 파일시스템 객체를 무시하고 일반 파일만 고려했다. 술어가 디렉터리 항목에 적용되고 true를 반환하면 항목이 결과에 추가된다.

다음 예제에서는 find_files( ) 함수를 사용해 테스트 디렉터리에서 file_로 시작하는 모든 파일을 찾는다.

```
auto results = find_files(
        fs::current_path( ) / "test",
        [](fs::path const & p) {
   auto filename = p.wstring( );
   return filename.find(L"file_") != std::wstring::npos;
});

for (auto const & path : results)
{
   std::cout << path << std::endl;
}
```

현재 경로에 상대적인 경로를 사용해 프로그램을 실행한 결과는 다음과 같다.

```
test\file_1.txt
test\file_2.txt
test\file_3.log
```

두 번째 예는 특정 확장자(예제의 경우 .dat)를 가진 파일을 찾는 방법을 보여준다.

```
auto results = find_files(
      fs::current_path() / "test",
      [](fs::path const & p) {
  return p.extension() == L".dat";
});

for (auto const & path : results)
{
  std::cout << path << std::endl;
}
```

현재 경로에 상대적인 결과는 다음과 같다.

```
test\datainput.dat
test\dataoutput.dat
```

참고 사항

- 기존 파일 또는 디렉터리의 속성 확인
- 디렉터리의 내용 열거

08

스레딩과 동시성 활용

8장에서 다루는 레시피는 다음과 같다.

- 스레드로 작업하기
- 스레드 함수에서 예외 처리
- 뮤텍스와 잠금을 사용해 공유 데이터에 대한 접근 동기화
- 재귀 뮤텍스 사용 방지
- 스레드 간 통보 전송
- 프라미스와 퓨처를 사용해 스레드에서 값 반환
- 함수를 비동기적으로 실행하기
- 아토믹 타입 사용
- 스레드로 병렬 맵과 폴딩 구현하기

- 태스크로 병렬 맵과 폴딩 구현하기

소개

모든 컴퓨터는 다중 프로세서 또는 (적어도) 다중 코어를 포함하고 있으며, 이 컴퓨팅 파워를 활용하는 것은 여러 범주의 애플리케이션에서 핵심이다. 서로 의존적이지 않은 연산들이 동시에 실행될 수 있음에도 많은 개발자들은 여전히 순차적인 코드 실행을 염두에 둔 채 개발하고 있다. 8장에서는 스레드, 비동기 태스크, 관련 구성 요소를 지원하는 표준 라이브러리와 몇 가지 실용적인 예제를 제공한다.

스레드로 작업하기

대부분의 최신 프로세서(IoT^{Internet of Things} 애플리케이션과 같이 큰 컴퓨팅 파워가 필요하지 않은 애플리케이션 타입 전용 프로세서를 제외하고)는 두 개, 네 개 또는 그 이상의 코어를 가지고 있으므로 여러 스레드를 동시에 실행할 수 있다. 애플리케이션은 존재하는 여러 프로세싱 단위를 활용할 수 있도록 명시적으로 작성돼야 한다. 동시에 여러 스레드에서 함수를 실행하면 이런 애플리케이션을 작성할 수 있다.

스레드는 운영체제 같은 스케줄러가 독립적으로 관리할 수 있는 일련의 명령어다. 스레드는 소프트웨어일 수 있으며 일반적으로 시간 분할을 통해 단일 프로세싱 단위로 실행할 수 있다. 스레드는 또한 하드웨어일 수도 있다. 멀티 프로세서 또는 멀티 코어 시스템에서 동시에, 즉 병렬로 실행할 수 있다. 많은 소프트웨어 스레드가 하드웨어 스레드에서 동시에 실행될 수 있다. C++ 라이브러리는 소프트웨어 스레드 작업을 지원한다. 이 장의 첫 번째 부분에서는 스레드와 잠금 객체, 조건 변수, 예외 처리 같은 라이브러리에 내장돼 지원되는 다양한 스레딩 객체와 메커니즘을 살펴볼 것이다. 이번 레시피에서는 스레드를 생성하고 관리하는 방법을 알아본다.

실행 스레드는 <thread> 헤더의 std 네임스페이스에서 사용 가능한 thread 클래스로 표현된다. 추가 스레드 유틸리티는 동일한 헤더에서 사용할 수 있지만 std::this_thread 네임스페이스에 있다.

다음 예제에서는 print_time() 함수가 사용됐다.

```cpp
inline void print_time()
{
  auto now = std::chrono::system_clock::now();
  auto stime = std::chrono::system_clock::to_time_t(now);
  auto ltime = std::localtime(&stime);

  std::cout << std::put_time(ltime, "%c") << std::endl;
}
```

스레드를 관리하려면 다음 솔루션을 사용한다.

- 새 스레드의 실행을 시작하지 않고 std::thread 객체를 생성하려면 디폴트 생성자를 사용한다.

  ```cpp
  std::thread t;
  ```

- std::thread 객체를 생성하고 함수를 인수로 전달해 다른 스레드에서 함수의 실행을 시작한다.

  ```cpp
  void func1()
  {
  ```

```
  std::cout << "thread func without params" << std::endl;
}

std::thread t(func1);
std::thread t([]() {
  std::cout << "thread func without params"
            << std::endl; });
```

- std::thread 객체를 생성하고 함수를 생성자에 인수로 전달해 다른 스레드의 인수로 함수의 실행을 시작한다.

```
void func2(int const i, double const d, std::string const s)
{
  std::cout << i << ", " << d << ", " << s << std::endl;
}

std::thread t(func2, 42, 42.0, "42");
```

- 스레드가 실행을 끝내기를 기다리려면 thread 객체의 join() 메소드를 사용한다.

```
t.join();
```

- 스레드가 현재 스레드 객체와 독립적으로 계속 실행될 수 있게 하려면 detach() 메소드를 사용한다.

```
t.detach();
```

- 함수의 참조를 인수로 전달하려면 스레드를 std::ref 또는 std::cref로 래핑한다(참조가 상수인 경우).

```
void func3(int & i)
{
  i *= 2;
```

```
}

int n = 42;

std::thread t(func3, std::ref(n));
t.join();
std::cout << n << std::endl; // 84
```

- 지정된 기간 동안 스레드의 실행을 중지하려면 std::this_thread::sleep_for() 함수를 사용한다.

```
void func4()
{
  using namespace std::chrono;
  print_time();
  std::this_thread::sleep_for(2s);
  print_time();
}

std::thread t(func4);
t.join();
```

- 지정된 순간까지 스레드의 실행을 중지하려면 std::this_thread::sleep_until() 함수를 사용한다.

```
void func5()
{
  using namespace std::chrono;
  print_time();
  std::this_thread::sleep_until(
  std::chrono::system_clock::now() + 2s);
  print_time();
}

std::thread t(func5);
```

```
t.join();
```

- 현재 스레드의 실행을 일시 중지하고 다른 스레드가 실행을 수행할 수 있도록 하려면 std::this_thread::yield()를 사용한다.

```cpp
void func6(std::chrono::seconds timeout)
{
  auto now = std::chrono::system_clock::now();
  auto then = now + timeout;
  do
  {
    std::this_thread::yield();
  } while (std::chrono::system_clock::now() < then);
}

std::thread t(func6, std::chrono::seconds(2));
t.join();
print_time();
```

예제 분석

단일 스레드 실행을 나타내는 std::thread 클래스에는 여러 생성자가 있다.

- 스레드 객체만 생성하고 새로운 스레드의 실행을 시작하지 않는 디폴트default 생성자
- 생성된 객체로 표현되는 실행 스레드를 나타내기 위해 새로운 스레드 객체를 생성하는 이동move 생성자. 새로운 객체가 생성된 후에 다른 객체는 더 이상 실행 스레드와 연관되지 않는다.
- 가변 인수를 가진 생성자: 첫 번째는 최상위 스레드 함수를 나타내는 인수고, 나머지는 스레드 함수에 전달할 인수다. 인수는 값으로 스레드 함수에 전달돼야 한다. 스레드 함수가 참조 또는 상수 참조로 매개변수를 취하는 경우 std::ref 또는

std::cref 객체로 래핑해야 한다.

이 경우 스레드 함수는 값을 반환할 수 없다. 함수가 실제로 void 외의 반환 타입을 가질 수는 있지만 함수가 직접 반환하는 값은 무시한다. 값을 반환해야 하는 경우, 공유 변수 또는 함수 인수를 사용해 값을 반환할 수 있다. 다음 레시피에서는 스레드 함수가 프라미 스promise를 사용해 다른 스레드에 값을 반환하는 방법을 배운다.

함수가 예외로 종료되면, 스레드가 시작되고 프로그램이 std::terminate() 호출로 비정상적으로 종료된 컨텍스트에서 try...catch문으로 예외를 캐치할 수 없다. 모든 예외는 실행 중인 스레드 내에서 캐치돼야 하지만 std::exception_ptr 객체를 통해 스레드 간에 전송될 수 있다. 이 주제에 대해서는 다음 레시피에서 다룬다.

스레드의 실행이 시작되면 참여 또는 분리가 가능하다. 스레드의 참여는 참여한 스레드의 실행이 종료될 때까지 현재 스레드의 실행이 차단됨을 의미한다. 스레드의 분리는 현재 스레드와 분리된 스레드가 동시에 실행될 수 있도록 실행 스레드에서 스레드 객체를 분리하는 것을 의미한다. 스레드의 참여는 join()으로 수행하고, 스레드의 분리는 detach() 로 수행한다. 이 두 메소드 중 하나를 호출하면 스레드에 참여할 수 없으며 스레드 객체를 안전하게 소멸시킬 수 있다. 스레드가 분리되면 접근할 수 있는 공유 데이터를 실행 시 사용할 수 있어야 한다. joinable() 메소드는 스레드에 참여할 수 있는지를 나타낸다.

각각의 스레드는 검색할 수 있는 식별자를 가지고 있다(현재 스레드의 경우 std::this_thread ::get_id() 함수를 호출한다). thread 객체가 나타내는 다른 실행 스레드의 경우 get_id() 메소드를 호출한다.

std::this_thread 네임스페이스에서 사용할 수 있는 몇 가지 추가 유틸리티 함수가 있다.

- yield() 메소드는 스케줄러가 다른 스레드를 활성화할 것을 암시한다. 이전 절의 마지막 예제와 같이 바쁜 대기busy-waiting 루틴을 구현할 때 유용하다.
- sleep_for() 메소드는 적어도 지정된 기간 동안 현재 스레드의 실행을 차단한 다(스레드가 슬립sleep으로 전환되는 실제 시간은 스케줄링으로 인해 요청한 기간보다 길어

질 수 있다).

- `sleep_until()` 메소드는 적어도 지정된 시점까지 현재 스레드의 실행을 차단한다(실제 슬립 시간은 스케줄링으로 인해 요청 시간보다 길어질 수 있다).

참고 사항

- 스레드 함수에서 예외 처리
- 뮤텍스와 잠금을 사용해 공유 데이터에 대한 접근 동기화
- 재귀 뮤텍스 사용 방지
- 스레드 간 통보 전송
- 프라미스와 퓨처를 사용해 스레드에서 값 반환

스레드 함수에서 예외 처리

이전 레시피에서는 스레드 지원 라이브러리를 소개하고 스레드로 기본 연산을 수행하는 방법을 알아봤다. 그 레시피에서 간단히 스레드 함수에서의 예외 처리를 살펴봤으며, `std::terminate()` 호출로 프로그램이 비정상적으로 종료되기 때문에 예외가 최상위 레벨 스레드 함수를 벗어날 수 없다고 언급했다. 반면에 예외는 `std::exception_ptr` 래퍼의 스레드 간에 전송될 수 있다. 이번 레시피에서는 이에 대해 살펴본다.

준비

이제 이전 레시피인 '스레드로 작업하기'에서 논의한 스레드 연산에 대해 익숙해졌을 것이다. `exception_ptr` 클래스는 `<exception>` 헤더의 `std` 네임스페이스에서 사용할 수 있다. `mutex`(다음 레시피에서 자세히 알아본다.)는 `<mutex>` 헤더의 `std` 네임스페이스에서 사용할 수 있다.

메인 스레드^{main thread} 또는 메인 스레드가 참여한 스레드의 작업자 스레드^{worker thread}에서 발생한 예외를 올바르게 처리하려면 다음을 수행한다(여러 스레드에서 여러 예외가 발생할 수 있다고 가정).

1. 전역 컨테이너를 사용해 std::exception_ptr의 인스턴스를 보유한다.

```
std::vector<std::exception_ptr> g_exceptions;
```

2. 전역 mutex를 사용해 공유 컨테이너에 대한 접근을 동기화한다.

```
std::mutex g_mutex;
```

3. 최상위 스레드 함수에서 실행 중인 코드에 try...catch 블록을 사용한다. std::current_exception()을 사용해 현재 예외를 캡처하고 사본 또는 해당 참조를 예외를 위해 공유 컨테이너에 추가된 std::exception_ptr 포인터로 래핑한다.

```
void func1()
{
  throw std::exception("exception 1");
}

void func2()
{
  throw std::exception("exception 2");
}

void thread_func1()
{
  try
  {
    func1();
```

```
    }
    catch (...)
    {
      std::lock_guard<std::mutex> lock(g_mutex);
      g_exceptions.push_back(std::current_exception());
    }
}

void thread_func2()
{
  try
  {
    func2();
  }
  catch (...)
  {
    std::lock_guard<std::mutex> lock(g_mutex);
    g_exceptions.push_back(std::current_exception());
  }
}
```

4. 스레드를 시작하기 전에 메인 스레드에서 컨테이너를 지운다.

```
g_exceptions.clear();
```

5. 메인 스레드에서 모든 스레드의 실행이 끝난 후 발생한 예외를 검사하고 각각의
   스레드를 적절하게 처리한다.

```
std::thread t1(thread_func1);
std::thread t2(thread_func2);
t1.join();
t2.join();

for (auto const & e : g_exceptions)
{
  try
```

```
  {
    if(e != nullptr)
    std::rethrow_exception(e);
  }
  catch(std::exception const & ex)
  {
    std::cout << ex.what() << std::endl;
  }
}
```

예제 분석

이전 절의 예제에서는 여러 스레드가 예외를 던질 수 있으므로 이들을 모두 담을 수 있는 컨테이너가 필요하다고 가정했다. 한 번에 단일 스레드에서 하나의 예외만 있는 경우에는 접근을 동기화하기 위한 공유 컨테이너와 mutex가 필요하지 않으며, std::exception_ptr 타입의 단일 전역 객체를 사용해 스레드 간에 전송된 예외를 보유할 수 있다.

std::current_exception()은 일반적으로 catch 절에서 현재 예외를 캡처하고 std::exception_ptr의 인스턴스를 생성하는 데 사용되는 함수다. 이것은 원본 예외에 대한 사본 또는 참조(구현에 따라 다름)를 보관하기 위한 것이다. 원본 예외를 참조하는 포인터가 있는 한 유효한 상태로 남아있다. 예외가 처리되지 않을 때 이 함수가 호출되면 빈 std::exception_ptr이 생성된다.

std::exception_ptr 포인터는 std::current_exception()으로 캡처된 예외에 대한 래퍼다. 디폴트로 생성되면 예외를 보유하지 않는다. 이 타입의 두 객체는 모두 비어있거나 동일한 예외 객체를 가리키는 경우 동일하다. std::exception_ptr 객체는 try...catch 블록에서 예외가 다시 발생하고 캐치될 수 있는 다른 스레드로 전달될 수 있다.

std::rethrow_exception()은 std::exception_ptr을 인수로 취하고, 이 인수로 참조되는 예외 객체를 던지는 함수다.

std::current_exception(), std::rethrow_exception(), std::exception_ptr은 모두 C++11에서 사용할 수 있다.

이전 절의 예제에서 각 스레드 함수는 실행되는 전체 코드에 대해 try...catch문을 사용해 함수에서 어떤 예외도 캐치할 수 있다. 예외가 처리되면 전역 mutex 객체에 대한 잠금 lock이 획득되고 현재 예외를 보유하고 있는 std::exception_ptr 객체가 공유 컨테이너에 추가된다. 이 접근 방법을 사용하면 첫 번째 예외에서 스레드 함수가 중단된다. 그러나 다른 상황에서는 이전 작업이 예외를 발생시키더라도 여러 작업을 실행해야 할 수도 있다. 이 경우는 try...catch문을 여러 개 사용하고 일부 예외만 스레드 외부로 전송할 수도 있다. 모든 스레드가 실행을 마친 후, 메인 스레드에서 컨테이너는 반복되고 각각의 비어있지 않은 예외는 다시 발생하고 try...catch 블록으로 캐치돼 적절하게 처리된다.

참고 사항

- 스레드로 작업하기

뮤텍스와 잠금을 사용해 공유 데이터에 대한 접근 동기화

스레드를 사용하면 동시에 여러 함수를 실행할 수 있지만, 이런 함수들이 공유 자원에 접근해야 하는 경우가 종종 있다. 공유 자원에 대한 접근은 동기화돼 한 번에 하나의 스레드만 공유 자원을 읽거나 쓸 수 있어야 한다. 이에 대한 예로, 이전 레시피에서는 여러 스레드들이 동시에 공유 컨테이너에 객체를 추가할 수 있는 기능을 살펴봤다. 이번 레시피에서는 공유 데이터로 스레드 접근을 동기화하는 C++ 표준 메커니즘과 동작 방법을 알아본다.

이번 레시피에서 알아보는 mutex와 lock 클래스는 <mutex> 헤더의 std 네임스페이스에서 사용 가능하다.

단일 공유 자원으로 접근을 동기화하려면 다음 패턴을 사용한다.

1. 적절한 컨텍스트(클래스 또는 전역 범위)에서 mutex를 정의한다.

```
std::mutex g_mutex;
```

2. 각 스레드에서 공유 자원에 접근하기 전에 mutex의 lock을 획득한다.

```
void thread_func()
{
  using namespace std::chrono_literals;
  {
    std::lock_guard<std::mutex> lock(g_mutex);
    std::cout << "running thread "
              << std::this_thread::get_id() << std::endl;
  }

  std::this_thread::yield();
  std::this_thread::sleep_for(2s);

  {
    std::lock_guard<std::mutex> lock(g_mutex);
    std::cout << "done in thread "
              << std::this_thread::get_id() << std::endl;
  }
}
```

교착 상태^{deadlock} 회피와 동시에 여러 공유 자원에 대한 접근을 동기화하려면 다음 패턴을 사용한다.

1. 적절한 컨텍스트(전역 또는 클래스 범위)에서 각 공유 자원에 대한 뮤텍스를 정의한다.

```
template <typename T>
struct container
{
  std::mutex mutex;
  std::vector<T> data;
};
```

2. std::lock()에 교착 상태 회피 알고리즘을 사용해 뮤텍스를 동시에 잠근다.

```
template <typename T>
void move_between(container<T> & c1, container<T> & c2,
                  T const value)
{
  std::lock(c1.mutex, c2.mutex);
  // 3으로 이어짐
}
```

3. 뮤텍스를 잠근 후, 각 뮤텍스의 소유권을 std::lock_guard 클래스에 채택해 함수(또는 범위)의 끝에서 안전하게 해제되도록 한다.

```
// 2에서 이어짐
std::lock_guard<std::mutex> l1(c1.mutex, std::adopt_lock);
std::lock_guard<std::mutex> l2(c2.mutex, std::adopt_lock);

c1.data.erase(
  std::remove(c1.data.begin(), c1.data.end(), value),
  c1.data.end());
c2.data.push_back(value);
```

뮤텍스는 여러 스레드에서 공유 자원에 대한 동시 접근을 보호할 수 있는 동기화의 기본 요소primitive다. C++ 표준 라이브러리는 여러 가지 구현을 제공하고 있다.

- std::mutex는 가장 공통으로 사용되는 뮤텍스 타입이며 앞의 예제 코드에 설명 돼 있다. 뮤텍스를 획득하고 해제하는 메소드를 제공한다. lock()은 뮤텍스를 획 득하려 시도하고 사용할 수 없다면 블록한다. try_lock()은 뮤텍스를 획득하려 시도하고 뮤텍스가 사용 가능하지 않으면 블로킹 없이 반환하며, unlock()은 뮤 텍스를 해제한다.

- std::timed_mutex는 std::mutex와 비슷하지만 타임아웃을 사용해 뮤텍스를 획 득하는 두 가지 추가 메소드를 제공한다. try_lock_for()는 뮤텍스를 획득하 려 시도하고 뮤텍스가 지정 기간 동안 사용 가능하지 않은 경우 이를 반환하며, try_lock_until()은 뮤텍스를 획득하려 시도하고 지정된 시점까지 뮤텍스가 사 용 가능하지 않은 경우 이를 반환한다.

- std::recursive_mutex는 std::mutex와 유사하지만, 블록되지 않고 동일한 스레 드에서 뮤텍스를 여러 번 획득할 수 있다.

- std::recursive_timed_mutex는 recursive_mutex와 timed_mutex의 조합이다.

사용 가능한 뮤텍스를 잠그는 첫 번째 스레드는 스레드의 소유권을 가져와 실행을 계속한 다. 뮤텍스를 이미 소유하고 있는 스레드를 포함해 모든 스레드에서 뮤텍스를 잠그기 위 한 모든 연속적인 시도가 실패하고, lock() 메소드는 unlock() 호출로 뮤텍스가 해제될 때까지 스레드를 차단한다. 스레드가 뮤텍스를 차단하지 않고 여러 번 잠글 수 있게 하려 면 recursive_mutex 클래스 템플릿을 사용해야 한다.

공유 자원 접근을 보호하는 데 뮤텍스를 사용하는 전형적인 방법은 공유 자원을 사용하는 뮤텍스를 잠그고 해제하는 것을 포함한다.

```
g_mutex.lock();

// std::cout 같은 공유 자원 사용
std::cout << "accessing shared resource" << std::endl;

g_mutex.unlock();
```

그러나 뮤텍스를 이렇게 사용하는 방법은 오류가 발생하기 쉽다. 이는 각각의 lock() 호출이 모든 실행 경로에서 unlock() 호출과 쌍(즉, 정상 반환 경로와 예외 반환 경로)을 이뤄야 하기 때문이다. 함수의 실행 방식에 관계없이 뮤텍스를 안전하게 획득하고 해제하기 위해 C++ 표준은 몇 가지 잠금 클래스를 정의한다.

- std::lock_guard는 앞에서 본 잠금 메커니즘이다. 이것은 RAII 방식으로 구현된 뮤텍스 래퍼를 나타낸다. 생성 시 뮤텍스를 획득하고 파괴 시 해제하며, C++11 에서 사용할 수 있다. 다음은 lock_guard의 전형적인 구현을 보여준다.

```
template <class M>
class lock_guard
{
public:
  typedef M mutex_type;

  explicit lock_guard(M& Mtx) : mtx(Mtx)
  {
    mtx.lock();
  }

  lock_guard(M& Mtx, std::adopt_lock_t) : mtx(Mtx)
  { }

  ~lock_guard() noexcept
  {
    mtx.unlock();
  }
```

```
    lock_guard(const lock_guard&) = delete;
    lock_guard& operator=(const lock_guard&) = delete;
private:
    M& mtx;
};
```

- std::unique_lock은 지연 잠금, 시간 잠금, 재귀 잠금, 소유권 이전을 조건 변수와 함께 사용할 수 있도록 지원해주는 뮤텍스 소유권 래퍼다. C++11에서 사용할 수 있다.

- std::shared_lock은 지연 잠금, 시간 잠금, 소유권 이전을 지원하는 뮤텍스 공유 소유권 래퍼다. C++14에서 사용할 수 있다.

- std::scoped_lock은 RAII 방식으로 구현된 다중 뮤텍스에 대한 래퍼다. 생성 시 std::lock()을 사용하는 것처럼 교착 상태를 피하는 방식으로 뮤텍스의 소유권을 획득하려고 시도한다. 그리고 파괴 시 뮤텍스는 획득된 방식과 반대 순서로 해제된다. C++17에서 사용할 수 있다.

'예제 구현' 절의 첫 번째 예제에서는 std::mutex와 std::lock_guard를 사용해 프로그램의 모든 스레드 간에 공유되는 std::cout 스트림 객체에 대한 접근을 보호했다. 다음 예제는 thread_func() 함수를 어떻게 여러 스레드에서 동시에 실행할 수 있는지 보여준다.

```
std::vector<std::thread> threads;
for (int i = 0; i < 5; ++i)
  threads.emplace_back(thread_func);

for (auto & t : threads)
  t.join();
```

결과는 다음과 같다.

```
running thread 140296854550272
```

```
running thread 140296846157568
running thread 140296837764864
running thread 140296829372160
running thread 140296820979456
done in thread 140296854550272
done in thread 140296846157568
done in thread 140296837764864
done in thread 140296820979456
done in thread 140296829372160
```

여러 공유 자원을 보호하기 위해 스레드가 다중 뮤텍스의 소유권을 가져와야 하는 경우, 스레드를 하나씩 획득하면 교착 상태에 빠질 수 있다. 다음 예제를 살펴보자(container는 '예제 구현' 절에서 살펴본 클래스다).

```
template <typename T>
void move_between(container<T> & c1, container<T> & c2, T const value)
{
  std::lock_guard<std::mutex> l1(c1.mutex);
  std::lock_guard<std::mutex> l2(c2.mutex);

  c1.data.erase(
    std::remove(c1.data.begin(), c1.data.end(), value),
    c1.data.end());
  c2.data.push_back(value);
}

container<int> c1;
c1.data.push_back(1);
c1.data.push_back(2);
c1.data.push_back(3);

container<int> c2;
c2.data.push_back(4);
c2.data.push_back(5);
c2.data.push_back(6);
```

```
std::thread t1(move_between<int>, std::ref(c1), std::ref(c2), 3);
std::thread t2(move_between<int>, std::ref(c2), std::ref(c1), 6);

t1.join();
t2.join();
```

이 예제에서는 container 클래스가 다른 스레드에서 동시에 접근할 수 있는 데이터를 보유하고 있다. 따라서 뮤텍스를 획득해 보호해야 한다. move_between() 함수는 컨테이너에서 요소를 제거하고 두 번째 컨테이너에 추가하는 스레드 안전 함수다. 이렇게 하려면 두 컨테이너의 뮤텍스를 순차적으로 획득한 후, 첫 번째 컨테이너에서 요소를 삭제하고 두 번째 컨테이너의 끝에 추가한다.

그러나 이 함수는 잠금을 획득하는 동안 경쟁 조건^{race condition}이 트리거될 수 있으므로 교착 상태가 발생하기 쉽다. 두 개의 다른 스레드가 다른 인수로 함수를 실행하는 시나리오를 생각해보자.

- 첫 번째 스레드는 인수 c1과 c2를 이용해 이 순서로 실행을 시작한다.
- 첫 번째 스레드는 c1 컨테이너에 대한 잠금을 획득한 후 일시 중지^{suspend}된다. 두 번째 스레드는 인수 c2와 c1을 이용해 이 순서로 실행을 시작한다.
- 두 번째 스레드는 c2 컨테이너에 대한 잠금을 획득한 후 일시 중지된다.
- 첫 번째 스레드는 실행을 계속하고 c2에 대한 뮤텍스를 획득하고자 시도하지만 뮤텍스를 사용할 수 없다. 따라서 교착 상태가 발생한다(첫 번째 뮤텍스를 획득한 후 스레드를 잠시 동안 슬립 상태로 두면 이를 시뮬레이션할 수 있다).

이와 같은 교착 상태를 피하려면 뮤텍스를 교착 상태 회피 방식으로 가져와야 하며, 표준 라이브러리는 이를 수행하는 std::lock()이라는 유틸리티 함수를 제공한다. move_between() 함수의 두 잠금을 다음 코드로 바꾼다('예제 구현' 절 참조).

```
std::lock(c1.mutex, c2.mutex);

std::lock_guard<std::mutex> l1(c1.mutex, std::adopt_lock);
std::lock_guard<std::mutex> l2(c2.mutex, std::adopt_lock);
```

뮤텍스의 소유권은 함수의 실행이 끝난 후에(또는 특정 범위가 끝난 후에 경우에 따라) 제대로 해제되도록 잠금 가드lock guard 객체로 전송돼야 한다.

C++17에서는 앞의 예제와 같이 코드를 단순화하는 데 사용할 수 있는 새로운 뮤텍스 래퍼 std::scoped_lock을 사용할 수 있다. 이 잠금 타입은 교착 상태가 없이 다중 뮤텍스의 소유권을 획득할 수 있다. 이들 뮤텍스는 범위가 지정된 잠금이 파괴되면 해제된다. 앞의 코드는 다음의 한 줄 코드와 동일하다.

```
std::scoped_lock lock(c1.mutex, c2.mutex);
```

참고 사항

- 스레드로 작업하기
- 재귀 뮤텍스 사용 방지

재귀 뮤텍스 사용 방지

표준 라이브러리는 공유 자원의 접근을 보호하는 여러 뮤텍스 타입을 제공한다. std::recursive_mutex와 std::recursive_timed_mutex는 동일한 스레드에서 다중 잠금을 사용할 수 있게 해주는 두 가지 구현이다. 재귀 뮤텍스의 전형적인 사용은 재귀 함수에서 공유 자원의 접근을 보호하는 것이다. 재귀 뮤텍스는 비재귀 뮤텍스보다 오버헤드가 크며 가능하면 피해야 한다. 이번 레시피에서는 재귀 뮤텍스를 사용하는 스레드 안전 타입을 비재귀 뮤텍스를 사용하는 스레드 안전 타입으로 변환하는 유스케이스를 제공한다.

준비

표준 라이브러리에서 사용할 수 있는 다양한 뮤텍스와 잠금에 대해 잘 알고 있어야 한다. 따라서 이전 레시피인 '뮤텍스와 잠금을 사용해 공유 데이터에 대한 접근 동기화'를 읽어 보는 것이 좋다.

이 레시피의 목적은 다음 클래스를 변환해 std::recursive_mutex의 사용을 회피하는 것이다.

```cpp
class foo_rec
{
  std::recursive_mutex m;
  int data;

public:
  foo_rec(int const d = 0) : data(d) {}

  void update(int const d)
  {
    std::lock_guard<std::recursive_mutex> lock(m);
    data = d;
  }

  int update_with_return(int const d)
  {
    std::lock_guard<std::recursive_mutex> lock(m);
    auto temp = data;
    update(d);
    return temp;
  }
};
```

앞의 구현을 비재귀 뮤텍스를 사용해 스레드 안전 타입으로 변환하려면 다음과 같이 수행한다.

1. std::recursive_mutex를 std::mutex로 대체한다.

```
class foo
{
  std::mutex m;
  int data;
  // 2로 계속
};
```

2. 스레드 안전 공용 메소드에서 사용할 공용 메소드나 헬퍼 함수의 비공개private 비스레드 안전 버전을 정의한다.

```
void internal_update( int const d ) { data = d; }
// 3으로 계속
```

3. 새로 정의된 비스레드 안전 비공개 메소드를 사용하도록 공용 메소드를 재작성한다.

```
public:
  foo( int const d = 0 ) : data(d) {}
  void update( int const d )
  {
    std::lock_guard<std::mutex> lock(m);
    internal_update(d);
  }

int update_with_return( int const d )
{
  std::lock_guard<std::mutex> lock(m);
```

```
    auto temp = data;
    internal_update(d);
    return temp;
}
```

예제 분석

std::recursive_mutex 클래스는 lock( ) 또는 try_lock( ) 호출로 스레드에서 여러 번 잠글 수 있다. 스레드가 사용 가능한 재귀 뮤텍스를 잠그면 소유권을 획득한다. 그 결과로 동일한 스레드에서 뮤텍스를 잠그려고 계속 시도하면 스레드의 실행이 차단되지 않으므로 교착 상태가 발생한다. 재귀 뮤텍스는 동일한 횟수의 unlock( ) 호출이 만들어졌을 때만 해제된다.

방금 설명한 foo_rec 클래스는 공유 데이터의 접근을 보호하기 위해 재귀 뮤텍스를 사용한다. 이 예제의 경우 두 스레드 안전 공용 함수에서 접근하는 정수 멤버 변수다.

- update( )는 비공개 변수에 새로운 값을 설정한다.
- update_and_return( )은 비공개 변수에 새 값을 설정하고 호출된 함수에 이전 값을 반환한다. 이 함수는 update( )를 호출해 새로운 값을 설정한다.

foo_rec의 구현은 코드의 중복을 피하기 위한 것이었지만, 이 특별한 접근법은 '예제 구현' 절에서 보듯이 개선될 수 있는 설계상의 오류다. 공용 스레드 안전 함수를 재사용하는 대신, 공용 인터페이스에서 호출할 수 있는 비공개 비스레드 안전 함수를 제공할 수 있다.

동일한 해결책이 다른 유사한 문제에도 적용될 수 있다. 코드의 비스레드 안전 버전을 정의한 후 경량의 스레드 안전 래퍼를 제공할 수 있다.

- 스레드로 작업하기
- 뮤텍스와 잠금을 사용해 공유 데이터에 대한 접근 동기화

스레드 간 통보 전송

뮤텍스는 공유 데이터에 대한 접근을 보호하는 데 사용할 수 있는 동기화 기본 요소다. 그러나 표준 라이브러리는 스레드가 특정 조건이 발생했음을 알릴 수 있는 조건 변수condition variable라는 동기화 기본 요소를 제공한다. 상태 변수에서 대기 중인 스레드 또는 스레드들은 조건 변수가 시그널을 받거나 타임아웃 또는 가짜 웨이크업spurious wakeup이 발생할 때까지 차단된다. 이번 레시피에서는 상태 변수를 사용해 스레드 생성 데이터와 스레드 소비 데이터 간에 통보notification를 보내는 방법을 살펴본다.

준비

이번 레시피에서는 스레드, 뮤텍스, 잠금에 대해 잘 알고 있어야 한다. 조건 변수는 <condition_variable> 헤더의 std 네임스페이스에서 사용할 수 있다.

예제 구현

조건 변수에 대한 통보를 사용해 스레드를 동기화하는 데 다음 패턴을 사용한다.

1. (적절한 컨텍스트에서) 조건 변수를 정의한다.

   ```
   std::condition_variable cv;
   ```

2. 잠글 스레드의 뮤텍스를 정의한다.

```
std::mutex cv_mutex;
```

3. 스레드 간에 사용되는 공유 데이터를 정의한다.

```
int data = 0;
```

4. 생성 스레드에서 데이터를 수정하기 전에 뮤텍스를 잠근다.

```
std::thread p([&](){
  // 장기 실행 작업 시뮬레이션
  {
    using namespace std::chrono_literals;
    std::this_thread::sleep_for(2s);
  }

  // 생성
  {
    std::unique_lock lock(cv_mutex);
    data = 42;
  }

  // 메시지 프린트
  {
    std::lock_guard l(io_mutex);
    std::cout << "produced " << data << std::endl;
  }

  // 5로 계속
});
```

5. 생성 스레드에서 notify_one( ) 또는 notify_all( )을 호출해 조건 변수에 시그널을 보낸다(공유 데이터를 보호하기 위해 사용된 뮤텍스의 잠금이 해제된 후 수행).

```
// 4에서 계속
cv.notify_one();
```

6. 소비 스레드에서 뮤텍스의 고유한 잠금을 획득하고 조건 변수를 기다리는 데 사용한다.

```
std::thread c([&](){
  // 통보를 기다림
  {
    std::unique_lock lock(cv_mutex);
    cv.wait(lock);
  }

  // 7로 계속
});
```

7. 소비 스레드에서 조건이 통보된 후에 공유 데이터를 사용한다.

```
// 6에서 계속
{
  std::lock_guard lock(io_mutex);
  std::cout << "consumed " << data << std::endl;
}
```

예제 분석

앞의 예제는 공통 데이터(예제의 경우 정수 변수)를 공유하는 두 스레드를 나타낸다. 스레드 하나는 긴 계산(슬립으로 시뮬레이션함) 후에 데이터를 생산하고, 다른 스레드는 생산된 후 이를 소비한다. 이를 위해 뮤텍스와 생성 스레드에서 데이터가 사용 가능함을 지시하는 통보가 발생할 때까지 소비 스레드를 차단하는 조건 변수를 사용하는 동기화 메커니즘을 사용한다. 이 통신 채널의 핵심은 생성 스레드가 이를 통보할 때까지 소비 스레드가 대기

하는 조건 변수다. 두 스레드는 거의 같은 시간에 시작된다. 생성 스레드는 소비 스레드에서 소비될 데이터를 생성하기 위해 긴 계산을 시작한다. 동시에 소비 스레드는 데이터가 사용 가능해질 때까지 실제로 진행할 수 없다. 데이터가 생성됐다는 사실이 통보될 때까지 차단된 상태로 유지돼야 한다. 통보를 받으면 실행을 계속할 수 있다. 전체 메커니즘은 다음과 같이 동작한다.

- 통보될 조건 변수를 기다리는 스레드가 하나 이상 있어야 한다.
- 조건 변수를 시그널링하는 스레드가 하나 이상 있어야 한다.
- 대기 중인 스레드는 먼저 뮤텍스의 잠금(std::unique_lock<std::mutex>)을 획득하고 조건 변수의 wait( ), wait_for( ), 또는 wait_until( ) 메소드에 전달해야 한다. 모든 대기 메소드는 뮤텍스를 원자적으로^{atomically} 해제하고 조건 변수가 시그널링될 때까지 스레드를 차단한다. 이 시점에서 스레드는 차단 해제되고 뮤텍스는 원자적으로 다시 획득된다.
- 조건 변수를 시그널링하는 스레드는 notify_one( )(차단된 스레드가 차단 해제된 경우) 또는 notify_all( )(모든 차단된 스레드가 조건 변수가 차단 해제되기를 기다리는 경우)로 이를 수행할 수 있다.

> ℹ️ 멀티 프로세서 시스템에서 조건 변수를 완벽히 예측할 수는 없다. 따라서 가짜 웨이크업이 발생할 수 있고 아무도 조건 변수에 시그널을 보내지 않아도 스레드가 잠금 해제될 수 있다. 따라서 스레드가 차단 해제된 후 조건이 true인지를 확인해야 한다. 가짜 웨이크업이 여러 번 발생할 수 있으므로 루프에서 조건 변수를 확인해야 한다.

C++ 표준은 조건 변수의 두 가지 구현을 제공한다.

- 이 레시피에서 사용된 std::condition_variable은 std::unique_lock과 연관된 조건 변수를 정의한다.
- std::condition_variable_any는 기본 잠금(lock( )과 unlock( ) 메소드의 구현)의 요

구 사항을 충족하는 모든 잠금과 동작하는 좀 더 일반적인 구현을 나타낸다. 이 구현은 안토니 윌리엄스^Anthony Williams가 『C++ concurrency in action』(매닝출판사, 2012)에서 설명한 대로 인터럽트 대기를 제공하는 데 사용할 수 있다.

> 사용자 정의 잠금 연산은 연관된 뮤텍스를 잠그고 인터럽트 신호가 수신될 때 이 조건 변수를 통보하는 데 필요한 작업을 수행한다.

조건 변수의 모든 대기 메소드는 두 가지 오버로드를 가진다.

- 첫 번째 오버로드는 std::unique_lock<std::mutex>(타입, 즉 지속 시간 또는 시점을 기반으로 함)를 취하고 조건 변수가 시그널링될 때까지 스레드가 차단된 상태로 유지되도록 한다. 이 오버로드는 원자적으로 뮤텍스를 해제하고 현재 스레드를 차단해 조건 변수에서 대기 중인 스레드 목록에 추가한다. 스레드는 조건이 notify_one() 또는 notify_all()로 통보되거나 가짜 웨이크업 또는 타임아웃(함수 오버로드에 따라)이 발생하면 차단 해제된다. 이런 일이 발생하면 뮤텍스가 다시 원자적으로 획득된다.

- 두 번째 오버로드는 다른 오버로드의 인수 외에 술어^predicate를 취한다. 이 술어는 조건이 true가 될 때까지 기다리는 동안 가짜 웨이크업을 방지하는 데 사용할 수 있다. 이 오버로드는 다음과 동일하다.

```
while(!pred())
  wait(lock);
```

다음 코드는 이전 절에서 설명한 것과 비슷하지만 더 복잡한 예를 보여준다. 생성 스레드는 루프(예제에서는 유한 루프)에서 데이터를 생성하고, 소비하는 스레드는 새로운 데이터가 사용 가능해질 때까지 기다렸다가 이를 소비(콘솔에 출력)한다. 생성 스레드는 데이터 생성이 끝나면 종료되고, 소비하는 스레드는 더 이상 소비할 데이터가 없으면 종료된다. 데이터는 queue<int>에 추가되고, 부울 변수는 소비 스레드에 데이터 생성 프로세스가 완료됐음을 알리기 위해 사용된다.

```cpp
std::mutex g_lockprint;
std::mutex g_lockqueue;
std::condition_variable g_queuecheck;
std::queue<int> g_buffer;
bool g_done;

void producer(
  int const id,
  std::mt19937& generator,
  std::uniform_int_distribution<int>& dsleep,
  std::uniform_int_distribution<int>& dcode)
{
  for (int i = 0; i < 5; ++i)
  {
    // 작업을 시뮬레이션
    std::this_thread::sleep_for(
      std::chrono::milliseconds(dsleep(generator)));

    // 데이터 생성
    {
      std::unique_lock<std::mutex> locker(g_lockqueue);
      int value = id * 100 + dcode(generator);
      g_buffer.push(value);

      {
        std::unique_lock<std::mutex> locker(g_lockprint);
        std::cout << "[produced(" << id << ")]: " << value
                  << std::endl;
      }
    }

    // 소비 스레드에 통보
    g_queuecheck.notify_one();
  }
}

void consumer()
{
```

```
// 종료가 시그널링될 때까지 루프를 반복
while (!g_done)
{
  std::unique_lock<std::mutex> locker(g_lockqueue);

  g_queuecheck.wait_for(
    locker,
    std::chrono::seconds(1),
    [&]() {return !g_buffer.empty(); });

  // 큐에 값이 있으면 처리한다
  while (!g_done && !g_buffer.empty())
  {
    std::unique_lock<std::mutex> locker(g_lockprint);
    std::cout
      << "[consumed]: " << g_buffer.front()
      << std::endl;
      g_buffer.pop();
  }
}
}
```

소비 스레드는 다음을 수행한다.

- 데이터를 생성하는 프로세스가 완료될 때까지 루프를 반복한다.
- 조건 변수와 연관된 mutex의 고유한 잠금을 획득한다.
- 술어를 취하는 wait_for() 오버로드를 사용해 웨이크업이 발생할 때 버퍼가 비어 있지 않은지 확인한다(가짜 웨이크업을 방지하기 위해). 이 메소드는 1초의 타임아웃을 사용하고 조건이 시그널링되더라도 타임아웃이 발생하면 반환한다.
- 조건 변수를 통해 시그널이 보내지면 큐의 모든 데이터를 소비한다.

이를 테스트하기 위해 여러 개의 생산 스레드와 한 개의 소비 스레드를 시작한다. 생산 스레드는 랜덤 데이터를 생성하므로 의사 랜덤 생산자 엔진과 배포distribution를 공유한다. 다음 코드 예제에 이 모든 것이 나와 있다.

```
auto seed_data = std::array<int, std::mt19937::state_size> {};
std::random_device rd {};
std::generate(std::begin(seed_data), std::end(seed_data),
              std::ref(rd));
std::seed_seq seq(std::begin(seed_data), std::end(seed_data));
auto generator = std::mt19937{ seq };
auto dsleep = std::uniform_int_distribution<>{ 100, 500 };
auto dcode = std::uniform_int_distribution<>{ 1, 99 };

std::cout << "start producing and consuming..." << std::endl;


std::thread consumerthread(consumer);
std::vector<std::thread> threads;
for (int i = 0; i < 5; ++i)
{
  threads.emplace_back(producer,
                       i + 1,
                       std::ref(generator),
                       std::ref(dsleep),
                       std::ref(dcode));
}

// 작업자가 완료하도록 작업한다
for (auto& t : threads)
  t.join();

// 로거(logger)에게 종료하고 대기할 것을 통보한다
g_done = true;

consumerthread.join();

std::cout << "done producing and consuming" << std::endl;
```

이 프로그램의 결과는 다음과 같다.

```
start producing and consuming...
[produced(5)]: 550
[consumed]: 550
[produced(5)]: 529
[consumed]: 529
[produced(5)]: 537
[consumed]: 537
[produced(1)]: 122
[produced(2)]: 224
[produced(3)]: 326
[produced(4)]: 458
[consumed]: 122
[consumed]: 224
[consumed]: 326
[consumed]: 458
...
done producing and consuming
```

참고 사항

- 스레드로 작업하기
- 뮤텍스와 잠금을 사용해 공유 데이터에 대한 접근 동기화

프라미스와 퓨처를 사용해 스레드에서 값 반환

8장의 첫 번째 레시피에서 스레드로 작업하는 방법을 알아봤다. 또한 스레드 함수는 값을 반환할 수 없으므로, 그렇게 하기 위해 스레드는 공유 데이터 같은 다른 방법을 사용해야 한다는 것도 배웠다. 그러나 이를 위해서는 동기화가 필요하다. 메인 스레드 또는 다른 스레드와 통신하는 데 반환값이나 예외를 사용하는 대신 std::promise를 사용할 수 있다. 이번 레시피에서는 이 메커니즘이 어떻게 동작하는지 알아본다.

이 레시피에서 사용하는 promise와 future 클래스는 <future> 헤더의 std 네임스페이스에서 사용할 수 있다.

프라미스promise와 퓨처future를 통해 한 스레드에서 다른 스레드로 값을 전달하려면 다음과 같이 수행한다.

1. 다음과 같이 매개변수를 통해 스레드 함수에서 프라미스를 사용할 수 있도록 한다.

```
void produce_value(std::promise<int>& p)
{
  // 긴 실행 연산을 시뮬레이션
  {
    using namespace std::chrono_literals;
    std::this_thread::sleep_for(2s);
  }

  // 2로 계속
}
```

2. 프라미스에서 set_value( )를 호출해 결과로 값을 나타내도록 설정하거나 set_exception( )을 호출해 결과로 예외를 나타내도록 설정한다.

```
// 1에서 계속
p.set_value(42);
```

3. 다음과 같이 매개변수를 통해 다른 스레드 함수에서 사용할 수 있는 프라미스와 연관된 퓨처를 만든다.

```
void consume_value(std::future<int>& f)
{
    // 4로 계속
}
```

4. future 객체의 get( )을 호출해 프라미스에 결과 세트를 구한다.

```
// 3에서 계속
auto value = f.get();
```

5. 호출하는 스레드에서 프라미스의 get_future( )를 사용해 프라미스와 연관된 future를 구한다.

```
std::promise<int> p;
std::thread t1(produce_value, std::ref(p));

std::future<int> f = p.get_future();
std::thread t2(consume_value, std::ref(f));

t1.join();
t2.join();
```

예제 분석

프라미스-퓨처 쌍은 기본적으로 스레드가 공유 상태를 통해 다른 스레드와 값 또는 예외를 통신할 수 있게 해주는 통신 채널이다. promise는 결과의 비동기 제공자provider며 비동기 반환 객체를 나타내는 연관된 future를 가진다. 이 채널을 구축하려면 먼저 프라미스를 생성해야 한다. 이것은 나중에 프라미스와 연관된 퓨처를 통해 읽을 수 있는 공유 상태를 생성한다.

결과를 프라미스에 설정하려면 다음 메소드 중 하나를 사용하면 된다.

- set_value() 또는 set_value_at_thread_exit() 메소드는 반환값을 설정하는 데 사용된다. 두 번째 함수는 값을 공유 상태로 저장하지만 스레드가 종료되면 연관된 퓨처를 통해서만 값을 사용할 수 있다.
- set_exception() 또는 set_exception_at_thread_exit() 메소드는 예외를 반환값으로 설정하는 데 사용된다. 예외는 std::exception_ptr 객체로 래핑된다. 두 번째 함수는 공유 상태에 예외를 저장하지만 스레드가 종료될 때만 사용할 수 있다.

promise와 관련된 future 객체를 가려오려면 get_future() 메소드를 사용한다. future 값에서 값을 얻으려면 get() 메소드를 사용한다. 이렇게 하면 공유 상태의 값을 사용할 수 있을 때까지 호출하는 스레드가 차단된다. 퓨처 클래스는 공유 상태로부터의 결과가 이용 가능하게 될 때까지 스레드를 차단할 수 있는 몇 개의 스레드를 가지고 있다.

- wait()는 결과가 사용 가능할 때만 반환한다.
- wait_for()는 결과가 사용 가능할 때 또는 지정된 타임아웃이 만료될 때 반환한다.
- wait_until()은 결과가 사용 가능할 때 또는 지정된 시간 지점에 도달할 때 반환한다.

예외가 promise 값으로 설정돼 있는 경우, 퓨처의 get() 메소드를 호출하면 예외가 발생된다. 이전 절의 예제는 결과를 설정하는 대신 예외를 발생시키는 다음 코드로 재작성할 수 있다. get() 호출은 try...catch 블록에 작성되고 예외가 캐치되면 그 메시지가 콘솔에 출력된다.

```
void produce_value(std::promise<int>& p)
{
  // 긴 실행 연산을 시뮬레이션
  {
    using namespace std::chrono_literals;
```

```
    std::this_thread::sleep_for(2s);
  }

  try
  {
    throw std::runtime_error("an error has occurred!");
  }
  catch(...)
  {
    p.set_exception(std::current_exception());
  }
}

void consume_value(std::future<int>& f)
{
  std::lock_guard<std::mutex> lock(g_mutex);
  try
  {
    std::cout << f.get() << std::endl;
  }
  catch(std::exception const & e)
  {
    std::cout << e.what() << std::endl;
  }
}
```

부연 설명

이 방법으로 프라미스-퓨처 채널을 설정하는 것은 다소 명시적인 연산으로 std::async()
함수를 사용해 방지할 수 있다. 이 함수는 비동기적으로 함수를 실행하고, 내부 프라미스
와 공유 상태를 생성해 공유 상태와 연관된 퓨처를 반환하는 고수준 유틸리티다. 다음 레
시피인 '함수를 비동기적으로 실행하기'에서 std::async()가 어떻게 동작하는지 살펴볼
것이다.

- 스레드로 작업하기
- 스레드 함수에서 예외 처리

함수를 비동기적으로 실행하기

스레드를 사용하면 동시에 여러 함수를 실행할 수 있다. 이는 다중 프로세서 또는 멀티 코어 시스템의 하드웨어를 활용하는 데 도움이 된다. 그러나 스레드는 명시적인 저수준 연산이 필요하다. 스레드의 대안은 특정 스레드에서 실행되는 작업의 단위인 태스크^{task}다. C++ 표준은 완전한 태스크 라이브러리를 제공하고 있지 않지만, 이전 레시피에서 볼 수 있듯이 개발자가 다른 스레드에서 함수를 비동기적으로 실행하고 프라미스−퓨처 채널을 통해 결과를 통신할 수 있다. 이번 레시피에서는 std::async( )와 std::future를 사용해 이를 수행하는 방법을 알아본다.

준비

퓨처를 사용할 것이므로 이전 레시피를 읽고 어떻게 동작하는지 간략히 살펴보는 것이 좋다. async( )와 future는 모두 <future> 헤더의 std 네임스페이스에서 사용할 수 있다.

이번 레시피의 예제에서는 다음 함수를 사용한다.

```
void do_something( )
{
  // 긴 실행 연산을 시뮬레이션
  {
    using namespace std::chrono_literals;
    std::this_thread::sleep_for(2s);
  }
}
```

```cpp
    std::lock_guard<std::mutex> lock(g_mutex);
    std::cout << "operation 1 done" << std::endl;
}

void do_something_else()
{
  // 긴 실행 연산을 시뮬레이션
  {
    using namespace std::chrono_literals;
    std::this_thread::sleep_for(1s);
  }
  std::lock_guard<std::mutex> lock(g_mutex);
  std::cout << "operation 2 done" << std::endl;
}

int compute_something()
{
  // 긴 실행 연산을 시뮬레이션
  {
    using namespace std::chrono_literals;
    std::this_thread::sleep_for(2s);
}

  return 42;
}

int compute_something_else()
{
  // 긴 실행 연산을 시뮬레이션
  {
    using namespace std::chrono_literals;
    std::this_thread::sleep_for(1s);
  }

  return 24;
}
```

현재 스레드를 계속 실행하면서 다른 스레드에서 비동기적으로 함수를 실행하려면 다음을 수행한다.

1. std::async( )를 사용해 새 스레드를 시작하고 지정된 함수를 실행한다. 비동기 공급자를 생성하고 이와 연관된 future를 반환한다. 함수가 비동기적으로 실행되는지 확인하려면 함수의 첫 번째 인수에 std::launch::async 정책policy을 사용한다.

```
auto f = std::async(std::launch::async, do_something);
```

2. 현재 스레드의 실행을 계속한다.

```
do_something_else();
```

3. 비동기 연산이 완료됐는지 확인해야 하는 경우 std::async( )가 반환하는 future 객체의 wait( ) 메소드를 호출한다.

```
f.wait();
```

현재 스레드에서 비동기 함수의 결과가 필요할 때까지, 현재 스레드에서 실행을 계속하면서 작업자 스레드에서 함수를 비동기적으로 실행하려면 다음을 수행한다.

1. std::async( )를 사용해 새 스레드를 시작하고 지정된 함수를 실행한다. 이어서 비동기 공급자를 생성하고 이와 관련된 future를 반환한다. 첫 번째 인수의 std::launch::async 정책을 함수에 사용해 함수가 비동기적으로 실행되는지 확인한다.

```
auto f = std::async(std::launch::async, compute_something);
```

2. 현재 스레드의 실행을 계속한다.

```
auto value = compute_something_else();
```

3. 비동기적으로 실행된 함수에서 결과를 가져와야 하는 경우, std::async()가 반환하는 future 객체의 get() 메소드를 호출한다.

```
value += f.get();
```

예제 분석

std::async()는 두 개의 오버로드를 가진 가변 함수 템플릿이다. 하나는 시작 정책^{launch}policy을 첫 번째 인수로 지정하고, 다른 하나는 그렇지 않다. std::async()의 다른 인수로는 실행할 함수와 해당 함수의 인수가 있다. 시작 정책은 <future> 헤더에서 사용할 수 있는 std::launch라는 범위가 지정된 열거형으로 정의된다.

```
enum class launch : /* 미지정 */
{
  async = /* 미지정 */,
  deferred = /* 미지정 */,
  /* 구현 정의 */
};
```

사용 가능한 두 시작 정책은 다음을 지정한다.

- async를 사용하면 태스크를 비동기적으로 실행하기 위해 새로운 스레드가 시작된다.

- deferred를 사용하면 태스크는 처음으로 결과가 요청하는 호출 스레드에서 실행된다.

두 플래그가 모두 지정되면(std::launch::async | std::launch::deferred), 새 스레드에서 비동기적으로 태스크를 실행할지 또는 현재 스레드에서 동기적으로 태스크를 실행할지를 구현에서 결정한다. 이것이 std::async( ) 오버로드의 동작이며, 시작 정책을 지정하지 않는다. 이 동작은 비결정적이다.

 태스크를 비동기적으로 실행하는 데 std::async()의 비결정적 오버로드를 사용하지 않는다. 항상 시작 정책을 필요로 하는 오버로드를 사용하고, 항상 std::launch::async를 사용한다.

std::async( )의 오버로드는 둘 다 설정한 프라미스-퓨처 채널을 위해 std::async( )가 내부적으로 생성한 공유 상태를 참조하는 future 객체를 반환한다. 비동기 연산의 결과가 필요할 때 퓨처의 get( ) 메소드를 호출한다. 이는 결과 값이나 예외가 사용 가능해질 때까지 현재 스레드를 차단한다. 퓨처가 어떤 값도 전송하지 않거나 실제로 그 값에는 관심이 없지만 어떤 시점에서 비동기 작업이 완료되는지 확인하고 싶다면 wait( ) 메소드를 사용한다. 공유 상태가 퓨처를 통해 사용 가능해질 때까지 현재 스레드를 차단한다.

퓨처 클래스에는 두 개의 대기 메소드가 추가됐다. wait_for( )는 퓨처에서 공유 상태가 사용 가능하지 않은 경우 호출이 반환되는 지속 시간을 지정한다. wait_until( )은 공유 상태가 사용 가능하지 않은 경우 호출이 반환되는 시점을 지정한다. 이들 메소드는 다음 예제와 같이 폴링^{polling} 루틴을 생성하고 사용자에게 상태 메시지를 표시하는 데 사용할 수 있다.

```
auto f = std::async(std::launch::async, do_something);

while(true)
{
  using namespace std::chrono_literals;
```

```
  auto status = f.wait_for(500ms);

  if(status == std::future_status::ready)
    break;

  std::cout << "waiting..." << std::endl;
}

std::cout << "done!" << std::endl;
```

이 프로그램을 실행한 결과는 다음과 같다.

```
waiting...
waiting...
waiting...
operation 1 done
done!
```

참고 사항

- 프라미스와 퓨처를 사용해 스레드에서 값 반환

아토믹 타입 사용

스레드 라이브러리는 뮤텍스와 잠금으로 스레드 관리와 공유 데이터에 대한 접근 동기화를 지원한다. 표준 라이브러리는 데이터에서 보완적이고 저수준의 아토믹 연산, 즉 공유 데이터에서 경합 조건이나 잠금을 사용하지 않고도 서로 다른 스레드에서 동시에 실행 가능한 분할할 수 없는 연산을 지원한다. 제공되는 지원에는 아토믹 타입, 아토믹 연산, 메모리 동기화 순서가 포함된다. 이번 레시피에서는 이런 타입과 함수를 사용하는 방법을 알아본다.

모든 아토믹 타입과 연산은 <atomic> 헤더의 std 네임스페이스에 정의돼 있다.

다음은 아토믹 타입을 사용하는 일련의 전형적인 연산을 보여준다.

- std::atomic 클래스 템플릿을 사용해 로딩, 저장, 산술 연산 또는 비트 연산과 같은 아토믹 연산을 지원하는 아토믹 객체를 생성한다.

```cpp
std::atomic<int> counter {0};

std::vector<std::thread> threads;

for(int i = 0; i < 10; ++i)
  {
    threads.emplace_back([&counter](){
      for(int i = 0; i < 10; ++i)
        ++counter;
    });
  }

for(auto & t : threads) t.join();

std::cout << counter << std::endl; // 100
```

- 아토믹 부울 타입에 std::atomic_flag 클래스를 사용한다.

```cpp
std::atomic_flag lock = ATOMIC_FLAG_INIT;
int counter = 0;
std::vector<std::thread> threads;

for(int i = 0; i < 10; ++i)
```

```
{
  threads.emplace_back([&](){
    while(lock.test_and_set(std::memory_order_acquire));
    ++counter;
    lock.clear(std::memory_order_release);
  });
}

for(auto & t : threads) t.join();

std::cout << counter << std::endl; // 10
```

- 아토믹 타입의 멤버 load( ), store( ), exchange( ) 또는 비멤버 함수 atomic_load( )/atomic_load_explicit( ), atomic_store( )/atomic_store_explicit( ), atomic_exchange( )/atomic_exchange_explicit( )를 사용해 아토믹 객체의 값을 원자적으로 읽거나 설정하거나 교환한다.

- 멤버 함수 fetch_add( ), fetch_sub( ) 또는 비멤버 함수 atomic_fetch_add( )/atomic_fetch_add_explicit( ), atomic_fetch_sub( )/atomic_fetch_sub_explicit( )를 사용해 아토믹 객체에 값을 원자적으로 더하거나 빼고 연산 전에 값을 반환한다.

```
std::atomic<int> sum {0};
std::vector<int> numbers = generate_random();
size_t size = numbers.size();
std::vector<std::thread> threads;

for(int i = 0; i < 10; ++i)
{
  threads.emplace_back([&sum, &numbers](size_t const start,
                                        size_t const end) {
    for(size_t i = start; i < end; ++i)
    {
      std::atomic_fetch_add_explicit(
        &sum, numbers[i],
```

```
                  std::memory_order_acquire);

         // sum.fetch_add(numbers[i], std::memory_order_acquire);와 동일
      }},
      i*(size/10),
      (i+1)*(size/10));
   }

   for(auto & t : threads) t.join();
```

- 멤버 함수 fetch_and( ), fetch_or( ), fetch_xor( ) 또는 비멤버 함수 atomic_
  fetch_and( )/atomic_fetch_and_explicit( ), atomic_fetch_or( )/atomic_fet
  ch_or_explicit( ), atomic_fetch_xor( )/atomic_fetch_xor_explicit( )를 사
  용해 각각 지정된 인수로 AND, OR, XOR 아토믹 연산을 수행하고 연산 전에 아
  토믹 객체의 값을 반환한다.
- 멤버 함수 test_and_set( ), clear( ) 또는 비멤버 함수 atomic_flag_test_and_
  set( )/atomic_flag_test_and_set_explicit( ), atomic_flag_clear( )/atomic_
  flag_clear_explicit( )를 사용해 아토믹 플래그를 설정하거나 재설정한다.

예제 분석

std::atomic은 아토믹 타입을 정의(특수화 포함)하는 클래스 템플릿이다. 아토믹 타입 객체
의 동작은 접근을 보호하기 위한 잠금을 사용하지 않으면서 한 스레드가 객체에 쓰고 다른
스레드가 데이터를 읽을 때 잘 정의된다. std::atomic 클래스는 여러 특수화를 제공한다.

- atomic_bool이라는 typedef로 bool에 대한 완전 특수화
- atomic_int, atomic_long, atomic_char, atomic_wchar와 기타 여러 typedef로
  모든 정수 타입에 대한 완전 특수화
- 포인터 타입에 대한 부분 특수화

atomic 클래스 템플릿에는 다음과 같은 아토믹 연산을 수행하는 다양한 멤버 함수가 있다.

- load( )는 객체의 값을 원자적으로 로드하고 반환한다.
- store( )는 비아토믹 값을 객체에 원자적으로 저장한다. 이 함수는 반환값이 없다.
- exchange( )는 비아토믹 값을 객체에 원자적으로 저장하고 이전 값을 반환한다.
- operator=은 store(arg)와 동일한 효과를 가진다.
- fetch_add( )는 비아토믹 인수를 아토믹 값에 원자적으로 추가하고 이전에 저장된 값을 반환한다.
- fetch_sub( )는 아토믹 값에서 비아토믹 인수를 원자적으로 빼고 이전에 저장된 값을 반환한다.
- fetch_and( )와 fetch_or( ), fetch_xor( )은 비트 AND, OR, XOR 연산을 인수와 아토믹 값 사이에서 원자적으로 수행한다. 새 값을 아토믹 객체에 저장하고 이전 값을 반환한다.
- 접두사와 접미사 operator++와 operator--를 사용해 아토믹 객체의 값을 원자적으로 1씩 늘리거나 줄인다. 이러한 연산은 fetch_add( ) 또는 fetch_sub( )를 사용하는 것과 같다.
- operator +=, -=, &=, |=, ^=을 사용해 인수와 아토믹 값 사이의 비트 AND, OR, XOR 연산이나 더하기, 빼기를 수행하고 새로운 값을 아토믹 객체에 저장한다. 이들 연산은 fetch_add( ), fetch_sub( ), fetch_and( ), fetch_or( ), fetch_xor( )을 사용하는 것과 같다.

std::atomic<int> a 같은 아토믹 변수가 있다고 가정해보자. 다음은 아토믹 연산이 아니다.

```
a = a + 42;
```

여기에는 일련의 연산이 포함되며, 그중 일부는 아토믹이다.

- 아토믹 객체의 값을 원자적으로 로드한다.
- 로드된 값에 42를 추가한다.
- 결과를 아토믹 객체 a에 원자적으로 저장한다.

반면 operator += 멤버를 사용하는 다음 연산은 아토믹이다.

```
a += 42;
```

이 연산은 다음 중 하나와 같은 효과가 있다.

```
a.fetch_add(42); // 멤버 함수 사용
std::atomic_fetch_add(&a, 42); // 비멤버 함수 사용
```

비록 std::atomic이 std::atomic<bool>이라는 타입 bool에 대한 전체 특수화를 가지지만, 표준에서는 잠금 없음이 보장되는 std::atomic_flag라는 또 다른 아토믹 타입을 정의한다. 그러나 이 아토믹 타입은 std::atomic_bool과 매우 다르며, 두 가지 멤버 함수만 가진다.

- test_and_set(): 값을 원자적으로 true로 설정하고 이전 값을 반환한다.
- clear(): 값을 원자적으로 false로 설정한다.

앞에서 언급한 모든 멤버 함수(std::atomic과 std::atomic_flag 모두)는 참조하는 타입에 따라 atomic_ 또는 atomic_flag_ 접두사가 붙은 동등한 비멤버를 가진다. 예를 들어 std::atomic::fetch_add()와 std::atomic_fetch_add()는 동등하며, 이 비멤버 함수의 첫 번째 인수는 항상 std::atomic 객체의 포인터다. 내부적으로 비멤버 함수는 제공된 std::atomic 인수에서 동등한 멤버 함수를 호출한다. 이와 유사하게 std::atomic_flag::test_and_set()에 해당하는 것은 std::atomic_flag_test_and_set()이며, 첫 번

째 매개변수는 std::atomic_flag 객체의 포인터다.

std::atomic과 std::atomic_flag의 모든 멤버 함수는 두 세트의 오버로드를 가진다. 그중 하나는 메모리 순서를 나타내는 추가 인수를 가진다. 이와 유사하게 std::atomic_load(), std::atomic_fetch_add(), std::atomic_flag_test_and_set() 같은 모든 비멤버 함수는 _explicit--std::atomic_load_explicit(), std::atomic_fetch_add_explicit(), std::atomic_flag_test_and_set_explicit() 접두사가 있는 컴패니언^{companion}을 가진다. 이들 함수는 메모리 순서를 나타내는 추가 인수를 가진다.

메모리 순서는 비아토믹 접근이 아토믹 연산에서 정렬되는 방법을 지정한다. 디폴트로 모든 아토믹 타입과 연산이 순차적 일관성^{sequential consistency}으로 저장된다. 추가 정렬 타입은 std::memory_order 열거형에 정의돼 있으며, std::atomic과 std::atomic_flag의 멤버 함수 또는 접미사 _explicit()를 가진 비멤버 함수에 인수로 전달할 수 있다.

 순차적 일관성은 멀티 프로세서 시스템에서 모든 명령이 순서대로 실행되고 모든 쓰기가 시스템 전체에서 즉시 볼 수 있어야 하는 일관성 모델이다. 이 모델은 1970년대 레슬리 람포트(Leslie Lamport)에 의해 처음 제안됐으며 다음과 같이 기술돼 있다.

'모든 실행 결과는 모든 프로세서의 연산이 순차적인 순서로 실행되고 각 개별 프로세서의 연산이 프로그램에 지정된 순서대로 나타난다.'

다음 표에는 C++ 레퍼런스 웹사이트(http://en.cppreference.com/w/cpp/atomic/memory_order)에서 가져온 다양한 메모리 정렬 함수가 설명돼 있다. 이들 각각의 작업 방법에 대한 세부 사항은 이 책의 범위를 벗어난다. 자세한 내용은 표준 C++ 레퍼런스(위의 링크)를 참고한다.

모델	설명
memory_order_relaxed	느슨해진(relaxed) 연산이다. 동기화나 순서 제약이 없다. 이 연산에서는 원소성 (atomicity)만이 필요하다.
memory_order_consume	이 메모리 순서로 로드 연산을 수행하면 영향을 받는 메모리 위치에서 소비 연산을 수행한다. 현재 로드된 값에 종속적인 현재 스레드의 읽기 또는 쓰기는 이 로드 연산 전에 재정렬될 수 없다. 동일한 아토믹 변수를 해제하는 다른 스레드의 데이터 종속 변수에 대한 쓰기는 현재 스레드에서 볼 수 있다. 대부분의 플랫폼에서는 컴파일러 최적화에만 영향을 미친다.
memory_order_acquire	이 메모리 순서로 로드 연산을 수행하면 해당 메모리 위치에서 획득 연산이 수행된다. 이 로드 전에 현재 스레드에서의 읽기 또는 쓰기를 다시 정렬할 수 없다. 동일한 아토믹 변수를 해제하는 다른 스레드의 모든 쓰기는 현재 스레드에서 볼 수 있다.
memory_order_release	이 메모리 순서로 저장 연산은 해제 연산을 수행한다. 이 저장 이후의 현재 스레드에서의 읽기 또는 쓰기는 다시 정렬할 수 없다. 현재 스레드의 모든 쓰기는 동일한 아토믹 변수를 획득하는 다른 스레드에서 볼 수 있으며, 아토믹 변수에 대한 종속성을 갖는 쓰기는 동일한 아토믹을 소비하는 다른 스레드에서 볼 수 있게 된다.
memory_order_acq_rel	이 메모리 순서를 사용하는 읽기–수정–쓰기 연산은 획득 연산과 해제 연산 둘 다다. 이 스레드 이전 또는 이후에 현재 스레드의 메모리 읽기 또는 쓰기를 다시 정렬할 수 없다. 동일한 아토믹 변수를 해제하는 다른 스레드의 모든 쓰기는 수정 전에 볼 수 있으며, 수정은 동일한 아토믹 변수를 획득하는 다른 스레드에서 볼 수 있다.
memory_order_seq_cst	이 메모리 순서로 수행되는 연산은 획득 연산과 해제 연산 둘 다다. 모든 스레드가 모든 수정을 동일한 순서로 관찰하는 단일 전체 순서가 존재한다.

'예제 구현' 절의 첫 번째 예제는 카운터를 동시에 증가시켜 여러 스레드를 반복적으로 보여준다. 카운터의 값을 수정하는 increment( )와 decrement( ), 그리고 현재 값을 가져오는 get( ) 같은 메소드를 사용해 아토믹 카운터를 나타내는 클래스를 구현하면 이 예제를 더 개선할 수 있다.

```
template
<typename T,
typename I = typename std::enable_if<std::is_integral<T>
    ::value>::type>
class atomic_counter
{
  std::atomic<T> counter {0};
```

```
  public:
  T increment()
  {
    return counter.fetch_add(1);
  }

  T decrement()
  {
    return counter.fetch_sub(1);
  }

  T get()
  {
    return counter.load();
  }
};
```

이 클래스 템플릿을 사용하면, 첫 번째 예제를 동일한 결과를 얻는 다음과 같은 형태로 다시 작성할 수 있다.

```
atomic_counter<int> counter;

std::vector<std::thread> threads;
for(int i = 0; i < 10; ++i)
{
  threads.emplace_back([&counter](){
    for(int i = 0; i < 10; ++i)
      counter.increment();
  });
}

for(auto & t : threads) t.join();

std::cout << counter.get() << std::endl; // 100
```

- 스레드로 작업하기
- 뮤텍스와 잠금을 사용해 공유 데이터에 대한 접근 동기화
- 함수를 비동기적으로 실행하기

스레드로 병렬 맵과 폴딩 구현하기

3장에서는 두 개의 고차 함수에 대해 알아봤다. map은 범위를 변환하거나 새로운 범위를 생성해 범위의 요소에 함수를 적용하고, fold는 범위의 요소들을 단일 값으로 결합한다. 지금까지 수행한 여러 구현은 순차적이었다. 그러나 동시성, 스레드, 비동기 태스크와 관련해 큰 범위에서 실행 속도를 높이거나 시간이 많이 소요되는 변환과 집합aggregation에 하드웨어를 활용하고 이들 함수의 병렬 버전을 실행할 수 있다. 이번 레시피에서는 스레드를 사용해 map과 fold를 구현하는 가능한 솔루션을 살펴본다.

준비

map 함수와 fold 함수의 개념을 잘 알고 있어야 한다. 따라서 3장의 '고차 함수 map과 fold 구현하기' 레시피를 읽을 것을 추천한다. 이번 레시피에서는 '스레드로 작업하기' 레시피에서 제시된 다양한 스레드 기능을 사용한다. 이들 함수의 실행 시간을 측정하고 순차적 대안과 비교하기 위해 6장의 '표준 시계로 함수 실행 시간 측정' 레시피에서 소개된 perf_timer 클래스 템플릿을 사용할 것이다.

병렬 버전의 알고리즘은 잠재적으로 실행 시간을 단축할 수 있지만 모든 상황에서 반드시 그런 것은 아니다. 스레드의 컨텍스트 전환과 공유 데이터의 동기화된 접근은 상당한 오버헤드를 초래할 수 있다. 일부 구현과 특정 데이터셋의 경우 이 오버헤드로 인해 병렬 버전이 순차 버전보다 실제로 실행하는 데 더 오랜 시간이 걸릴 수 있다.

작업을 분할하는 데 필요한 스레드 수를 결정하려면 다음 함수를 사용한다.

```
unsigned get_no_of_threads()
{
  return std::thread::hardware_concurrency();
}
```

예제 구현

map 함수의 병렬 버전을 구현하려면 다음을 수행한다.

1. begin과 end 반복자를 범위로 취하는 함수 템플릿을 정의하고 모든 요소에 적용할 함수를 정의한다.

```
template <typename Iter, typename F>
void parallel_map(Iter begin, Iter end, F f)
{
}
```

2. 범위의 크기를 확인한다. 요소 수가 사전 정의된 임곗값(예제의 경우 10,000)보다 작은 경우, 순차적 방식으로 매핑을 실행한다.

```
auto size = std::distance(begin, end);
if(size <= 10000)
  std::transform(begin, end, begin, std::forward<F>(f));
```

3. 큰 범위의 경우, 여러 스레드에서 작업을 분할하고 각 스레드가 범위의 부분을 매핑하게 한다. 공유 데이터에 대한 접근을 동기화할 필요가 없도록 이 부분들이 겹쳐서는 안 된다.

```
else
{
  auto no_of_threads = get_no_of_threads();
  auto part = size / no_of_threads;
  auto last = begin;
  // 4, 5에서 계속
}
```

4. 스레드를 시작하고 각 스레드에서 매핑의 순차 버전을 실행한다.

```
std::vector<std::thread> threads;
for(unsigned i = 0; i < no_of_threads; ++i)
{
  if(i == no_of_threads - 1) last = end;
  else std::advance(last, part);

  threads.emplace_back(
    [=,&f]{std::transform(begin, last,
                          begin, std::forward<F>(f));});
  begin = last;
}
```

5. 모든 스레드가 실행을 마칠 때까지 기다린다.

```
for(auto & t : threads) t.join();
```

앞의 단계를 합치면 다음과 같이 구현된다.

```
template <typename Iter, typename F>
```

```
void parallel_map(Iter begin, Iter end, F f)
{
  auto size = std::distance(begin, end);
  if(size <= 10000)
    std::transform(begin, end, begin, std::forward<F>(f));
  else
  {
    auto no_of_threads = get_no_of_threads();
    auto part = size / no_of_threads;
    auto last = begin;

    std::vector<std::thread> threads;
    for(unsigned i = 0; i < no_of_threads; ++i)
    {
      if(i == no_of_threads - 1) last = end;
      else std::advance(last, part);

      threads.emplace_back(
        [=,&f]{std::transform(begin, last,
                              begin, std::forward<F>(f));});
      begin = last;
    }

    for(auto & t : threads) t.join();
  }
}
```

왼쪽 fold 함수의 병렬 버전을 구현하려면 다음을 수행한다.

1. begin과 end 반복자를 범위로, 그리고 초깃값과 범위의 요소에 적용할 바이너리
    함수를 취하는 함수 템플릿을 정의한다.

    ```
    template <typename Iter, typename R, typename F>
    auto parallel_reduce(Iter begin, Iter end, R init, F op)
    {
    }
    ```

2. 범위의 크기를 확인한다. 요소의 수가 미리 정의된 임곗값보다 작은 경우(예제의 경우 10,000) 순차적 방식으로 폴딩을 실행한다.

```
auto size = std::distance(begin, end);
if(size <= 10000)
  return std::accumulate(begin, end,
                         init, std::forward<F>(op));
```

3. 범위가 큰 경우 작업을 여러 스레드로 분할하고 각 스레드가 범위의 부분을 폴딩할 수 있게 한다. 공유 데이터의 스레드 동기화를 방지하기 위해 이들 부분이 겹쳐서는 안 된다. 결과는 데이터 동기화를 방지하기 위해 스레드 함수에 전달된 참조를 통해 반환될 수 있다.

```
else
{
  auto no_of_threads = get_no_of_threads();
  auto part = size / no_of_threads;
  auto last = begin;
  // 4와 5로 계속
}
```

4. 스레드를 시작하고 각각의 스레드에서 폴딩의 순차 버전을 실행한다.

```
std::vector<std::thread> threads;
std::vector<R> values(no_of_threads);
for(unsigned i = 0; i < no_of_threads; ++i)
{
  if(i == no_of_threads - 1) last = end;
  else std::advance(last, part);

  threads.emplace_back(
    [=,&op](R& result){
      result = std::accumulate(begin, last, R{},
                               std::forward<F>(op));},
```

```
                    std::ref(values[i]));
        begin = last;
    }
```

5. 모든 스레드가 실행을 끝내고 부분 결과를 최종 결과로 폴딩할 때까지 기다린다.

```
for(auto & t : threads) t.join();

return std::accumulate(std::begin(values), std::end(values),
                       init, std::forward<F>(op));
```

앞의 단계를 합치면 다음과 같이 구현된다.

```
template <typename Iter, typename R, typename F>
auto parallel_reduce(Iter begin, Iter end, R init, F op)
{
  auto size = std::distance(begin, end);

  if(size <= 10000)
    return std::accumulate(begin, end, init, std::forward<F>(op));
  else
  {
    auto no_of_threads = get_no_of_threads();
    auto part = size / no_of_threads;
    auto last = begin;

    std::vector<std::thread> threads;
    std::vector<R> values(no_of_threads);
    for(unsigned i = 0; i < no_of_threads; ++i)
    {
      if(i == no_of_threads - 1) last = end;
      else std::advance(last, part);

      threads.emplace_back(
        [=,&op](R& result){
          result = std::accumulate(begin, last, R{},
```

```
                    std::forward<F>(op));},
        std::ref(values[i]));

    begin = last;
  }

  for(auto & t : threads) t.join();

  return std::accumulate(std::begin(values), std::end(values),
                         init, std::forward<F>(op));
  }
}
```

예제 분석

map과 fold의 병렬 구현은 여러 측면에서 유사하다.

- 범위의 요소 수가 10,000보다 작은 경우 둘 다 순차적 버전으로 돌아간다.
- 둘 다 동일한 수의 스레드를 시작한다. 이들 스레드는 구현이 지원하는 동시 스레드의 수를 반환하는 정적 함수 std::thread::hardware_concurrency( )를 사용해 결정한다. 하지만 이 값은 정확한 값이라기보다는 힌트에 가까우며, 이를 염두에 두고 사용해야 한다.
- 접근의 동기화를 방지하기 위해 공유 데이터는 사용하지 않는다. 모든 스레드가 동일한 범위의 요소에서 동작하더라도 모두 겹치지 않는 범위의 부분을 처리한다.
- 이 두 함수는 처리할 범위를 정의하는 begin과 end 반복자를 취하는 함수 템플릿으로 구현된다. 범위를 여러 부분으로 나눠 서로 다른 스레드에서 독립적으로 처리하려면 범위의 중간에 추가 반복자를 사용한다. 이를 위해 std::advance( )를 사용해 특정 위치로 반복자를 증가시킨다. 이는 벡터나 배열에서는 잘 동작하지만 목록과 같은 컨테이너에서는 매우 비효율적이다. 따라서 이 구현은 임의 접근 반복자를 가지는 범위에서만 적합하다.

순차적 버전의 map과 fold는 C++에서 std::transform( )과 std::accumulate( )를 사용해 간단히 구현할 수 있다. 사실 병렬 알고리즘의 정확성을 검증하고 실행 속도 향상을 제공하는지를 확인하기 위해 이들을 범용 알고리즘의 실행과 비교할 수 있다.

이를 테스트해보기 위해 10,000개에서 5,000만 개의 요소까지 크기가 다양한 벡터에 map과 fold를 사용한다. 범위는 먼저 각 요소의 값을 두 배로 해서 매핑(변환)된 후에 범위의 모든 요소를 함께 추가해 결과를 단일 값으로 폴딩한다. 단순화를 위해 범위의 각 요소는 1부터 시작하는 인덱스(첫 번째 요소는 1이고, 두 번째 요소는 2)와 같다. 다음 예제에서는 순차와 병렬 버전의 맵을 실행하고 크기가 다른 벡터를 폴딩해 실행 시간을 표 형식으로 출력한다.

 연습으로 요소 수와 스레드 수를 변경해 실행하면 순차 버전과 비교해 병렬 버전이 어떻게 수행되는지 비교해볼 수 있다.

```
std::vector<int> sizes
{
  10000, 100000, 500000,
  1000000, 2000000, 5000000,
  10000000, 25000000, 50000000
};

std::cout
  << std::right << std::setw(8) << std::setfill(' ') << "size"
  << std::right << std::setw(8) << "s map"
  << std::right << std::setw(8) << "p map"
  << std::right << std::setw(8) << "s fold"
  << std::right << std::setw(8) << "p fold"
  << std::endl;

for (auto const size : sizes)
{
  std::vector<int> v(size);
```

```
    std::iota(std::begin(v), std::end(v), 1);

  auto v1 = v;
  auto s1 = 0LL;

  auto tsm = perf_timer<>::duration([&] {
    std::transform(std::begin(v1), std::end(v1), std::begin(v1),
                   [](int const i) {return i + i; }); });
  auto tsf = perf_timer<>::duration([&] {
    s1 = std::accumulate(std::begin(v1), std::end(v1), 0LL,
                         std::plus<>()); });
auto v2 = v;
auto s2 = 0LL;
auto tpm = perf_timer<>::duration([&] {
  parallel_map(std::begin(v2), std::end(v2),
               [](int const i) {return i + i; }); });
auto tpf = perf_timer<>::duration([&] {
  s2 = parallel_reduce(std::begin(v2), std::end(v2), 0LL,
                       std::plus<>()); });
assert(v1 == v2);
assert(s1 == s2);

std::cout
  << std::right << std::setw(8) << std::setfill(' ') << size
  << std::right << std::setw(8)
  << std::chrono::duration<double, td::micro>(tsm).count()
  << std::right << std::setw(8)
  << std::chrono::duration<double, std::micro>(tpm).count()
  << std::right << std::setw(8)
  << std::chrono::duration<double, std::micro>(tsf).count()
  << std::right << std::setw(8)
  << std::chrono::duration<double, std::micro>(tpf).count()
  << std::endl;
}
```

이 프로그램의 출력 결과는 다음 스크린샷(네 개의 물리적 코어, 여덟 개의 논리적 코어를 가진

인텔 코어 i7 프로세서와 윈도우 64비트 시스템에서 실행됨)과 같다. 병렬 버전, 특히 fold 구현은

순차 버전보다 성능이 우수하다. 그러나 이는 벡터의 길이가 특정 크기를 초과할 때만 사실이다. 다음 표에서 100만 개의 요소까지는 순차 버전이 여전히 빠르다는 것을 알 수 있다. 병렬 버전은 벡터에 200만 개 이상의 요소가 있는 경우 더 빠르게 실행된다. 실제 시간은 실행할 때마다 조금씩 다르지만 다른 시스템에서는 매우 다를 수 있다.

size	s map	p map	s fold	p fold
10000	11	10	7	10
100000	108	1573	72	710
500000	547	2006	361	862
1000000	1146	1163	749	862
2000000	2503	1527	1677	1289
5000000	5937	3000	4203	2314
10000000	11959	6269	8269	3868
25000000	29872	13823	20961	9156
50000000	60049	27457	41374	19075

병렬 버전의 속도 향상을 막대 차트 형태로 나타내면, 결과를 좀 더 효과적으로 시각화할 수 있다. 다음 이미지에서 파란색 막대는 병렬 map 구현의 속도 향상을 나타내고, 주황색 막대는 병렬 fold 구현의 속도 향상을 나타낸다. 양수 값은 병렬 버전이 더 빠름을 나타내고, 음수 값은 순차 버전이 더 빠름을 나타낸다.

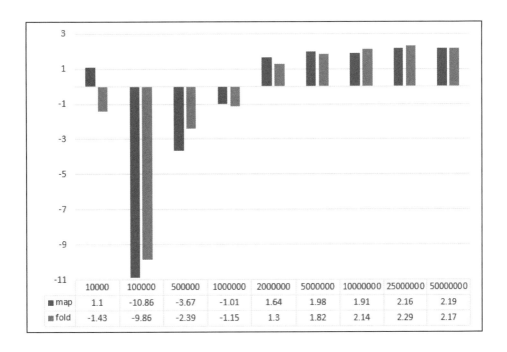

	10000	100000	500000	1000000	2000000	5000000	10000000	25000000	50000000
■ map	1.1	-10.86	-3.67	-1.01	1.64	1.98	1.91	2.16	2.19
■ fold	-1.43	-9.86	-2.39	-1.15	1.3	1.82	2.14	2.29	2.17

참고 사항

- 3장의 '고차 함수 map과 fold 구현하기' 레시피
- 태스크로 병렬 맵과 폴딩 구현하기
- 스레드로 작업하기

태스크로 병렬 맵과 폴딩 구현하기

태스크는 동시 계산을 수행하는 스레드에 대한 상위 수준의 대안이다. std::async( )는 하위 수준 스레딩 세부 사항을 처리할 필요 없이 비동기적으로 함수를 실행할 수 있게 한다. 이번 레시피에서는 이전 레시피에서와 같이 map과 fold 함수의 병렬 버전을 구현하는 동일한 태스크를 사용하지만, 태스크를 사용해 어떻게 스레드 버전과 비교하는지 알아본다.

이번 레시피에서 제시된 솔루션은 여러 측면에서 이전 레시피인 '스레드로 병렬 맵과 폴딩 구현하기'의 스레드를 사용하는 방법과 비슷하다. 이번 레시피를 계속하기 전에 반드시 이전 레시피를 읽도록 한다.

예제 구현

map 함수의 병렬 버전을 구현하려면 다음을 수행한다.

1. 범위에 begin과 end 반복자를 취하는 함수 템플릿을 정의하고, 모든 요소에 적용할 함수를 정의한다.

```
template <typename Iter, typename F>
void parallel_map(Iter begin, Iter end, F f)
{
}
```

2. 범위의 크기를 확인한다. 사전 정의된 임곗값(이 구현의 경우, 임곗값은 10,000이다.)보다 작은 요소 수에 대해 순차 방식으로 매핑을 실행한다.

```
auto size = std::distance(begin, end);
if(size <= 10000)
  std::transform(begin, end, begin, std::forward<F>(f));
```

3. 큰 범위의 경우, 작업을 여러 태스크로 분할하고 각 태스크에 범위의 부분을 매핑한다. 공유 데이터에 대한 스레드 접근 동기화를 방지하기 위해 이들 부분이 겹치면 안 된다.

```
else
{
```

```
auto no_of_tasks = get_no_of_threads();
auto part = size / no_of_tasks;
auto last = begin;
// 4와 5로 이어짐
}
```

4. 비동기 함수를 시작하고 각 함수에 매핑된 순차 버전을 실행한다.

```
std::vector<std::future<void>> tasks;
for(unsigned i = 0; i < no_of_tasks; ++i)
{
  if(i == no_of_tasks - 1) last = end;
  else std::advance(last, part);

  tasks.emplace_back(std::async(
    std::launch::async,
    [=,&f]{std::transform(begin, last, begin,
                          std::forward<F>(f));}));
  begin = last;
}
```

5. 모든 비동기 함수가 실행을 마칠 때까지 기다린다.

```
for(auto & t : tasks) t.wait();
```

모든 단계를 합치면 다음과 같은 구현이 된다.

```
template <typename Iter, typename F>
void parallel_map(Iter begin, Iter end, F f)
{
  auto size = std::distance(begin, end);
  if(size <= 10000)
    std::transform(begin, end, begin, std::forward<F>(f));
  else
  {
```

```
    auto no_of_tasks = get_no_of_threads();
    auto part = size / no_of_tasks;
    auto last = begin;

    std::vector<std::future<void>> tasks;
    for(unsigned i = 0; i < no_of_tasks; ++i)
    {
      if(i == no_of_tasks - 1) last = end;
      else std::advance(last, part);

      tasks.emplace_back(std::async(
        std::launch::async,
        [=,&f]{std::transform(begin, last, begin,
                              std::forward<F>(f));}));
      begin = last;
    }

    for(auto & t : tasks) t.wait();
  }
}
```

왼쪽 fold 함수의 병렬 버전을 구현하려면 다음을 수행한다.

1. begin과 end 반복자를 범위로, 그리고 초깃값과 범위의 요소에 적용할 바이너리 함수를 취하는 함수 템플릿을 정의한다.

```
template <typename Iter, typename R, typename F>
auto parallel_reduce(Iter begin, Iter end, R init, F op)
{
}
```

2. 범위의 크기를 확인한다. 사전 정의된 임곗값(예제의 경우, 임곗값은 10,000이다.)보다 작은 요소 수에 대해 순차 방식으로 폴딩을 실행한다.

```
auto size = std::distance(begin, end);
```

```
if(size <= 10000)
  return std::accumulate(begin, end, init,
                         std::forward<F>(op));
```

3. 큰 범위의 경우 작업을 여러 태스크로 분할하고 각 태스크가 범위의 부분을 폴딩할 수 있게 한다. 공유 데이터에 대한 스레드 접근 동기화를 방지하기 위해 이들 부분이 겹치면 안 된다. 비동기 함수에 전달된 참조를 통해 결과를 반환하면 동기화를 방지할 수 있다.

```
else
{
  auto no_of_tasks = get_no_of_threads();
  auto part = size / no_of_tasks;
  auto last = begin;
  // 4와 5로 이어짐.
}
```

4. 비동기 함수를 시작하고 각 함수에서 순차 버전의 폴딩을 실행한다.

```
std::vector<std::future<R>> tasks;
for(unsigned i = 0; i < no_of_tasks; ++i)
{
  if(i == no_of_tasks - 1) last = end;
  else std::advance(last, part);

  tasks.emplace_back(
  std::async(
    std::launch::async,
    [=,&op]{return std::accumulate(
                  begin, last, R{},
                  std::forward<F>(op));}));
  begin = last;
}
```

5. 모든 비동기 함수가 실행을 마칠 때까지 기다렸다가 부분 결과를 최종 결과로 폴딩한다.

```cpp
std::vector<R> values;
for(auto & t : tasks)
  values.push_back(t.get());

return std::accumulate(std::begin(values), std::end(values),
                       init, std::forward<F>(op));
```

모든 단계를 합치면 다음과 같은 구현이 된다.

```cpp
template <typename Iter, typename R, typename F>
auto parallel_reduce(Iter begin, Iter end, R init, F op)
{
  auto size = std::distance(begin, end);

  if(size <= 10000)
    return std::accumulate(begin, end, init, std::forward<F>(op));
  else
  {
    auto no_of_tasks = get_no_of_threads();
    auto part = size / no_of_tasks;
    auto last = begin;

    std::vector<std::future<R>> tasks;
    for(unsigned i = 0; i < no_of_tasks; ++i)
    {
      if(i == no_of_tasks - 1) last = end;
      else std::advance(last, part);

      tasks.emplace_back(
        std::async(
          std::launch::async,
          [=,&op]{return std::accumulate(
                    begin, last, R{},
```

```
                        std::forward<F>(op));}));
  begin = last;
}

std::vector<R> values;
for(auto & t : tasks)
  values.push_back(t.get());

return std::accumulate(std::begin(values), std::end(values),
                       init, std::forward<F>(op));
}
}
```

예제 분석

제안된 구현은 이전 레시피에서 구현한 것과 약간 다르다. 스레드는 `std::async( )`로 시작하는 비동기 함수로 대체됐고, 반환된 `std::future`를 통해 결과를 얻을 수 있었다. 동시에 시작되는 비동기 함수의 수는 구현이 지원할 수 있는 스레드 수와 같다. 이것은 정적 메소드 `std::thread::hardware_concurrency( )`로 반환되지만, 이 값은 힌트일 뿐이므로 신뢰할 만한 것으로 간주해서는 안 된다.

이 접근 방식을 사용하는 데는 크게 두 가지 이유가 있다.

- 스레드와 병렬 실행을 위한 함수 구현이 어떻게 비동기 함수를 사용하도록 수정될 수 있는지 볼 수 있으므로, 스레딩의 하위 수준 세부 사항을 피할 수 있다.
- 지원되는 스레드의 수와 동일한 수의 비동기 함수를 실행하면 잠재적으로 스레드당 하나의 함수를 실행할 수 있다. 이는 컨텍스트 전환과 대기 시간의 오버헤드를 최소화하기 때문에 병렬 함수에서 가장 빠른 실행 시간을 제공할 수 있다.

이전 레시피와 동일한 메소드를 사용해 새로운 map과 fold 구현의 성능을 테스트할 수 있다.

```cpp
std::vector<int> sizes
{
  10000, 100000, 500000,
  1000000, 2000000, 5000000,
  10000000, 25000000, 50000000
};

std::cout
  << std::right << std::setw(8) << std::setfill(' ') << "size"
  << std::right << std::setw(8) << "s map"
  << std::right << std::setw(8) << "p map"
  << std::right << std::setw(8) << "s fold"
  << std::right << std::setw(8) << "p fold"
  << std::endl;

for(auto const size : sizes)
{
  std::vector<int> v(size);
  std::iota(std::begin(v), std::end(v), 1);

  auto v1 = v;
  auto s1 = 0LL;

  auto tsm = perf_timer<>::duration([&] {
    std::transform(std::begin(v1), std::end(v1), std::begin(v1),
                   [](int const i) {return i + i; }); });
  auto tsf = perf_timer<>::duration([&] {
    s1 = std::accumulate(std::begin(v1), std::end(v1), 0LL,
                         std::plus<>()); });

auto v2 = v;
auto s2 = 0LL;
auto tpm = perf_timer<>::duration([&] {
  parallel_map(std::begin(v2), std::end(v2),
               [](int const i) {return i + i; }); });
auto tpf = perf_timer<>::duration([&] {
  s2 = parallel_reduce(std::begin(v2), std::end(v2), 0LL,
                       std::plus<>()); });
```

```
assert(v1 == v2);
assert(s1 == s2);

std::cout
    << std::right << std::setw(8) << std::setfill(' ') << size
    << std::right << std::setw(8)
    << std::chrono::duration<double, std::micro>(tsm).count()
    << std::right << std::setw(8)
    << std::chrono::duration<double, std::micro>(tpm).count()
    << std::right << std::setw(8)
    << std::chrono::duration<double, std::micro>(tsf).count()
    << std::right << std::setw(8)
    << std::chrono::duration<double, std::micro>(tpf).count()
    << std::endl;
}
```

앞의 프로그램이 실행될 때마다 조금씩 달라질 수 있지만, 결과는 다음과 비슷하다.

size	s map	p map	s fold	p fold
10000	11	11	11	11
100000	117	260	113	94
500000	576	303	571	201
1000000	1180	573	1165	283
2000000	2371	911	2330	519
5000000	5942	2144	5841	1886
10000000	11954	4999	11643	2871
25000000	30525	11737	29053	9048
50000000	59665	22216	58689	12942

스레드 솔루션의 그림과 유사하게, 병렬 map과 fold 구현의 속노 향상은 다음 차트에서 확인할 수 있다. 음수 값은 순차 버전이 더 빠름을 나타낸다.

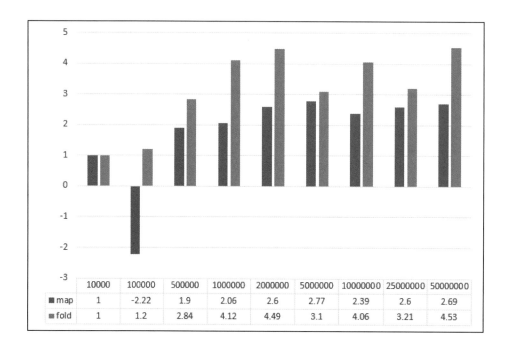

	10000	100000	500000	1000000	2000000	5000000	10000000	25000000	50000000
■ map	1	-2.22	1.9	2.06	2.6	2.77	2.39	2.6	2.69
■ fold	1	1.2	2.84	4.12	4.49	3.1	4.06	3.21	4.53

이 결과를 스레드를 사용한 병렬 버전의 결과와 비교해보면, (특히 fold 함수에 대해) 실행 시간이 빨라지고 속도 향상이 상당하다는 것을 알 수 있다. 다음 차트는 '스레드로 구현한' 작업의 속도 향상을 보여준다. 이 차트에서 값이 1보다 작으면 스레드 구현이 더 빠름을 의미한다.

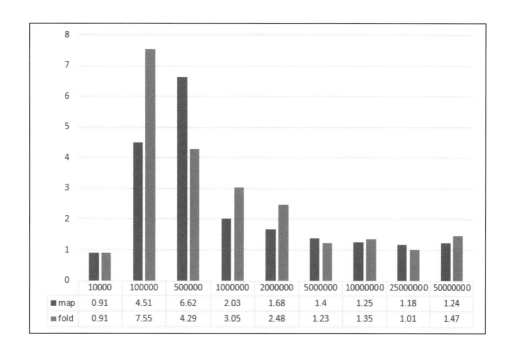

	10000	100000	500000	1000000	2000000	5000000	10000000	25000000	50000000
■ map	0.91	4.51	6.62	2.03	1.68	1.4	1.25	1.18	1.24
■ fold	0.91	7.55	4.29	3.05	2.48	1.23	1.35	1.01	1.47

부연 설명

앞에서 설명한 구현은 map 함수와 fold 함수를 병렬화하게 해주는 가능한 접근 방법 중 하나일 뿐이다. 다른 가능한 대안은 다음 전략을 사용한다.

- 처리할 범위를 동일한 두 부분으로 나눈다.
- 재귀적으로 병렬 함수를 비동기적으로 호출해 범위의 첫 번째 부분을 처리한다.
- 재귀적으로 병렬 함수를 동기적으로 호출해 범위의 두 번째 부분을 처리한다.
- 동기식 재귀 호출이 완료된 후, 비동기식 재귀 호줄이 실행을 끝낼 때까지 기다린다.

분할과 정복divide-and-conquer 알고리즘은 잠재적으로 많은 태스크를 생성할 수 있다. 범위의 크기에 따라 비동기 호출 수가 스레드 수를 크게 초과할 수 있으며, 이 경우 많은 대기 시간이 발생해 전체 실행 시간에 영향을 줄 수 있다. 따라서 다음과 같은 대안을 사용할 수 있다.

```cpp
template <typename Iter, typename F>
void parallel_map(Iter begin, Iter end, F f)
{
  auto size = std::distance(begin, end);

  if(size <= 10000)
  {
    std::transform(begin, end, begin, std::forward<F>(f));
  }
  else
  {
    auto middle = begin;
    std::advance(middle, size / 2);

    auto result = std::async(
      std::launch::deferred,
      parallel_map<Iter, F>,
      begin, middle, std::forward<F>(f));
    parallel_map(middle, end, std::forward<F>(f));
    result.wait();
  }
}

template <typename Iter, typename R, typename F>
auto parallel_reduce(Iter begin, Iter end, R init, F op)
{
  auto size = std::distance(begin, end);

  if(size <= 10000)
    return std::accumulate(begin, end, init, std::forward<F>(op));
  else
  {
    auto middle = begin;
    std::advance(middle, size / 2);

    auto result1 = std::async(
```

```
      std::launch::async,
      parallel_reduce<Iter, R, F>,
      begin, middle, R{}, std::forward<F>(op));
   auto result2 = parallel_reduce(middle, end, init,
                                  std::forward<F>(op));
   return result1.get() + result2;
  }
}
```

동일한 테스트 메소드를 사용해 비동기 함수를 사용한 첫 번째 구현과 실행 시간을 비교하면, 이 버전(다음 결과에서 p2로 표시)이 map과 fold 모두에 대해 순차 버전과 비슷하고, 이전에 보여준 첫 번째 병렬 버전(p1으로 표시)보다 훨씬 나빠진 것을 알 수 있다.

size	s map	p1 map	p2 map	s fold	p1 fold	p2 fold
10000	11	11	10	7	10	10
100000	111	275	120	72	96	426
500000	551	230	596	365	210	1802
1000000	1142	381	1209	753	303	2378
2000000	2411	981	2488	1679	503	4190
5000000	5962	2191	6237	4177	1969	7974
10000000	11961	4517	12581	8384	2966	15174

참고 사항

- 스레드로 병렬 맵과 폴딩 구현하기
- 함수를 비동기적으로 실행하기

09

견고성과 성능

9장에서 다루는 레시피는 다음과 같다.

- 오류 처리에 예외 사용
- 오류를 던지지 않는 함수에 noexcept 사용
- 프로그램의 상수 정확성 보장
- 컴파일 타임 상수 표현식 생성
- 올바른 타입 캐스트 수행
- unique_ptr을 사용해 메모리 자원을 고유하게 소유
- shared_ptr을 사용한 메모리 자원 공유
- 이동 시맨틱 구현

C++는 성능과 유연성을 핵심 목표로 하는 객체지향 프로그래밍 언어를 선택할 때 가장 먼저 선택된다. 모던 C++는 rvalue 참조, 이동 시맨틱, 스마트 포인터 등의 언어 기능과 라이브러리 기능을 제공한다. 예외 처리, 상수 정확성, 타입 안전 변환, 리소스 할당 및 해제의 우수 사례를 결합하면 개발자가 더 강력하고 우수한 코드를 작성할 수 있다. 9장에는 이런 주제를 다루는 레시피들이 포함돼 있다.

오류 처리에 예외 사용

예외exception는 프로그램 실행 중에 나타날 수 있는 예외적인 상황에 대한 응답이다. 이것은 제어 흐름을 프로그램의 다른 부분으로 옮길 수 있게 해준다. 예외는 불필요한 코드를 만들고 코드를 복잡하게 하는 오류 코드 반환과 달리 간단하고 견고한 오류 처리 메커니즘이다. 이번 레시피에서는 예외를 던지고 처리하는 것과 관련된 핵심 내용들을 살펴본다.

준비

예외를 던지고 캐치하는 메커니즘에 대한 기본 지식을 갖췄다고 가정한다.

예제 구현

예외 처리에 다음 사례를 사용한다.

- 값으로 예외를 던진다.

```
void throwing_func()
{
  throw std::system_error(
    std::make_error_code(std::errc::timed_out));
```

```
}
```

- 참조, 또는 대부분의 경우 상수 참조로 예외를 캐치한다.

```
try
{
  throwing_func();
}
catch (std::exception const & e)
{
  std::cout << e.what() << std::endl;
}
```

- 클래스 계층 구조에서 여러 예외를 캐치할 때 계층 구조의 기본 클래스에서 파생된 클래스로 catch문의 순서를 정한다.

```
auto exprint = [](std::exception const & e)
{
  std::cout << e.what() << std::endl;
};
try
{
  throwing_func();
}
  catch (std::system_error const & e)
{
exprint(e);
}
  catch (std::runtime_error const & e)
{
exprint(e);
}
  catch (std::exception const & e)
{
  exprint(e);
}
```

- catch(...)을 사용해 타입에 관계없이 모든 예외를 캐치한다.

```
try
{
  throwing_func();
}
catch (std::exception const & e)
{
  std::cout << e.what() << std::endl;
}
catch (...)
{
  std::cout << "unknown exception" << std::endl;
}
```

- throw를 사용해 현재 예외를 다시 던진다. 이것은 여러 예외에 대한 단일 예외 처리 함수를 생성하는 데 사용될 수 있다. 예외의 원래 위치를 숨기려면 예외 객체(예: throw e;)를 던진다.

```
void handle_exception()
{
  try
  {
    throw; // 현재 예외를 던진다
  }
  catch (const std::logic_error & e)
  { /* ... */ }
  catch (const std::runtime_error & e)
  { /* ... */ }
  catch (const std::exception & e)
  { /* ... */ }
}

try
{
  throwing_func();
```

```
}
catch (...)
{
  handle_exception();
}
```

예제 분석

대부분의 함수는 실행이 성공했는지 또는 실패했는지 알려줘야 한다. 이는 다음과 같이
여러 방법으로 가능하다. 오류의 구체적인 원인을 나타내는 오류 코드(성공에 대한 특별한
값)를 반환한다. 이에 대한 변형으로 부울 값을 반환해 성공 또는 실패만을 나타낼 수도 있
다. 또 다른 대안으로 유효하지 않은 객체나 null 포인터를 반환한다. 어떤 경우든 함수
의 반환값을 확인해야 하고, 이로 인해 실제 코드가 복잡해지고 혼란스러워져 코드를 읽
고 유지하기가 어렵게 만들 수 있다. 더군다나 함수의 성공 여부에 관계없이 함수의 반환
값 확인 프로세스가 항상 실행된다. 반면에 예외는 함수가 실패할 때만 처리된다. 이는 성
공적인 실행보다 드물게 발생하므로, 실제로 오류 코드를 반환하고 테스트하는 코드보다
더 빠른 코드를 만들 수 있다.

 예외와 오류 코드는 함께 사용할 수 없다. 예외는 프로그램에서 데이터 흐름을 제어할 때가
아니라 예외적인 상황에서 제어 흐름을 전송할 때만 사용해야 한다.

클래스 생성자는 값을 반환하지 않는 특수 함수며 객체를 생성해야 하지만, 실패해도 반
환값으로 이를 나타낼 수 없다. 생성자가 실패했을 때, 이를 나타내는 데 예외 메커니즘을
사용해야 한다. '리소스 획득은 초기화다resource acquisition is initialization(RAII).'라는 관용구를 사
용하면 모든 상황에서 안전하게 자원을 확보하고 해제할 수 있다. 반면에 예외는 소멸자
destructor를 벗어날 수 없다. 이 경우 프로그램이 std::terminate()를 호출해 비정상적으
로 종료된다. 이는 다른 예외가 발생해 스택 해제 중에 호출된 소멸자의 경우다. 예외가 발

생하면 예외가 발생한 지점에서 예외가 처리된 블록으로 스택이 해제되고, 이 프로세스는 모든 스택 프레임의 모든 지역 객체를 파괴한다.

이 프로세스에서 파괴되는 객체의 소멸자가 예외를 던지면 다른 스택 해제 프로세스가 시작돼야 하며, 이는 이미 진행 중인 프로세스와 충돌한다. 이 때문에 프로그램이 비정상적으로 종료된다.

 생성자와 소멸자에서 예외를 처리하는 경험적 법칙은 다음과 같다.
1. 예외를 사용해 생성자에서 발생하는 오류를 나타낸다.
2. 예외를 던지거나 소멸자를 떠나지 않게 한다.

어떤 타입의 예외도 던질 수 있다. 그러나 대부분의 경우 임시 참조를 던져서 상수 참조로 예외를 캐치해야 한다. 예외 던지기에 대한 몇 가지 지침은 다음과 같다.

- 표준 예외 또는 `std::exception`이나 표준 예외에서 파생된 자체 예외 중 하나를 던지는 것이 좋다.
- 정수 같은 내장 타입의 예외를 던지지 않는다.
- 자체 예외 계층 구조를 제공하는 라이브러리 또는 프레임워크를 사용할 때, 이 계층 구조에서 예외를 던지거나 적어도 코드의 일관성을 유지하기 위해 코드와 밀접하게 관련된 부분에서 예외를 파생시키는 것이 좋다.

부연 설명

이전 절에서 언급했듯이, 자체 예외 타입을 생성해야 하는 경우에는 자체 예외 계층 구조를 가진 라이브러리나 프레임워크를 사용하지 않는 한, 사용 가능한 표준 예외 중 하나에서 파생시켜 사용한다. C++ 표준은 이 목적을 위해 고려해야 할 몇 가지 범주의 예외를 정의한다.

- std::logic_error는 유효하지 않은 인수, 범위의 경계를 넘어서는 색인 같은 프로그램 논리 오류를 지시하는 예외를 나타낸다. std::invalid_argument, std::out_of_range, std::length_error 같은 다양한 표준 파생 클래스가 있다.

- std::runtime_error는 프로그램의 범위를 벗어나는 오류를 나타내거나 오버플로overflow 또는 언더플로underflow, 운영체제 오류와 같은 외부 요인을 포함한 다양한 요인으로 인해 예측할 수 없는 예외를 나타낸다. C++ 표준은 std::overflow_error, std::underflow_error, std::system_error를 포함해 std::runtime_error에서 파생된 여러 클래스를 제공한다.

- std::bad_alloc, std::bad_cast, std::bad_function_call과 같이 bad_ 접두사가 붙은 예외는 메모리 할당 실패, 동적 캐스팅 또는 함수 호출 실패 등 프로그램의 다양한 오류를 나타낸다.

이 모든 예외들의 기본 클래스는 std::exception이다. 이것은 오류를 던지지 않고 오류의 설명을 나타내는 문자 배열의 포인터를 반환하는 what( )이라는 가상 메소드를 가지고 있다. 표준 예외에서 사용자 정의 예외를 파생해야 하는 경우, 논리 또는 런타임 오류와 같은 적절한 범주를 사용한다. 이 범주 중 어느 것도 적합하지 않다면 std::exception에서 직접 파생시킬 수 있다. 다음은 표준 예외에서 파생하는 데 사용할 수 있는 가능한 솔루션 목록이다.

- std::exception에서 파생될 필요가 있는 경우, 가상 메소드 what( )을 재정의해 오류의 설명을 제공한다.

```
class simple_error : public std::exception
{
public:
  virtual const char* what() const noexcept override
  {
    return "simple exception";
  }
};
```

- std::logic_error 또는 std::runtime_error에서 파생하고 런타임 데이터에 종속되지 않는 정적 설명만 제공하면 되는 경우, 기본 클래스 생성자에 설명 텍스트를 전달한다.

```
class another_logic_error : public std::logic_error
{
public:
  another_logic_error():
    std::logic_error("simple logic exception")
  {}
};
```

- std::logic_error 또는 std::runtime_error에서 파생됐지만 설명 메시지가 런타임 데이터에 따라 다르면, 매개변수로 생성자를 제공하고 설명 메시지를 작성하는 데 사용한다. 설명 메시지는 기본 클래스 생성자에 전달하거나 오버로드된 what() 메소드에서 반환할 수 있다.

```
class advanced_error : public std::runtime_error
{
  int error_code;
  std::string make_message(int const e)
  {
    std::stringstream ss;
    ss << "error with code " << e;
    return ss.str();
  }
public:
  advanced_error(int const e) :
  std::runtime_error(make_message(e).c_str()),error_code(e)
  {
  }

  int error() const noexcept
  {
    return error_code;
```

```
    }
};
```

참고 사항

- 8장의 '스레드 함수에서 예외 처리'
- 오류를 던지지 않는 함수에 noexcept 사용

오류를 던지지 않는 함수에 noexcept 사용

예외 규격은 성능을 향상시킬 수 있는 언어 기능이지만, 잘못 수행되면 프로그램을 비정상적으로 종료시킬 수 있다. 함수가 던질 수 있는 예외 타입을 나타낼 수 있는 C++03 예외 규격은 더 이상 사용되지 않으며 새로운 C++11 noexcept 규격으로 변경됐다. 이 규격은 함수가 예외를 던질 수 있는지 없는지를 나타낼 뿐이다. 이번 레시피에서는 C++의 최신 예외 규격과 함께 언제 사용할지에 대한 지침을 제공한다.

예제 구현

다음을 사용해 예외 규격을 지정하거나 쿼리한다.

- 함수 선언에 nothrow를 사용해 함수가 예외를 던지지 않음을 지시한다.

```
void func_no_throw() noexcept
{
}
```

- 템플릿 메타프로그래밍과 같은 함수 선언에서 nothrow(expr)을 사용해 함수가 bool로 평가되는 조건에 따라 예외를 던질지의 여부를 나타낼 수 있다.

```
template <typename T>
T generic_func_1()
noexcept(std::is_nothrow_constructible<T>::value)
{
  return T{};
}
```

- 컴파일 타임에 noexcept 연산자를 사용해 예외를 던지지 않도록 표현식이 선언
  됐는지를 확인한다.

```
template <typename T>
T generic_func_2() noexcept(noexcept(T{}))
{
  return T{};
}

template <typename F, typename A>
auto func(F&& f, A&& arg) noexcept
{
  static_assert(!noexcept(f(arg)), "F is throwing!");
  return f(arg);
}

std::cout << noexcept(func_no_throw) << std::endl;
```

예제 분석

C++17부터 예외 규격은 함수 타입의 일부지만, 함수 시그니처의 일부는 아니다(함수 선
언자의 일부로는 나타날 수 있다). 예외 규격이 함수 시그니처의 일부가 아니기 때문에 두 함
수 시그니처는 예외 규격에서만 다를 수 없다. C++17 이전에는 예외 규격이 함수 타입
의 일부가 아니며 람다 선언자 또는 최상위 함수 선언자의 일부로만 나타날 수 있었다.
typedef나 별칭 선언에서도 나타날 수 없다. 예외 규격에 대한 자세한 논의는 C++17 표

준을 참조한다.

예외를 던지는 프로세스를 지정할 수 있는 몇 가지 방법이 있다.

- 예외 규격이 제시되지 않는 경우, 함수는 잠재적으로 예외를 던질 수 있다.
- `noexcept(false)`는 예외 규격이 없는 것과 동일하다.
- `noexcept(true)`와 `noexcept`는 함수가 어떤 예외도 던지지 않음을 나타낸다.
- `throw()`는 `noexcept(true)`와 동일하지만 더 이상 사용되지 않는다.

 예외(직접 던져지거나 호출된 다른 함수에서 던져진)가 던져지지 않는 것으로 함수가 표시되면, 프로그램이 std::terminate()를 호출해 비정상적으로 즉시 종료되므로 예외 규격을 사용할 때 주의해야 한다.

예외를 던지지 않는 함수에 대한 포인터는 예외를 던질 수 있는 함수에 대한 포인터로 암시적으로 변환될 수 있지만, 그 반대로는 불가능하다. 반면에 가상 함수가 예외를 던지지 않는 규격을 갖고 있다면, 재정의된 함수가 삭제된 것으로 선언되지 않는 한, 모든 재정의의 모든 선언이 이 규격을 유지해야 한다는 것을 나타낸다.

컴파일 타임 시 함수가 예외를 던지지 않도록 또는 `operator noexcept`를 사용하지 않도록 선언됐는지를 확인할 수 있다. 이 연산자는 표현식을 취해 표현식이 예외를 던지지 않거나 `false`로 선언됐으면 `true`를 반환한다. 검사하는 표현식은 평가하지 않는다. `noexcept` 연산자는 `noexcept` 지정자와 함께 템플릿 메타프로그래밍에서 함수가 일부 타입에 대해 예외를 발생시킬 수 있는지의 여부를 표시하는 데 특히 유용하다. 또한 '예제 구현' 절의 예제에서 볼 수 있듯이 표현식이 함수가 예외를 던지지 않는다는 보증을 위반하는지를 확인하기 위해 `static_assert` 선언과 함께 사용된다.

다음 코드는 `noexcept` 연산자가 동작하는 방식에 대해 더 많은 예제를 제공한다.

```
int double_it(int const i) noexcept
{
  return i + i;
}

int half_it(int const i)
{
  throw std::runtime_error("not implemented!");
}

struct foo
{
  foo() {}
};
std::cout << std::boolalpha
  << noexcept(func_no_throw()) << std::endl // true
  << noexcept(generic_func_1<int>()) << std::endl // true
  << noexcept(generic_func_1<std::string>()) << std::endl // true
  << noexcept(generic_func_2<int>()) << std::endl // true
  << noexcept(generic_func_2<std::string>()) << std::endl // true
  << noexcept(generic_func_2<foo>()) << std::endl // false
  << noexcept(double_it(42)) << std::endl // true
  << noexcept(half_it(42)) << std::endl // false
  << noexcept(func(double_it, 42)) << std::endl // true
  << noexcept(func(half_it, 42)) << std::endl; // true
```

부연 설명

앞에서 언급한 것과 같이, 예외로 인해 종료되는 noexcept 지정자로 선언된 함수는 프로그램을 비정상적으로 종료시킨다. 따라서 noexcept 지정자는 주의해서 사용해야 한다. 그 존재는 코드 최적화를 가능하게 해서 강력한 예외 보증을 유지하면서 성능을 향상시킨다. 이에 대한 예로 라이브러리 컨테이너가 있다.

강력한 예외 보장은 연산이 성공적으로 완료되거나, 프로그램이 연산이 시작되기 전과 동일한 상태로 예외로 완료되도록 지정한다. 이렇게 하면 커밋 또는 롤백(commit-or-rollback) 시맨틱이 보장된다.

많은 표준 컨테이너들이 일부 연산에 강력한 예외 보장을 제공한다. 예로 벡터의 push_back() 메소드가 있다. 이 메소드는 벡터의 요소 타입의 복사 생성자 또는 복사 할당 연산자 대신 이동 생성자 또는 이동 할당 연산자를 사용해 최적화할 수 있다. 그러나 강력한 예외 보장을 유지하기 위해 이동 생성자 또는 할당 연산자가 예외를 던지지 않는 경우에만 가능하다. 이 경우 복사 생성자 또는 할당 연산자를 사용해야 한다. 타입 인수의 이동 생성자가 noexcept로 표시된 경우 std::move_if_noexcept() 유틸리티 함수가 이를 수행한다. 이동 생성자 또는 할당 연산자가 예외를 던지지 않는다는 것을 나타내는 기능이 noexcept를 사용하는 가장 중요한 시나리오 중 하나다.

예외 규격에 대해 다음 규칙을 고려한다.

- 함수가 잠재적으로 예외를 던질 수 있는 경우, 어떤 예외 지정자도 사용하지 않는다.
- 예외를 던지지 않도록 보장된 noexcept를 가진 함수만 표시한다.
- 조건에 따라 예외를 던질 수 있는 noexcept(expression)을 가진 함수만 표시한다.
- 직접적인 실제 이점을 제공하지 않는 한, noexcept 또는 noexcept(expression)으로 함수를 표시하지 않는다.

참고 사항

- 오류 처리에 예외 사용

공식적인 정의는 없지만, 상수 정확성constant correctness은 수정되지 않아야 하는(변경 불가능한) 객체가 실제로 수정되지 않은 상태로 남아있음을 의미한다. 개발자는 매개변수, 변수, 멤버 함수를 선언할 때 const 키워드를 사용해 이를 수행할 수 있다. 이번 레시피에서는 상수 정확성의 이점과 이를 달성하는 방법을 살펴본다.

예제 구현

프로그램의 상수 정확성을 보장하려면 항상 상수로 선언해야 한다.

- 함수 내에서 수정되지 않아야 하는 함수의 매개변수

```
struct session {};
session connect(std::string const & uri,
                int const timeout = 2000)
{
  /* 작업 수행 */
  return session { /* ... */ };
}
```

- 변경하지 않는 클래스 데이터 멤버

```
class user_settings
{
public:
  int const min_update_interval = 15;
  /* 다른 멤버 */
};
```

- 외부에서 봤을 때 객체 상태를 수정하지 않는 클래스 멤버 함수

```
class user_settings
{
  bool show_online;
  public:
  bool can_show_online() const {return show_online;}
  /* 다른 멤버 */
};
```

- 라이프타임lifetime 동안 값이 변하지 않는 지역 함수

```
user_settings get_user_settings()
{
  return user_settings {};
}

void update()
{
  user_settings const us = get_user_settings();
  if(us.can_show_online()) { /* 작업 수행 */ }
  /* 추가 작업 */
}
```

예제 분석

객체와 멤버 함수를 상수로 선언하면 몇 가지 중요한 이점을 얻는다.

- 실수로 또는 의도적으로 객체가 변경되는 것을 방지해 잘못된 프로그램 동작을 방지한다.
- 컴파일러가 더 나은 최적화를 수행할 수 있도록 한다.
- 다른 사용자를 위해 코드의 시맨틱을 문서화할 수 있다.

상수 정확성은 개인적인 스타일의 문제가 아니라 C++ 개발에서의 핵심 원칙이다.

불행히도 상수 정확성의 중요성은 책이나 C++ 커뮤니티 및 작업 환경에서 충분히 강조되지 않았다. 그러나 경험적 법칙에 의하면, 변경되지 않아야 하는 모든 것은 상수로 선언돼야 한다. 코드를 정리하고 리팩토링하는 개발의 후반부에서뿐만 아니라 항상 이를 수행해야 한다.

매개변수나 변수를 상수로 선언할 때 const 키워드를 타입 앞(const T c)이나 타입 뒤(T const c)에 넣을 수 있다. 이 두 코드는 동일하지만, 두 가지 스타일 중 어느 스타일을 사용하든 상관없이 선언문 읽기는 오른쪽에서 왼쪽으로 수행해야 한다. const T c는 'c가 상수인 T'로 읽히고, T const c는 'c가 상수 T'로 읽힌다. 포인터가 있으면 좀 더 복잡해진다. 다음 표에는 다양한 포인터 선언과 그 의미가 나와 있다.

표현식	설명
T* p	P는 비상수 T에 대한 비상수 포인터다.
const T* p	P는 상수인 T에 대한 비상수 포인터다.
T const * p	P는 상수 T에 대한 비상수 포인터다(위와 동일).
const T * const p	P는 상수인 T에 대한 상수 포인터다.
T const * const p	P는 상수 T에 대한 상수 포인터다(위와 동일).
T** p	P는 비상수 T에 대한 비상수 포인터에 대한 비상수 포인터다.
const T** p	P는 상수 T에 대한 비상수 포인터에 대한 비상수 포인터다.
T const ** p	T const ** p와 동일
const T* const * p	P는 상수 포인터에 대한 비상수 포인터, 즉 상수 T다.
T const * const * p	T const * const * p와 동일

참조에 대해서도 상황은 비슷하다. const T & c와 T const & c는 동일하다. 즉 c는 상수 T에 대한 참조다. 그러나 T const & const c의 경우, c가 상수 T에 대한 상수 참조임을 의미하지만, 참조(변수의 별칭)가 암묵적으로 다른 변수의 별칭을 나타내도록 수정될 수 없는 상수를 의미하므로 이는 말이 안 된다.

비상수 객체에 대한 비상수 포인터, 즉 T*는 암시적으로 상수 객체 T const *에 대한 비상수 포인터로 변환될 수 있다. 그러나 T**는 암시적으로 T const **(const T**와 동일한)로 변환될 수 없다. 이는 다음 예제와 같이 상수가 아닌 객체에 대한 포인터를 통해 수정되는 상수 객체로 이어질 수 있기 때문이다.

```
int const c = 42;
int* x;
int const ** p = &x; // 실제 오류
*p = &c;
*x = 0; // c를 수정함
```

객체가 상수면 클래스의 상수 함수만 호출할 수 있다. 그러나 멤버 함수를 상수로 선언한다고 해서 상수 객체에서만 함수를 호출할 수 있다는 의미는 아니다. 이는 함수가 외부에서 보이는 것처럼 객체의 상태를 수정하지 않는다는 것을 의미할 수 있다. 이것은 매우 중요한 내용이지만 종종 잘못 이해된다. 클래스는 공용 인터페이스를 통해 클라이언트에서 접근할 수 있는 내부 상태를 가진다.

그러나 모든 내부 상태가 노출되는 것은 아니며, 공용 인터페이스에서 볼 수 있는 것이 내부 상태를 직접적으로 나타내지 않을 수도 있다(주문 라인을 모델링하고 항목 수량과 품목 판매 가격 필드를 내부 표현으로 사용하는 경우, 수량에 가격을 곱해 주문 라인 금액을 공개하는 공개 메소드가 있을 수 있다). 따라서 공용 인터페이스에서 볼 수 있는 객체의 상태는 논리적 상태다. 메소드를 상수로 정의하면 함수가 논리적 상태를 변경할 수 없다. 그러나 컴파일러는 개발자가 이런 메소드를 사용해 데이터 멤버를 수정하지 못하도록 막는다. 이 문제를 해결하려면, 상수 메소드에서 수정해야 하는 데이터 멤버는 가변^{mutable}으로 선언해야 한다.

다음 예제에서 computation은 장기 실행 계산 연산을 수행하는 compute( ) 메소드를 가진 클래스다. 객체의 논리적 상태에 영향을 미치지 않으므로 이 함수는 상수로 선언된다. 그러나 동일한 입력 결과를 다시 계산하지 않기 위해 계산된 값이 캐시에 저장된다. 캐시를 상수 함수에서 수정할 수 있도록 mutable로 선언된다.

```cpp
class computation
{
  double compute_value(double const input) const
  {
    /* 장기 실행 연산 */
    return input;
  }

  mutable std::map<double, double> cache;
public:
  double compute(double const input) const
  {
    auto it = cache.find(input);
    if(it != cache.end()) return it->second;

    auto result = compute_value(input);
    cache[input] = result;

    return result;
  }
};
```

스레드 안전 컨테이너를 구현하는 다음 클래스에서도 유사한 상황이 벌어진다. 공유 내부 데이터의 접근은 mutex로 보호된다. 클래스는 값의 추가와 제거 같은 메소드와 컨테이너에 항목이 있는지를 나타내는 contains( ) 같은 메소드를 제공한다. 이 멤버 함수는 객체의 논리적 상태를 수정하기 위한 것이 아니므로 상수로 선언된다. 그러나 공유된 내부 상태에 대한 접근은 뮤텍스로 보호해야 한다. 뮤텍스를 잠그거나 해제하는 연산은 모두 가변 연산이며, 뮤텍스는 mutable로 선언돼야 한다.

```cpp
template <typename T>
class container
{
  std::vector<T> data;
  mutable std::mutex mutex;
public:
  void add(T const & value)
  {
    std::lock_guard<std::mutex> lock(mutex);
    data.push_back(value);
  }

  bool contains(T const & value) const
  {
    std::lock_guard<std::mutex> lock(mutex);
    return std::find(std::begin(data), std::end(data), value)
        != std::end(data);
  }
};
```

메소드 또는 연산자는 때때로 상수와 비상수 버전을 모두 포함하도록 오버로드된다. 내부 상태에 대한 직접 접근을 제공하는 첨자subscript 연산자나 메소드를 가진 경우가 종종 있다. 이 메소드가 상수와 비상수 객체 모두에서 사용될 수 있다고 가정하기 때문이다. 그러나 동작은 달라야 한다. 메소드는 클라이언트가 접근을 제공하는 데이터를 수정할 수 있도록 허용해야 하지만, 상수 객체의 경우는 아니다. 따라서 비상수 첨자 연산자는 비상수 객체에 대한 참조를 반환하고, 상수 첨자 연산자는 상수 객체에 대한 참조를 반환한다.

```
class contact {};

class addressbook
{
  std::vector<contact> contacts;
public:
  contact& operator[](size_t const index);
  contact const & operator[](size_t const index) const;
};
```

 멤버 함수가 상수인 경우, 객체가 상수라도 이 멤버 함수가 반환하는 데이터는 상수가 아닐
수 있다.

부연 설명

객체의 const 한정자는 const_cast 변환으로 제거할 수 있지만, 객체가 상수로 선언되지
않았다는 사실을 아는 경우에만 사용해야 한다. 이에 대한 자세한 내용은 '올바른 타입 캐
스트 수행' 레시피를 참조한다.

참고 사항

- 컴파일 타임 상수 표현식 생성
- 올바른 타입 캐스트 수행

컴파일 타임 상수 표현식 생성

컴파일 타임에 표현식을 평가하면 코드가 적어지고 컴파일러가 추가 최적화를 수행할 수
있기 때문에 런타임 실행이 향상될 가능성이 있다. 컴파일 타임 상수는 리터럴(숫자 또는 문

자열 같은)뿐만 아니라 함수 실행 결과일 수도 있다. 함수의 모든 입력 값(인수, 지역 또는 전역 여부에 상관없이)이 컴파일 타임에 알려지면, 컴파일러는 함수를 실행하고 컴파일 타임에 결과를 알 수 있다. 이것은 C++11에서 도입된 상수 표현식을 일반화한 것으로 C++14에서 완화됐다. 키워드 constexpr(constant expression의 약자)은 컴파일 타임 상수 객체와 함수를 선언하는 데 사용할 수 있다. 이전 장의 여러 예제들을 통해 이를 살펴봤다. 이번 레시피에서는 실제로 어떻게 동작하는지 배워보자.

준비

일반화된 상수 표현식의 동작 방식은 C++14에서 완화됐지만, 몇 가지 중요한 변경 사항이 추가됐다. 예를 들어 C++11에서는 constexpr 함수가 암시적으로 const였지만 C++14에서는 더 이상 그렇지 않다. 이번 레시피에서는 C++14에서 정의된 일반화된 상수 표현식에 대해 설명한다.

예제 구현

다음과 같은 경우에 constexpr 키워드를 사용한다.

- 컴파일 타임에 평가할 수 있는 비멤버 함수를 정의

```
constexpr unsigned int factorial(unsigned int const n)
{
  return n > 1 ? n * factorial(n-1) : 1;
}
```

- constexpr 객체와 컴파일 타임에 실행될 멤버 함수를 초기화하기 위해 컴파일 타임에 실행되는 생성자를 정의

```
class point3d
{
  double const x_;
  double const y_;
  double const z_;
public:
  constexpr point3d(double const x = 0,
                    double const y = 0,
                    double const z = 0)
    :x_{x}, y_{y}, z_{z}
  {}

  constexpr double get_x() const {return x_;}
  constexpr double get_y() const {return y_;}
  constexpr double get_z() const {return z_;}
};
```

- 컴파일 타임에 값이 평가되는 변수를 정의

```
constexpr unsigned int size = factorial(6);
char buffer[size] {0};
constexpr point3d p {0, 1, 2};
constexpr auto x = p.get_x();
```

예제 분석

const 키워드는 런타임에 변수를 상수로 선언하는 데 사용된다. 이는 일단 초기화되면 변경될 수 없음을 의미한다. 그러나 상수 표현식의 평가는 여전히 런타임 계산을 의미한다. constexpr 키워드는 컴파일 시에 상수이거나 컴파일 시에 실행할 수 있는 함수를 선언할 때 사용된다. constexpr 함수와 객체는 성능 저하 없이 매크로와 하드코딩된 리터럴을 대체할 수 있다.

> **ℹ** 함수를 constexpr로 선언한다고 해서 항상 컴파일 타임에 평가된다는 의미는 아니다. 컴파일 시 평가되는 표현식에서만 이 함수를 사용할 수 있다. 이것은 함수의 모든 입력 값이 컴파일 타임에 평가될 수 있는 경우에만 가능하다. 하지만 함수가 런타임에 호출될 수도 있다. 다음 코드는 동일한 함수가 먼저 컴파일 타임에, 그리고 두 번째로 런타임에 호출되는 것을 보여준다.
>
> ```
> constexpr unsigned int size = factorial(6); // 컴파일 타임 평가
>
> int n;
> std::cin >> n;
> auto result = factorial(n); // 런타임 평가
> ```

constexpr 사용과 관련해 몇 가지 제한이 있다.

- 변수의 경우, 다음 경우에만 사용된다.
  - 타입이 리터럴 타입이다.
  - 선언 시 초기화된다.
  - 변수를 초기화하는 데 사용되는 표현식이 상수 표현식이다.
- 함수의 경우, 다음 경우에만 사용된다.
  - 가상이 아니다.
  - 반환 타입과 매개변수 타입이 모두 리터럴 타입이다.
  - 함수의 호출로 상수 표현식이 생성되는 인수의 세트가 적어도 하나 이상 있다.
  - 함수 본문은 삭제되거나 디폴트여야 한다. asm 선언, goto문, 레이블, try... catch 블록, 그리고 리터럴 타입이 초기화되지 않았거나 정적 또는 스레드 저장 기간을 가진 지역 변수를 포함해서는 안 된다.
  - 함수가 디폴트 복사 또는 이동 할당 연산자인 경우, 클래스에는 가변 멤버가 없어야 한다.
- 생성자의 경우, 다음 경우에만 사용된다.
  - 모든 매개변수가 리터럴 타입이다.

- 클래스에 가상 기본 클래스가 없다.
- 함수 try 블록을 포함하지 않는다.
- 함수 본문은 삭제되거나 디폴트로 설정되거나 몇 가지 추가 조건을 만족해야 한다. 복합문compound statement은 정규 함수에 대해 언급한 모든 조건을 충족해야 한다. 기본 클래스를 포함해 비정적 데이터 멤버를 초기화하는 모든 생성자도 constexpr이어야 한다. 그리고 모든 비정적 데이터 멤버는 생성자에 의해 초기화돼야 한다(union 타입의 경우, 변형 중 하나만 초기화해야 함).
- 디폴트 복사 또는 이동 생성자인 경우, 클래스에는 가변 멤버가 없어야 한다.

constexpr인 함수는 암시적으로 const가 아니기 때문에(C++14에서처럼), 함수가 객체의 논리 상태를 변경하지 않으면 명시적으로 const 지정자를 사용해야 한다. 하지만 constexpr인 함수는 암시적으로 inline이다. 반면에 constexpr로 선언된 객체는 암시적으로 const다. 다음 두 선언은 동등하다.

```
constexpr const unsigned int size = factorial(6);
constexpr unsigned int size = factorial(6);
```

선언의 다른 부분을 참조하기 때문에 선언에서 constexpr과 const가 모두 필요한 경우가 있다. 다음 예제에서 p는 상수 정수에 대한 constexpr 포인터다.

```
static constexpr int c = 42;
constexpr int const * p = &c;
```

참조 변수는 정적 저장 기간 또는 함수를 가진 객체의 별칭인 경우에만 constexpr일 수 있다.

```
static constexpr int const & r = c;
```

- 프로그램의 상수 정확성 보장

올바른 타입 캐스트 수행

데이터를 한 타입에서 다른 타입으로 변환해야 하는 경우가 종종 있다. 일부 변환은 컴파일 타임 시 필요하다(예: double에서 int로의 변환). 나머지는 런타임 시 필요하다(예를 들어 계층 구조에서 클래스의 업캐스팅과 다운캐스팅 포인터). 언어는 (type)expression 또는 type(expression) 형태로 C 캐스팅 스타일과의 호환성을 지원한다. 그러나 이런 캐스팅 타입은 C++의 타입 안전성을 손상시킨다. 따라서 언어는 static_cast, dynamic_cast, const_cast, reinterpret_cast 같은 여러 변환도 함께 제공한다. 이들은 의도를 더 잘 나타내고 안전한 코드를 작성하는 데 사용된다. 이번 레시피에서는 이런 캐스트를 사용하는 방법을 살펴본다.

예제 구현

다음 캐스트를 사용해 타입 변환을 수행한다.

- static_cast를 사용해 비다형성 타입의 타입 캐스팅을 수행한다. 여기에는 정수를 열거형으로 또는 부동 소수점을 정숫값으로 변환하거나, 또는 런타임 체크 없이 기본 클래스에서 파생 클래스(다운캐스팅)로, 파생 클래스에서 기본 클래스(업캐스팅)로 변환하는 것과 같은 포인터 타입으로의 캐스팅이 포함된다.

```
enum options {one = 1, two, three};

int value = 1;
options op = static_cast<options>(value);
```

```
int x = 42, y = 13;
double d = static_cast<double>(x) / y;

int n = static_cast<int>(d);
```

- dynamic_cast를 사용해 포인터나 기본 클래스에서 파생 클래스로, 또는 그 반대로 이뤄지는 다형성 타입의 타입 캐스팅을 수행한다. 이런 검사는 런타임에 수행되며 런타임 타입 정보RTTI, Runtime Type Information가 활성화돼 있어야 한다.

```
struct base
{
  virtual void run() {}
  virtual ~base() {}
};

struct derived : public base
{
};

derived d;
base b;

base* pb = dynamic_cast<base*>(&d); // OK
derived* pd = dynamic_cast<derived*>(&b); // fail

try
{
  base& rb = dynamic_cast<base&>(d); // OK
  derived& rd = dynamic_cast<derived&>(b); // fail
}
catch (std::bad_cast const & e)
{
  std::cout << e.what() << std::endl;
}
```

- const_cast를 사용해 const로 선언되지 않은 객체에서 const를 제거하는 것 같은 다른 const와 volatile 지정자 간의 타입 간 변환을 수행한다.

```
void old_api(char* str, unsigned int size)
{
  // 문자열을 변경하지 않고 작업 수행
}

std::string str{"sample"};
old_api(const_cast<char*>(str.c_str()),
        static_cast<unsigned int>(str.size()));
```

- reinterpret_cast를 사용해 런타임 재확인 없이 정수와 포인터 타입 간의 변환, 포인터 타입에서 정수로의 변환, 포인터 타입에서 다른 포인터 타입으로의 변환과 같은 비트 재해석을 수행한다.

```
class widget
{
public:
  typedef size_t data_type;

  void set_data(data_type d) { data = d; }
  data_type get_data() const { return data; }
private:
  data_type data;
};
widget w;
user_data* ud = new user_data();
// 쓰기
w.set_data(reinterpret_cast<widget::data_type>(ud));
// 읽기
user_data* ud2 = reinterpret_cast<user_data*>(w.get_data());
```

C 스타일 캐스팅 또는 정적 캐스팅이라고도 하는 명시적 타입 변환은 C++와 C 언어 호환성의 유산이며, 다음과 같은 다양한 변환을 수행할 수 있게 해준다.

- 산술 타입 간 변환
- 포인터 타입 간 변환
- 정수와 포인터 타입 간 변환
- const/volatile 한정 타입과 비한정 타입 간 변환
- 앞의 타입과 변환의 조합

이들 타입 캐스팅은 다형성 타입 또는 템플릿에서 제대로 동작하지 않는다. 이 때문에 C++는 앞의 예에서 봤던 네 개의 캐스팅을 제공한다. 이들 캐스팅을 사용하면 몇 가지 중요한 이점이 있다.

- 컴파일러와 코드를 읽는 사람 모두에게 사용자의 의도를 더 잘 표현한다.
- 다양한 타입 간(reinterpret_cast 제외)에 더 안전한 변환을 가능하게 한다.
- 소스 코드에서 쉽게 검색할 수 있다.

static_cast는 그 이름과 달리 C 캐스팅과 직접적으로 동등하지 않다. 이 캐스팅은 컴파일 타임에 수행되며 암시적 변환, 암시적 변환의 역변환, 포인터에서 클래스의 계층 구조 타입으로의 변환을 수행하는 데 사용될 수 있다. 그러나 관련 없는 포인터 타입 간 변환을 트리거하는 데는 사용할 수 없다. 다음 예제에서 static_cast를 사용해 int*를 double* 로 변환하면 컴파일 오류가 발생한다. 그러나 base*에서 derived*로(base와 derived는 '예제 분석' 절에서 보여준 클래스다.) 변환해도 새로 얻은 포인터를 사용하려고 하면 컴파일러 오류가 아닌 런타임 오류가 발생한다. 반면에 static_cast는 const와 volatile 한정자를 제거하는 데 사용할 수 없다.

```
int* pi = new int{ 42 };
double* pd = static_cast<double*>(pi); // 컴파일러 오류

base b;
derived* pd = static_cast<derived*>(&b); // 컴파일러 OK, 런타임 오류
base* pb1 = static_cast<base*>(&d); // OK

int const c = 42;
int* pc = static_cast<int*>(&c); // 컴파일러 오류
```

dynamic_cast를 사용하면 상속 계층 구조를 따라 위, 아래 또는 옆으로 표현식을 안전하게 타입 캐스팅할 수 있다. 이 캐스팅은 런타임에 수행되며 RTTI가 사용 가능해야 한다. 이 때문에 런타임 오버헤드가 발생한다. 동적 캐스팅은 포인터와 참조에만 사용할 수 있다. 표현식을 포인터 타입으로 변환하는 데 dynamic_cast를 사용하고 연산이 실패하면, 결과는 null 포인터다. 표현식을 참조 타입으로 변환하는 데 사용하고 연산이 실패하면, std::bad_cast 예외가 발생한다. 따라서 dynamic_cast 변환은 항상 try...catch 블록 내의 참조 타입에 배치한다.

 RTTI는 런타임에 객체 데이터 타입에 대한 정보를 표시하는 메커니즘이다. 이것은 다형성 타입(모든 기본 클래스가 가지고 있는 가상 소멸자를 포함해, 적어도 하나 이상의 가상 메소드를 가진 타입)에서만 사용할 수 있다. RTTI는 일반적으로 선택적 컴파일러 기능(또는 전혀 지원되지 않을 수도 있음)이므로, 이 기능을 사용하려면 컴파일러 스위치를 사용해야 할 수도 있다.

동적 캐스팅은 런타임에 수행되지만, 비다형성 타입 간에 변환을 시도하면 컴파일러 오류가 발생한다.

```
struct struct1 {};
struct struct2 {};
```

```
struct1 s1;
struct2* ps2 = dynamic_cast<struct2*>(&s1); // 컴파일러 오류
```

reinterpret_cast는 컴파일러 지시문과 비슷하다. 어떤 CPU 명령어로도 변환되지는 않지만, 컴파일러가 표현식의 이진 표현을 다른 지정된 타입으로 해석하도록 지시한다. 이는 타입 안전하지 않은type-unsafe 변환이므로 주의해서 사용해야 하며, 정수 타입과 포인터, 포인터 타입, 함수 포인터 간에 표현식을 변환하는 데 사용할 수 있다. 검사가 수행되지 않으므로 reinterpret_cast를 사용해 정의되지 않은 동작을 발생시키는 int*에서 double*로의 변환과 같은 관련 없는 타입 간에 표현식을 성공적으로 변환시킬 수 있다.

```
int* pi = new int{ 42 };
double* pd = reinterpret_cast<double*>(pi);
```

reinterpret_cast의 전형적인 사용은 운영체제 또는 벤더 특정 API를 사용하는 코드에서 타입 간 표현식을 변환하는 것이다. 많은 API들은 사용자 데이터를 포인터 또는 정수 타입으로 저장한다. 따라서 사용자 정의 타입의 주소를 해당 API에 전달해야 하는 경우, 비관련 포인터 타입 또는 정수 타입 값의 포인터 타입 값으로 변환해야 한다. 이전 절에서는 widget이 사용자 정의 데이터를 데이터 멤버에 저장하고 이에 접근하기 위한 메소드 set_data( )와 get_data( )를 제공하는 클래스인 유사한 예제가 제공됐다. widget에 객체의 포인터를 저장해야 하는 경우, 예제와 같이 reinterpret_cast를 사용한다.

const_cast는 컴파일러 지시문이고 CPU 명령어로 변환되지 않는다는 점에서 reinterpret_cast와 유사하다. 이것은 const 또는 volatile 한정자를 캐스팅하는 데 사용되며, 여기에서 설명한 세 가지 변환 중 어느 것도 수행할 수 없는 연산이다.

TIP const_cast는 객체가 const 또는 volatile로 선언되지 않은 경우, const 또는 volatile 한정자를 제거하는 데만 사용해야 한다. 그렇지 않으면 다음 예제와 같이 정의되지 않은 동작이 발생한다.

```
int const a = 42;
int const * p = &a;
int* q = const_cast<int*>(p);
*q = 0; // 정의되지 않은 동작
```

부연 설명

(type)expression 형식에서 명시적 타입 변환을 사용할 때, 특정 캐스팅 요구 사항을 충족시키는 다음 목록에서 첫 번째 항목을 선택한다는 점에 유의한다.

1. const_cast<type>(expression)
2. static_cast<type>(expression)
3. static_cast<type>(expression) + const_cast<type>(expression)
4. reinterpret_cast<type>(expression)
5. reinterpret_cast<type>(expression) + const_cast<type>(expression)

또한 특정 C++ 캐스트와 달리, C 스타일 캐스트는 불완전한 클래스 타입 간 변환에 사용할 수 있다. type과 expression이 모두 불완전한 타입을 가리키는 포인터라면, static_cast 또는 reinterpret_cast가 선택됐는지는 지정되지 않는다.

참고 사항

- 프로그램의 상수 정확성 보장

unique_ptr을 사용해 메모리 자원을 고유하게 소유

힙 메모리 할당과 해제에 대한 수동 처리는 C++에서 가장 논쟁의 여지가 있는 기능 중하나다. 모든 할당은 올바른 범위에서 해당 삭제 연산과 적절한 쌍을 이뤄야 한다. 예를들어 메모리 할당 범위가 함수고, 함수가 반환되기 전에 메모리를 해제해야 하는 경우에는 예외가 발생해 함수가 반환되는 비정상적인 상황을 비롯한 모든 반환 경로에서 이 작업이 수행돼야 한다. rvalue와 이동 시맨틱 같은 C++11 기능을 사용하면 스마트 포인터를 개발할 수 있다. 이들 포인터는 메모리 자원을 관리하고 스마트 포인터가 제거되면 자동으로 해제한다. 이번 레시피에서는 힙에 할당된 다른 객체 또는 객체 배열을 소유/관리하고 스마트 포인터가 범위를 벗어날 때 처분^{disposal} 연산을 수행하는 스마트 포인터인 `std::unique_ptr`을 살펴본다.

준비

이번 레시피에서는 이동 시맨틱과 `std::move()` 변환 함수에 익숙해야 한다. `unique_ptr`클래스는 `<memory>` 헤더의 `std` 네임스페이스에서 사용할 수 있다.

 단순성과 가독성을 위해 이번 레시피에서는 정규화된 이름 std::unique_ptr과 std::shared_ptr 대신 unique_ptr과 shared_ptr을 사용한다.

다음 예제에서는 다음 클래스를 사용한다.

```
class foo
{
  int a;
  double b;
  std::string c;
public:
  foo(int const a = 0, double const b = 0, std::string const & c = "")
```

```
  :a(a), b(b), c(c)
  {}

  void print() const
  {
    std::cout << '(' << a << ',' << b << ',' << std::quoted(c) << ')'
            << std::endl;
  }
};
```

예제 구현

다음은 unique_ptr로 작업할 때 알아야 할 전형적인 연산 목록이다.

- 사용 가능한 오버로드된 생성자를 사용해서 포인터를 통해 객체 또는 객체 배열을 관리하는 unique_ptr을 생성한다. 디폴트 생성자는 어떤 객체도 관리하지 않는 포인터를 생성한다.

```
std::unique_ptr<int> pnull;
std::unique_ptr<int> pi(new int(42));
std::unique_ptr<int[]> pa(new int[3]{ 1,2,3 });
std::unique_ptr<foo> pf(new foo(42, 42.0, "42"));
```

- 또는 C++14에서 사용할 수 있는 std::make_unique() 함수 템플릿을 사용해 unique_ptr 객체를 생성한다.

```
std::unique_ptr<int> pi = std::make_unique<int>(42);
std::unique_ptr<int[]> pa = std::make_unique<int[]>(3);
std::unique_ptr<foo> pf = std::make_unique<foo>(42, 42.0, "42");
```

- 디폴트 삭제 연산자가 관리 객체 또는 배열을 파괴하는 데 적절하지 않은 경우, 사용자 정의 삭제자custom deleter를 취하는 오버로드 생성자를 사용한다.

```
struct foo_deleter
{
  void operator()(foo* pf) const
  {
    std::cout << "deleting foo..." << std::endl;
    delete pf;
  }
};

std::unique_ptr<foo, foo_deleter> pf(new foo(42, 42.0, "42"),
                                     foo_deleter());
```

• std::move()를 사용해 객체의 소유권을 unique_ptr에서 다른 것으로 전송한다.

```
auto pi = std::make_unique<int>(42);
auto qi = std::move(pi);
assert(pi.get() == nullptr);
assert(qi.get() != nullptr);
```

• 관리 객체의 원시raw 포인터에 접근할 때 객체의 소유권을 유지하려면 get()을 사용하고, 소유권을 해제하려면 release()를 사용한다.

```
void func(int* ptr)
{
  if (ptr != nullptr)
    std::cout << *ptr << std::endl;
  else
    std::cout << "null" << std::endl;
}

std::unique_ptr<int> pi;
func(pi.get()); // null 출력

pi = std::make_unique<int>(42);
func(pi.get()); // 42 출력
```

- operator*와 operator->:을 사용해 관리 객체에 대한 포인터 참조를 해제한다.

```
auto pi = std::make_unique<int>(42);
*pi = 21;

auto pf = std::make_unique<foo>();
pf->print();
```

- unique_ptr이 객체 배열을 관리하는 경우, operator[]를 사용해 배열의 개별 요소에 접근할 수 있다.

```
std::unique_ptr<int[]> pa = std::make_unique<int[]>(3);
for (int i = 0; i < 3; ++i)
  pa[i] = i + 1;
```

- unique_ptr이 객체를 관리할 수 있는지를 확인하려면 명시적 operator bool을 사용하거나 get() != nullptr(operator bool이 수행하는 것)인지 확인한다.

```
std::unique_ptr<int> pi(new int(42));
if (pi) std::cout << "not null" << std::endl;
```

- unique_ptr 객체는 컨테이너에 저장할 수 있다. make_unique()가 반환한 객체는 직접 저장할 수 있다. lvalue 객체는 컨테이너의 unique_ptr 객체에 대한 관리 객체의 소유권을 포기하려는 경우 std::move()를 사용해 rvalue 객체로 정적으로 변환할 수 있다.

```
std::vector<std::unique_ptr<foo>> data;
for (int i = 0; i < 5; i++)
  data.push_back(
std::make_unique<foo>(i, i, std::to_string(i)));

auto pf = std::make_unique<foo>(42, 42.0, "42");
data.push_back(std::move(pf));
```

unique_ptr은 원시 포인터를 통해 힙에 할당된 객체나 배열을 관리하는 스마트 포인터로, 스마트 포인터가 범위를 벗어나면, operator=로 새 포인터를 할당하거나 release() 메소드를 사용해 소유권을 포기하는 적절한 처리를 수행한다. 디폴트로 delete 연산자는 관리 객체를 처리하는 데 사용된다. 사용자는 스마트 포인터 생성 시 사용자 정의 삭제자를 제공할 수 있다. 이 삭제자는 함수 객체 또는 함수의 lvalue 참조인 함수 객체여야 하며, 이 호출 가능한 객체는 unique_ptr<T, Deleter>::pointer 타입의 단일 인수를 취해야 한다.

C++14는 unique_ptr을 생성하는 std::make_unique() 유틸리티 함수 템플릿을 추가했다. 일부 특정 컨텍스트에서 메모리 누수를 피할 수 있지만 몇 가지 제한 사항이 있다.

- 배열을 할당하는 데만 사용할 수 있다. 또한 unique_ptr 생성자를 사용해 초기화할 수도 있다. 다음 두 예제 코드는 동일하다.

```
// 배열을 할당하고 초기화한다
std::unique_ptr<int[]> pa(new int[3]{ 1,2,3 });

// 배열을 할당한 다음 초기화한다
std::unique_ptr<int[]> pa = std::make_unique<int[]>(3);
for (int i = 0; i < 3; ++i)
  pa[i] = i + 1;
```

- 사용자 정의 삭제자로 unique_ptr 객체를 생성하는 데 사용할 수 없다.

앞에서 언급했듯이 make_unique()의 가장 큰 장점은 예외가 발생할 때 일부 컨텍스트에서 메모리 누수를 피하는 데 도움이 된다는 것이다. make_unique() 자체는 할당이 실패하거나 생성된 객체의 생성자가 던진 예외가 발생하면 std::bad_alloc을 던질 수 있다. 다음 예제를 살펴보자.

```
void some_function(std::unique_ptr<foo> p)
{ /* 작업 수행 */ }

some_function(std::unique_ptr<foo>(new foo()));
some_function(std::make_unique<foo>());
```

foo의 할당과 구성에 관계없이, make_unique() 또는 unique_ptr의 생성자를 사용하는지에 관계없이 메모리 누수가 발생하지 않는다. 그러나 이 상황은 코드의 다른 버전에서 바뀐다.

```
void some_other_function(std::unique_ptr<foo> p, int const v)
{
}

int function_that_throws()
{
  throw std::runtime_error("not implemented");
}

// 가능한 메모리 누수 있음
some_other_function(std::unique_ptr<foo>(new foo),
                    function_that_throws());

// 가능한 메모리 누수 없음
some_other_function(std::make_unique<foo>(),
function_that_throws());
```

이 예제에서 some_other_function()은 추가 매개변수인 정숫값을 가진다. 이 함수에 전달된 정수 인수는 다른 함수의 반환값이다. 이 함수가 호출되고 unique_ptr의 생성자를 사용해 스마트 포인터를 생성하면, 메모리 누수가 발생할 수 있다. 그 이유는 some_other_function()이 호출되면, 컴파일러가 먼저 foo를 호출하고 function_that_throws()를 호출한 다음 unique_ptr의 생성자를 호출할 수 있기 때문이다. function_that_throws()

가 오류를 던지면 할당된 foo가 유출된다. 호출 순서가 function_that_throws( ) 다음에 new foo( ), 그다음에 unique_ptr의 생성자인 경우 메모리 누수는 발생하지 않는다. 이는 foo 객체가 할당되기 전에 스택이 풀리기 때문이다. 그러나 make_unique( ) 함수를 사용하면 이 상황을 피할 수 있다. 이는 make_unique( )와 function_that_throws( )만 호출되기 때문이다. function_that_throws( )가 먼저 호출되면 foo 객체는 전혀 할당되지 않는다. make_unique( )가 먼저 호출되면 foo 객체가 생성되고 소유권이 unique_ptr에 전달된다. 나중에 function_that_throws( )가 호출되면, 스택이 해제되고 스마트 포인터의 소멸자에서 foo 객체가 파괴될 때 unique_ptr이 파괴된다.

상수 unique_ptr 객체는 관리 객체 또는 배열의 소유권을 다른 unique_ptr 객체로 전송할 수 없다. 한편 get( ) 또는 release( )를 사용해 관리 객체에 대한 원시 포인터에 접근할 수 있다. 첫 번째 메소드는 밑에 있는 포인터만 반환하지만, 후자는 관리 객체의 소유권도 해제한다. release( ) 호출 후 unique_ptr 객체는 빌 것이고 get( )을 호출하면 nullptr이 반환된다.

Derived 클래스의 객체를 관리하는 unique_ptr은 Derived가 Base에서 파생된 경우, Base 클래스의 객체를 관리하는 unique_ptr로 암시적으로 변환될 수 있다. 이 암시적 변환은 Base가 가상 소멸자를 가진 경우에만 안전하다(모든 기본 클래스가 가져야 함). 그렇지 않으면 정의되지 않은 동작이 사용된다.

```
struct Base
{
  virtual ~Base()
  {
    std::cout << "~Base()" << std::endl;
  }
};

struct Derived : public Base
{
  virtual ~Derived()
```

```
  {
    std::cout << "~Derived()" << std::endl;
  }
};

std::unique_ptr<Derived> pd = std::make_unique<Derived>();
std::unique_ptr<Base> pb = std::move(pd);
```

unique_ptr은 std::vector처럼 컨테이너에 저장될 수 있다. 한 번에 하나의 unique_ptr 객체만 관리 객체를 소유할 수 있으므로 스마트 포인터를 컨테이너에 복사할 수 없고 이동시켜야 한다. 이것은 rvalue 참조 타입에 대한 static_cast를 수행하는 std::move() 에서 가능하다. 이렇게 하면 관리 객체의 소유권을 컨테이너에 생성된 unique_ptr 객체로 전송할 수 있다.

참고 사항

- shared_ptr을 사용한 메모리 자원 공유

shared_ptr을 사용한 메모리 자원 공유

std::unique_ptr이 단독 소유권을 가지고 있기 때문에 객체 또는 배열을 공유해야 하는 경우 동적으로 할당된 객체 또는 배열을 std::unique_ptr로 관리할 수 없다. C++ 표준은 std::shared_ptr이라는 또 다른 스마트 포인터를 제공한다. 이것은 여러 가지 면에서 std::unique_ptr과 유사하지만, 차이점은 객체 또는 배열의 소유권을 다른 std::shared_ptr과 공유할 수 있다는 것이다. 이번 레시피에서는 std::shared_ptr이 std::uniqueu_ptr과 어떻게 동작하고 무엇이 다른지 살펴본다. 또한 std::shared_ptr이 관리하는 객체의 참조를 보유하고 있는 비자원 소유 스마트 포인터인 std::weak_ptr도 살펴본다.

unique_ptr과 make_unique( )가 어떻게 동작하는지 잘 알기 위해 이전 레시피인 'unique_ptr을 사용해 메모리 자원을 고유하게 소유'를 반드시 읽는다. 이 레시피에서 정의한 foo, foo_deleter, Base, Derived 클래스를 사용하고 이에 대한 참조를 생성한다.

shared_ptr과 weak_ptr 클래스, make_shared( ) 함수 템플릿은 <memory> 헤더의 std 네임스페이스에서 사용할 수 있다.

 단순함과 가독성을 위해 이 레시피에서는 정규화된 이름 std::unique_ptr, std::shared_ptr, std::weak_pointer 대신 unique_ptr, shared_ptr weak_ptr을 사용한다.

예제 구현

다음은 shared_ptr과 weak_ptr을 사용해 작업할 때 알아야 하는 일반적인 연산의 목록이다.

- 사용 가능한 오버로드된 생성자 중 하나를 사용해 포인터를 통해 객체를 관리하는 shared_ptr을 생성한다. 디폴트 생성자는 어떤 객체도 관리하지 않는 빈 shared_ptr을 생성한다.

```
std::shared_ptr<int> pnull1;
std::shared_ptr<int> pnull2(nullptr);
std::shared_ptr<int> pi1(new int(42));
std::shared_ptr<int> pi2 = pi1;
std::shared_ptr<foo> pf1(new foo());
std::shared_ptr<foo> pf2(new foo(42, 42.0, "42"));
```

- 또는 C++11 이후에 사용 가능한 std::make_shared() 함수 템플릿을 사용해 shared_ptr 객체를 생성한다.

```
std::shared_ptr<int> pi = std::make_shared<int>(42);
std::shared_ptr<foo> pf1 = std::make_shared<foo>();
std::shared_ptr<foo> pf2 = std::make_shared<foo>(42, 42.0, "42");
```

- 디폴트 삭제 연산이 관리 객체를 파괴하는 데 적합하지 않은 경우, 사용자 정의 삭제자를 취하는 오버로드된 생성자를 사용한다.

```
std::shared_ptr<foo> pf1(new foo(42, 42.0, "42"),
                         foo_deleter());
std::shared_ptr<foo> pf2(
    new foo(42, 42.0, "42"),
    [](auto p) {
  std::cout << "deleting foo from lambda..." << std::endl;
  delete p;}
);
```

- 객체 배열을 관리할 때는 항상 삭제자를 지정한다. 삭제자는 배열을 위한 std::default_delete의 부분 특수화이거나 템플릿 타입에 대한 포인터를 취하는 함수다.

```
std::shared_ptr<int> pa1(
  new int[3]{ 1, 2, 3 },
  std::default_delete<int[]>());

std::shared_ptr<int> pa2(
  new int[3]{ 1, 2, 3 },
  [](auto p) {delete[] p; });
```

- 관리 객체에 대한 원시 포인터에 접근하려면 get() 함수를 사용한다.

```
void func(int* ptr)
{
  if (ptr != nullptr)
    std::cout << *ptr << std::endl;
  else
    std::cout << "null" << std::endl;
}

std::shared_ptr<int> pi;
func(pi.get());
pi = std::make_shared<int>(42);
func(pi.get());
```

- operator*와 operator->를 사용해 관리 객체에 대한 포인터 참조를 해제한다.

```
std::shared_ptr<int> pi = std::make_shared<int>(42);
*pi = 21;

std::shared_ptr<foo> pf = std::make_shared<foo>(42, 42.0, "42");
pf->print();
```

- shared_ptr이 객체 배열을 관리하는 경우, operator[]를 사용해 배열의 개별 요소에 접근할 수 있다. 이것은 C++17에서만 사용 가능하다.

```
std::shared_ptr<int> pa1(
  new int[3]{ 1, 2, 3 },
  std::default_delete<int[]>());

for (int i = 0; i < 3; ++i)
  pa1[i] *= 2;
```

- shared_ptr이 객체를 관리할 수 있는지를 확인하려면 명시적 operator bool을 사용하거나 get() != nullptr(operator bool이 수행하는 것)인지 확인한다.

572

```
std::shared_ptr<int> pnull;
if (pnull) std::cout << "not null" << std::endl;

std::shared_ptr<int> pi(new int(42));
if (pi) std::cout << "not null" << std::endl;
```

- shared_ptr 객체는 std::vector 같은 컨테이너에 저장할 수 있다.

```
std::vector<std::shared_ptr<foo>> data;
for (int i = 0; i < 5; i++)
  data.push_back(
    std::make_shared<foo>(i, i, std::to_string(i)));

auto pf = std::make_shared<foo>(42, 42.0, "42");
data.push_back(std::move(pf));
assert(!pf);
```

- weak_ptr 객체를 사용해 이 공유 객체는 나중에 공유 객체의 비소유 참조를 유지한다.

```
auto sp1 = std::make_shared<int>(42);
assert(sp1.use_count() == 1);

std::weak_ptr<int> wpi = sp1;
assert(sp1.use_count() == 1);

auto sp2 = wpi.lock();
assert(sp1.use_count() == 2);
assert(sp2.use_count() == 2);

sp1.reset();
assert(sp1.use_count() == 0);
assert(sp2.use_count() == 1);
```

- 이미 다른 shared_ptr 객체로 관리되는 인스턴스에 대해 shared_ptr 객체를 생성해야 하는 경우, std::enable_shared_from_this 클래스 템플릿을 타입의 기본 클래스로 사용한다.

```cpp
struct Apprentice;

struct Master : std::enable_shared_from_this<Master>
{
  ~Master() { std::cout << "~Master" << std::endl; }
  void take_apprentice(std::shared_ptr<Apprentice> a);
private:
  std::shared_ptr<Apprentice> apprentice;
};

struct Apprentice
{
  ~Apprentice() { std::cout << "~Apprentice" << std::endl; }
  void take_master(std::weak_ptr<Master> m);
private:
  std::weak_ptr<Master> master;
};

void Master::take_apprentice(std::shared_ptr<Apprentice> a)
{
  apprentice = a;
  apprentice->take_master(shared_from_this());
}

void Apprentice::take_master(std::weak_ptr<Master> m)
{
  master = m;
}

auto m = std::make_shared<Master>();
auto a = std::make_shared<Apprentice>();
m->take_apprentice(a);
```

shared_ptr은 여러 측면에서 unique_ptr과 매우 유사하지만, 객체나 배열의 소유권을 공유한다는 다른 목적을 가지고 있다. 둘 이상의 shared_ptr 스마트 포인터는 동적으로 할당된 동일한 객체 또는 배열을 관리할 수 있으며, 마지막 스마트 포인터가 범위를 벗어나면 자동으로 파괴되고, operator=로 새 포인터가 할당되거나 reset( ) 메소드로 재설정된다. 디폴트로 객체는 operator delete로 파괴된다. 그러나 사용자는 std::make_shared( )를 사용해 생성자에 사용자 정의 삭제자를 제공할 수 있다. shared_ptr을 사용해 객체 배열을 관리하는 경우 사용자 정의 삭제자가 제공돼야 한다. 이 경우 operator delete[]를 사용해 동적으로 할당된 배열을 삭제하는 std::default_delete 클래스 템플릿의 부분 특수화인 std::default_delete<T[ ]>를 사용할 수 있다.

C++14 이후에만 사용 가능한 std::make_unique( )와는 달리, std::make_shared( )(C++11 이후 사용 가능) 유틸리티 함수는 사용자 정의 삭제자를 제공할 필요가 없는 경우 스마트 포인터를 작성하는 데 사용해야 한다. 주된 이유는 ake_unique( )와 동일하다. 예외가 발생했을 때 일부 컨텍스트에서 잠재적인 메모리 누수가 발생하지 않는다. 이에 대한 자세한 정보는 이전 레시피의 std::make_unique( )에서 제공된 설명을 참조한다.

또한 unique_ptr의 경우와 같이, Derived 클래스의 객체를 관리하는 shared_ptr을 Base 클래스의 객체를 관리하는 shared_ptr로 암시적으로 변환할 수 있다. 이것은 Derived 클래스가 Base에서 파생된 경우 가능하다. 이 암시적 변환은 Base에 가상 소멸자가 있는 경우에만 안전하다(모든 기본 클래스는 객체가 포인터 또는 기본 클래스에 대한 참조를 통해 다형적으로 삭제돼야 한다고 가정). 그렇지 않으면 정의되지 않은 동작이 사용된다. C++17에서는 std::static_pointer_cast( ), std::dynamic_pointer_cast( ), std::const_pointer_cast( ), std::reinterpret_pointer_cast( ) 같은 몇 가지 새로운 비멤버 함수가 추가됐다. static_cast, dynamic_cast, const_cast, reinterpret_cast를 저장된 포인터에 적용해 새 shared_ptr을 지정된 타입으로 반환한다.

다음 예제에서 Base와 Derived는 이전 레시피에서 사용된 것과 동일한 클래스다.

```
std::shared_ptr<Derived> pd = std::make_shared<Derived>();
std::shared_ptr<Base> pb = pd;

std::static_pointer_cast<Derived>(pb)->print();
```

공유 객체의 스마트 포인터가 필요하지만, 이 포인터가 공유 소유권에 기여하지 않는 경우가 있다. 노드가 자식에 대한 참조를 가지며 shared_ptr 객체로 표현되는 트리 구조를 모델링한다고 가정해보자. 반면에 노드가 부모의 참조를 유지한다고 가정해보자. 이 참조역시 shared_ptr인 경우 순환 참조가 생성되며 객체가 자동으로 삭제되지 않는다.

weak_ptr은 이런 순환 의존성을 깨뜨리는 데 사용되는 스마트 포인터다. shared_ptr에 의해 관리되는 객체 또는 배열에 대한 참조를 소유하지 않으며, shared_ptr 객체에서 생성할 수 있다. 관리 객체에 접근하려면 임시 shared_ptr 객체가 필요하다. 이를 위해 lock() 메소드를 사용해야 한다. 이 메소드는 참조된 객체가 여전히 존재하는지를 아토믹하게 검사하며, 객체가 더 이상 존재하지 않는 경우 shared_ptr을 반환하고 객체가 존재하는 경우 객체를 소유한 shared_ptr을 반환한다. weak_ptr은 비소유 스마트 포인터이기 때문에 weak_ptr이 범위를 벗어나거나 소유하고 있는 모든 shared_ptr이 파괴, 재설정 또는 다른 포인터에 할당되기 전에 참조된 객체가 파괴될 수 있다. expired() 메소드는 참조된 객체가 파괴되거나 여전히 사용 가능한지를 확인하는 데 사용할 수 있다.

'예제 구현' 절에서 앞의 예제는 마스터-도제master-apprentice 관계를 모델링하며, Master 클래스와 Apprentice 클래스가 있다. Master 클래스에는 Apprentice 클래스에 대한 참조와 Apprentice 객체를 설정하는 take_apprentice()라는 메소드가 있다. Apprentice 클래스에는 Master 클래스에 대한 참조와 Master 객체를 설정하는 take_master() 메소드가 있다. 순환 의존성을 피하기 위해 이들 참조 중 하나는 weak_ptr로 나타내야 한다. 제안된 예제에서 Master 클래스는 Apprentice 객체를 소유하기 위한 shared_ptr을 가지며, Apprentice 클래스는 Master 객체에 대한 참조를 추적하기 위해 weak_ptr을 가진다. 그러나 이 예제는 Apprentice::take_master() 메소드가 Master::take_apprentice()에서 호출되고 weak_ptr<Master>가 필요하기 때문에 좀 더 복잡하다. Master 클래스 내에서 호출하기 위해서는 this 포인터를 사용해 Master 클래스에 shared_ptr<Master>를 생성할 수 있어야 한다. 안전하게 이를 수행할 수 있는 유일한 방법은 std::enable_shared_from_this를 사용하는 것이다.

std::enable_shared_from_this는 이 객체가 이미 다른 shared_ptr에 의해 관리되고 있을 때 현재 객체(this 포인터)에 대해 shared_ptr을 생성해야 하는 모든 클래스의 기본 클래스로 사용해야 하는 클래스 템플릿이다. 이 타입 템플릿 매개변수는 회귀하는 템플릿 패턴에서처럼 여기에서 파생되는 클래스여야 한다. 두 개의 메소드를 가지며, shared_from_this()는 this 객체의 소유권을 공유하는 shared_ptr을 반환하고, weak_from_this()는 this 객체의 비소유 참조를 공유하는 weak_ptr을 반환한다. 후자의 메소드는 C++17에서만 사용할 수 있다. 이들 메소드는 기존 shared_ptr에 의해 관리되는 객체에서만 호출할 수 있다. 그렇지 않으면 C++17에서 std::bad_weak_ptr 예외가 발생한다. C++17 이전에는 동작이 정의돼 있지 않았다.

std::enable_shared_from_this를 사용하지 않고 직접 shared_ptr<T>(this)를 생성하면 서로에 대해 알지 못하면서 동일한 객체를 독립적으로 관리하는 여러 개의 shared_ptr 객체가 생길 수 있다. 이런 일이 발생하면 객체는 다른 shared_ptr 객체에서 여러 번 파괴될 수 있다.

참고 사항

- unique_ptr을 사용해 메모리 자원을 고유하게 소유

이동 시맨틱은 최신 C++에서 성능 향상을 이끄는 핵심적인 기능이다. 이것은 복사하는 데 비용이 많이 드는 자원(일반적으로 객체)을 복사하는 대신 이동할 수 있게 해준다. 하지만 클래스에서 이동 생성자와 할당 연산자를 구현해야 한다. 일부 환경에서는 컴파일러에서 제공되기도 하지만, 실제로는 명시적으로 작성해야 하는 경우가 많다. 이번 레시피에서는 이동 생성자와 이동 할당 연산자를 구현하는 방법을 알아본다.

rvalue 참조와 특수 클래스 함수(생성자, 할당 연산자, 소멸자)에 대한 기본 지식이 있어야 한다. 다음 Buffer 클래스를 사용해 이동 생성자와 할당 연산자를 구현하는 방법을 알아본다.

```
class Buffer
{
  unsigned char* ptr;
  size_t length;
public:
  Buffer(): ptr(nullptr), length(0)
  {}

  explicit Buffer(size_t const size):
    ptr(new unsigned char[size] {0}), length(size)
  {}

  ~Buffer()
  {
    delete[] ptr;
  }

  Buffer(Buffer const& other):
    ptr(new unsigned char[other.length]),
  length(other.length)
```

```
  {
    std::copy(other.ptr, other.ptr + other.length, ptr);
  }

  Buffer& operator=(Buffer const& other)
  {
    if (this != &other)
    {
      delete[] ptr;

      ptr = new unsigned char[other.length];
      length = other.length;

      std::copy(other.ptr, other.ptr + other.length, ptr);
    }

    return *this;
  }

  size_t size() const { return length;}
  unsigned char* data() const { return ptr; }
};
```

예제 구현

클래스의 이동 생성자를 구현하려면 다음을 수행한다.

1. 클래스 타입의 rvalue 참조를 취하는 생성자를 작성한다.

   ```
   Buffer(Buffer&& other)
   {
   }
   ```

2. rvalue 참조의 모든 데이터 멤버를 현재 객체에 할당한다. 이것은 다음과 같이 선호하는 방식에 따라 생성자의 본문 또는 초기화 목록에서 수행할 수 있다.

```
ptr = other.ptr;
length = other.length;
```

3. rvalue 참조의 데이터 멤버를 디폴트 값에 할당한다.

```
other.ptr = nullptr;
other.length = 0;
```

이를 모두 합치면 Buffer 클래스의 이동 생성자는 다음과 같이 구성된다.

```
Buffer(Buffer&& other):
{
  ptr = other.ptr;
  length = other.length;

  other.ptr = nullptr;
  other.length = 0;
}
```

클래스의 이동 할당 연산자를 구현하려면 다음을 수행한다.

1. 클래스 타입의 rvalue 참조를 취하고 이에 대한 참조를 반환하는 할당 연산자를 작성한다.

```
Buffer& operator=(Buffer&& other)
{
}
```

2. rvalue 참조가 this와 동일한 객체를 참조하지 않는지 확인하고, 차이가 있다면 3-5단계를 수행한다.

```
if (this != &other)
{
}
```

3. 현재 객체의 모든 자원(메모리, 핸들러 등)을 삭제한다.

```
delete[] ptr;
```

4. rvalue 참조의 모든 데이터 멤버를 현재 객체에 할당한다.

```
ptr = other.ptr;
length = other.length;
```

5. rvalue 참조의 데이터 멤버를 디폴트 값에 할당한다.

```
other.ptr = nullptr;
other.length = 0;
```

6. 3–5단계가 실행됐는지와 관계없이 현재 객체의 참조를 반환한다.

```
return *this;
```

이를 모두 합치면 Buffer 클래스의 이동 할당 연산자는 다음과 같이 구성된다.

```
Buffer& operator=(Buffer&& other)
{
  if (this != &other)
  {
    delete[] ptr;

    ptr = other.ptr;
    length = other.length;
```

```
    other.ptr = nullptr;
    other.length = 0;
  }

  return *this;
}
```

이동 생성자와 이동 할당 연산자는 사용자 정의 복사 생성자, 이동 생성자, 복사 할당 연산자, 이동 할당 연산자 또는 소멸자가 이미 존재하지 않는 한, 컴파일러에서 디폴트로 제공된다. 컴파일러에서 제공될 때는 멤버별member-wise 방식으로 동작을 수행한다. 이동 생성자는 클래스 데이터 멤버의 이동 생성자를 재귀적으로 호출한다. 이와 유사하게 이동 할당 연산자는 클래스 데이터 멤버의 이동 할당 연산자를 재귀적으로 호출한다.

이 경우, 이동은 복사하기에 너무 큰(문자열이나 컨테이너 같은) 객체나 복사할 수 없는 객체(unique_ptr 스마트 포인터 같은)에 대한 성능상의 이점을 나타낸다. 모든 클래스에서 복사와 이동 시맨틱을 모두 구현해야 하는 것은 아니다. 일부 클래스는 이동만 가능하고, 다른 클래스는 복사와 이동이 가능할 수 있다. 반면에 비록 기술적으로 가능하더라도 복사가 가능하고 이동할 수 없는 클래스는 의미가 없다.

모든 타입이 이동 시맨틱으로 이점을 가지는 것은 아니다. 내장 타입(bool, int 또는 double 같은), 배열, POD의 경우 이동은 실제로는 복사 연산이다. 반면에 이동 시맨틱은 rvalue, 즉 임시 객체의 컨텍스트에서 성능상의 이점을 제공한다. rvalue는 이름이 없는 객체다. 표현식의 평가 중에 일시적으로 존재하며 다음 세미콜론에서 소멸된다.

```
T a;
T b = a;
T c = a + b;
```

앞의 예제에서 a, b, c는 lvalue다. 라이프사이클 동안 어느 시점에서든 객체를 참조하는데 사용할 수 있는 이름을 가진 객체다. 반면에 표현식 a + b를 계산할 때 컴파일러는 임시 객체(예제의 경우 c에 할당됨)를 생성한 다음 파기된다(세미콜론을 만날 때). 이런 임시 객체는 대개 할당 표현식의 오른쪽에 나타나기 때문에 rvalue라고 한다. C++11에서는 &&로 표시되는 rvalue 참조를 통해 이런 객체를 참조할 수 있다.

이동 시맨틱은 rvalue 컨텍스트에서 중요하다. 이는 이동 연산이 완료된 후 클라이언트가 이를 사용할 수 없도록 파기된 임시 객체에서 자원의 소유권을 가질 수 있게 하기 때문이다. 반면에 lvalue는 이동할 수 없고 복사만 가능하다. 이는 이동 연산 후에 객체에 접근할 수 있고, 클라이언트는 객체가 동일한 상태에 있을 것으로 예상하기 때문이다. 예를 들어 앞의 예제에서 표현식 b = a는 a를 b에 할당한다.

이 연산이 완료되면 lvalue인 객체 a는 클라이언트에서 계속 사용될 수 있으며 이전과 동일한 상태여야 한다. 반면에 a + b의 결과는 임시적이며, 데이터는 안전하게 c로 이동할 수 있다.

이동 생성자는 복사 생성자 T(T const&)가 lvalue 참조를 취하는 것과 반대로 클래스 타입 T(T&&)에 대한 rvalue 참조를 취하기 때문에 복사 생성자와 다르다. 마찬가지로 이동 할당은 복사 할당 연산자, 즉 T& operator=(T const &)에 대한 lvalue 참조와 반대로 T& operator=(T&&)와 같은 rvalue 참조를 취한다. 둘 다 T& 클래스에 대한 참조를 반환하더라도 마찬가지다. 컴파일러는 인수 타입, rvalue 또는 lvalue를 기반으로 적절한 생성자 또는 대입 연산자를 선택한다.

이동 생성자/할당 연산자가 있으면 rvalue가 자동으로 이동한다. lvalue도 이동할 수 있지만, 이 경우 rvalue 참조에 대한 명시적인 정적 캐스트가 필요하다. 이것은 기본적으로 static_cast<T&&>를 수행하는 std::move() 함수를 사용해 수행할 수 있다.

```
std::vector<Buffer> c;
c.push_back(Buffer(100)); // 이동
```

```
Buffer b(200);
c.push_back(b); // 복사
c.push_back(std::move(b)); // 이동
```

객체가 이동한 후에는 유효한 상태로 남아있어야 한다. 그러나 이 상태가 무엇인지에 관한 요구 사항은 없다. 일관성을 유지하려면 모든 멤버 필드를 디폴트 값(숫자 타입은 0, 포인터는 nullptr, 부울은 false)으로 설정해야 한다.

다음 예제에서는 Buffer 객체를 생성하고 할당하는 여러 가지 방법을 보여준다.

```
Buffer b1; // 디폴트 생성자
Buffer b2(100); // 명시적 생성자
Buffer b3(b2); // 복사 생성자
b1 = b3; // 할당 연산자
Buffer b4(std::move(b1)); // 이동 생성자
b3 = std::move(b4); // 이동 할당
```

부연 설명

Buffer 예제에서 볼 수 있듯이 이동 생성자와 이동 할당 연산자를 모두 구현하려면 비슷한 코드를 작성해야 한다(이동 생성자의 전체 코드는 이동 할당 연산자에도 있음). 이것은 이동 생성자에서 이동 할당 연산자를 호출하면 방지할 수 있다.

```
Buffer(Buffer&& other) : ptr(nullptr), length(0)
{
  *this = std::move(other);
}
```

이 예제에서 주의해야 할 두 가지 사항이 있다.

- 이 멤버가 이후에 이동 할당 연산자(이 예제에서 ptr 멤버)에서 사용될 수 있으므로 생성자의 초기화 목록에 있는 멤버 초기화가 필요하다.
- rvalue 참조에 대한 other의 정적 캐스팅. 이 명시적 변환이 없으면 복사 할당 연산자가 호출된다. 이것은 rvalue가 이 생성자에 인수로 전달되더라도 이름이 지정되면 lvalue에 바인딩되기 때문이다. 따라서 other는 실제로는 lvalue며, 이동 할당 연산자를 호출하려면 rvalue 참조로 변환해야 한다.

참고 사항

- 3장의 '디폴트 함수와 삭제된 함수들' 레시피

10

패턴과 관용어 구현

10장에서 다루는 레시피는 다음과 같다.

- 팩토리 패턴에서 반복되는 if...else문 방지
- 핌플 관용어 구현
- 명명된 매개변수 관용어 구현
- 비가상 인터페이스 관용어를 사용해 구현과 인터페이스 분리
- 변호사-의뢰인 관용어 프렌드십 처리
- 회귀 템플릿 패턴을 사용한 정적 다형성
- 스레드 안전한 싱글톤 구현

디자인 패턴^{design pattern}은 소프트웨어 개발에서 발생하는 공통적인 문제에 적용할 수 있는 일반적이고 재사용 가능한 솔루션이다. 관용어^{idiom}는 패턴, 알고리즘 또는 하나 이상의 프로그래밍 언어로 코드를 구성하는 방법이다. 시중에는 수많은 디자인 패턴 관련 책들이 나와 있다. 10장에서는 이에 대해 다시 말하려는 것이 아니라, 모던 C++의 관점에서 가독성, 성능, 견고성에 초점을 맞춰 몇 가지 유용한 패턴과 관용어를 구현하는 방법을 알아본다.

팩토리 패턴에서 반복되는 if...else문 방지

약간만 변형하거나 약간만 수정해서 복사해 붙여 넣는, 반복적인 if...else문(또는 이와 동등한 switch문)을 작성해야 하는 경우가 종종 있다. 대안의 수가 많아지면 코드를 읽고 유지하기 어려워진다. 반복적인 if...else문은 다형성과 같은 다양한 기술로 대체될 수 있다. 이번 레시피에서는 팩토리 패턴(팩토리^{factory}는 다른 객체를 생성하는 데 사용되는 함수 또는 객체를 말한다.)에서 함수 맵을 사용해 if...else문의 사용을 회피하는 방법을 살펴본다.

준비

이번 레시피에서는 비트맵, PNG, JPG 같은 다양한 포맷의 이미지 파일을 처리하는 시스템을 구축하는 문제를 고려해본다. 자세한 내용은 이번 레시피의 범위를 벗어난다. 우리가 관심을 갖는 부분은 다양한 이미지 포맷을 처리하는 객체를 생성하는 것이다. 이를 위해 다음과 같은 클래스 계층 구조를 고려한다.

```
class Image {};
class BitmapImage : public Image {};
class PngImage : public Image {};
class JpgImage : public Image {};
```

한편 위의 클래스의 인스턴스를 생성할 수 있는 팩토리 클래스를 구현하고, if...else문을 사용하는 전형적인 구현을 알아본다.

```cpp
struct IImageFactory
{
  virtual std::shared_ptr<Image> Create(std::string_view type) = 0;
};

struct ImageFactory : public IImageFactory
{
  virtual std::shared_ptr<Image>
  Create(std::string_view type) override
  {
    if (type == "bmp")
      return std::make_shared<BitmapImage>();
    else if (type == "png")
      return std::make_shared<PngImage>();
    else if (type == "jpg")
      return std::make_shared<JpgImage>();
    return nullptr;
  }
};
```

이번 레시피의 목표는 반복적인 if...else문을 회피하기 위해 이 구현을 리팩토링할 수 있는 방법을 알아보는 것이다.

예제 구현

if...else문을 사용하지 않으려면 다음 단계를 수행해 앞에서 설명한 팩토리를 리팩토링한다.

1. 팩토리 인터페이스 구현

```cpp
struct ImageFactory : public IImageFactory
```

```
{
  virtual
  std::shared_ptr<Image> Create(std::string_view type) override
  {
    // 2와 3으로 계속
  }
};
```

2. 키는 생성할 객체의 타입이고, 값은 객체를 생성하는 함수인 맵을 정의한다.

```
static std::map<
  std::string,
  std::function<std::shared_ptr<Image>()>> mapping
{
  { "bmp", []() {return std::make_shared<BitmapImage>(); } },
  { "png", []() {return std::make_shared<PngImage>(); } },
  { "jpg", []() {return std::make_shared<JpgImage>(); } }
};
```

3. 객체를 생성하려면 맵에서 객체 타입을 찾은 다음, 연관된 함수를 사용해 타입의 새로운 인스턴스를 생성한다.

```
auto it = mapping.find(type.data());
if (it != mapping.end())
  return it->second();
return nullptr;
```

예제 분석

첫 번째 구현에서 반복적인 if...else문은 매우 유사하다. 타입 매개변수의 값을 확인하고 적절한 Image 클래스의 인스턴스를 생성한다. 점검할 인수가 정수 타입(예: 열거 타입)인 경우 if...else 시퀀스는 switch문으로 작성할 수도 있다. 이 코드는 다음과 같이 사용될 수 있다.

```
auto factory = ImageFactory{};
auto image = factory.Create("png");
```

구현이 if...else문 또는 switch문을 사용하는지에 관계없이 반복적인 확인을 피하도록 리팩토링하는 것은 비교적 간단하다. 리팩토링된 코드에서 타입을 나타내는 키 타입 std::string을 갖는 맵을 사용했으며, 이 값은 std::function<std::shared_ptr<Image>()>다. 이것은 인수를 취하지 않고 std::shared_ptr<Image>를 반환하는 함수의 래퍼다 (파생 클래스의 shared_ptr은 기본 클래스의 shared_ptr로 암시적으로 변환된다).

이제 객체를 생성하는 함수 맵을 만들었으므로 실제 팩토리 구현은 훨씬 간단하다. 맵에서 생성될 객체의 타입을 점검하고, 존재하는 경우에는 맵에서 연관된 값을 실제 함수로 사용해 객체를 생성하거나 객체 타입이 맵에 없는 경우에는 nullptr을 반환한다.

클라이언트가 팩토리를 사용하는 방식이 변경되지 않았으므로 이 리팩토링은 클라이언트 코드에 대해 투명하다. 반면에 이 접근 방식은 IoT 같은 애플리케이션의 일부 클래스에서 중요한 측면이 될 수 있는 정적 맵을 처리하는 데 더 많은 메모리가 필요하다. 여기에 제시된 예는 그 개념을 보여주고자 하는 것이기 때문에 비교적 간단하다. 실제 코드에서는 다른 수의 인수나 다른 타입의 인수를 사용하는 등 객체를 다르게 작성해야 할 필요가 있다. 그러나 이 문제는 리팩토링 구현에만 국한되지 않으며, if...else/switch문을 사용하는 솔루션도 이를 고려해야 한다. 따라서 실제로 if...else 문제에 대한 솔루션은 맵에서도 동작해야 한다.

부연 설명

앞의 구현에서 맵은 가상 함수의 지역 정적 멤버지만 클래스나 심지어 전역의 멤버일 수도 있다. 다음 구현은 클래스의 정적 멤버로 정의된 맵을 가지며, 포맷 이름을 기반으로 객체가 생성되지 않고 typeid 연산자에서 반환된 타입 정보에 따라 생성된다.

```
struct IImageFactoryByType
{
  virtual std::shared_ptr<Image> Create(std::type_info const & type)
  = 0;
};

struct ImageFactoryByType : public IImageFactoryByType
{
  virtual
  std::shared_ptr<Image> Create(std::type_info const & type)
  override
  {
    auto it = mapping.find(&type);
    if (it != mapping.end())
      return it->second();
    return nullptr;
  }
private:
  static std::map<
    std::type_info const *,
    std::function<std::shared_ptr<Image>()>> mapping;
};

std::map<
  std::type_info const *,
  std::function<std::shared_ptr<Image>()>> ImageFactoryByType::mapping
{
  {&typeid(BitmapImage),[](){return std::make_shared<BitmapImage>();}},
  {&typeid(PngImage), [](){return std::make_shared<PngImage>();}},
  {&typeid(JpgImage), [](){return std::make_shared<JpgImage>();}}
};
```

예제의 경우 PNG와 같이 생성하려는 타입을 나타내는 이름을 전달하는 대신 typeid
(PngImage)와 같이 typeid 연산자에서 반환한 값을 전달하기 때문에 클라이언트 코드가

약간 다르다.

```
auto factory = ImageFactoryByType{};
auto movie = factory.Create(typeid(PngImage));
```

참고 사항

- 핌플 관용어 구현
- 9장의 'shared_ptr을 사용한 메모리 자원 공유' 레시피

핌플 관용어 구현

핌플(PIMPL)은 '구현의 포인터pointer to implementation'('채셔 캣Cheshire cat 관용어' 또는 '컴파일러 방화벽 관용어'라고도 함)의 약자며, 인터페이스에서 구현의 세부 사항을 분리할 수 있는 불투명한 포인터 기술이다. 이는 인터페이스를 수정하지 않고 구현을 변경해 인터페이스를 사용하는 코드를 재컴파일할 필요가 없게 하는 이점이 있다. 이것은 구현 세부 사항만 변경될 때 하위 버전과 호환되는 ABI에서 핌플 관용어를 사용하는 라이브러리를 만들 가능성이 있다. 이번 레시피에서는 최신 C++ 기능을 사용해 핌플 관용어를 구현하는 방법을 알아본다.

준비

이 책의 이전 장에서 살펴본 스마트 포인터와 std::string_view에 익숙해야 한다.

실제적인 방법으로 핌플 관용어를 설명하기 위해 핌플 패턴을 따라 리팩토링할 다음과 같은 클래스를 고려한다. 클래스는 텍스트, 크기, 가시성visibility 같은 속성을 가진 컨트롤을 나타낸다. 이런 속성이 변경될 때마다 컨트롤이 다시 그려진다(이 모의 구현에서 드로잉(다시

그리는 것)은 속성 값을 콘솔에 출력하는 것을 의미한다).

```cpp
class control
{
  std::string text;
  int width = 0;
  int height = 0;
  bool visible = true;

  void draw()
  {
    std::cout
      << "control " << std::endl
      << " visible: " << std::boolalpha << visible <<
        std::noboolalpha << std::endl
      << " size: " << width << ", " << height << std::endl
      << " text: " << text << std::endl;
  }
public:
  void set_text(std::string_view t)
  {
    text = t.data();
    draw();
  }

  void resize(int const w, int const h)
  {
    width = w;
    height = h;
    draw();
  }

  void show()
  {
    visible = true;
    draw();
  }
```

```
  void hide()
  {
    visible = false;
    draw();
  }
};
```

예제 구현

앞에서 설명한 control 클래스를 리팩토링해 여기서 예시된 핌플 관용어를 구현하려면
다음 단계를 수행한다.

1. 모든 비공개private 멤버(데이터와 함수 모두)를 별도의 클래스에 넣는다. 이것을
    pimpl 클래스라 하고, 원본 클래스를 public 클래스라 한다.
2. public 클래스의 헤더 파일에 pimple 클래스 전방 선언을 삽입한다.

    ```
    // control.h
    class control_pimpl;
    ```

3. public 클래스 정의에서, unique_ptr을 사용해 pimpl 클래스의 포인터를 선언한
    다. 이것이 클래스의 유일한 비공개 데이터 멤버여야 한다.

    ```
    class control
    {
      std::unique_ptr<
        control_pimpl, void(*)(control_pimpl*)> pimpl;
    public:
      control();
      void set_text(std::string_view text);
      void resize(int const w, int const h);        .
      void show();
      void hide();
    };
    ```

4. pimpl 클래스 정의를 public 클래스의 소스 파일에 넣는다. pimpl 클래스는
public 클래스의 공개 인터페이스를 반영한다.

```cpp
// control.cpp
class control_pimpl
{
  std::string text;
  int width = 0;
  int height = 0;
  bool visible = true;

  void draw()
  {
    std::cout
      << "control " << std::endl
      << " visible: " << std::boolalpha << visible
      << std::noboolalpha << std::endl
      << " size: " << width << ", " << height << std::endl
      << " text: " << text << std::endl;
  }

public:
  void set_text(std::string_view t)
  {
    text = t.data();
    draw();
  }

  void resize(int const w, int const h)
  {
    width = w;
    height = h;
    draw();
  }

  void show()
  {
    visible = true;
```

```
      draw( );
    }

    void hide( )
    {
      visible = false;
      draw( );
    }
};
```

5. pimpl 클래스는 public 클래스의 생성자에서 인스턴스화된다.

```
control::control( ) :
  pimpl(new control_pimpl( ),
        [](control_pimpl* pimpl) {delete pimpl; })
{}
```

6. public 클래스 멤버 함수는 pimpl 클래스의 해당 멤버 함수를 호출한다.

```
void control::set_text(std::string_view text)
{
  pimpl->set_text(text);
}

void control::resize(int const w, int const h)
{
  pimpl->resize(w, h);
}

void control::show( )
{
  pimpl->show( );
}

void control::hide( )
{
```

```
    pimpl->hide();
}
```

핌플 관용어를 사용하면 클래스가 속한 라이브러리 또는 모듈의 클라이언트에서 클래스의 내부 구현을 숨길 수 있다. 이는 다음과 같은 여러 가지 이점을 제공한다.

- 클라이언트가 볼 수 있는 깨끗한 클래스 인터페이스
- 내부 구현의 변경 사항은 공개 인터페이스에 영향을 미치지 않으므로 공개 인터페이스가 변경되지 않은 상태에서 최신 버전의 라이브러리에 대한 바이너리 역호환성을 가능하게 한다.
- 이 관용어를 사용하는 클래스의 클라이언트는 내부 구현 변경이 발생할 때 다시 컴파일할 필요가 없다. 이것은 빌드 시간을 줄여준다.
- 헤더 파일에는 비공개 구현에 사용되는 타입과 함수에 대한 헤더가 포함될 필요가 없다. 이것은 빌드 시간을 더 줄여준다.

위에서 언급한 이점은 공짜로 제공되지 않는다. 몇 가지 단점도 존재한다.

- 더 많은 코드를 작성하고 유지해야 한다.
- 간접적인 수준이 있고 모든 구현의 세부 사항을 다른 파일에서 찾아야 하기 때문에 코드를 쉽게 읽을 수 없다. 이번 레시피에서는 pimpl 클래스 정의가 public 클래스의 소스 파일에 제공됐지만 실제로는 별도의 파일에 있을 수 있다.
- public 클래스에서 pimpl 클래스로의 간접적인 수준 때문에 약간의 런타임 오버헤드가 있을 수 있다. 실제로는 그다지 중요하지 않다.
- 이 접근 방법은 파생 클래스에서 사용할 수 있어야 하므로 보호된[protected] 멤버에서 동작하지 않는다.

- 이 접근 방식은 기본 클래스의 함수를 재정의하거나 파생 클래스에서 재정의할 수 있어야 하므로 클래스에 표시해야 하는 비공개 가상 함수에서 동작하지 않는다.

 일반적으로 핌플 관용어를 구현할 때는 가상 객체를 제외한 모든 비공개 멤버 데이터와 함수를 pimpl 클래스에 넣고, 보호된 데이터 멤버, 함수와 모든 비공개 가상 함수를 공개 클래스에 남겨둔다.

이 레시피의 예제에서 control_pimpl 클래스는 기본적으로 원본 컨트롤 클래스와 동일하다. 실제로 클래스가 크고 가상 함수와 보호된 멤버, 함수와 데이터를 모두 가지고 있는 경우 pimpl 클래스는 핌플되지 않는다면 클래스와 동일하지 않다. 또한 실제로 pimpl 클래스는 pimpl 클래스로 이동하지 않은 멤버를 호출하기 위해 공개 클래스의 포인터를 요구할 수 있다.

리팩토링된 control 클래스의 구현과 관련해 control_pimpl 객체의 포인터는 unique_ptr에 의해 관리된다. 이 포인터의 선언에서 사용자 정의 삭제자를 사용했다.

```
std::unique_ptr<control_pimpl, void(*)(control_pimpl*)> pimpl;
```

그 이유는 control_pimpl 타입이 여전히 불완전한(즉 헤더에 있는) 지점에서 컨트롤 클래스가 컴파일러에 의해 암시적으로 정의된 소멸자를 갖고 있기 때문이다. 이로 인해 불완전한 타입을 삭제할 수 없는 unique_ptr에 오류가 발생한다. 문제는 두 가지 방법으로 해결할 수 있다.

- control_pimpl 클래스의 전체 정의를 사용할 수 있게 된 후에 명시적으로 구현된(default로 선언된 경우도) 컨트롤 클래스에 대한 사용자 정의 소멸자를 제공한다.
- 이 예제에서와 같이 unique_ptr에 대한 사용자 정의 삭제자를 제공한다.

원본 control 클래스는 복사 가능하고 이동 가능하다.

```
control c;
c.resize(100, 20);
c.set_text("sample");
c.hide();

control c2 = c; // 복사
c2.show();

control c3 = std::move(c2); // 이동
c3.hide();
```

리팩토링된 control 클래스는 이동만 가능하고 복사할 수 없다. 복사와 이동이 모두 가능하게 만들기 위해 복사 생성자, 복사 할당 연산자와 이동 생성자, 이동 할당 연산자를 모두 제공해야 한다. 후자의 경우 디폴트로 지정할 수 있지만, 전자는 원본 객체로부터 새로운 control_pimpl 객체를 생성해 명시적으로 구현돼야 한다. 다음 코드는 복사와 이동이 모두 가능한 control 클래스의 구현을 보여준다.

```
class control_copyable
{
  std::unique_ptr<control_pimpl, void(*)(control_pimpl*)> pimpl;
public:
  control_copyable();
  control_copyable(control_copyable && op) noexcept;
  control_copyable& operator=(control_copyable && op) noexcept;
  control_copyable(const control_copyable& op);
  control_copyable& operator=(const control_copyable& op);

  void set_text(std::string_view text);
  void resize(int const w, int const h);
  void show();
```

```
  void hide();
};

control_copyable::control_copyable() :
  pimpl(new control_pimpl(),
        [](control_pimpl* pimpl) {delete pimpl; })
{}

control_copyable::control_copyable(control_copyable &&)
  noexcept = default;
control_copyable& control_copyable::operator=(control_copyable &&)
  noexcept = default;

control_copyable::control_copyable(const control_copyable& op)
  : pimpl(new control_pimpl(*op.pimpl),
          [](control_pimpl* pimpl) {delete pimpl; })
{}

control_copyable& control_copyable::operator=(
  const control_copyable& op)
{
  if (this != &op)
  {
    pimpl = std::unique_ptr<control_pimpl,void(*)(control_pimpl*)>(
      new control_pimpl(*op.pimpl),
      [](control_pimpl* pimpl) {delete pimpl; });
  }
  return *this;
}

// 다른 멤버 함수들
```

참고 사항

- 9장의 'unique_ptr을 사용해 메모리 자원을 고유하게 소유' 레시피

C++는 위치 매개변수만 지원한다. 즉, 인수는 매개변수의 위치를 기반으로 함수에 전달된다. 다른 언어에서도 명명된 매개변수를 지원한다. 즉, 호출할 때 매개변수 이름을 지정하고 인수를 호출한다. 이것은 디폴트 값을 가진 매개변수에서 특히 유용하다. 함수는 디폴트 값이 아닌 매개변수 다음에 나타나지만, 매개변수에는 디폴트 값이 있을 수 있다. 그러나 일부 디폴트 매개변수에 대해서만 값을 제공하려는 경우, 함수 매개변수 목록에서 앞에 있는 인수에 값을 제공하지 않으면 수행할 방법이 없다. 명명된 매개변수 관용어named parameter idiom라는 기술은 명명된 매개변수를 에뮬레이션하는 방법을 제공한다. 이번 레시피에서는 이 기술을 살펴본다.

준비

control 클래스는 버튼이나 입력과 같은 시각적 컨트롤을 나타내며 숫자 식별자, 텍스트, 크기, 가시성 같은 속성을 포함한다. 이들은 생성자에게 공급되며 ID를 제외한 다른 모든 속성들은 디폴트 값을 가진다. 실제로 이런 클래스에는 텍스트 브러시, 배경 브러시, 테두리 스타일, 글꼴 크기, 글꼴 패밀리 외에도 많은 속성이 있다. 명명된 매개변수 관용어를 설명하기 위해 다음 예제 코드에서 보여주는 control 클래스를 사용한다.

```cpp
class control
{
  int id_;
  std::string text_;
  int width_;
  int height_;
  bool visible_;
public:
  control(
    int const id,
    std::string_view text = "",
```

```
  int const width = 0,
  int const height = 0,
  bool const visible = false):
  id_(id), text_(text),
  width_(width), height_(height),
  visible_(visible)
{}
};
```

예제 구현

함수(일반적으로 많은 디폴트 매개변수를 가짐)에 대해 명명된 매개변수 관용어를 구현하려면 다음을 수행한다.

1. 함수의 매개변수를 래핑하는 클래스를 생성한다.

```
class control_properties
{
  int id_;
  std::string text_;
  int width_;
  int height_;
  bool visible_;
};
```

2. 이들 속성에 접근해야 하는 클래스 또는 함수는 게터getter 작성을 피하기 위해 friend로 선언돼야 한다.

```
friend class control;
```

3. 디폴트 값이 없는 원본 함수의 모든 위치 매개변수는 클래스 생성자에서 디폴트 값이 없는 위치 매개변수가 돼야 한다.

```
public:
  control_properties(int const id) :id_(id)
  {}
```

4. 디폴트 값을 가진 원본 함수의 모든 위치 매개변수에 대해 내부적으로 값을 설정
   하고 클래스에 대한 참조를 반환하는 함수(동일한 이름)가 있어야 한다.

```
public:
  control_properties& text(std::string_view t)
  { text_ = t.data(); return *this; }

  control_properties& width(int const w)
  { width_ = w; return *this; }

  control_properties& height(int const h)
  { height_ = h; return *this; }

  control_properties& visible(bool const v)
  { visible_ = v; return *this; }
```

5. 속성 값을 읽을 새 클래스의 인수를 취하려면 원본 함수를 수정하거나 오버로드
   를 제공해야 한다.

```
control(control_properties const & cp):
  id_(cp.id_),
  text_(cp.text_),
  width_(cp.width_),
  height_(cp.height_),
  visible_(cp.visible_)
{}
```

이를 모두 합치면 결과는 다음과 같다.

```cpp
class control;

class control_properties
{
  int id_;
  std::string text_;
  int width_ = 0;
  int height_ = 0;
  bool visible_ = false;

  friend class control;
public:
  control_properties(int const id) :id_(id)
  {}

  control_properties& text(std::string_view t)
  { text_ = t.data(); return *this; }

  control_properties& width(int const w)
  { width_ = w; return *this; }

  control_properties& height(int const h)
  { height_ = h; return *this; }

  control_properties& visible(bool const v)
  { visible_ = v; return *this; }
};

class control
{
  int id_;
  std::string text_;
  int width_;
  int height_;
  bool visible_;
public:
  control(control_properties const & cp):
    id_(cp.id_),
```

```
    text_(cp.text_),
    width_(cp.width_),
    height_(cp.height_),
    visible_(cp.visible_)
  {}
};
```

예제 분석

초기 control 클래스는 많은 매개변수를 가진 여러 생성자를 가진다. 실제 코드에서는 이와 같은 예제에서 매개변수의 수가 훨씬 많은 것을 알 수 있다. 자주 볼 수 있는 가능한 솔루션은 단일 정수 인수로 함께 전달할 수 있는 공통의 부울 타입 속성을 비트 플래그로 그룹화하는 것이다(예로 경계선이 표시되도록 위치를 정의하는 경계선 스타일(top, bottom, left, right), 또는 이들의 조합). 초기 구현으로 컨트롤 객체를 생성하는 것은 다음과 같이 수행된다.

```
control c(1044, "sample", 100, 20, true);
```

명명된 매개변수 관용어에서는 고정된 위치 순서보다 훨씬 직관적인 이름을 사용해 임의의 순서로 원하는 매개변수에만 값을 지정할 수 있다는 이점이 있다.

관용어를 구현하는 단일 전략은 아니지만, 이 레시피의 예제는 다소 전형적인 것이다. 생성자의 매개변수로 제공되는 control 클래스의 속성은 control_properties라는 별개의 클래스에 들어있으며, control 클래스를 친구[friend] 클래스로 선언해 게터를 제공하지 않고 해당 비공개 데이터 멤버에 접근할 수 있도록 한다. 이것은 control 클래스 외부에서 control_properties의 사용을 제한하는 부작용이 있다. control 생성자의 비선택적인 매개변수 역시 control_properties 생성자의 비선택적인 매개변수다. 디폴트 값을 갖는 다른 모든 매개변수의 경우, control_properties 클래스는 데이터 멤버를 제공된 인수로 설정한 후 control_properties의 참조를 반환하는 해당 이름의 함수를 정의한다. 이렇게 하면 클라이언트가 임의의 순서로 이들 함수 호출을 연결할 수 있다.

control 클래스의 생성자는 control_properties 객체에 대한 상수 참조인 단일 매개변수를 갖는 새로운 클래스로 대체됐다. 이때 데이터 멤버는 control의 데이터 멤버에 복사된다. 이런 방식으로 구현된 명명된 매개변수 관용어로 control 객체를 생성하는 작업은 다음 예제 코드와 같이 수행된다.

```
control c(control_properties(1044)
  .visible(true)
  .height(20)
  .width(100));
```

참고 사항

- 비가상 인터페이스 관용어를 사용해 구현과 인터페이스 분리
- 변호사—의뢰인 관용어 프렌드십 처리

비가상 인터페이스 관용어를 사용해 구현과 인터페이스 분리

가상 함수는 파생 클래스가 기본 클래스에서 구현을 수정할 수 있도록 해서 클래스에 대한 사용자 지정 지점을 제공한다. 파생 클래스 객체가 포인터 또는 기본 클래스의 참조를 통해 처리되면 재정의된 가상 함수의 호출이 끝나고 파생 클래스에서 재정의된 구현을 호출한다. 한편 사용자 정의는 구현의 세부 사항이며, 좋은 디자인은 인터페이스를 구현에서 분리한다. 「C/C++ Users Journal」의 가상화에 대한 논문에서 허브 서터Herb Sutter가 제안한 '비가상 인터페이스non-virtual interface 관용어(NVI 관용어)'는 비가상 및 가상 함수 인터페이스를 비공개로 설정해 인터페이스를 구현의 관심사에서 분리시킨다. 공용 가상 인터페이스는 클래스가 인터페이스에서 사전 및 사후 조건을 적용하지 못하게 한다. 기본 클래스의 인스턴스를 예상하는 사용자는 파생 클래스에서 재정의될 수 있으므로 공개 가상 메

소드의 예상되는 동작이 전달된다는 보장이 없다. 이 관용어는 약속된 인터페이스 계약을 시행하는 데 도움이 된다.

준비

가상 함수 정의와 재정의, 추상 클래스와 순수 지정자^{pure specifier} 같은 가상 함수와 관련된 내용에 익숙해야 한다.

예제 구현

이 관용어를 구현하려면 허브 서터가 2001년 9월 「C/C++ Users Journal」 19(9)에서 공식화한 몇 가지 간단한 디자인 가이드를 따라야 한다.

1. (공개) 인터페이스를 비가상으로 만든다.
2. 가상 함수를 비공개로 만든다.
3. 파생 클래스에서 기본 구현을 호출해야 하는 경우에만 가상 함수를 보호^{protected}로 만든다.
4. 기본 클래스 소멸자를 공개와 가상 또는 보호와 비가상으로 만든다.

다음의 간단한 컨트롤 계층 구조 예제는 이 네 가지 가이드를 모두 준수한다.

```cpp
class control
{
private:
  virtual void paint( ) = 0;
protected:
  virtual void erase_background( )
  {
    std::cout << "erasing control background..." << std::endl;
  }
public:
```

```cpp
  void draw()
  {
    erase_background();
    paint();
  }

  virtual ~control() {}
};

class button : public control
{
private:
  virtual void paint() override
  {
    std::cout << "painting button..." << std::endl;
  }
protected:
  virtual void erase_background() override
  {
    control::erase_background();
    std::cout << "erasing button background..." << std::endl;
  }
};

class checkbox : public button
{
private:
  virtual void paint() override
  {
    std::cout << "painting checkbox..." << std::endl;
  }
protected:
  virtual void erase_background() override
  {
    button::erase_background();
    std::cout << "erasing checkbox background..." << std::endl;
  }
};
```

NVI 관용어는 템플릿 메소드$^{template\ method}$ 디자인 패턴을 사용해 파생 클래스가 기본 클래스 기능(즉, 알고리즘)의 부분(즉, 단계)을 사용자 정의할 수 있도록 한다. 이것은 전체 알고리즘을 작은 부분으로 나눠 수행하며, 각각은 가상 함수로 구현된다. 기본 클래스는 디폴트 구현을 제공하거나 제공하지 않을 수 있으며, 파생 클래스는 알고리즘의 전체 구조와 의미를 유지하면서 기본 클래스를 재정의할 수 있다.

NVI 관용어의 핵심 원칙은 가상 함수가 공개여서는 안 된다는 것이다. 기본 클래스 구현을 파생 클래스에서 호출할 수 있는 경우에는 비공개 또는 보호 중 하나여야 한다. 클래스의 인터페이스, 클라이언트가 접근할 수 있는 공개 부분은 독점적으로 비가상 함수로 구성된다. 이는 다음과 같은 몇 가지 이점을 제공한다.

- 인터페이스를 더 이상 클라이언트에 노출되지 않는 구현의 세부 사항에서 분리시킨다.
- 공개 인터페이스를 변경하지 않고 클라이언트 코드도 변경하지 않으면서 구현의 세부 사항을 변경할 수 있으므로 기본 클래스를 더욱 견고하게 만든다.
- 클래스로 인터페이스를 단독으로 제어할 수 있다. 공개 인터페이스에 가상 메소드가 포함돼 있으면 파생 클래스가 약속된 기능을 변경할 수 있으므로 클래스에서 해당 전제 조건 및 사후 조건을 보장할 수 없다. 소멸자를 제외한 모든 가상 메소드가 클라이언트에 접근할 수 없으면 클래스는 인터페이스에서 사전 및 사후 조건을 시행할 수 있다.

> ⓘ 이 관용어에는 클래스의 소멸자에 대한 특별한 언급이 필요하다. 객체가 다형적으로(포인터 또는 기본 클래스의 참조를 통해) 삭제될 수 있도록 기본 클래스 소멸자가 가상이어야 한다. 소멸자가 가상이 아닌 경우 객체를 다형적으로 파괴하면 정의되지 않은 동작이 발생한다. 그러나 모든 기본 클래스가 다형적으로 삭제되지는 않는다. 이런 특별한 경우에 기본 클래스 소멸자는 가상이 아니어야 한다. 하지만 또한 공개가 아닌 보호된 것이어야 한다.

이전 절의 예제는 시각적 컨트롤을 나타내는 클래스의 계층 구조를 정의한다.

- control은 기본 클래스다. button과 버튼 타입인 checkbox 같은 파생 클래스가 있으며 이 클래스에서 파생된다.
- control 클래스에 정의된 유일한 기능은 컨트롤 그리기다. draw( ) 메소드는 비가상이지만, 컨트롤 그리기의 두 단계를 구현하기 위해 두 개의 가상 메소드 erase_background( )와 paint( )를 호출한다.
- erase_background( )는 파생 클래스가 자체 구현에서 이를 호출해야 하기 때문에 보호된 가상 메소드다.
- paint( )는 순수 가상 메소드다. 파생 클래스는 이를 구현해야 하지만 기본 구현을 호출하지 않아야 한다.
- 객체가 다형적으로 삭제될 것으로 기대되기 때문에 클래스 컨트롤의 소멸자는 공개와 가상이다.

이런 클래스를 사용하는 예제는 다음과 같다. 이런 클래스의 인스턴스는 기본 클래스의 스마트 포인터로 관리된다.

```
std::vector<std::shared_ptr<control>> controls;

controls.push_back(std::make_shared<button>());
controls.push_back(std::make_shared<checkbox>());

for (auto& c : controls)
```

```
  c->draw( );
```

이 프로그램의 출력은 다음과 같다.

```
erasing control background...
erasing button background...
painting button...
erasing control background...
erasing button background...
erasing checkbox background...
painting checkbox...
destroying button...
destroying control...
destroying checkbox...
destroying button...
destroying control...
```

NVI 관용어는 공개 함수가 실제 구현을 수행하는 비공개 가상 함수를 호출할 때 간접적인 수준을 도입한다. 앞의 예제에서 draw( ) 메소드는 여러 다른 함수를 호출했지만, 대부분의 경우는 한 번만 호출한다.

```
class control
{
protected:
  virtual void initialize_impl( )
  {
    std::cout << "initializing control..." << std::endl;
  }
public:
  void initialize( )
  {
    initialize_impl( );
  }
};
```

```
class button : public control
{
protected:
  virtual void initialize_impl()
  {
    control::initialize_impl();
    std::cout << "initializing button..." << std::endl;
  }
};
```

이 예제에서 클래스 컨트롤에는 각각의 파생 클래스에서 다르게 구현되는 initialize_
impl()이라는 비공개 가상 메소드 하나를 호출하는 initialize()라는 추가 메소드가 있
다(클래스의 이전 내용은 단순화를 위해 보여주지 않음). 이와 같은 간단한 함수는 컴파일러에 의
해 인라인될 수 있기 때문에 오버헤드가 발생하지 않는다.

참고 사항

- 1장의 '가상 메소드에 override와 final 사용하기' 레시피

변호사—의뢰인 관용어 프렌드십 처리

함수와 클래스에서 친구^{friend} 선언으로 클래스의 비공개 부분에 접근할 수 있도록 허용하
는 것은, 프렌드십^{friendship}이 캡슐화를 깨뜨리고 클래스와 함수를 결합하기 때문에 일반
적으로 잘못된 디자인으로 간주돼왔다. 클래스든 함수든 상관없이 클래스의 일부만 접근
히먼 됨에도 불구하고 친구는 글래스의 모든 비공개 부분에 접근할 수 있다. 변호사—의
뢰인 관용어는 친구 접근을 클래스의 지정된 비공개 부분으로만 제한하는 간단한 메커니
즘을 제공한다.

프렌드십이 어떻게 선언되고 동작하는지 잘 알고 있어야 한다.

이 관용어를 구현하는 방법을 설명하기 위해 다음과 같은 클래스를 고려한다. Client는 비공개 멤버 데이터와 함수를 가진다(여기서 공개 인터페이스는 중요하지 않다). Friend는 data1과 action1( )처럼 비공개 세부 사항의 일부만 접근할 수 있는 것으로 간주되지만, 모든 것에 접근할 수 있다.

```cpp
class Client
{
  int data_1;
  int data_2;

  void action1() {}
  void action2() {}

  friend class Friend;
public:
  // 공개 인터페이스
};

class Friend
{
public:
  void access_client_data(Client& c)
  {
    c.action1();
    c.action2();
    auto d1 = c.data_1;
    auto d2 = c.data_1;
  }
};
```

클래스의 비공개 부분에 대한 친구의 접근을 제한하려면 다음 단계를 수행한다.

1. 비공개 부분의 접근을 친구에 제공하는 클라이언트 클래스에서 Attorney 클래스라는 중간 클래스에 프렌드십을 선언한다.

```cpp
class Client
{
  int data_1;
  int data_2;

  void action1() {}
  void action2() {}

  friend class Attorney;
public:
  // 공개 인터페이스
};
```

2. 클라이언트의 비공개 부분에 접근하는 비공개 (인라인) 함수만 포함하는 클래스를 생성한다. 이 중간 클래스는 실제 친구가 비공개 부분에 접근할 수 있게 한다.

```cpp
class Attorney
{
  static inline void run_action1(Client& c)
  {
    c.action1();
  }

  static inline int get_data1(Client& c)
  {
    return c.data_1;
  }
  friend class Friend;
```

```
};
```

3. Friend 클래스에서는 Attorney 클래스를 통해 간접적으로 Client 클래스의 비 공개 부분에 접근한다.

```
class Friend
{
public:
  void access_client_data(Client& c)
  {
    Attorney::run_action1(c);
    auto d1 = Attorney::get_data1(c);
  }
};
```

예제 분석

변호사 – 의뢰인 관용어는 중개인인 변호사를 도입해 의뢰인의 비공개 부분에 대한 접근을 제한하는 간단한 메커니즘을 제시한다. 내부 상태를 사용하는 클래스에 직접 프렌드십을 제공하는 대신 의뢰인 클래스는 변호사에게 프렌드십을 제공하고, 변호사는 의뢰인의 제한된 비공개 데이터 또는 함수의 집합에 대한 접근을 제공한다. 이것은 비공개 정적 함수를 정의함으로써 수행된다. 일반적으로 이들은 또한 인라인 함수이기 때문에 변호사 클래스에서 간접적인 수준으로 인해 런타임 오버헤드를 피할 수 있다. 의뢰인의 친구는 실제로 변호사의 비공개 부분을 사용해 비공개 부분에 접근할 수 있다. 이 관용어는 변호사–의뢰인 관계가 동작하는 방식과 유사하기 때문에 '변호사–의뢰인attorney-client'으로 불린다. 변호사는 클라이언트의 모든 비밀을 알고 있으나 그중 일부만 다른 당사자에게 노출시킨다.

실제로 다른 친구 클래스 또는 함수가 다른 비공개 부분에 접근해야 하는 경우, 하나의 의뢰인 클래스에 대해 둘 이상의 변호사 클래스를 생성해야 할 수도 있다.

반면 프렌드십은 상속받을 수 없기 때문에 클래스 B의 친구인 클래스 또는 함수는 클래스 B에서 파생된 클래스 D의 친구가 아니다. 그러나 D에서 재정의된 가상 함수는 친구 클래스의 B에 대한 포인터 또는 참조를 통해 다형적으로 접근할 수 있다. 이에 대한 예는 다음과 같다. F에서 run( ) 메소드를 호출하면 base와 derived를 출력한다.

```cpp
class B
{
  virtual void execute() { std::cout << "base" << std::endl; }
  friend class BAttorney;
};

class D : public B
{
  virtual void execute() override
  { std::cout << "derived" << std::endl; }
};

class BAttorney
{
  static inline void execute(B& b)
  {
    b.execute();
  }
  friend class F;
};

class F
{
public:
  void run()
  {
    B b;
    BAttorney::execute(b); // 'base' 출력

    D d;
    BAttorney::execute(d); // 'derived' 출력
```

```
    }
};

F f;
f.run( );
```

디자인 패턴을 사용할 때는 항상 트레이드오프가 발생한다. 여기서도 예외는 아니다. 이
패턴을 사용하면 개발, 테스트, 유지 관리에 너무 많은 오버헤드가 발생할 수 있다. 그러
나 이 패턴은 확장 가능한 프레임워크와 같은 일부 유형의 애플리케이션에서는 매우 유
용할 수 있다.

- 핌플 관용어 구현

회귀 템플릿 패턴을 사용한 정적 다형성

다형성polymorphism은 동일한 인터페이스에 대해 여러 양식을 가질 수 있는 기능이다. 가상
함수를 사용하면 파생 클래스가 기본 클래스의 구현을 재정의할 수 있다. 클래스 계층 구
조에서 특정 가상 함수를 호출하는 결정은 런타임에서 발생하기 때문에 런타임 다형성
runtime polymorphism이라 불리는 다형성의 가장 공통적인 요소를 나타낸다. 또한 함수 호출
사이의 바인딩과 프로그램 실행 중 함수의 호출이 늦게 발생하기 때문에 늦은 바인딩late
binding이라고도 불린다. 이와 반대되는 것은 함수와 연산자 오버로딩을 통해 컴파일 타임
에 발생하기 때문에 초기 바인딩early binding, 정적 다형성static polymorphism, 또는 컴파일 타임
다형성compile time polymorphism으로 불린다. 반면 CRTPCuriously Recurring Template Pattern라는 기술

은 기본 클래스에서 파생된 매개변수를 기반으로 클래스를 파생해 컴파일 시 가상 함수 기반 런타임 다형성을 시뮬레이션할 수 있게 한다. 이 기술은 마이크로소프트의 ATL^Active Template Library과 WTL^Windows Template Library을 비롯한 많은 라이브러리에서 광범위하게 사용되고 있다.

CRTP의 동작 방식을 보여주기 위해 '비가상 인터페이스 관용어를 사용해 구현과 인터페이스 분리' 레시피에서 구현된 컨트롤 클래스의 계층 구조를 예로 들어 다시 살펴본다. 컨트롤 그리기, 즉 (예제에서는) 배경을 지우고 컨트롤을 그리는 두 단계로 작업이 수행되는 기능을 가진 컨트롤 클래스 집합을 정의한다.

정적 다형성을 달성하기 위해 CRTP를 구현하려면 다음을 수행한다.

1. 컴파일 타임에 다형성으로 처리해야 하는 클래스의 기본 클래스를 나타내는 클래스 템플릿을 제공한다. 다형성 함수는 이 클래스에서 호출된다.

```
template <class T>
class control
{
public:
  void draw()
  {
    static_cast<T*>(this)->erase_background();
    static_cast<T*>(this)->paint();
  }
};
```

2. 파생 클래스는 클래스 템플릿을 기본 클래스로 사용한다. 파생 클래스는 기본 클래스의 템플릿 인수이기도 하다. 파생 클래스는 기본 클래스에서 호출되는 함수를 구현한다.

```cpp
class button : public control<button>
{
public:
  void erase_background()
  {
    std::cout << "erasing button background..." << std::endl;
  }

  void paint()
  {
    std::cout << "painting button..." << std::endl;
  }
};

class checkbox : public control<checkbox>
{
public:
  void erase_background()
  {
    std::cout << "erasing checkbox background..."
              << std::endl;
  }

  void paint()
  {
    std::cout << "painting checkbox..." << std::endl;
  }
};
```

3. 함수 템플릿은 기본 클래스 템플릿의 포인터 또는 참조를 통해 파생 클래스를 다형적으로 처리할 수 있다.

```
template <class T>
void draw_control(control<T>& c)
{
  c.draw();
}

button b;
draw_control(b);

checkbox c;
draw_control(c);
```

예제 분석

가상 함수는 특히 작고 루프에서 여러 번 호출될 때 성능 문제를 발생시킬 수 있다. 현대의 하드웨어는 이런 상황 대부분을 무의미하게 만들었지만, 성능이 핵심이며 약간의 성능 향상도 중요한 범주의 애플리케이션이 여전히 존재한다. CRTP는 메타프로그래밍을 사용해 컴파일 타임에 가상 호출을 시뮬레이션할 수 있게 해서 결국 함수 오버로드로 변환된다.

이 패턴은 언뜻 보면 이상하게 보일 수 있지만 완벽하게 합법적이다. 아이디어는 템플릿 클래스인 기본 클래스에서 클래스를 파생시키고, 기본 클래스의 타입 템플릿 매개변수에 대해 파생 클래스 자체를 전달하는 것이다. 그런 다음 기본 클래스는 파생 클래스 함수를 호출한다. 이 예제에서 control<button>::draw( )는 button 클래스가 컴파일러에 알려지기 전에 선언된다. 그러나 control 클래스는 클래스 템플릿이므로 컴파일러에서 이 클래스를 사용하는 코드를 발견한 경우에만 인스턴스화된다. 이 예제에서 button 클래스는 이미 정의됐고 컴파일러가 알기 때문에 button::erase_background( )와 button::paint( )를 호출할 수 있다.

파생 클래스에서 함수를 호출하려면 먼저 파생 클래스의 포인터를 구해야 한다. 이는 static_cast<T*>(this)->erase_background( )에서 볼 수 있듯이 static_cast 변환으로 수행된다. 이 작업을 여러 번 수행해야 하는 경우, 이를 수행하는 비공개 함수를 제공해 코드를 단순화할 수 있다.

```cpp
template <class T>
class control
{
  T* derived() { return static_cast<T*>(this); }
public:
  void draw()
  {
    derived()->erase_background();
    derived()->paint();
  }
};
```

CRTP를 사용할 때 주의해야 할 몇 가지 함정이 있다.

- 기본 클래스 템플릿에서 호출된 파생 클래스의 모든 함수는 공개여야 한다. 그렇지 않으면, 기본 클래스 특수화를 파생 클래스의 친구로 선언해야 한다.

```cpp
class button : public control<button>
{
private:
  friend class control<button>;
  void erase_background()
  {
    std::cout << "erasing button background..." << std::endl;
  }

  void paint()
  {
    std::cout << "painting button..." << std::endl;
  }
};
```

- vector 또는 list 같은 단일^{homogeneous} 컨테이너는 각 기본 클래스가 고유한 타입(control<button>과 control<checkbox> 같은)이기 때문에 저장할 수 없다. 필요한 경우, 회피 방법^{workaround}을 사용해 이를 구현해야 한다. 이에 대해서는 다음 절에서 알아본다.
- 이 기술을 사용하면 템플릿이 인스턴스화되는 방식 때문에 프로그램의 크기가 커질 수 있다.

부연 설명

CRTP를 구현하는 타입의 객체를 컨테이너에 단일하게 저장해야 하는 경우 추가 관용어를 사용해야 한다. 기본 클래스 템플릿은 순수 가상 함수(그리고 가상 공용 소멸자)를 가진 다른 클래스에서 파생돼야 한다. control 클래스에서 이를 예시하기 위해 다음과 같은 변경이 필요하다.

```
class controlbase
{
public:
  virtual void draw() = 0;
  virtual ~controlbase() {}
};

template <class T>
class control : public controlbase
{
public:
  virtual void draw() override
  {
    static_cast<T*>(this)->erase_background();
    static_cast<T*>(this)->paint();
  }
};
```

파생 클래스에는 button과 checkbox 같은 변경이 필요하지 않다. 이어서 다음과 같이 std
::vector와 같은 컨테이너에 추상 클래스의 포인터를 저장할 수 있다.

```
void draw_controls(std::vector<std::shared_ptr<controlbase>>& v)
{
  for (auto & c : v)
  {
    c->draw();
  }
}

std::vector<std::shared_ptr<controlbase>> v;
v.emplace_back(std::make_shared<button>());
v.emplace_back(std::make_shared<checkbox>());

draw_controls(v);
```

참고 사항

- 핌플 관용어 구현
- 비가상 인터페이스 관용어를 사용해 구현과 인터페이스 분리

스레드 안전한 싱글톤 구현

싱글톤singleton은 가장 잘 알려진 디자인 패턴 중 하나다. 싱글톤은 필요시 클래스의 단일
객체의 인스턴스화를 제한한다. 하지만 많은 경우 싱글톤의 사용은 안티 패턴anti-pattern으
로 간주되며, 다른 디자인 패턴을 사용하면 이의 사용을 회피할 수 있다. 싱글톤은 클래
스의 단일 인스턴스가 전체 프로그램에서 사용 가능한 것을 의미하기 때문에 이런 고유한
인스턴스는 다른 스레드에서 접근할 수 있다. 따라서 싱글톤을 구현할 때 스레드 안전하
게 만들어야 한다. C++11 이전에는 이런 작업이 쉽지 않았고 이중 확인 잠금double-checked

locking 기술이 전형적인 접근 방식이었다. 그러나 스캇 마이어스Scott Meyers와 안드레이 알렉산드레스Andrei Alexandrescu는 'C++와 이중 확인 잠금의 위험성C++ and the Perils of Double-Checked Locking'이라는 논문에서 이 패턴의 사용이 포터블 C++에서 스레드 안전한 싱글톤 구현을 보장하지 않는다고 밝혔다. 다행히 이는 C++11에서 변경됐다. 이번 레시피에서는 최신 C++에서 이를 작성하는 방법을 알아본다.

준비

이번 레시피를 위해 정적 저장 기간, 내부 연결, 삭제된 함수와 디폴트 함수가 동작하는 방식에 대해 알고 있어야 한다. 또한 이전 레시피인 '회귀 템플릿 패턴을 사용한 정적 다형성'을 먼저 읽는 것이 좋다. 이번 레시피의 뒤에서 이를 사용한다.

예제 구현

스레드 안전한 싱글톤을 구현하려면 다음을 수행한다.

1. 싱글톤 클래스를 정의한다.

```
class Singleton
{
};
```

2. 디폴트 생성자를 비공개로 설정한다.

```
private:
  Singleton() {}
```

3. 복사 생성자와 복사 할당 연산자를 public과 delete로 만든다.

```
public:
```

```
Singleton(Singleton const &) = delete;
Singleton& operator=(Singleton const&) = delete;
```

4. 단일 인스턴스를 생성하고 반환하는 함수는 정적이며 클래스 타입의 참조를 반환해야 한다. 또한 클래스 타입의 정적 객체를 선언하고 이에 대한 참조를 반환해야 한다.

```
public:
  static Singleton& instance()
  {
    static Singleton single;
    return single;
  }
```

예제 분석

싱글톤 객체를 사용자가 직접 생성할 수 없어야 하므로 모든 생성자는 비공개 또는 공개며 deleted여야 한다. 디폴트 생성자는 비공개며 클래스 코드에 클래스의 인스턴스가 실제로 생성돼야 하므로 deleted면 안 된다. 이번 예제에서 instance()라는 정적 함수는 클래스의 단일 인스턴스를 반환한다.

 대부분의 구현은 포인터를 반환하지만, 실제로 이 함수가 null 포인터(객체 없음)를 반환할 상황은 없으므로 참조를 반환하는 것이 더 합리적이다.

이중 확인 잠금 패턴DCLP, Double-Checked Locking Pattern에 익숙하다면, instance() 메소드의 구현은 단순하며 스레드 안전하지 않게 보일 것이다. 이는 정적 저장 기간을 가진 객체가 초기화되는 방법의 세부 사항 때문에 C++11에서는 더 이상 필요하지 않게 됐다. 여러 스레드가 동일한 정적 객체를 동시에 초기화하려고 시도하더라도 초기화는 한 번만 발생한다.

컴파일러가 결과를 보장하기 위해 다른 기술을 사용할 수 있음에도 불구하고 DCLP의 책임은 사용자에서 컴파일러로 옮겨졌다.

C++ 표준 6.7.4절의 다음 인용문은 정적 객체 초기화에 대한 규칙을 정의한다(강조 표시는 동시 초기화와 관련된 부분이다.).

> 정적 저장 기간(3.7.1절) 또는 스레드 저장 기간(3.7.2절)을 갖는 모든 블록 범위의 제로-초기화(zero-initialization)(8.5절)는 다른 초기화가 수행되기 전에 수행된다. 가능한 경우, 정적 저장 기간을 가진 블록 범위 엔터티의 상수 초기화(3.6.2절)는 블록이 처음 입력되기 전에 수행된다. 구현 시 네임스페이스 범위(3.6.2절)에서 정적 또는 스레드 저장 기간을 사용해 변수를 정적으로 초기화할 수 있는 것과 동일한 조건에서 정적 또는 스레드 저장 기간을 사용해 다른 블록 범위 변수를 조기에 초기화할 수 있다. 그렇지 않으면, 첫 번째 제어가 선언을 통과할 때 이런 변수가 초기화된다. 이런 변수는 초기화 완료 시 초기화된 것으로 간주된다. 예외가 던져져 초기화가 종료되면 초기화가 완료되지 않았으므로, 다음 번 제어가 선언에 들어갈 때 다시 시도된다. **변수가 초기화될 때 제어가 동시에 선언에 들어가면, 동시 실행은 초기화가 완료될 때까지 기다려야 한다.** 변수가 초기화될 때 제어가 반복적으로 선언에 다시 들어오면, 동작은 정의되지 않는다.

정적 지역 객체는 저장 기간을 갖지만, 처음 사용된 경우에만 인스턴스화된다(메소드 instance( )가 처음 호출될 때). 프로그램이 존재하면 객체의 할당이 해제된다. 참고로 포인터가 아닌 참조를 반환하는 유일한 이점은 프로그램이 존재하기 전에 이 단일 인스턴스를 삭제한 다음 다시 생성할 수 있다는 것이다. 하지만 이것은 프로그램의 어느 위치에서나 접근할 수 있는 클래스의 단일 전역 인스턴스의 개념과 충돌하기 때문에 의미는 없다.

부연 설명

하나 이상의 싱글톤 타입이 필요한 대규모 코드 베이스 상황이 있을 수 있다. 동일한 패턴을 여러 번 작성하는 것을 피하기 위해 제네릭 방법으로 구현할 수 있다. 이를 위해 이전 레시피에서 살펴봤던 CRTP를 사용해야 한다. 실제 싱글톤은 클래스 템플릿으로 구현된다. instance( ) 메소드는 파생 클래스가 될 타입 템플릿 매개변수의 객체를 생성하고 반환한다.

```
template <class T>
class SingletonBase
{
protected:
  SingletonBase( ) {}
public:
  SingletonBase(SingletonBase const &) = delete;
  SingletonBase& operator=(SingletonBase const&) = delete;

  static T& instance( )
  {
    static T single;
    return single;
  }
};

class Single : public SingletonBase<Single>
{
  Single( ) {}
  friend class SingletonBase<Single>;
public:
  void demo( ) { std::cout << "demo" << std::endl; }
};
```

이전 절의 Singleton 클래스는 SingletonBase 클래스 템플릿이 됐다. 디폴트 생성자는 더 이상 비공개가 아니며 파생 클래스에서 접근할 수 있어야 하므로 보호protected가 된다. 이 예제에서 인스턴스화된 단일 객체가 필요한 클래스를 Single이라고 부른다. 생성자는 비공개여야 하지만 디폴트 생성자는 기본 클래스 템플릿에서도 사용할 수 있어야 한다. 따라서 SingletonBase<Single>은 Single 클래스의 친구다.

- 회귀 템플릿 패턴을 사용한 정적 다형성
- 3장의 '디폴트 함수와 삭제된 함수들' 레시피

11

테스트 프레임워크 탐색

11장에서 다루는 레시피는 다음과 같다.

- Boost.Test 시작하기
- Boost.Test로 테스트 작성하고 호출하기
- Boost.Test로 어서트하기
- Boost.Test에서 테스트 픽스처 사용하기
- Boost.Test로 출력 세어하기
- 구글 테스트 시작하기
- 구글 테스트로 테스트 작성하고 호출하기
- 구글 테스트로 어서트하기
- 구글 테스트에서 테스트 픽스처 사용하기

- 구글 테스트로 출력 제어하기
- 캐치 시작하기
- 캐치로 테스트 작성하고 호출하기
- 캐치로 어서트하기
- 캐치로 출력 제어하기

소개

코드 테스트는 소프트웨어 개발에서 중요한 부분이다. C++ 표준에서 테스트를 지원하지는 않지만, C++ 코드 단위 테스트를 위한 다양한 프레임워크들이 있다. 이 장의 목적은 포터블 테스트 코드 작성에 사용할 수 있는 현대적이고 널리 사용되는 여러 테스트 프레임워크를 시작하는 데 있다. 이 장에서 설명하는 프레임워크는 풍부한 기능과 테스트를 작성하고 실행하는 데 사용될 수 있는 용이성과 확장성, 사용자 정의 기능 때문에 선택됐다.

Boost.Test 시작하기

Boost.Test는 가장 오래되고 인기 있는 C++ 테스트 프레임워크 중 하나로, 테스트를 작성하고 이를 테스트 케이스test case와 테스트 스위트test suite로 구성하는 데 사용할 수 있는 쉬운 API 세트를 제공한다. 테스트 프레임워크에 필요한 어서션, 예외 처리, 픽스처fixture와 기타 중요한 기능들을 잘 지원한다. 다음 몇 개의 레시피를 통해 단위 테스트 작성에 필요한 가장 중요한 기능을 살펴본다. 이번 레시피에서는 프레임워크를 설치하고 간단한 테스트 프로젝트를 생성하는 방법을 알아본다.

준비

Boost.Test 프레임워크에는 매크로 기반 API가 있다. 테스트 작성을 위해 제공된 매크로만 사용하면 되지만, 프레임워크를 잘 사용하려면 매크로를 잘 이해하는 것이 좋다.

예제 구현

다음 과정을 수행해 Boost.Test를 사용할 환경을 설정한다.

1. http://www.b1.oost.org/에서 부스트 라이브러리의 최신 버전을 다운로드한다.
2. 아카이브 내용의 압축을 푼다.
3. 정적 또는 공유 라이브러리 변형을 사용하기 위해 제공된 도구와 스크립트를 사용해 라이브러리를 빌드한다. 이 단계는 라이브러리의 헤더 전용 버전만 사용하려는 경우에는 필요하지 않다.

다음 과정을 수행해 Boost.Test 라이브러리의 헤더 전용 변형을 사용함으로써 첫 번째 테스트 프로그램을 작성한다.

1. 새로운 빈 C++ 프로젝트를 생성한다.
2. 헤더 파일을 포함한 부스트 main 폴더를 프로젝트에서 사용할 수 있도록 개발 환경에 필요한 설정을 한다.
3. 다음 내용으로 프로젝트에 새 소스 파일을 추가한다.

```
#define BOOST_TEST_MODULE My first test module
#include <boost/test/included/unit_test.hpp>

BOOST_AUTO_TEST_CASE(first_test_function)
{
  BOOST_TEST(true);
}
```

4. 프로젝트를 빌드하고 실행한다.

라이브러리는 다른 부스트 라이브러리와 함께 다운로드할 수 있다. 이 책에서는 버전 1.63을 사용했지만, 이 레시피에서 살펴본 기능은 향후 버전에서도 사용 가능할 것이다. Test 라이브러리에는 세 가지 변형이 있다.

- 단일 헤더single header: 라이브러리를 빌드하지 않고 테스트 프로그램을 작성할 수 있다. 단일 헤더만 포함하면 된다. 모듈에 하나의 변환 단위만 가질 수 있다는 한계가 있다. 그러나 모듈을 여러 헤더 파일로 분할하면 다른 파일의 다른 테스트 스위트로 분리할 수 있다.
- 정적 라이브러리static library: 여러 변환 단위로 모듈을 분할할 수 있지만, 먼저 라이브러리를 정적 라이브러리로 빌드해야 한다.
- 공유 라이브러리shared library: 정적 라이브러리와 동일한 시나리오를 가능하게 한다. 그러나 많은 테스트 모듈이 있는 프로그램의 경우, 이 라이브러리가 한 번만 링크되고 각 모듈에서는 링크되지 않아 결과적으로 바이너리 크기가 작아지는 장점이 있다. 그러나 이 경우 런타임에 공유 라이브러리를 사용할 수 있어야 한다.

간단히 하기 위해 이 책에서는 단일 헤더 변형을 사용한다. 정적 및 공유 라이브러리 변형의 경우, 라이브러리의 빌드가 필요하다. 다운로드한 아카이브에 라이브러리를 빌드하기 위한 스크립트가 들어있지만, 정확한 단계는 플랫폼과 컴파일러에 따라 다르다. 여기서는 다루지 않지만 온라인상에서 필요한 정보를 구할 수 있다.

라이브러리를 사용하기 위해서는 몇 가지 용어와 개념을 이해해야 한다.

- 테스트 모듈test module은 테스트를 수행하는 프로그램이다. 단일 파일(단일 헤더 변형 사용 시)과 다중 파일(정적 또는 공유 변형 사용 시)이라는 두 가지 타입의 모듈이 있다.
- 테스트 어서션test assertion은 테스트 모듈에 의해 검사되는 조건이다.
- 테스트 케이스test case는 테스트 모듈에 의해 독립적으로 실행되고 모니터링되는

하나 이상의 테스트 어서션 그룹이다. 따라서 실패하거나 캐치되지 않은 예외가 발생해도 다른 테스트의 실행이 중단되지 않는다.

- 테스트 스위트^{test suite}는 하나 이상의 테스트 케이스 또는 테스트 스위트의 모음이다.
- 테스트 단위^{test unit}는 테스트 케이스 또는 테스트 스위트 중 하나다.
- 테스트 트리^{test tree}는 테스트 단위의 계층적 구조다. 이 구조에서 테스트 케이스는 노드고 테스트 스위트는 노드가 아니다.
- 테스트 러너^{test runner}는 주어진 테스트 트리에서 필요한 초기화, 테스트의 실행, 결과 보고를 수행하는 구성 요소다.
- 테스트 보고서^{test report}는 테스트 실행에서 테스트 러너가 생성한 보고서다.
- 테스트 로그^{test log}는 테스트 모듈을 실행하는 동안 발생하는 모든 이벤트를 기록한다.
- 테스트 설정^{test setup}은 프레임워크의 초기화, 테스트 트리 구성, 개별 테스트 케이스 설정을 담당하는 테스트 모듈의 일부다.
- 테스트 정리^{test cleanup}는 정리 작업을 담당하는 테스트 모듈의 일부다.
- 테스트 픽스처^{test fixture}는 반복적인 코드를 피하기 위해 여러 테스트 단위에서 호출되는 설정과 정리의 쌍이다.

이런 개념 정의를 사용하면 앞에서 설명한 예제 코드를 설명할 수 있다.

1. `#define BOOST_TEST_MODULE My first test module`은 모듈 초기화를 위한 스텁^{stub}을 정의하고 테스트 스위트의 이름을 설정한다. 라이브러리 헤더를 포함시키기 전에 먼저 정의해야 한다.

2. `#include <boost/test/included/unit_test.hpp>`는 필요한 다른 모든 헤더를 포함하는 단일 헤더 라이브러리를 포함한다.

3. `BOOST_AUTO_TEST_CASE(first_test_function)`은 매개변수(`first_test_function`) 없이 테스트 케이스를 선언하고 자동으로 테스트 스위트의 일부로 포함되도록

테스트 트리에 포함시킨다. 이 예제에서 테스트 스위트는 BOOST_TEST_MODULE로 정의된 메인 테스트 스위트다.

4. BOOST_TEST(true);는 테스트 어서션을 수행한다.

이 테스트 모듈을 실행한 결과는 다음과 같다.

```
Running 1 test case...
*** No errors detected
```

부연 설명

라이브러리로 main() 함수를 생성하지 않고 여러분이 직접 작성하고 싶다면, 라이브러리 헤더를 포함시키기 전에 BOOST_TEST_NO_MAIN과 BOOST_TEST_ALTERNATIVE_INIT_API라는 두 개의 매크로를 추가로 정의해야 한다. 그런 다음 main() 함수에서 다음 예제 코드와 같이, init_unit_test()라는 디폴트 초기화 함수를 인수로 제공해 unit_test_main()이라는 디폴트 테스트 러너를 호출한다.

```
#define BOOST_TEST_MODULE My first test module
#define BOOST_TEST_NO_MAIN
#define BOOST_TEST_ALTERNATIVE_INIT_API
#include <boost/test/included/unit_test.hpp>

BOOST_AUTO_TEST_CASE(first_test_function)
{
  BOOST_TEST(true);
}

int main(int argc, char* argv[])
{
  return boost::unit_test::unit_test_main(init_unit_test, argc, argv);
}
```

테스트 러너의 초기화 함수를 사용자 정의할 수도 있다. 이 경우 BOOST_TEST_MODULE 매크로로 정의를 제거하고, 인수를 취하지 않고 bool 값을 반환하는 초기화 함수를 대신 작성한다.

```
#define BOOST_TEST_NO_MAIN
#define BOOST_TEST_ALTERNATIVE_INIT_API
#include <boost/test/included/unit_test.hpp>

BOOST_AUTO_TEST_CASE(first_test_function)
{
  BOOST_TEST(true);
}

bool custom_init_unit_test()
{
  std::cout << "test runner custom init" << std::endl;
  return true;
}

int main(int argc, char* argv[])
{
  return boost::unit_test::unit_test_main(
  custom_init_unit_test, argc, argv);
}
```

 TIP main() 함수를 직접 작성하지 않고 초기화 함수를 사용자 정의할 수도 있다. 이 경우, BOOST_TEST_NO_MAIN 매크로를 정의해서는 안 되며 초기화 함수를 init_unit_test()로 해야 한다.

참고 사항

- Boost.Test로 테스트 작성하고 호출하기

라이브러리는 테스트 러너가 실행할 테스트 케이스 및 테스트 스위트를 자동으로 또는 수동으로 등록하는 방법을 제공한다. 자동 등록은 테스트 단위를 선언해 테스트 트리를 구성할 수 있기 때문에 가장 간단한 방법이다. 이번 레시피에서는 라이브러리의 단일 헤더버전을 사용해 테스트 스위트 및 테스트 케이스를 생성하고 테스트를 실행하는 방법을 알아본다.

준비

테스트 스위트와 테스트 케이스를 생성하는 과정을 보여주기 위해 다음과 같은 3차원 점을 나타내는 클래스를 사용한다.

```cpp
class point3d
{
  int x_;
  int y_;
  int z_;
public:
  point3d(int const x = 0,
          int const y = 0,
          int const z = 0):x_(x), y_(y), z_(z) {}

  int x() const { return x_; }
  point3d& x(int const x) { x_ = x; return *this; }
  int y() const { return y_; }
  point3d& y(int const y) { y_ = y; return *this; }
  int z() const { return z_; }
  point3d& z(int const z) { z_ = z; return *this; }

  bool operator==(point3d const & pt) const
  {
    return x_ == pt.x_ && y_ == pt.y_ && z_ == pt.z_;
```

```
  }

  bool operator!=(point3d const & pt) const
  {
    return !(*this == pt);
  }

  bool operator<(point3d const & pt) const
  {
    return x_ < pt.x_ || y_ < pt.y_ || z_ < pt.z_;
  }

  friend std::ostream& operator<<(std::ostream& stream,
                                  point3d const & pt)
  {
    stream << "(" << pt.x_ << "," << pt.y_ << "," << pt.z_ << ")";
    return stream;
  }

  void offset(int const offsetx, int const offsety, int const offsetz)
  {
    x_ += offsetx;
    y_ += offsety;
    z_ += offsetz;
  }

  static point3d origin() { return point3d{}; }
};
```

다음 매크로를 사용해 테스트 단위를 생성한다.

- 테스트 스위트를 생성하려면 BOOST_AUTO_TEST_SUITE(name)과 BOOST_AUTO_TEST _SUITE_END( )를 사용한다.

```
BOOST_AUTO_TEST_SUITE(test_construction)
// 테스트 케이스
BOOST_AUTO_TEST_SUITE_END( )
```

- 테스트 케이스를 생성하려면 BOOST_AUTO_TEST_CASE(name)을 사용한다. 테스트 케이스는 예제 코드에서처럼 BOOST_AUTO_TEST_SUITE(name)과 BOOST_AUTO_ TEST_SUITE_END( ) 사이에 정의된다.

```
BOOST_AUTO_TEST_CASE(test_constructor)
{
  auto p = point3d{ 1,2,3 };
  BOOST_TEST(p.x( ) == 1);
  BOOST_TEST(p.y( ) == 2);
  BOOST_TEST(p.z( ) == 4); // 실패함
}
BOOST_AUTO_TEST_CASE(test_origin)
{
  auto p = point3d::origin( );
  BOOST_TEST(p.x( ) == 0);
  BOOST_TEST(p.y( ) == 0);
  BOOST_TEST(p.z( ) == 0);
}
```

- 중첩된 테스트 스위트를 생성하려면 다른 테스트 스위트 내에 테스트 스위트를 정의한다.

```
BOOST_AUTO_TEST_SUITE(test_operations)
BOOST_AUTO_TEST_SUITE(test_methods)

BOOST_AUTO_TEST_CASE(test_offset)
{
  auto p = point3d{ 1,2,3 };
  p.offset(1, 1, 1);
  BOOST_TEST(p.x() == 2);
  BOOST_TEST(p.y() == 3);
  BOOST_TEST(p.z() == 3); // 실패함
}

BOOST_AUTO_TEST_SUITE_END()
BOOST_AUTO_TEST_SUITE_END()
```

- 테스트 단위에 장식자^{decorator}를 추가하려면 테스트 단위의 매크로에 추가 매개변수를 넣는다. 장식자는 설명, 레이블, 전제 조건, 종속성, 픽스처 등을 포함할 수 있다. 다음 예제 코드를 참조한다.

```
BOOST_AUTO_TEST_SUITE(test_operations)
BOOST_AUTO_TEST_SUITE(test_operators)

BOOST_AUTO_TEST_CASE(
  test_equal,
  *boost::unit_test::description("test operator==")
  *boost::unit_test::label("opeq"))
{
  auto p1 = point3d{ 1,2,3 };
  auto p2 = point3d{ 1,2,3 };
  auto p3 = point3d{ 3,2,1 };
  BOOST_TEST(p1 == p2);
  BOOST_TEST(p1 == p3); // 실패함
}

BOOST_AUTO_TEST_CASE(
  test_not_equal,
```

```
  *boost::unit_test::description("test operator!=")
  *boost::unit_test::label("opeq")
  *boost::unit_test::depends_on(
    "test_operations/test_operators/test_equal"))
{
  auto p1 = point3d{ 1,2,3 };
  auto p2 = point3d{ 3,2,1 };
  BOOST_TEST(p1 != p2);
}

BOOST_AUTO_TEST_CASE(test_less)
{
  auto p1 = point3d{ 1,2,3 };
  auto p2 = point3d{ 1,2,3 };
  auto p3 = point3d{ 3,2,1 };
  BOOST_TEST(!(p1 < p2));
  BOOST_TEST(p1 < p3);
}

BOOST_AUTO_TEST_SUITE_END()
BOOST_AUTO_TEST_SUITE_END()
```

테스트를 실행하려면 다음을 수행한다.

- 전체 테스트 트리를 실행하려면 매개변수 없이 프로그램(테스트 모듈)을 실행한다.

```
chapter11bt_02.exe

Running 6 test cases...
f:/chapter11bt_02/main.cpp(12): error: in "test_construction/test_
constructor": check p.z() == 4 has failed [3 != 4]
f:/chapter11bt_02/main.cpp(35): error: in "test_operations/test_
methods/test_offset": check p.z() == 3 has failed [4 != 3]
f:/chapter11bt_02/main.cpp(55): error: in "test_operations/test_
operators/test_equal": check p1 == p3 has failed [(1,2,3) !=
(3,2,1)]
*** 3 failures are detected in the test module "Testing point 3d"
```

- 단일 테스트 스위트를 실행하려면 run_test 인수로 테스트 스위트의 경로를 지정해 프로그램을 실행한다.

```
chapter11bt_02.exe --run_test=test_construction

Running 2 test cases...
f:/chapter11bt_02/main.cpp(12): error: in "test_construction/test_
constructor": check p.z() == 4 has failed [3 != 4]
*** 1 failure is detected in the test module "Testing point 3d"
```

- 단일 테스트 케이스를 실행하려면 run_test 인수로 테스트 케이스의 경로를 지정해 프로그램을 실행한다.

```
chapter11bt_02.exe --run_test=test_construction/test_origin

Running 1 test case...
*** No errors detected
```

- 동일한 레이블 아래에 정의된 테스트 스위트와 테스트 케이스 모음을 실행하려면 run_test 인수에 @ 접두어가 붙은 레이블 이름을 지정해 프로그램을 실행한다.

```
chapter11bt_02.exe --run_test=@opeq

Running 2 test cases...
f:/chapter11bt_02/main.cpp(56): error: in "test_operations/test_
operators/test_equal": check p1 == p3 has failed [(1,2,3) !=
(3,2,1)]
*** 1 failure is detected in the test module "Testing point 3d"
```

예제 분석

테스트 트리는 테스트 스위트와 테스트 케이스로 구성된다. 테스트 스위트는 하나 이상의 테스트 케이스와 다른 중첩된 테스트 스위트를 포함할 수 있다. 테스트 스위트는 같은 파일이나 다른 파일에서 여러 번 중지했다가 다시 시작할 수 있다는 점에서 네임스페이스와 비슷하다. 테스트 스위트의 자동 등록은 이름이 필요한 BOOST_AUTO_TEST_SUITE 매크로와 BOOST_AUTO_TEST_SUITE_END 매크로를 사용해 수행된다. 테스트 케이스의 자동 등록은 BOOST_AUTO_TEST_CASE로 수행된다. 테스트 단위(케이스 또는 스위트)는 가장 가까운 테스트 스위트의 멤버가 된다. 파일 범위 수준에서 정의된 테스트 단위는 마스터 테스트 스위트(BOOST_TEST_MODULE 선언으로 생성된 암시적 테스트 스위트)의 멤버가 된다.

테스트 모듈과 테스트 케이스는 모두 테스트 모듈 실행 중에 테스트 단위가 처리되는 방식에 영향을 주는 일련의 속성으로 장식할 수 있다. 현재 지원되는 장식자는 다음과 같다.

- depends_on: 이것은 현재 테스트 단위와 지정된 테스트 단위 간의 의존성을 나타낸다.
- description: 이것은 테스트 단위에 대한 시맨틱 설명을 제공한다.
- enabled / disabled: 테스트 단위의 디폴트 실행 상태를 true 또는 false로 설정한다.
- enable_if: 컴파일 타임 표현식의 평가에 따라 테스트 단위의 디폴트 실행 상태를 true 또는 false로 설정한다.
- fixture: 테스트 단위 실행 전후에 호출되는 함수 쌍(시작과 정리)을 지정한다.
- label: 테스트 단위와 레이블을 연결할 수 있다. 동일한 레이블을 여러 테스트 단위에 사용할 수 있으며, 테스트 단위는 여러 레이블을 가질 수 있다.
- precondition: 런타임 시 테스트 단위의 실행 상태를 판별하는 데 사용되는 테스트 단위와 술어predicate를 연관시킨다.

테스트 케이스의 실행으로 인해 처리되지 않은 예외가 발생하면, 프레임워크는 예외를 캐치하고 테스트 케이스의 실행을 실패로 종료한다. 그러나 프레임워크는 특정 코드가 예외를 발생시키거나 발생시키지 않는지를 테스트하기 위한 여러 가지 매크로를 제공한다. 더 자세한 정보는 다음 레시피인 'Boost.Test로 어서트하기'를 참조한다.

모듈의 테스트 트리를 구성하는 테스트 단위는 전체 또는 부분으로 실행될 수 있다. 두 경우 모두 테스트 단위를 실행하려면 테스트 모듈을 나타내는 (바이너리) 프로그램을 실행한다. 일부 테스트 단위만 실행하려면 --run_test 명령행 옵션(또는 더 짧은 이름을 사용하려면 --t)을 사용한다. 이 옵션을 사용하면 테스트 단위를 필터링하고 경로 또는 레이블을 지정할 수 있다. 경로는 test_construction 또는 test_operations/test_methods/test_offset 같은 일련의 테스트 스위트 및 테스트 케이스 이름으로 구성된다. 레이블은 label 장식자로 정의된 이름이고, run_test 매개변수의 접두사는 @다. 이 매개변수는 반복 가능하므로 여러 필터를 지정할 수 있다.

참고 사항

- Boost.Test 시작하기
- Boost.Test로 어서트하기

Boost.Test로 어서트하기

테스트 케이스는 하나 이상의 테스트를 포함한다. Boost.Test 라이브러리는 테스트를 작성할 수 있는 일련의 API를 매크로 형태로 제공한다. 이전 레시피에서는 가장 중요하고 널리 사용되는 라이브러리 매크로인 BOOST_TEST에 대해 조금 살펴봤다. 이번 레시피에서는 사용 방법을 좀 더 자세히 알아본다.

준비

이전 레시피에서 다룬 주제인 테스트 스위트 및 테스트 케이스 작성에 익숙해야 한다.

다음 목록은 테스트 수행에 가장 공통적으로 사용되는 API 중 일부를 보여준다.

- BOOST_TEST는 일반 형식으로 대부분의 테스트에 사용된다.

```
int a = 2, b = 4;
BOOST_TEST(a == b);

BOOST_TEST(4.201 == 4.200);
std::string s1{ "sample" };
std::string s2{ "text" };
BOOST_TEST(s1 == s2);
```

- BOOST_TEST는 tolerance( ) 조작자manipulator와 함께 부동 소수점 비교의 허용 오차를 나타내는 데 사용된다.

```
BOOST_TEST(4.201 == 4.200,
boost::test_tools::tolerance(0.001));
```

- BOOST_TEST는 per_element( ) 조작자와 함께 컨테이너(심지어 다른 타입)의 요소별 비교를 수행하는 데 사용된다.

```
std::vector<int> v{ 1,2,3 };
std::list<short> l{ 1,2,3 };

BOOST_TEST(v == l, boost::test_tools::per_element());
```

- BOOST_TEST는 3항 연산자와 논리 || 또는 &&를 사용하는 복합문과 함께 여분의 괄호를 필요로 한다.

```
BOOST_TEST((a > 0 ? true : false));
BOOST_TEST((a > 2 && b < 5));
```

- BOOST_ERROR는 테스트에서 무조건 실패해 보고서에 메시지를 생성하는 데 사용된다. 이것은 BOOST_TEST(false, message)와 동등하다.

```
BOOST_ERROR("this test will fail");
```

- BOOST_TEST_WARN은 테스트가 실패한 경우, 오류 발생 횟수를 늘리지 않고 테스트 케이스의 실행을 중단시키지 않으면서 보고서에 경고를 작성하는 데 사용된다.

```
BOOST_TEST_WARN(a == 4, "something is not right");
```

- BOOST_TEST_REQUIRE는 테스트 케이스 전제 조건이 충족되는지 확인하는 데 사용된다. 그렇지 않으면 테스트 케이스의 실행이 중단된다.

```
BOOST_TEST_REQUIRE(a == 4, "this is critical");
```

- BOOST_FAIL은 테스트 케이스의 실행을 무조건적으로 중지하고, 발생한 오류 수를 늘리고, 보고서에 메시지를 작성하는 데 사용된다. 이는 BOOST_TEST_REQUIRE(false, message)와 동등하다.

```
BOOST_FAIL("must be implemented");
```

- BOOST_IS_DEFINED는 특정 전처리기 심볼symbol이 런타임에 정의됐는지를 확인하는 데 사용된다. 유효성 검사와 로깅을 수행하기 위해 BOOST_TEST와 함께 사용된다.

```
BOOST_TEST(BOOST_IS_DEFINED(UNICODE));
```

라이브러리는 테스트 어서션을 수행하기 위한 다양한 매크로와 조작자를 정의한다. 가장 일반적으로 사용되는 것은 BOOST_TEST다. 이 매크로는 단순히 표현식을 평가한다. 실패하면 오류 수가 증가되지만 테스트 케이스는 계속 실행된다. 실제로 세 가지 변형이 있다.

- BOOST_TEST_CHECK는 BOOST_TEST와 동일하며 이전 절에서 설명한 대로 검사를 수행하는 데 사용된다.
- BOOST_TEST_WARN은 테스트 케이스의 실행을 멈추지 않고 오류 횟수 증가 없이 정보를 제공하는 어서션을 위해 사용된다.
- BOOST_TEST_REQUIRE는 테스트 케이스가 실행을 계속하는 데 필요한 사전 조건을 충족하도록 하기 위한 것이다. 실패 시 이 매크로는 오류 횟수를 늘리고 테스트 케이스의 실행을 중지한다.

테스트 매크로의 일반적인 형식은 BOOST_TEST(statement)다. 이 매크로는 다양하고 유연한 보고 기능을 제공한다. 디폴트로 명령문뿐만 아니라 피연산자의 값을 표시해 실패의 원인을 빠르게 식별할 수 있다. 하지만 사용자가 실패에 대한 대체 설명을 제공할 수도 있다. 이 시나리오에서 메시지는 테스트 보고서에 기록된다.

```
BOOST_TEST(a == b);
// error: in "regular_tests": check a == b has failed [2 != 4]

BOOST_TEST(a == b, "not equal");
// error: in "regular_tests": not equal
```

이 매크로를 사용하면 다음을 지원하는 특별 비교 프로세스를 제어할 수 있다.

- 첫 번째는 부동 소수점 비교며, 허용 오차tolerance로 동등성 테스트를 정의할 수 있다.

- 두 번째로 여러 메소드를 사용해 컨테이너의 비교를 지원한다. 디폴트 비교(오버로드된 operator== 사용)와 요소별 비교, 사전식^{lexicographic} 비교(사전식 순서 사용)를 사용한다. 요소별 비교를 통해 컨테이너의 순방향 반복자가 제공한 순서대로 다양한 타입의 컨테이너(vector와 list 같은)를 비교할 수 있다. 또한 컨테이너의 크기를 고려한다(즉 크기를 먼저 테스트하고, 같을 때만 요소의 비교를 계속한다).

- 마지막으로, 피연산자의 비트 비교를 지원한다. 실패하면 프레임워크는 비교가 실패한 비트의 인덱스를 보고한다.

BOOST_TEST 매크로에는 몇 가지 제약 사항이 있다. 쉼표를 사용하는 복합 명령문에서는 전처리기 또는 3항 연산자, 논리 연산자 ||와 &&를 사용하는 복합 명령문에 의해 인터럽트되고 처리되기 때문에 사용할 수 없다. 후자의 경우에는 BOOST_TEST((statement))에서처럼 두 번째 괄호 쌍의 해결책이 있다.

표현식을 평가할 때 특정 예외가 발생했는지를 테스트하기 위해 여러 매크로를 사용할 수 있다. 다음 목록에서 <level>은 CHECK, WARN, REQUIRE다.

- BOOST_<level>_NO_THROW(expr)은 expr 표현식에서 예외가 발생했는지를 검사한다. expr 평가 중에 발생한 모든 예외는 이 어서션에 의해 캐치되고 테스트 본문으로 전파되지 않는다. 예외가 발생하면 어서션은 실패한다.

- BOOST_<level>_THROW(expr, exception_type)은 expr 표현식에서 exception_type의 예외가 발생했는지를 검사한다. 표현식 expr이 예외를 발생시키지 않으면 어서션은 실패한다. expression_type이 아닌 타입의 예외는 어서션에 의해 캐치되지 않으며 테스트 본문으로 전파될 수 있다. 테스트 케이스에서 캐치되지 않은 예외는 실행 모니터에 의해 캐치되지만 테스트 케이스가 실패하게 된다.

- BOOST_<level>_EXCEPTION(expr, exception_type, predicate)는 expression_type의 표현식이 expr 표현식에서 제기됐는지를 검사한다. 만약 그렇다면, 그 이상의 검토를 위해 표현식을 술어에 전달한다. 예외가 발생하지 않거나 exception_type과 다른 타입의 예외가 발생하면 어서션은 BOOST_<level>_THROW처럼 동작

한다.

이번 레시피에서는 테스트를 위한 가장 공통적인 API와 그 전형적인 사용법만 알아봤다. 하지만 라이브러리는 이 외에도 더 많은 API를 제공한다. 자세한 내용은 온라인 문서를 참조한다. 버전 1.63의 경우 http://www.boost.org/doc/libs/1_63_0/libs/test/doc/ html/index.html을 참조한다.

참고 사항

- Boost.Test로 테스트 작성하고 호출하기

Boost.Test에서 테스트 픽스처 사용하기

테스트 모듈이 클수록, 테스트 케이스가 유사할수록 동일한 설정과 정리, 그리고 (아마도) 동일한 데이터가 필요한 테스트 케이스를 가질 확률이 높아진다. 이들을 포함하는 구성 요소를 테스트 픽스처test fixture 또는 테스트 컨텍스트test context라고 부른다. Boost.Test는 테스트 케이스, 테스트 스위트 또는 모듈(전역으로)의 테스트 픽스처를 정의하는 몇 가지 방법을 제공한다. 이번 레시피에서는 픽스처가 동작하는 방식을 알아본다.

준비

이번 레시피의 예제는 테스트 단위 픽스처를 지정하기 위해 다음과 같은 클래스와 함수를 사용한다.

```
struct standard_fixture
{
  standard_fixture( ) {BOOST_TEST_MESSAGE("setup");}
  ~standard_fixture( ) {BOOST_TEST_MESSAGE("cleanup");}
  int n {42};
};

struct extended_fixture
{
  std::string name;
  int data;

  extended_fixture(std::string const & n = "") : name(n), data(0)
  {
    BOOST_TEST_MESSAGE("setup "+ name);
  }

  ~extended_fixture( )
  {
    BOOST_TEST_MESSAGE("cleanup "+ name);
  }
};

void fixture_setup( )
{
  BOOST_TEST_MESSAGE("fixture setup");
}

void fixture_cleanup( )
{
  BOOST_TEST_MESSAGE("fixture cleanup");
}
```

예제 구현

다음 방법을 사용해 하나 또는 여러 테스트 단위에 대한 테스트 픽스처를 정의한다.

- 특정 테스트 케이스에 대한 픽스처를 정의하려면 BOOST_FIXTURE_TEST_CASE 매크로를 사용한다.

```
BOOST_FIXTURE_TEST_CASE(test_case, extended_fixture)
{
  data++;
  BOOST_TEST(data == 1);
}
```

- 테스트 스위트의 모든 테스트 케이스에 대한 픽스처를 정의하려면 BOOST_FIXTURE_TEST_SUITE를 사용한다.

```
BOOST_FIXTURE_TEST_SUITE(suite1, extended_fixture)

BOOST_AUTO_TEST_CASE(case1)
{
  BOOST_TEST(data == 0);
}

BOOST_AUTO_TEST_CASE(case2)
{
  data++;
  BOOST_TEST(data == 1);
}

BOOST_AUTO_TEST_SUITE_END()
```

- 하나 또는 몇 개의 테스트 단위를 제외한 테스트 스위트의 모든 테스트 단위에 대한 픽스처를 정의하려면 BOOST_FIXTURE_TEST_SUITE를 사용하고, 테스트 케이스의 경우 BOOST_FIXTURE_TEST_CASE를, 중첩된 테스트 스위트의 경우 BOOST_FIXTURE_TEST_SUITE를 사용해 특정 테스트 단위로 덮어 쓴다.

```
BOOST_FIXTURE_TEST_SUITE(suite2, extended_fixture)
```

```
BOOST_AUTO_TEST_CASE(case1)
{
  BOOST_TEST(data == 0);
}

BOOST_FIXTURE_TEST_CASE(case2, standard_fixture)
{
  BOOST_TEST(n == 42);
}

BOOST_AUTO_TEST_SUITE_END()
```

- 테스트 케이스 또는 테스트 스위트를 위해 하나 이상의 픽스처를 정의하려면
  BOOST_AUTO_TEST_SUITE 및 BOOST_AUTO_TEST_CASE 매크로와 함께 boost::unit
  _test::fixture를 사용한다.

```
BOOST_AUTO_TEST_CASE(test_case_multifix,
  * boost::unit_test::fixture<extended_fixture>
    (std::string("fix1"))
  * boost::unit_test::fixture<extended_fixture>
    (std::string("fix2"))
  * boost::unit_test::fixture<standard_fixture>())
{
  BOOST_TEST(true);
}
```

- 픽스처의 경우, 자유 함수를 설정[setup]과 해체[teardown] 연산으로 사용하려면 boost
  ::unit_test::fixture를 사용한다.

```
BOOST_AUTO_TEST_CASE(test_case_funcfix,
  * boost::unit_test::fixture(&fixture_setup,
                              &fixture_cleanup))
{
  BOOST_TEST(true);
}
```

- 모듈에 대한 픽스처를 정의하려면 BOOST_GLOBAL_FIXTURE를 사용한다.

```
BOOST_GLOBAL_FIXTURE(standard_fixture);
```

예제 분석

라이브러리는 여러 픽스처 모델을 지원한다.

- 클래스 모델: 생성자가 설정 함수setup function로 동작하고 소멸자가 정리 함수cleanup function로 동작한다. 확장 모델을 사용하면 생성자가 하나의 매개변수를 가질 수 있다. 이전 예제에서 standard_fixture는 첫 번째 모델을 구현했고, extended_fixture는 두 번째 모델을 구현했다.
- 자유 함수 쌍: 하나는 설정을 정의하고, 다른 하나는 선택적으로 정리 코드를 구현한다. 앞의 예제에서 fixture_setup( )과 fixture_cleanup( )을 논의할 때 살펴봤다.

클래스로 구현된 픽스처는 데이터 멤버를 가질 수 있으며, 이들 멤버는 테스트 단위에서 사용할 수 있다. 테스트 스위트에 대한 픽스처가 정의되면, 이 테스트 스위트 아래에 그룹화된 모든 테스트 단위에 암시적으로 사용할 수 있다. 그러나 이런 테스트 스위트에 포함된 테스트 단위가 픽스처를 재정의할 수도 있다. 이런 경우 가장 가까운 범위에 정의된 픽스처를 테스트 단위에서 사용할 수 있다.

하나의 테스트 단위에 여러 개의 픽스처를 정의할 수 있다. 그러나 이것은 매크로가 아니라 boost::unit_test::fixture( ) 장식자로 수행된다. 이 경우 테스트 스위트와 테스트 케이스는 BOOST_TEST_SUITE/BOOST_AUTO_TEST_SUITE와 BOOST_TEST_CASE/BOOST_AUTO_TEST_CASE 매크로를 사용해 정의된다. 이전 절에서 봤듯이, 여러 개의 fixture( ) 장식자는 operator *와 함께 구성될 수 있다. 이 접근 방식의 단점은 멤버 데이터를 가진 클래스와 함께 픽스처 장식자를 사용하면 이들 멤버를 테스트 단위에서 사용할 수 없다는 것이다.

새로운 픽스처 객체는 실행될 때 각 테스트 케이스에 대해 구성되고, 테스트 케이스의 끝에서 객체가 파괴된다.

 픽스처 상태는 다른 테스트 케이스들 간에 공유되지 않는다. 따라서 생성자와 소멸자는 각 테스트 케이스마다 한 번 호출된다. 이들 특별 함수에 모듈당 한 번만 실행되는 코드가 포함돼서는 안 된다. 이 경우 전체 모듈에 대한 전역 픽스처를 설정해야 한다.

전역 픽스처는 제네릭 테스트 클래스 모델(디폴트 생성자가 있는 모델)을 사용한다. (필요한 경우 카테고리별 설정과 정리를 구성할 수 있도록) 전역 픽스처의 수를 정의할 수 있다. 전역 픽스처는 BOOST_GLOBAL_FIXTURE 매크로로 정의되며, 테스트 파일 범위(테스트 단위의 내부가 아님)에 정의돼야 한다.

참고 사항

- Boost.Test로 테스트 작성하고 호출하기

Boost.Test로 출력 제어하기

프레임워크는 테스트 로그와 테스트 보고서에 표시된 결과의 포맷을 사용자 정의할 수 있는 기능을 제공한다. 현재 두 가지 포맷이 지원된다. 사람이 읽을 수 있는 포맷과 XML(테스트 로그의 경우 JUnit 포맷도 있음)이다. 그러나 자신만의 포맷을 생성하고 추가할 수도 있다. 어떻게 출력될지에 대한 설정은 런타임(명령행 스위치를 통해)과 컴파일 타임(다양한 API를 통해) 모두에서 가능하다. 테스트 실행 동안 프레임워크는 모든 이벤트를 로그에 수집해, 다양한 세부 수준의 실행 요약을 보여주는 보고서를 생성한다. 실패 시 보고서에는 실제 예상 값을 포함해 위치 및 원인에 대한 자세한 정보가 포함된다. 이를 통해 개발자는 오류를 신속하게 식별할 수 있다. 이번 레시피에서는 로그와 보고서에 기록되는 내용과 포맷을 제어하는 방법을 살펴본다. 런타임 시 명령행 옵션을 사용해 이 작업을 수행한다.

준비

이번 레시피에 제시된 예제는 다음 테스트 모듈을 사용한다.

```
#define BOOST_TEST_MODULE Controlling output
#include <boost/test/included/unit_test.hpp>

BOOST_AUTO_TEST_CASE(test_case)
{
  BOOST_TEST(true);
}

BOOST_AUTO_TEST_SUITE(test_suite)

BOOST_AUTO_TEST_CASE(test_case)
{
  int a = 42;
  BOOST_TEST(a == 0);
}

BOOST_AUTO_TEST_SUITE_END()
```

예제 구현

테스트 로그 출력을 제어하려면 다음을 수행한다.

- 로그 포맷을 지정하려면 --log_format=<format> 또는 -f <format> 명령행 옵션을 사용한다. 가능한 포맷은 HRF(디폴트 값), XML, JUNIT이다.

- --log_level=<level> 또는 -l <level> 명령행 옵션을 사용해 로그 레벨을 지정한다. 가능한 로그 레벨에는 error(HRF 및 XML의 디폴트 값), warning, all, success(JUnit의 디폴트 값)가 포함된다.
- 프레임워크가 테스트 로그를 작성해야 하는 위치를 지정하려면 --log_sink=<stream or file name> 또는 -k <stream or file name> 명령행 옵션을 사용한다. 가능한 옵션은 stdout(HRM 및 XML의 경우 디폴트 값), stderr, 또는 임의의 파일 이름(JUnit의 경우 디폴트 값)이다.

테스트 보고서 출력을 제어하려면 다음을 수행한다.

- 보고서 포맷을 지정하려면 --report_format=<format> 또는 -m <format> 명령행 옵션을 사용한다. 가능한 포맷은 HRF(디폴트 값)와 XML이다.
- 보고서 레벨을 지정하려면 --report_level=<format> 또는 -r <format> 명령행 옵션을 사용한다. 가능한 포맷은 confirm(디폴트 값), no(보고서 없음), short, detailed다.
- 프레임워크가 보고서 로그를 작성해야 하는 위치를 지정하려면 --report_sink=<stream or file name> 또는 -e <stream or file name> 명령행 옵션을 사용한다. 가능한 옵션은 stderr(디폴트 값), stdout 또는 임의의 파일 이름이다.

예제 분석

콘솔/터미널에서 테스트 모듈을 실행하면 테스트 로그와 테스트 보고서를 둘 다 볼 수 있다(테스트 로그 다음에 테스트 보고서 표시). 앞에서 설명한 테스트 모듈의 경우 디폴트 출력은 다음과 같다. 처음 세 줄은 테스트 로그를 나타내고, 마지막 줄은 테스트 보고서를 나타낸다.

```
Running 2 test cases...
f:/chapter11bt_05/main.cpp(14): error: in "test_suite/test_case":
check a == 0 has failed [42 != 0]

*** 1 failure is detected in the test module "Controlling output"
```

테스트 로그와 테스트 보고서의 내용은 다양한 포맷으로 작성할 수 있다. 디폴트는 사람이 읽을 수 있는 포맷(또는 HRF)이지만, 프레임워크는 연속 빌드 또는 통합 도구와 같은 자동화된 도구를 위한 포맷인 XML과 테스트 로그를 위한 JUnit 포맷도 지원한다. 이런 옵션 외에도 boost::unit_test::unit_test_log_formatter에서 파생된 클래스를 구현해 테스트 로그에 대한 자체 포맷을 구현할 수 있다. 다음 예제에서는 XML을 사용해 테스트 로그(첫 번째 예제)와 테스트 보고서(두 번째 예제)의 포맷을 지정하는 방법을 보여준다(각각 볼드체로 강조 표시됐음).

```
chapter11bt_05.exe -f XML
<TestLog><Error file="f:/chapter11bt_05/main.cpp"
line="14"><![CDATA[check a == 0 has failed [42 != 0]]]>
</Error></TestLog>
*** 1 failure is detected in the test module "Controlling output"

chapter11bt_05.exe -m XML
Running 2 test cases...
f:/chapter11bt_05/main.cpp(14): error: in "test_suite/test_case":
check a == 0 has failed [42 != 0]
<TestResult><TestSuite name="Controlling output" result="failed"
assertions_passed="1" assertions_failed="1" warnings_failed="0"
expected_failures="0" test_cases_passed="1"
test_cases_passed_with_warnings="0" test_cases_failed="1"
test_cases_skipped="0" test_cases_aborted="0"></TestSuite>
</TestResult>
```

로그 또는 보고서 레벨은 출력의 자세한 정보를 나타낸다. 로그의 자세한 표시 레벨의 가능한 값은 다음 표에 나와 있으며, 가장 낮은 레벨부터 높은 레벨순으로 정렬돼 있다.

레벨	보고된 메시지
nothing	아무것도 기록되지 않았음
fatal_error	치명적인 시스템 또는 사용자 오류와 REQUIRE 레벨에서 실패한 어서션을 설명하는 모든 메시지(BOOST_TEST_REQUIRE 및 BOOST_REQUIRE_ 같은)
system_error	치명적이지 않은 시스템 오류
cpp_exception	캐치되지 않은 C++ 예외
error	CHECK 레벨의 어서션 실패(BOOST_TEST 및 BOOST_CHECK_)
warning	WARN 레벨의 어서션 실패(BOOST_TEST_WARN 및 BOOST_WARN_)
message	BOOST_TEST_MESSAGE에 의해 생성된 메시지
test_suite	각 테스트 단위의 시작 및 종료 상태 알림
all / success	전달된 어서션을 포함한 모든 메시지

테스트 보고서의 사용 가능한 포맷은 다음 표에 설명돼 있다.

레벨	설명
no	보고서가 생성되지 않음
confirm	**Passing test:** *** 오류가 발견되지 않았음 **Skipped test:** *** 〈이름〉 테스트 스위트를 건너뛰었음. 자세한 내용은 표준 출력 참조 **Aborted test:** *** 〈이름〉 테스트 스위트가 중단됐음. 자세한 내용은 표준 출력 참조 **Failed test without failed assertions:** *** 〈이름〉 테스트 스위트에서 오류가 발견됐음. 자세한 내용은 표준 출력 참조 **Failed test:** *** 〈이름〉 테스트 스위트에서 N개의 실패가 감지됐음 **Failed test with some failures expected:** *** 〈이름〉 테스트 스위트에서 N개의 실패가 감지됐음(M개의 실패가 예상됨)
detailed	결과는 계층적 방식으로 보고되지만(각 테스트 단위는 상위 테스트 단위의 일부로 보고됨), 관련 정보만 보인다. 어서션이 실패하지 않은 테스트 케이스는 보고서에 항목을 생성하지 않는다. 테스트 케이스/스위트 〈이름〉은 다음과 같이 성공/건너뜀/중단/실패를 한다. M개 중 N개의 어서션 성공 M개 중 N개의 어서션 실패 M개 중 N개의 경고 실패 X개 실패 예상
short	detailed와 비슷하지만, 마스터 테스트 스위트에만 정보를 보고한다.

표준 출력 스트림(stdout)은 테스트 로그가 기록되는 디폴트 위치며, 표준 오류 스트림(stderr)은 테스트 보고서의 디폴트 위치다. 그러나 테스트 로그와 테스트 보고서는 모두다른 스트림이나 파일로 리디렉션될 수 있다. 이런 옵션 외에도 --report_memory_leaks_to=<file name> 명령행 옵션을 사용해 메모리 누수를 보고하는 별도의 파일을 지정할 수 있다. 이 옵션이 없이 메모리 누수가 감지되면 표준 오류 스트림에 보고된다.

부연 설명

이 레시피에서 논의된 옵션 외에도 프레임워크는 출력을 제어하는 추가 컴파일 타임 API를 제공한다. 이번 레시피에서 설명한 기능과 이들 API에 대한 포괄적인 설명이 필요하다면 http://www.boost.org/doc/libs/1_63_0/libs/test/doc/html/index.html에서 프레임워크 문서를 확인한다.

참고 사항

- Boost.Test로 테스트 작성하고 호출하기

구글 테스트 시작하기

구글 테스트Google Test는 C++에서 가장 많이 사용되는 테스트 프레임워크 중 하나다. 개발자는 여러 컴파일러를 사용해 여러 플랫폼에서 단위 테스트를 작성할 수 있다. 구글 테스트는 어서션으로 테스트를 작성하는 간단하면서도 포괄적인 API를 갖춘 이식성 있고 가벼운 프레임워크다. 여기서 테스트가 모이면 테스트 케이스가 되고, 테스트 케이스는 테스트 프로그램이 된다.

프레임워크는 테스트를 여러 번 반복하거나, 첫 번째 실패 시 디버거를 호출하는 테스트중단과 같은 유용한 기능을 제공한다. 어서션은 예외가 가능한지에 관계없이 동작한다.

다음 레시피에서는 프레임워크의 가장 중요한 기능을 다룬다. 이번 레시피에서는 프레임워크를 설치하고 첫 번째 테스트 프로젝트를 설정하는 방법을 알아본다.

준비

Boost.Test와 마찬가지로 구글 테스트 프레임워크는 매크로 기반 API를 가지고 있다. 제공된 매크로만 사용해도 테스트를 작성할 수 있지만, 매크로를 잘 이해하면 프레임워크를 더 잘 사용할 수 있다.

예제 구현

다음을 수행해 구글 테스트 사용 환경을 설정한다.

1. https://github.com/google/googletest에서 깃^{Git} 저장소를 복제하거나 다운로드한다.
2. 저장소를 다운로드했으면 아카이브의 내용을 압축 해제한다.
3. 제공된 빌드 스크립트를 사용해 프레임워크를 빌드한다.

다음을 수행해 구글 테스트를 사용한 첫 번째 테스트 프로그램을 생성한다.

1. 새로운 빈 C++ 프로젝트를 생성한다.
2. 프로젝트에서 프레임워크의 헤더 폴더를 사용할 수 있도록 개발 환경에 필요한 설정을 수행한다.
3. 프로젝트를 gtest 공유 라이브러리에 링크한다.
4. 다음 내용으로 프로젝트에 새 소스 파일을 추가한다.

```
#include <gtest/gtest.h>
TEST(FirstTestCase, FirstTestFunction)
{
  ASSERT_TRUE(true);
```

```
}

int main(int argc, char **argv)
{
  ::testing::InitGoogleTest(&argc, argv);
  return RUN_ALL_TESTS();
}
```

5. 프로젝트를 빌드하고 실행한다.

예제 분석

구글 테스트 프레임워크는 테스트를 생성하고 어서션을 작성할 수 있는 간단하고 사용하기 쉬운 매크로 세트를 제공한다. 테스트의 구조는 Boost.Test 같은 다른 테스트 프레임워크와 비교해 단순화됐다. 테스트 함수는 테스트 케이스로 그룹화되고, 테스트 케이스는 테스트 프로그램이 된다. 구글 테스트의 테스트 함수는 Boost.Test를 비롯한 다른 프레임워크의 테스트 케이스와 동일하며, 구글 테스트의 테스트 케이스는 Boost.Test의 테스트 스위트와 동일하다는 점에 주목해야 한다. 하지만 구글 테스트의 테스트 케이스는 다른 테스트 케이스를 포함할 수 없으며 오직 테스트 함수만 포함할 수 있다. 프레임워크는 치명적이거나 치명적이지 않은 예외에 대한 풍부한 어서션 세트 및 테스트 실행 방법과 출력 결과를 사용자 정의하는 기능을 제공한다. 이 프레임워크의 문서는 깃허브^{GitHub}의 프로젝트 페이지에서 볼 수 있다. 이전 절에서 보여준 예제 코드는 다음과 같은 부분으로 구성된다.

1. #include <gtest/gtest.h>는 프레임워크의 메인 헤더를 포함한다.
2. TEST(FirstTestCase, FirstTestFunction)은 FirstTestCase 테스트 케이스의 일부로 FirstTestFunction이라는 테스트 함수를 선언한다. 테스트 함수는 인수를 가지지 않으며, void를 반환한다. 또한 여러 테스트 함수를 동일한 테스트 케이스로 그룹화할 수 있다.

3. `ASSERT_TRUE(true);`는 치명적인 오류를 생성하고 조건이 false로 평가될 경우 현재 함수에서 반환되는 어서션 매크로다. 이 프레임워크는 '구글 테스트로 어서트하기' 레시피에서 살펴볼 더 많은 어서션 매크로를 정의한다.

4. `::testing::InitGoogleTest(&argc, argv);`는 프레임워크를 초기화한다. 반드시 `RUN_ALL_TESTS()` 전에 호출해야 한다.

5. `return RUN_ALL_TESTS();`는 `TEST()` 또는 `TEST_F()` 매크로로 정의된 모든 테스트를 자동으로 감지해 호출한다. 매크로에서 반환된 반환값은 `main()` 함수의 반환값으로 사용된다. 이는 자동화된 테스트 서비스가 stdout 또는 stderr 스트림에 출력된 결과가 아닌 `main()` 함수에서 반환된 값에 따라 테스트 프로그램의 결과를 결정하기 때문에 중요하다. `RUN_ALL_TESTS()` 매크로는 한 번만 호출해야 한다. 여러 번 호출하는 것은 프레임워크의 일부 고급 기능과 충돌하기 때문에 지원되지 않는다.

이 테스트 프로그램을 실행하면 다음과 같은 결과가 제공된다.

```
[==========] Running 1 test from 1 test case.
[----------] Global test environment set-up.
[----------] 1 test from FirstTestCase
[ RUN ] FirstTestCase.FirstTestFunction
[ OK ] FirstTestCase.FirstTestFunction (0 ms)
[----------] 1 test from FirstTestCase (0 ms total)
[----------] Global test environment tear-down
[==========] 1 test from 1 test case ran. (2 ms total)
[ PASSED ] 1 test.
```

많은 테스트 프로그램에서 `main()` 함수의 내용은 이번 레시피의 '예제 구현' 절의 예제에서 보여준 것과 동일하다. 이런 `main()` 함수를 작성하지 않도록 하기 위해 프레임워크는 gtest_main 공유 라이브러리와 프로그램을 연결해 사용할 수 있는 기본 구현을 제공한다.

다른 테스트 프레임워크와 함께 구글 테스트 프레임워크를 사용할 수도 있다. Boost.Test 또는 CppUnit 같은 다른 테스트 프레임워크를 사용해 테스트를 작성하고 구글 테스트 어서션 매크로를 사용할 수 있다. 이를 수행하려면 코드 또는 명령행에서 --gtest_throw_on_failure 인수와 함께 throw_on_failure 플래그를 설정한다. 또는 GTEST_THROW_ON_FAILURE 환경 변수를 사용해 다음 예제 코드와 같이 프레임워크를 초기화한다.

```
#include "gtest/gtest.h"

int main(int argc, char** argv)
{
  ::testing::GTEST_FLAG(throw_on_failure) = true;
  ::testing::InitGoogleTest(&argc, argv);
}
```

throw_on_failure 옵션을 활성화하면 실패한 어서션은 오류 메시지를 출력하고 예외를 던진다. 이 예외는 호스트 테스팅 프레임워크에서 캐치되며 실패로 처리된다. 예외가 활성화돼 있지 않으면, 실패한 구글 테스트 어서션은 프로그램이 0이 아닌 코드로 종료됨을 나타낸다. 이는 다시 호스트 테스트 프레임워크에서 실패로 처리된다.

- 구글 테스트로 테스트 작성하고 호출하기
- 구글 테스트로 어서트하기

이전 레시피에서는 구글 테스트 프레임워크를 사용해 간단한 테스트를 작성하는 방법을 알아봤다. 여러 테스트를 하나의 테스트 케이스로 그룹화할 수 있고, 하나 이상의 테스트 케이스는 테스트 프로그램으로 그룹화된다. 이번 레시피에서는 테스트를 생성하고 실행하는 방법을 살펴본다.

준비

이번 레시피의 예제 코드는 'Boost.Test로 테스트 작성하고 호출하기' 레시피에서 살펴본 point3d 클래스를 사용한다.

예제 구현

다음 매크로를 사용해 테스트를 생성한다.

* TEST(TestCaseName, TestName)은 TestCaseName이라는 테스트 케이스의 일부로 TestName이라는 테스트를 정의한다.

```
TEST(TestConstruction, TesConstructor)
{
  auto p = point3d{ 1,2,3 };
  ASSERT_EQ(p.x(), 1);
  ASSERT_EQ(p.x(), 2);
  ASSERT_EQ(p.x(), 3);
}

TEST(TestConstruction, TestOrigin)
{
  auto p = point3d::origin();
  ASSERT_EQ(p.x(), 0);
  ASSERT_EQ(p.x(), 0);
```

```
    ASSERT_EQ(p.x( ), 0);
}
```

- TEST_F(TestCaseWithFixture, TestName)은 TestCaseWithFixture라는 픽스처를 사용해 TestName이라는 테스트를 테스트 케이스의 일부로 정의한다. 자세한 동작 방식에 대해서는 '구글 테스트에서 테스트 픽스처 사용하기' 레시피를 참조한다.

다음을 수행해 테스트를 실행한다.

- RUN_ALL_TESTS( ) 매크로를 사용해 테스트 프로그램에 정의된 모든 테스트를 실행한다. 이것은 프레임워크가 초기화된 후에 main( ) 함수에서 한 번만 호출돼야 한다.
- --gtest_filter=<filter> 명령행 옵션을 사용해 실행할 테스트를 필터링한다.
- --gtest_repeat=<count> 명령행 옵션을 사용해 지정된 횟수만큼 선택한 테스트를 반복한다.
- --gtest_break_on_failure 명령행 옵션을 사용해 첫 번째 테스트가 실패할 때 디버거를 연결해서 테스트 프로그램을 디버깅한다.

예제 분석

테스트(테스트 케이스의 일부로)를 정의하는 데 사용할 수 있는 여러 가지 매크로가 있다. 가장 공통적인 것은 TEST와 TEST_F다. 후자는 픽스처와 함께 사용되며, 이에 대해 다음 레시피에서 자세히 설명한다. 테스트를 정의하는 다른 매크로는 타입화된 테스트 작성을 위한 TYPED_TEST와 타입 매개변수화된 테스트 작성을 위한 TYPED_TEST다. 하지만 이들은 모두 진보된 주제며 이 책의 범위를 벗어난다. TEST와 TEST_F 매크로는 두 개의 인수를 취한다. 첫 번째는 테스트 케이스의 이름이고, 두 번째는 테스트의 이름이다. 이 둘은 테스트의 전체 이름을 형성하고 유효한 C++ 식별자여야 하며 밑줄을 포함해서는 안 된다. 다른 테스트 케이스는 동일한 이름을 가질 수 있다(전체 이름은 여전히 고유하기 때문에). 두 매크로는 자동으로 프레임워크에 테스트를 등록한다. 따라서 사용자가 명시적으로 이를 입력할 필요가 없다.

테스트가 실패하거나 성공할 수 있다. 어서션이 실패하거나 캐치되지 않은 예외가 발생하면 테스트가 실패한다. 이 두 인스턴스를 제외하고는 테스트가 항상 성공한다.

테스트를 호출하려면 RUN_ALL_TESTS( )를 호출한다. 그러나 테스트 프로그램에서 한 번만 수행할 수 있으며 프레임워크가 ::testing::InitGoogleTest( )를 호출해 초기화된 후에만 수행할 수 있다. 이 매크로는 테스트 프로그램의 모든 테스트를 실행한다. 그러나 실행할 일부 테스트만 선택하는 것이 가능하다. 적절한 필터를 사용해 GTEST_FILTER라는 환경 변수를 설정하거나 --gtest_filter 플래그와 함께 명령행 인수로 필터를 전달해 이 작업을 수행할 수 있다. 이 중에서 한 가지가 제공되면 프레임워크는 전체 이름이 필터와 일치하는 테스트만 실행한다.

필터는 와일드 카드를 포함할 수 있다. *는 모든 문자열을 매칭하고, ?는 하나의 문자를 매칭한다. 네거티브 패턴(제외해야 하는 것)은 하이픈(-)을 사용한다. 다음은 필터의 예를 보여준다.

필터	설명
--gtest_filter=*	모든 테스트 실행
--gtest_filter=TestConstruction.*	TestConstruction이라는 테스트 케이스에서 모든 테스트를 실행
--gtest_filter=TestOperations.*-TestOperations.TestLess	TestOperations라는 테스트 케이스에서 TestLess라는 테스트를 제외한 모든 테스트를 실행
--gtest_filter=*Operations*:*Construction*	전체 이름에서 Operations 또는 Construction이 포함된 모든 테스트를 실행

다음 목록은 명령행 인수 --gtest_filter=TestConstruction.*-TestConstruction.TestConstructor로 호출될 때 앞에서 보여준 테스트를 포함하는 테스트 프로그램의 출력이다.

```
Note: Google Test filter = TestConstruction.*-
TestConstruction.TestConstructor
[==========] Running 1 test from 1 test case.
[----------] Global test environment set-up.
[----------] 1 test from TestConstruction
[ RUN ] TestConstruction.TestOrigin
[ OK ] TestConstruction.TestOrigin (0 ms)
[----------] 1 test from TestConstruction (3 ms total)

[----------] Global test environment tear-down
[==========] 1 test from 1 test case ran. (6 ms total)
[ PASSED ] 1 test.
```

참고 사항

- 구글 테스트 시작하기
- 구글 테스트로 어서트하기
- 구글 테스트에서 테스트 픽스처 사용하기

구글 테스트로 어서트하기

구글 테스트 프레임워크는 테스트 코드를 검증하기 위해 함수 호출과 유사한 치명적인 어서션 매크로와 치명적이지 않은 모든 어서션 매크로의 풍부한 테스트 세트를 제공한다. 이런 어서션이 실패하면 프레임워크는 소스 파일, 행 번호, 관련 오류 메시지(사용자 정의 오류 메시지 포함)를 표시해 개발자가 실패한 코드를 빨리 식별할 수 있도록 도와준다. 이미 ASSERT_TRUE 매크로를 사용하는 몇몇 간단한 예제를 살펴봤다. 이번 레시피에서는 구글 테스트에 사용할 수 있는 다른 매크로를 살펴본다.

다음 매크로를 사용해 테스트 코드를 확인한다.

- 다음 코드와 같이, ASSERT_TRUE(condition) 또는 EXPECT_TRUE(condition)을 사용해 조건이 true인지를 확인하고, ASSERT_FASE(condition) 또는 EXPECT_FALSE(condition)을 사용해 조건이 false인지를 확인한다.

```
EXPECT_TRUE(2 + 2 == 2 * 2);
EXPECT_FALSE(1 == 2);

ASSERT_TRUE(2 + 2 == 2 * 2);
ASSERT_FALSE(1 == 2);
```

- ASSERT_XX(val1, val2) 또는 EXPECT_XX(val1, val2)를 사용해 두 값을 비교한다. 여기서 XX는 EQ(val1 == val2), NE(val1 !=val2), LT(val1 < val2), LE(val1 <= val2), GT(val1 > val2), GE(val1 >= val2) 중 하나다. 다음 코드는 이를 보여준다.

```
auto a = 42, b = 10;
EXPECT_EQ(a, 42);
EXPECT_NE(a, b);
EXPECT_LT(b, a);
EXPECT_LE(b, 11);
EXPECT_GT(a, b);
EXPECT_GE(b, 10);
```

- ASSERT_STRXX(str1, str2) 또는 EXPECT_STRXX(str1, str2)를 사용해 두 개의 널 종료 문자열을 비교한다. 여기서 XX는 EQ(문자열은 동일한 내용을 가짐), NE(문자열은 동일한 내용이 아님), CASEEQ(문자열은 대소문자가 무시된 동일한 내용을 가짐), CASENE(문자열은 대소문자를 무시하고 동일한 내용이 아님) 중 하나다. 다음 코드는 이

를 보여준다.

```
auto str = "sample";
EXPECT_STREQ(str, "sample");
EXPECT_STRNE(str, "simple");
ASSERT_STRCASEEQ(str, "SAMPLE");
ASSERT_STRCASENE(str, "SIMPLE");
```

- ASSERT_FLOAT_EQ(val1, val2) 또는 EXPECT_FLOAT_EQ(val1, val2)를 사용해 두 float 값이 거의 동일한지 확인하고, ASSERT_DOUBLE_EQ(val1, val2) 또는 EXPECT_DOUBLE_EQ(val1, val2)를 사용해 두 double 값이 거의 동일한지 확인한다. 이들은 최대 4 ULP(마지막 위치의 단위$^{unit\ in\ last\ place}$)만큼 달라야 한다. ASSERT_NEAR(val1, val2, abserr) 또는 ASSERT_NEAR(val1, val2, abserr)를 사용해 두 값의 차이가 지정된 절댓값보다 큰지를 확인한다.

```
EXPECT_FLOAT_EQ(1.9999999f, 1.9999998f);
ASSERT_FLOAT_EQ(1.9999999f, 1.9999998f);
```

- ASSERT_THROW(statement, exception_type) 또는 EXPECT_THROW(statement, exception_type)을 사용해 문^{statement}이 지정된 타입의 예외를 던지는지 확인하고, ASSERT_ANY_THROW(statement) 또는 EXPECT_ANY_THROW(statement)를 사용해 문이 어떤 타입이든 예외를 던지는지 확인하고, ASSERT_NO_THROW(statement) 또는 EXPECT_NO_THROW(statement)를 사용해 문이 예외를 던지는지를 확인한다.

```
void function_that_throws()
{
  throw std::runtime_error("error");
}

void function_no_throw()
{
}
```

```
EXPECT_THROW(function_that_throws(),
             std::runtime_error);
EXPECT_ANY_THROW(function_that_throws());
EXPECT_NO_THROW(function_no_throw());

ASSERT_THROW(function_that_throws(),
             std::runtime_error);
ASSERT_ANY_THROW(function_that_throws());
ASSERT_NO_THROW(function_no_throw());
```

- ASSERT_PRED1(pred, val) 또는 EXPECT_PRED1(pred, val)을 사용해 pred(val)
  이 true를 반환하는지 확인하고, ASSERT_PRED2(pred, val1, val2) 또는 EXPE
  CT_PRED2(pred, val1, val2)를 사용해 pred(val1, val2)가 true를 반환하는지
  확인한다. n항 술어 함수나 펑터^{functor}에 사용한다.

```
bool is_positive(int const val)
{
  return val != 0;
}

bool is_double(int const val1, int const val2)
{
  return val2 + val2 == val1;
}

EXPECT_PRED1(is_positive, 42);
EXPECT_PRED2(is_double, 42, 21);

ASSERT_PRED1(is_positive, 42);
ASSERT_PRED2(is_double, 42, 21);
```

- ASSERT_HRESULT_SUCCEEDED(expr) 또는 EXPECT_HRESULT_SUCCEEDED(expr)을
  사용해 expr이 성공한 HRESULT인지를 확인하고, ASSERT_HRESULT_FAILED(expr)
  또는 EXPECT_HRESULT_FAILED(expr)을 사용해 expr이 실패한 HRESULT인지를 확

인한다. 이들 어서션은 윈도우에서 사용하기 위한 것이다.

- 치명적인 오류를 생성하려면 FAIL( )을 사용하고, 치명적이지 않은 오류를 생성하려면 ADD_FAILURE( ) 또는 ADD_FAILURE_AT(filename, line)을 사용한다.

```
ADD_FAILURE( );
ADD_FAILURE_AT( __FILE__, __LINE__ );
```

예제 분석

모든 어서트는 두 가지 버전으로 사용할 수 있다.

- ASSERT_*: 치명적인 실패를 발생시켜 현재 테스트 함수가 계속 실행되는 것을 방지한다.
- EXPECT_*: 치명적이지 않은 실패를 발생시킨다. 이는 어서션이 실패하더라도 테스트 함수가 계속 실행됨을 의미한다.

조건을 충족시키지 않는 것이 심각한 오류가 아니거나 테스트 함수를 계속 수행해 가능한 한 많은 오류 메시지를 얻으려는 경우, EXPECT_* 어서션을 사용한다. 다른 경우에는 ASSERT_* 버전의 테스트 어서션을 사용한다.

프레임워크의 온라인 문서(프로젝트가 있는 깃허브)에서 여기에 제시된 어서션에 대한 세부 정보를 찾을 수 있다. 부동 소수점 비교에 대해서는 특별한 주의가 필요하다. 반올림으로 인해(소수 부분은 2의 역제곱의 유한한 합으로 표시될 수 없음) 부동 소수점 값은 정확하게 매칭되지 않는다. 따라서 비교는 상대적인 오류 범위 내에서 수행돼야 한다. ASSERT_EQ/EXPECT_EQ 매크로는 부동 소수점 비교에 적합하지 않으며, 프레임워크는 이에 대해 또 다른 어서션 집합을 제공한다. ASSERT_FLOAT_EQ/ASSERT_DOUBLE_EQ와 EXPECT_FLOAT_EQ/EXPECT_DOUBLE_EQ는 4 ULP의 디폴트 오류와의 비교를 수행한다.

TIP ULP(Unit in Last Place)는 부동 소수점 숫자 사이의 간격에 대한 측정 단위다. 즉 LSD(최하위 자리)가 1인 경우를 나타내는 값이다. 자세한 내용은 브루스 도슨(Bruce Dawson)의 '부동 소수점 비교 2012년판(Comparing Floating Point Numbers, 2012 Edition)'을 참조한다(https://randomascii.wordpress.com/2012/02/25/comparing-floating-point-numbers-2012-edition/).

참고 사항

- 구글 테스트로 테스트 작성하고 호출하기

구글 테스트에서 테스트 픽스처 사용하기

프레임워크는 테스트 케이스의 일부인 모든 테스트에 대해 픽스처를 재사용 가능한 컴포넌트로 사용하는 것을 지원한다. 또한 테스트가 실행되는 전역 환경 설정도 지원한다. 이번 레시피에서는 테스트 픽스처를 정의하고 사용하는 방법과 테스트 환경을 설정하는 방법에 대해 단계별 지침을 제공한다.

준비

여러분은 이제 '구글 테스트로 테스트 작성하고 호출하기' 레시피에서 다뤘던 주제인 구글 테스트 프레임워크를 사용해 테스트를 작성하고 호출하는 데 익숙할 것이다.

예제 구현

다음을 수행해 테스트 픽스처를 생성하고 사용한다.

1. ::testing::Test 클래스에서 파생된 클래스를 생성한다.

```cpp
class TestFixture : public ::testing::Test
{
};
```

2. 생성자를 사용해 픽스처를 초기화하고 소멸자를 사용해 제거한다.

```cpp
protected:
  TestFixture()
  {
    std::cout << "constructing fixture" << std::endl;
    data.resize(10);
    std::iota(std::begin(data), std::end(data), 1);
  }

  ~TestFixture()
  {
    std::cout << "destroying fixture" << std::endl;
  }
```

3. 또는 가상 메소드 SetUp( )과 TearDown( )을 동일한 용도로 재정의할 수 있다.

4. 멤버 데이터와 함수를 클래스에 추가해 클래스에서 사용할 수 있도록 한다.

```cpp
protected:
  std::vector<int> data;
```

5. TEST_F 매크로를 사용해 픽스처를 사용하는 테스트를 정의하고, 픽스처 클래스 이름을 테스트 케이스 이름으로 지정한다.

```cpp
TEST_F(TestFixture, TestData)
{
  ASSERT_EQ(data.size(), 10);
  ASSERT_EQ(data[0], 1);
```

```
    ASSERT_EQ(data[data.size()-1], data.size());
}
```

다음을 수행해 테스트 실행을 위한 환경 설정을 사용자 정의한다.

1. ::testing::Environment에서 파생된 클래스를 생성한다.

```
class TestEnvironment : public ::testing::Environment
{
};
```

2. 가상 메소드 SetUp()과 TearDown()을 재정의해 설정과 정리 연산을 수행한다.

```
public:
  virtual void SetUp() override
  {
    std::cout << "environment setup" << std::endl;
  }

  virtual void TearDown() override
  {
    std::cout << "environment cleanup" << std::endl;
  }

  int n{ 42 };
```

3. RUN_ALL_TESTS()를 호출하기 전에 ::testing::AddGlobalTestEnvironment()를 호출해 환경을 등록한다.

```
int main(int argc, char **argv)
{
  ::testing::InitGoogleTest(&argc, argv);
  ::testing::AddGlobalTestEnvironment(new TestEnvironment{});
  return RUN_ALL_TESTS();
```

```
    }
```

텍스트 픽스처를 사용하면 여러 테스트 간에 데이터 구성을 공유할 수 있다. 픽스처 객체는 테스트 간에 공유되지 않는다. 텍스트 함수와 연관된 각 테스트마다 다른 픽스처 객체가 생성된다. 다음 연산은 픽스처에서 나오는 각 테스트의 프레임워크에 의해 수행된다.

1. 새 픽스처 객체를 생성한다.
2. SetUp( ) 가상 메소드를 호출한다.
3. 테스트를 실행한다.
4. 픽스처의 TearDown( ) 가상 메소드를 호출한다.
5. 픽스처 객체를 파괴한다.

픽스처 객체를 설정하고 정리하는 방법은 두 가지다. 하나는 생성자와 소멸자를 사용하는 방법이고, 다른 하나는 SetUp( ), TearDown( ) 가상 메소드 쌍을 사용하는 방법이다. 대부분의 경우 전자의 방법이 선호된다. 가상 메소드의 사용은 다음과 같은 경우에 적합하다.

- 해체 작업에서 예외가 발생한 경우, 소멸자에서 예외가 발생할 수 없다.
- 정리하는 동안 어서션 매크로를 사용해야 하는 경우, 실패 시 던져질 매크로를 결정하는 --gtest_throw_on_failure 플래그를 사용한다.
- 파생 클래스에서 재정의할 수 있는 가상 메소드를 호출해야 하는 경우, 가상 호출을 생성자 또는 소멸자에서 호출해서는 안 된다.

픽스처를 사용하는 테스트는 TEST_F 매크로를 사용해 정의해야 한다(여기서 _F는 픽스처를 의미한다). 테스트 매크로를 사용해 선언하려고 시도하면 컴파일러 오류가 발생한다.

테스트가 실행되는 환경도 사용자 정의할 수 있다. 이 메커니즘은 테스트 픽스처와 유사하다. 기본 testing::Environment 클래스를 파생시키고 SetUp( )과 TearDown( ) 가상 함수를 재정의한다. 이들 파생 환경 클래스의 인스턴스는 testing::AddGlobalTestEnvironment( )를 호출해 프레임워크에 등록해야 한다. 이 작업은 테스트를 실행하기 전에 수행해야 한다. 원하는 만큼 인스턴스를 등록할 수 있다. 이 경우 SetUp( ) 메소드는 등록된 순서대로 객체를 호출하고 TearDown( ) 메소드는 역순으로 호출한다. 동적으로 인스턴스화된 객체들을 이 함수에 전달해야 한다. 프레임워크는 객체의 소유권을 가져오고 프로그램이 종료되기 전에 삭제한다. 따라서 직접 삭제하면 안 된다.

 환경 객체는 테스트에서 사용할 수 없으며 테스트에 데이터를 제공하기 위한 것이 아니다. 이들의 목적은 테스트 실행을 위한 전역 환경을 사용자 정의하는 것이다.

참고 사항

- 구글 테스트로 테스트 작성하고 호출하기

구글 테스트로 출력 제어하기

구글 테스트 프로그램의 결과는 디폴트로 사람이 읽을 수 있는 형태로 표준 스트림에 출력된다. 프레임워크는 XML을 JUnit 기반 포맷으로 인쇄하는 것을 포함해 출력을 사용자 정의할 수 있는 몇 가지 옵션을 제공한다. 이번 레시피에서는 출력을 제어하는 데 사용할 수 있는 옵션을 알아본다.

준비

이번 레시피의 목적을 위해 다음 테스트 프로그램을 고려해보자.

```
#include <gtest/gtest.h>

TEST(Sample, Test)
{
  auto a = 42;
  ASSERT_EQ(a, 0);
}

int main(int argc, char **argv)
{
  ::testing::InitGoogleTest(&argc, argv);
  return RUN_ALL_TESTS();
}
```

출력은 다음과 같다.

```
[==========] Running 1 test from 1 test case.
[----------] Global test environment set-up.
[----------] 1 test from Sample
[ RUN ] Sample.Test

f:/chapter11gt_05/main.cpp(6): error: Expected: a
Which is: 42
To be equal to: 0
[ FAILED ] Sample.Test (1 ms)
[----------] 1 test from Sample (1 ms total)

[----------] Global test environment tear-down
[==========] 1 test from 1 test case ran. (2 ms total)
[ PASSED ] 0 tests.
[ FAILED ] 1 test, listed below:
[ FAILED ] Sample.Test

1 FAILED TEST
```

예제 구현

다음을 수행해 테스트 프로그램의 출력을 제어한다.

- --gtest_output 명령행 옵션 또는 GTEST_OUTPUT 환경 변수를 xml:filepath 문자열과 함께 사용해 XML 보고서가 작성될 파일의 위치를 지정한다.

```
chapter11gt_05.exe --gtest_output=xml:report.xml

<?xml version="1.0" encoding="UTF-8"?>
<testsuites tests="1" failures="1"
            disabled="0" errors="0"
            timestamp="2017-02-25T00:02:27"
            time="0.006" name="AllTests">
<testsuite name="Sample" tests="1"
           failures="1" disabled="0"
           errors="0" time="0.003">
  <testcase name="Test" status="run" time="0.002"
            classname="Sample">
    <failure message="f:/chapter11gt_05/main.cpp:6
Expected: a
Which is: 42
To be equal to: 0" type="">
        <![CDATA[f:/chapter11gt_05/main.cpp:6
          Expected: a
          Which is: 42
        To be equal to: 0]]></failure>
    </testcase>
  </testsuite>
</testsuites>
```

- --gtest_color 명령행 옵션 또는 GTEST_COLOR 환경 변수를 사용하고 auto, yes 또는 no를 지정해 색상을 사용함으로써 보고서를 터미널에 인쇄할지의 여부를 지정한다.

```
chapter11gt_05.exe --gtest_color=no
```

- --gtest_print_time 명령행 옵션 또는 값이 0인 GTEST_PRINT_TIME 환경 변수를 사용해 각 테스트가 실행되는 데 걸린 인쇄 시간을 숨긴다.

```
chapter11gt_05.exe --gtest_print_time=0

[==========] Running 1 test from 1 test case.
[----------] Global test environment set-up.
[----------] 1 test from Sample
[ RUN ] Sample.Test
f:/chapter11gt_05/main.cpp(6): error: Expected: a
    Which is: 42
To be equal to: 0
[ FAILED ] Sample.Test
[----------] Global test environment tear-down
[==========] 1 test from 1 test case ran.
[ PASSED ] 0 tests.
[ FAILED ] 1 test, listed below:
[ FAILED ] Sample.Test
```

예제 분석

XML 포맷으로 보고서를 생성해도 터미널에 인쇄된 사람이 읽을 수 있는 보고서에는 영향을 주지 않는다. 출력 경로는 파일 또는 디렉터리(이 경우 실행 가능한 파일 이름이 생성된다. 이전 실행에서 이미 존재하는 경우 숫자로 접미사를 추가해 파일 이름을 새로 생성한다.)이거나 없을 수 있으며, 없는 경우 보고서는 현재 디렉터리의 test_detail.xml 파일에 기록된다.

XML 보고서 포맷은 JUnitReport Ant 태스크를 기반으로 하며 다음과 같은 주요 요소를 포함한다.

- <testsuites>: 루트 요소며 전체 테스트 프로그램에 해당한다.

- **<testsuite>**: 구글 테스트에서 테스트 케이스는 다른 프레임워크의 테스트 스위트와 동등하므로 테스트 케이스에 해당한다.
- **<testcase>**: 구글 테스트에서 테스트 함수는 다른 프레임워크의 테스트 케이스와 동등하므로 테스트 함수에 해당한다.

프레임워크는 각 테스트를 실행하는 데 걸리는 시간을 디폴트로 보고한다. 앞에서 설명한 것처럼 --gtest_print_time 명령행 옵션이나 GTEST_PRINT_TIME 환경 변수를 사용해 이 기능을 숨길 수 있다. 이 옵션은 1.3.0 버전까지 디폴트였다.

참고 사항

- Boost.Test로 테스트 작성하고 호출하기
- Boost.Test에서 테스트 픽스처 사용하기

캐치 시작하기

캐치Catch는 C++와 오브젝티브 CObjective-C를 위한 다중 패러다임multiparadigm 헤더 전용 테스트 프레임워크다. 캐치라는 이름은 'C++ Automated Test Cases in Headers'를 의미한다. 개발자는 테스트 케이스로 그룹화된 전통적인 스타일의 테스트 함수나 given-when-then 섹션의 행동 주도 개발BDD, Behavior Driven Development 스타일을 사용해 테스트를 작성할 수 있다. 테스트는 자체 등록되며, 프레임워크는 몇 가지 어서션 매크로를 제공한다. 이 중에서 치명적인 REQUIRE와 치명적이지 않은 CHECK, 이 두 가지가 가장 많이 사용된다. 이들은 실패할 경우 기록되는 왼쪽 및 오른쪽 값의 표현식 분해를 수행한다.

준비

캐치 테스트 프레임워크는 매크로 기반 API를 가지고 있다. 테스트 작성에 제공된 매크로만 사용하면 되지만, 프레임워크를 잘 사용하려면 매크로를 잘 이해하는 것이 좋다.

예제 구현

다음을 수행해 캐치 테스트 프레임워크를 사용할 수 있는 환경을 설정한다.

1. https://github.com/p1.hilsquared/Catch에서 깃 저장소를 복제하거나 다운로드한다.
2. 저장소를 다운로드하면 아카이브의 내용을 압축 해제한다.

다음을 수행해 캐치를 사용한 첫 번째 테스트 프로그램을 생성한다.

1. 새로운 빈 C++ 프로젝트를 생성한다.
2. 프레임워크의 헤더 폴더를 프로젝트에서 사용할 수 있도록 개발 환경에 필요한 설정을 수행한다.
3. 다음 내용으로 프로젝트에 새 소스 파일을 추가한다.

```
#define CATCH_CONFIG_MAIN
#include "catch.hpp"

TEST_CASE("first_test_case", "[learn][catch]")
{
  SECTION("first_test_function")
  {
    auto i{ 42 };
    REQUIRE(i == 42);
  }
}
```

4. 프로젝트를 빌드하고 실행한다.

예제 분석

캐치를 사용해 개발자는 자체 등록된 함수로 테스트 케이스를 작성할 수 있다. 또한 main( ) 함수의 디폴트 구현을 제공해 설정 코드를 적게 작성하고 테스트 코드에 집중할 수 있다. 테스트 케이스는 별도로 실행되는 섹션으로 나뉜다. 프레임워크는 setup-test-teardown 아키텍처의 스타일을 따르지 않는다. 대신 테스트 케이스 섹션(또는 섹션이 중첩될 수 있기 때문에 가장 안쪽에 있는 섹션)은 감싸는 섹션과 함께 실행되는 테스트 단위다. 따라서 데이터와 설정, 해체 코드를 여러 레벨에서 재사용할 수 있으므로 픽스처가 필요하지 않게 된다.

테스트 케이스와 섹션은 식별자가 아닌 문자열을 사용해 식별된다(대부분의 테스트 프레임워크에서와 같이). 테스트 케이스는 태그를 기반으로 실행하거나 나열할 수 있도록 태깅할 수도 있다. 테스트 결과는 사람이 읽을 수 있는 텍스트 포맷으로 출력된다. 그러나 캐치 특정 스키마 또는 JUnit Ant 스키마를 사용해, 연속 전달 시스템과의 쉬운 통합을 위해 XML로 내보낼 수도 있다. 테스트 실행은 디버거를 연결하고 프로그램을 검사할 수 있도록 오류가 발생하면 중단되도록 매개변수화될 수 있다(윈도우와 맥에서).

프레임워크는 설치하기 쉽고 편집할 필요가 없다. 전체 코드는 헤더 파일에 제공된다. 하나의 헤더 파일 또는 서로를 포함하는 헤더 파일의 컬렉션, 이렇게 두 가지 대안이 가능하다. 두 경우 모두, 테스트 프로그램에 포함해야 하는 유일한 헤더 파일은 catch.hpp다.

이전 절에서 살펴본 예제 코드에는 다음과 같은 부분이 포함돼 있다.

1. `#define CATCH_CONFIG_MAIN`은 프레임워크가 main( ) 함수의 디폴트 구현을 제공하도록 지시하는 매크로를 정의한다.
2. `#include "catch.hpp"`는 라이브러리의 메인 헤더를 포함한다(다른 헤더를 포함).
3. `TEST_CASE("first_test_case", "[learn][catch]")`는 learn과 catch 같은 몇 개의 연관된 태그를 가진 `first_test_case`라고 하는 테스트 케이스를 정의한다. 태그는 테스트 케이스를 실행하거나 나열하기 위해 선택하는 데 사용된다. 여러

4. `SECTION("first_test_function")`은 `first_test_function`이라는 테스트 함수를 외부 테스트 케이스의 일부로 정의한다.

5. `REQUIRE(i == 42);`는 조건이 충족되지 않으면 테스트를 실패로 나타내는 어서션이다.

이 프로그램을 실행한 결과는 다음과 같다.

```
=========================================================
All tests passed (1 assertions in 1 test cases)
```

부연 설명

앞에서 언급한 것처럼 이 프레임워크를 사용하면 BDD 스타일과 given–when–then 섹션을 사용해 테스트를 작성할 수 있다. 이는 TEST_CASE에 대한 SCENARIO, 그리고 SECTION에 대한 GIVEN, WHEN, AND_WHEN, THEN, AND_THEN 같은 별칭을 사용할 수 있게 만들었다. 이 스타일을 사용하면 앞에서 설명한 테스트를 다음과 같이 다시 작성할 수 있다.

```
SCENARIO("first_scenario", "[learn][catch]")
{
  GIVEN("an integer")
  {
    auto i = 0;
    WHEN("assigned a value")
    {
      i = 42;
      THEN("the value can be read back")
      {
        REQUIRE(i == 42);
      }
    }
```

```
    }
}
```

성공적으로 실행되면 프로그램은 다음 결과를 출력한다.

```
===========================================================
All tests passed (1 assertions in 1 test cases)
```

그러나 실패하면(i == 0이라는 잘못된 조건이 있다고 가정해보자.), 다음 코드와 같이 시나리오에 제공된 설명과 실패한 섹션이 왼쪽과 오른쪽에 값 및 실패한 표현식과 함께 출력된다.

```
-----------------------------------------------------------
Scenario: first_scenario
  Given: an integer
  When: assigned a value
  Then: the value can be read back
-----------------------------------------------------------
  f:\chapter11ca_01\main.cpp(21)
.........................................................

f:\chapter11ca_01\main.cpp(23): FAILED:
REQUIRE( i == 0 )
with expansion:
  42 == 0
```

참고 사항

- 캐치로 테스트 작성하고 호출하기
- 캐치로 어서트하기

캐치로 테스트 작성하고 호출하기

캐치 프레임워크를 사용하면 전통적인 테스트 케이스와 테스트 함수의 스타일을 사용하거나 BDD 스타일과 시나리오 given-when-then 섹션을 사용해 테스트를 작성할 수 있다. 테스트는 테스트 케이스의 개별 섹션으로 정의되며 원하는 만큼 깊게 중첩될 수 있다. 어떤 스타일이든 선호하는 테스트는 두 개의 기본 매크로로 정의된다. 이번 레시피에서는 이 매크로가 무엇이며 어떻게 동작하는지 알아본다.

예제 구현

테스트 케이스와 테스트 함수를 사용한 전통적인 스타일로 테스트를 작성하려면 다음을 수행한다.

- TEST_CASE 매크로를 사용해 이름(문자열)과 옵션으로 관련 태그 목록을 포함하는 테스트 케이스를 정의한다.

```
TEST_CASE("test construction", "[create]")
{
  // 여기에 섹션을 정의
}
```

- SECTION 매크로를 사용해 name을 문자열로 사용함으로써 테스트 케이스 내부에 테스트 함수를 정의한다.

```
TEST_CASE("test construction", "[create]")
{
  SECTION("test constructor")
  {
    auto p = point3d{ 1,2,3 };
    REQUIRE(p.x() == 1);
    REQUIRE(p.y() == 2);
```

```
      REQUIRE(p.z() == 4);
  }
}
```

- 설정과 해체 코드를 다시 사용하거나 테스트를 계층 구조로 구성하려면 중첩된
  섹션을 정의한다.

```
TEST_CASE("test operations", "[modify]")
{
  SECTION("test methods")
  {
    SECTION("test offset")
    {
      auto p = point3d{ 1,2,3 };
      p.offset(1, 1, 1);
      REQUIRE(p.x() == 2);
      REQUIRE(p.y() == 3);
      REQUIRE(p.z() == 3);
    }
  }
}
```

BDD 스타일을 사용해 테스트를 작성하려면 다음을 수행한다.

- SCENARIO 매크로를 사용해 시나리오의 이름을 지정함으로써 시나리오를 정의한다.

```
SCENARIO("modify existing object")
{
  // 여기에 섹션을 정의
}
```

- GIVEN, WHEN, THEN 매크로를 사용해 시나리오 내에서 중첩된 섹션을 정의하고 각
  각의 이름을 지정한다.

```
SCENARIO("modify existing object")
{
  GIVEN("a default constructed point")
  {
    auto p = point3d{};
    REQUIRE(p.x() == 0);
    REQUIRE(p.y() == 0);
    REQUIRE(p.z() == 0);

    WHEN("increased with 1 unit on all dims")
    {
      p.offset(1, 1, 1);

      THEN("all coordinates are equal to 1")
      {
        REQUIRE(p.x() == 1);
        REQUIRE(p.y() == 1);
        REQUIRE(p.z() == 1);
      }
    }
  }
}
```

테스트를 실행하려면 다음을 수행한다.

- 프로그램에서 모든 테스트를 수행하려면(숨겨진 테스트를 제외하고) 명령행 인수 없이(다음 코드의 설명과 같이) 테스트 프로그램을 실행한다.

- 특정 테스트 케이스 집합만 실행하려면 필터를 명령행 인수로 제공한다. 여기에는 테스트 케이스 이름, 와일드 카드, 태그 이름, 태그 표현식이 포함될 수 있다.

```
chapter11ca_02.exe "test construction"

test construction
  test constructor
-------------------------------------------------
```

```
f:\chapter11ca_02\main.cpp(7)
...............................................
f:\chapter11ca_02\main.cpp(12): FAILED:
  REQUIRE( p.z() == 4 )
with expansion:
  3 == 4


===============================================
test cases: 1 | 1 failed
assertions: 6 | 5 passed | 1 failed
```

- 특정 섹션(또는 섹션의 세트)만 실행하려면 섹션 이름과 함께 명령행 인수 --section 또는 -c를 사용한다(여러 섹션에 여러 번 사용할 수 있음).

```
chapter11ca_02.exe "test construction" --section "test origin"
===============================================
All tests passed (3 assertions in 1 test case)
```

- 테스트 케이스를 실행하는 순서를 지정하려면, 명령행 인수 –order를 decl(선언 순서) 또는 lex(이름의 사전 순서), rand(std::random_shuffle( )로 결정된 무작위 순서) 중 하나의 값과 함께 사용한다. 다음은 예를 보여준다.

```
chapter11ca_02.exe --order lex
```

예제 분석

테스트 케이스는 자체 등록돼 있으므로 테스트 케이스와 테스트 함수를 정의하는 것 외에 개발자가 테스트 프로그램을 설정하기 위해 필요한 추가 작업은 없다. 테스트 함수는 SECTION 매크로를 사용해 테스트 케이스의 섹션으로 정의되며 중첩될 수 있다. 섹션 중첩의 깊이에는 제한이 없다. 테스트 케이스와 테스트 함수는 섹션이라고도 하며, 트리 구조를 형성하고 루트 노드의 테스트 케이스와 가장 안쪽 섹션이 리프leaf로 구성된다. 테스트 프로그램이 실행되면, 리프 섹션이 실행된다. 각 리프 섹션은 다른 리프 섹션과 분리돼 실행된다. 그러나 실행 경로는 루트 테스트 케이스에서 시작해 가장 안쪽 섹션 쪽으로 계속된다. 경로에서 만나는 모든 코드는 각 실행마다 완전히 실행된다. 즉 여러 섹션이 공통 코드(상위 섹션 또는 테스트 케이스에서)를 공유할 때, 실행 간에 데이터가 공유되지 않고 각 섹션에서 동일한 코드가 한 번만 실행된다. 이는 특별한 픽스처의 필요성을 제거하는 효과가 있다. 다른 한편으로 이것은 다른 프레임워크에서 부족한 기능인 각 섹션에 대해(경로에서 만나는 모든 것) 여러 픽스처를 사용할 수 있게 한다.

BDD 스타일의 테스트 케이스 작성은 TEST_CASE와 SECTION이라는 동일한 두 개의 매크로와 섹션 테스트 기능으로 가능하다. 사실 SCENARIO 매크로는 TEST_CASE의 재정의고 GIVEN, WHEN, AND_WHEN, THEN, AND_THEN은 SECTION의 재정의다.

```
#define SCENARIO(...) TEST_CASE("Scenario: " __VA_ARGS__)
#define GIVEN(desc) SECTION(std::string(" Given: ") +
                            desc, "")
#define WHEN(desc) SECTION(std::string(" When: ") +
                            desc, "")
#define AND_WHEN(desc) SECTION(std::string("And when: ") +
                            desc, "")
#define THEN(desc) SECTION(std::string(" Then: ") +
                            desc, "")
#define AND_THEN(desc) SECTION(std::string(" And: ") +
                            desc, "")
```

테스트 프로그램을 실행하면 모든 정의된 테스트가 실행된다. 그러나 ./로 시작하는 이름이나 마침표로 시작하는 태그를 사용해 지정된 숨겨진 테스트는 제외된다. 명령행 인수 [.] 또는 [hide]를 제공해 숨겨진 테스트 실행을 강제로 수행할 수도 있다.

실행할 테스트 케이스를 필터링할 수 있다. 이것은 이름이나 태그를 사용해 수행할 수 있다. 다음 표는 가능한 옵션 중 일부를 보여준다.

인수	설명
"test construction"	test construction으로 불리는 테스트 케이스
test*	test로 시작하는 모든 테스트 케이스
~"test construction"	test construction을 제외한 모든 테스트 케이스
~*equal*	equal이라는 단어를 제외한 모든 테스트 케이스
[modify]	[modify] 태그가 붙은 모든 테스트 케이스
[modify],[compare][op]	[modify] 또는 [compare]와 [op]로 태그된 모든 테스트 케이스

특정 테스트 함수의 실행은 명령행 인수 –section 또는 -c로 하나 이상의 섹션 이름을 지정해 수행할 수도 있다. 이렇게 하면, 루트 테스트 케이스에서 선택한 섹션까지의 전체 테스트 경로가 실행된다는 점에 유의한다. 또한 테스트 케이스 세트를 먼저 지정하지 않으면 모든 테스트 케이스가 실행되지만, 그중에서 일치하는 섹션만 실행된다.

참고 사항

- 캐치 시작하기
- 캐치로 어서트하기

캐치로 어서트하기

다른 테스트 프레임워크와 달리 캐치는 많은 어서션 매크로 세트를 제공하지 않으며, REQUIRE와 CHECK라는 두 개의 메인 매크로가 있다. REQUIRE는 실패 시 테스트 케이스의 실행을 중지시키는 치명적인 오류를 생성하고, CHECK는 실패 시 치명적이지 않은 오류를 생성한 후 테스트 케이스의 실행을 계속한다. 몇 가지 추가 매크로가 정의되는데, 이번 레시피에서는 이들 매크로를 가지고 어떻게 작업하는지 알아본다.

이전 레시피에서 다뤘던 캐치를 사용해 테스트 케이스와 테스트 함수를 작성하는 데 익숙해야 한다.

다음 목록은 캐치 프레임워크에서 사용할 수 있는 어서트 옵션을 보여준다.

- CHECK(expr)을 사용해 expr이 true로 평가되는지 확인하고 실패 시 실행을 계속한다. REQUIRE(expr)을 사용해 expr이 true로 평가되는지 확인하고 실패 시 테스트의 실행을 중단한다.

```
int a = 42;
CHECK(a == 42);
REQUIRE(a == 42);
```

- CHECK_FALSE(expr)과 REQUIRE_FALSE(expr)을 사용해 expr이 false로 평가되는지 확인하고, 실패 시 치명적이거나 치명적이지 않은 오류를 생성하는지 확인한다.

```
int a = 42;
CHECK_FALSE(a > 100);
REQUIRE_FALSE(a > 100);
```

- Approx 클래스를 사용해 주어진 근삿값과 부동 소수점 값을 비교한다. epsilon() 메소드는 값이 다를 수 있는 최대 백분율(0부터 1까지의 값)을 설정한다.

```
double a = 42.5;
CHECK(42.0 == Approx(a).epsilon(0.02));
REQUIRE(42.0 == Approx(a).epsilon(0.02));
```

- CHECK_NOTHROW(expr)/REQUIRE_NOTHROW(expr)을 사용해 expr이 어떤 오류도 던지지 않는지 확인하고, CHECK_THROWS(expr)/REQUIRE_THROWS(expr)을 사용해 expr이 어떤 타입의 오류도 던지지 않는지 확인하고, CHECK_THROW_AS(expr, exprtype)/REQUIRE_THROW_AS(expr, exprtype)을 사용해 expr이 exprtype 타입의 예외를 던지는지 확인하고, CHECK_THROWS_WITH(expression, string or string matcher)/REQUIRE_THROWS_WITH(expression, string or string matcher)를 사용해 expr이 설명이 지정된 문자열과 매칭되는 표현식을 던지는지 확인한다.

```cpp
void function_that_throws()
{
  throw std::runtime_error("error");
}

void function_no_throw()
{
}

CHECK_NOTHROW(function_no_throw());
REQUIRE_NOTHROW(function_no_throw());

CHECK_THROWS(function_that_throws());
REQUIRE_THROWS(function_that_throws());

CHECK_THROWS_AS(function_that_throws(),
                std::runtime_error);
REQUIRE_THROWS_AS(function_that_throws(),
                  std::runtime_error);
CHECK_THROWS_WITH(function_that_throws(),
                  "error");
REQUIRE_THROWS_WITH(function_that_throws(),
                    Catch::Matchers::Contains("error"));
```

- CHECK_THAT(value, matcher expression)/REQUIRE_THAT(expr, matcher expression)을 사용해 주어진 매처^{matcher} 표현식이 지정된 값에 대해 true로 평가되는지를 확인한다.

```
std::string text = "this is an example";
CHECK_THAT(text,
           Catch::Matchers::Contains("EXAMPLE", Catch::CaseSensitive::
No));
REQUIRE_THAT(text,
             Catch::Matchers::StartsWith("this") &&
             Catch::Matchers::Contains("an"));
```

- FAIL(message)를 사용해 message를 보고하고 테스트 케이스를 실패로 만든다. 테스트 케이스의 실행을 중단하지 않고 메시지의 로그를 남기려면 WARN(message)를 사용한다. 버퍼에 메시지의 로그를 기록하고 실패로 다음 메시지에만 보고하려면 INFO(message)를 사용한다.

예제 분석

REQUIRE/CATCH 계열 매크로는 표현식을 왼쪽과 오른쪽 항으로 분해하고, 실패 시 실패 위치(소스 파일과 행)와 표현식, 왼쪽 및 오른쪽 값을 보고한다.

```
f:\chapter11ca_03\main.cpp(19): FAILED:
  REQUIRE( a == 1 )
with expansion:
  42 == 1
```

하지만 이들 매크로는 논리 연산자를 사용해 구성된 복합 표현식(예: &&와 ||)을 지원하지 않는다. 다음 예제는 오류다.

```
REQUIRE(a < 10 || a %2 == 0); // error
```

이에 대한 해결책은 표현식 평가의 결과를 보유하는 변수를 생성하고 이를 어서션 매크로에서 사용하는 것이다. 그러나 이 경우 표현식 요소의 확장을 출력하는 기능은 없어진다.

```
auto expr = a < 10 || a % 2 == 0;
REQUIRE(expr);
```

부동 소수점 값에 대해서는 특수 처리가 가능하다. 프레임워크는 Approx라는 클래스를 제공한다. 이 클래스는 동등equality/비동등inequality 연산자와 비교 연산자를 double 값을 구성할 수 있는 값으로 오버로드한다. 두 값이 다르거나 같은 것으로 간주할 수 있는 여백을 주어진 값의 백분율로 지정할 수 있다. 이것은 멤버 함수 epsilon()을 사용해 설정된다. 값은 0과 1 사이(예를 들어 값 0.05는 5퍼센트다.)여야 한다. epsilon의 디폴트 값은 std::numeric_limits<float>::epsilon()*100으로 설정된다.

CHECK_THAT/REQUIRE_THAT과 CHECK_THROWS_WITH/REQUIRE_THROWS_WITH라는 두 세트의 어서션은 매처와 함께 동작한다. 매처는 값의 매칭을 수행하는 확장 가능하고 구성 가능한 구성 요소다. 프레임워크는 문자열에 대한 매처(StartsWith, EndsWith, Contains, Equal 같은)와 std::vector(Contains, VectorContains, Equal)에 대한 매처를 제공한다.

 TIP Contains()와 VectorContains()의 차이점은, Contains()는 다른 벡터에서 벡터를 검색하고 VectorContains()는 벡터에 있는 단일 요소를 검색한다는 것이다.

기존 프레임워크의 기능을 확장하거나 자신만의 타입과 작업하며, 자신만의 매처를 생성할 수 있다. 두 가지가 필요하다.

1. Catch::MatcherBase<T>에서 파생된 matcher 클래스. 여기서 T는 비교되는 타입이다. 덮어 써야 하는 두 가지 가상 함수가 있다. match()는 매칭되는 값을 취하

고 매칭이 성공했는지를 나타내는 부울을 반환하며, describe( )는 인자를 취하지 않고 matcher를 설명하는 문자열을 반환한다.

2. 테스트 코드에서 호출되는 빌더^{builder} 함수

다음 예제는 이 장에서 봤던 point3d 클래스의 매처를 정의해 주어진 3D 점이 3차원 공간의 한 라인에 있는지 확인한다.

```cpp
class OnTheLine : public Catch::MatcherBase<point3d>
{
  point3d const p1;
  point3d const p2;
public:
  OnTheLine(point3d const & p1, point3d const & p2):
    p1(p1), p2(p2)
  {}

  virtual bool match(point3d const & p) const override
  {
    auto rx = p2.x() - p1.x() != 0 ?
      (p.x() - p1.x()) / (p2.x() - p1.x()) : 0;
    auto ry = p2.y() - p1.y() != 0 ?
      (p.y() - p1.y()) / (p2.y() - p1.y()) : 0;
    auto rz = p2.z() - p1.z() != 0 ?
      (p.z() - p1.z()) / (p2.z() - p1.z()) : 0;
    return
      Approx(rx).epsilon(0.01) == ry &&
      Approx(ry).epsilon(0.01) == rz;
  }
protected:
  virtual std::string describe() const
  {
    std::ostringstream ss;
    ss << "on the line between " << p1 << " and " << p2;
    return ss.str();
  }
};
```

```
inline OnTheLine IsOnTheLine(point3d const & p1,
                             point3d const & p2)
{
  return OnTheLine {p1, p2};
}
```

다음 테스트 케이스에는 이 사용자 정의 매처를 사용하는 방법에 대한 예제가 포함돼 있다.

```
TEST_CASE("matchers")
{
  SECTION("point origin")
  {
    point3d p { 2,2,2 };
    REQUIRE_THAT(p, IsOnTheLine(point3d{ 0,0,0 },
                                point3d{ 3,3,3 }));
  }
}
```

참고 사항

- 캐치로 테스트 작성하고 호출하기

캐치로 출력 제어하기

이 책에서 알아본 다른 테스트 프레임워크와 마찬가지로 캐치는 테스트 프로그램 실행 결과를 사람이 읽을 수 있는 포맷으로 stdout 표준 스트림에 출력한다. XML 포맷을 사용해 보고하거나 파일에 쓰는 것 같은 추가 옵션도 지원된다. 이번 레시피에서는 캐치를 사용할 때 출력 제어에 사용할 수 있는 주요 옵션들을 알아본다.

다음 테스트 케이스를 사용해 테스트 프로그램의 실행 결과를 수정하는 방법을 알아본다.

```
TEST_CASE("case1")
{
  SECTION("function1")
  {
    REQUIRE(true);
  }
}

TEST_CASE("case2")
{
  SECTION("function2")
  {
    REQUIRE(false);
  }
}
```

이 두 가지 테스트 케이스를 실행한 결과는 다음과 같다.

```
-----------------------------------------------------------
case2
  function2
-----------------------------------------------------------
f:\chapter11ca_04\main.cpp(14)
...........................................................
f:\chapter11ca_04\main.cpp(16): FAILED:
  REQUIRE( false )
===========================================================
test cases: 2 | 1 passed | 1 failed
assertions: 2 | 1 passed | 1 failed
```

캐치를 사용할 때 테스트 프로그램의 출력을 제어하려면 다음을 수행한다.

- 명령행 인수 –r 또는 --reporter <reporter>를 사용해 결과의 포맷을 지정하고 구조화하는 데 사용되는 리포터reporter를 지정한다. 프레임워크에서 제공하는 디폴트 옵션은 console, compact, xml, junit이다.

```
chapter11ca_04.exe -r junit
<?xml version="1.0" encoding="UTF-8"?>
<testsuites>
  <testsuite name="chapter11ca_04.exe" errors="0"
             failures="1"
             tests="2" hostname="tbd"
             time="0.002039"
             timestamp="2017-03-02T21:17:04Z">
    <testcase classname="case1" name="function1"
              time="0.00016"/>
    <testcase classname="case2"
              name="function2" time="0.00024">
      <failure message="false" type="REQUIRE">
        at f:\chapter11ca_04\main.cpp(16)
      </failure>
    </testcase>
    <system-out/>
    <system-err/>
  </testsuite>
</testsuites>
```

- 성공한 테스트 케이스의 결과를 표시하려면 –s 또는 –success 명령행 인수를 사용한다.

```
chapter11ca_04.exe -s

-------------------------------------------------
```

```
case1
  function1
-------------------------------------------------
f:\chapter11ca_04\main.cpp(6)
.................................................
f:\chapter11ca_04\main.cpp(8):
PASSED:
  REQUIRE( true )
-------------------------------------------------
case2
  function2
-------------------------------------------------
f:\chapter11ca_04\main.cpp(14)
.................................................
f:\chapter11ca_04\main.cpp(16):
FAILED:
  REQUIRE( false )
=================================================
test cases: 2 | 1 passed | 1 failed
assertions: 2 | 1 passed | 1 failed
```

- 표준 스트림 대신 파일에 모든 출력을 보내려면 –o 또는 --out <filename> 명령
  행 인수를 사용한다.

```
chapter11ca_04.exe -o test_report.log
```

- 명령행 인수 –d 또는 --durations <yes/no>를 사용해 각 테스트 케이스를 실행
  하는 데 걸린 시간을 밀리초로 표시한다.

```
chapter11ca_04.exe -d yes

0.000137 s: scenario1
0.000926 s: case1
-------------------------------------------------
case2
```

```
scenario2
-------------------------------------------------
f:\chapter11ca_04\main.cpp(14)
.................................................
f:\chapter11ca_04\main.cpp(16):
FAILED:
  REQUIRE( false )

0.019106 s: scenario2
0 s: case2
4.9e-05 s: case2
=================================================
test cases: 2 | 1 passed | 1 failed
assertions: 2 | 1 passed | 1 failed
```

예제 분석

테스트 프로그램 실행 결과를 보고하는 데 디폴트로 사용되는 사람이 읽을 수 있는 포맷 외에 캐치 프레임워크는 두 가지 XML 포맷을 더 지원한다.

- 캐치에 특화된 XML 포맷(-r xml로 지정)
- JUnit과 유사한 XML 포맷. JUnit Ant 태스크의 구조를 따라야 한다(-r junit으로 지정).

전자의 리포터는 단위 테스트가 실행되고 결과를 사용할 수 있도록 XML 콘텐츠를 스트리밍한다. 또한 XSLT 변환의 입력으로 사용해 인스턴스의 HTML 보고서를 생성할 수 있다. 후자의 리포터는 출력하기 전에 보고서를 구성하기 위해 모든 프로그램의 실행 데이터를 수집해야 한다. JUnit XML 포맷은 연속 통합 서버와 같은 서드파티 도구에서 사용하는 데 유용하다.

몇몇 추가 리포터가 제공되지만 별도의 다운로드로 제공된다. 추가 리포터들은 프로젝트에 가져와서 테스트 프로그램의 소스 코드에 명시적으로 포함시켜야 한다(추가 리포터의 모든 헤더는 catch_reporter_*.hpp 같은 이름 포맷을 가진다). 추가로 사용할 수 있는 리포터는 다음과 같다.

- TeamCity 리포터(-r teamcity로 지정)는 TeamCity 서비스 메시지를 표준 출력 스트림에 쓴다. 또한 TeamCity와의 통합에만 적합하다. 스트리밍 리포터며, 데이터는 사용 가능한 대로 쓰여진다.
- Automake 리포터(r automake로 지정)는 make 확인을 통해 automake가 기대하는 메타 태그를 쓴다.
- Test Anything Protocol(약어로는 TAP) 리포터(-r tap으로 지정)

다음 예제에서는 TeamCity 리포터를 사용해 보고서를 생성하기 위해 TeamCity 헤더 파일을 포함하는 방법을 보여준다.

```
#define CATCH_CONFIG_MAIN
#include "catch.hpp"
#include "catch_reporter_teamcity.hpp"
```

테스트 보고서의 디폴트 대상은 표준 스트림 strout(명시적으로 stderr로 작성된 데이터조차도 stdout으로 리디렉션된다.)이다. 하지만 출력을 대신 파일로 쓸 수도 있으며, 이들 포맷 옵션을 결합할 수도 있다. 예를 들어 다음 명령은 보고서가 JUnit XML 포맷을 사용하고 test_report.xml 파일에 저장되도록 지정한다.

```
chapter11ca_04.exe -r junit -o test_report.xml
```

참고 사항

- 캐치 시작하기
- 캐치로 테스트 작성하고 호출하기

| 참고 문헌 |

웹사이트

- C++ reference, http://en.cppreference.com/w/
- ISO C++, https://isocpp.org/
- More C++ Idioms, https://en.wikibooks.org/wiki/More_C%2B%2B_Idioms
- Boost, http://www.boost.org/
- Catch, https://github.com/philsquared/Catch
- Google Test, https://github.com/google/googletest

논문 및 도서

- David Abrahams, 2001. *Lessons Learned from Specifying Exception-Safety for the C++ Standard Library* http://www.boost.org/community/exception _safety.html
- Michael Afanasiev, 2016. *Combining Static and Dynamic Polymorphism with C++ Mixin classes* https://michael−afanasiev.github.io/2016/08/03/Com bining−Static−and−Dynamic−Polymorphism−with−C++−Template−Mix ins.html
- Alex Allain, 2011. *Constexpr - Generalized Constant Expressions in C++11* http://www.cprogramming.com/c++11/c++11−compile−time−process ing−with−constexpr.html

- Matthew H. Austern, 2001. *The Standard Librarian: Defining a Facet* http∶//www.drdobbs.com/the−standard−librarian−defining−a−facet/184403785

- Thomas Badie, 2012. *C++11: A generic Singleton* http∶//enki−tech.blogspot.ro/2012/08/c11−generic−singleton.html

- Eli Bendersky, 2016. *The promises and challenges of std::async task-based parallelism in C++11* http∶//eli.thegreenplace.net/2016/the−promises−and−challenges−of−stdasync−task−based−parallelism−in−c11/

- Eli Bendersky, 2011. *The Curiously Recurring Template Pattern in C++* http∶//eli.thegreenplace.net/2011/05/17/the−curiously−recurring−template−pattern−in−c

- Joshua Bloch, 2008. *Effective Java (2nd Edition)* Addison−Wesley

- Fernando Luis Cacciola Carballal, 2007. *Boost.Optional* http∶//www.boost.org/doc/libs/1_63_0/libs/optional/doc/html/index.html

- Bruce Dawson, 2012. *Comparing Floating Point Numbers, 2012 Edition* https∶//randomascii.wordpress.com/2012/02/25/comparing−floating−point−numbers−2012−edition/

- Kent Fagerjord. 2016. *How to build Boost 1.62 with Visual Studio 2015* https∶//studiofreya.com/2016/09/29/how−to−build−boost−1−62−with−visual−studio−2015/

- Eric Friedman and Itay Maman, 2003. *Boost.Variant* http∶//www.boost.org/doc/libs/1_63_0/doc/html/variant.html

- Wilfried Goesgens, 2015. *Comparison: Lockless programming with atomics in C++11 vs. mutex and RW-locks* https∶//www.arangodb.com/2015/02/comparing−atomic−mutex−rwlocks/

- Kevlin Henney, 2001. *Boost.Any* http∶//www.boost.org/doc/libs/1_63_0/

doc/html/any.html

- Howard Hinnant, *(library on GitHub)* https://github.com/HowardHinnant /date

- Nicolai M. Josuttis 2012. *The C++ Standard Library: Utilities* http://www. informit.com/articles/article.aspx?p=1881386&seqNum=2

- Nicolai Josutis, 2012. *The C++ Standard Library, 2nd Edition* Addison Wesl ey

- Danny Kalev, 2012. *Using constexpr to Improve Security, Performance and Encapsulation in C++* http://blog.smartbear.com/c−plus−plus/using−con stexpr−to−improve−security−performance−and−encapsulation−in−c/

- Danny Kalev, 2012. *C++11 Tutorial: Introducing the Move Constructor and the Move Assignment Operator* http://blog.smartbear.com/c−plus−plus/ c11−tutorial−introducing−the−move−constructor−and−the−move−assig nment−operator/

- David Kieras, 2013. *Why std::binary_search of std::list Works, But You Shoul dn't Use It!* EECS 381

- Matt Kline 2017. *Comparing Floating-Point Numbers Is Tricky,* http://bitbas hing.io/comparing−floats.html

- Andrzej Krzemienski, 2016. *Another polymorphism* https://akrzemi1.word press.com/2016/02/27/another−polymorphism/

- Andrzej Krzemienski, 2011. *Using noexcept* https://akrzemi1.wordpress. com/2011/06/10/using−noexcept/

- Andrzej Krzemienski, 2014. *noexcept--what for?* https://akrzemi1.wordpre ss.com/2014/04/24/noexcept−what−for/

- Andrzej Krzemienski, 2013. *noexcept destructors* https://akrzemi1.wordp ress.com/2013/08/20/noexcept−destructors/

- John Maddock and Steve Cleary, 2000. *C++ Type Traits* http://www.drdo bbs.com/cpp/c-type-traits/184404270

- Arne Mertz, 2016. *Modern C++ Features – constexpr* https://arne-mertz. de/2016/06/constexpr/

- Scott Meyers, 2014. *Effective Modern C++,* O'Reilly

- Scott Meyers and Andrei Alexandrescu, 2004. *C++ and the Perils of Double -Checked Locking* http://www.aristeia.com/Papers/DDJ_Jul_Aug_2004_re vised.pdf

- Bartosz Milewski, 2009. *Broken promises–C++0x futures* https://bartoszmil ewski.com/2009/03/03/broken-promises-c0x-futures/

- Bartosz Milewski, 2008. *Who ordered sequential consistency?* https://bartos zmilewski.com/2008/11/11/who-ordered-sequential-consistency/

- Bartosz Milewski, 2008. *C++ atomics and memory ordering* https://bartosz milewski.com/2008/12/01/c-atomics-and-memory-ordering/

- Oliver Mueller, 2014. *Testing C++ With A New Catch* http://blog.coldflake. com/posts/Testing-C++-with-a-new-Catch/

- Ashwin Nanjappa, 2014. *How to build Boost using Visual Studio* https://cod eyarns.com/2014/06/06/how-to-build-boost-using-visual-studio/

- M.E. O'Neill, 2015. *C++ Seeding Surprises* http://www.pcg-random.org/ posts/cpp-seeding-surprises.html

- M.E. O'Neill, 2015. *Developing a seed_seq Alternative* http://www.pcg-random.org/posts/developing-a-seed_seq-alternative.html

- M.E. O'Neill, 2015. *Everything You Never Wanted to Know about C++'s rando m_device* http://www.pcg-random.org/posts/cpps-random_device.html

- M.E. O'Neill, 2015. *Simple Portable C++ Seed Entropy* http://www.pcg-random.org/posts/simple-portable-cpp-seed-entropy.html

- John Pearce, *Floating Point Numbers* http://www.cs.sjsu.edu/~pearce/modules/lectures/co/ds/floats.htm

- Jeff Preshing, 2013. *Double-Checked Locking is Fixed In C++11* http://preshing.com/20130930/double-checked-locking-is-fixed-in-cpp11/

- Rick Regan, 2010. *Hexadecimal Floating-Point Constants* http://www.exploringbinary.com/hexadecimal-floating-point-constants/

- Eugene Sadovoi, 2015. *Building and configuring boost in Visual Studio (MS Build)* https://www.codeproject.com/Articles/882581/Building-and-configuring-boost-in-Visual-Studio-MS

- David Sankel, 2015. *A variant for the everyday Joe* http://davidsankel.com/c/a-variant-for-the-everyday-joe/

- Arpan Sen, 2010. *A quick introduction to the Google C++ Testing Framework* http://www.ibm.com/developerworks/aix/library/au-googletestingframework.html

- Bjarne Stroustrup, 2000. *Standard-Library Exception Safety* Addison Wesley http://stroustrup.com/3rd_safe.pdf

- Herb Sutter, 2013. *GotW #90 Solution: Factories* https://herbsutter.com/2013/05/30/gotw-90-solution-factories/

- Herb Sutter, 2002. *A Pragmatic Look at Exception Specifications* C/C++ Users Journal, 20(7) http://www.gotw.ca/publications/mill22.htm

- Herb Sutter, 2012. *GotW #102: Exception-Safe Function Calls* https://herbsutter.com/gotw/_102/

- Herb Sutter, 2013. *My Favorite C++ 10-Liner* https://channel9.msdn.com/Events/GoingNative/2013/My-Favorite-Cpp-10-Liner

- Herb Sutter, 2001. *Virtuality*, C/C++ Users Journal, 19(9) http://www.gotw.ca/publications/mill18.htm

- Andrey Upadyshev, 2015. *PIMPL, Rule of Zero and Scott Meyers* http://oliora.github.io/2015/12/29/pimpl-and-rule-of-zero.html

- Todd Veldhuizen, 2000. *Techniques for Scientific C++* http://www.cs.indiana.edu/pub/techreports/TR542.pdf

- Baptiste Wicht, 2014. *Catch: A powerful yet simple C++ test framework* https://baptiste-wicht.com/posts/2014/07/catch-powerful-yet-simple-cpp-test-framework.html

- Anthony Williams, 2009. *Multithreading in C++0x part 7: Locking multiple mutexes without deadlock* https://www.justsoftwaresolutions.co.uk/threading/multithreading-in-c++0x-part-7-locking-multiple-mutexes.html

- Anthony Williams, 2008. *Peterson's lock with C++0x atomics* https://www.justsoftwaresolutions.co.uk/threading/petersons_lock_with_C++0x_atomics.html

- Benjamin Wolsey, 2010. *C++ facets* http://benjaminwolsey.de/node/78

찾아보기

모던 C++ 프로그래밍 쿡북

100가지 레시피로 배우는 C++ 동작의 이해와 문제 해결

발 행 | 2019년 7월 31일

지은이 | 마리우스 반실라
옮긴이 | 류 영 선

펴낸이 | 권 성 준
편집장 | 황 영 주
편 집 | 조 유 나
디자인 | 박 주 란

에이콘출판주식회사
서울특별시 양천구 국회대로 287 (목동)
전화 02-2653-7600, 팩스 02-2653-0433
www.acornpub.co.kr / editor@acornpub.co.kr

한국어판 © 에이콘출판주식회사, 2019, Printed in Korea.
ISBN 979-11-6175-334-8
http://www.acornpub.co.kr/book/modern-c-cookbook

이 도서의 국립중앙도서관 출판시도서목록(CIP)은 서지정보유통지원시스템 홈페이지(http://seoji.nl.go.kr)와
국가자료공동목록시스템(http://www.nl.go.kr/kolisnet)에서 이용하실 수 있습니다.(CIP제어번호: CIP2019028399)

책값은 뒤표지에 있습니다.